AF276927

Ley Orgánica del Poder Judicial

Lefebvre

Decimotercera Edición: Julio de 2025

ISBN: 979-13-87732-42-4
Depósito Legal: M-14848-2025
PVP: 11,02 € (IVA incluido)
Imprime: Printing'94

© Lefebvre-El Derecho, S.A.
CIF: A79216651
Monasterios de Suso y Yuso, 34.28049 Madrid. Tfno.: 91 210 80 00
clientes@lefebvre.es
www.efl.es

Accede gratis a este Código Básico en nuestras aplicaciones móviles

1. Apunta y escanea

Abre la cámara de tu smartphone y apúntala al código QR que encontrarás en esta página.

2. Descarga nuestra app (si aún no la tienes)

- Si es la primera vez que escaneas nuestro QR, te llevaremos directamente a la tienda de aplicaciones de tu dispositivo (Google Play o App Store).
- Descarga nuestra app gratuita Códigos Lefebvre con un solo clic.
- Una vez instalada, ábrela y tendrás acceso inmediato al contenido actualizado del Código que acabas de escanear.

3. Para usuarios que ya tienen la app

- Si ya tienes nuestra app instalada pero nunca la has usado, simplemente escanea el código QR desde la pantalla de inicio de sesión.
- ¿Ya has utilizado nuestra app antes? Abre el menú lateral y selecciona "Escanear código QR" para acceder al nuevo Código

Este acceso estará disponible hasta el 1 de septiembre de 2026, fecha en que se publicarán las nuevas ediciones en formato papel.

Todos los ejemplares se entregarán retractilados. No se admitirá ninguna devolución de Códigos sin esta protección.

ÍNDICE

RELACIÓN DE REFORMAS A LA PRESENTE LEY

Ley Orgánica 4/1987, de 15 de julio, de la Competencia y Organización de la Jurisdicción Militar.

Ley Orgánica 7/1988, de 28 de diciembre, de los Juzgados de lo Penal y por la que se modifican diversos preceptos de las Leyes Orgánica del Poder Judicial y de Enjuiciamiento Criminal.

Sentencia 56/1990, de 29 de marzo, del Pleno del Tribunal Constitucional, dictada en los recursos de inconstitucionalidad acumulados 859, 861, 864 Y 870/1985, contra determinados preceptos de la Ley Orgánica 6/1985, de 1 de julio, del Poder Judicial.

Ley Orgánica 7/1992, de 20 de noviembre, por la que se fija la Edad de Jubilación de Jueces y Magistrados y se integra diverso Personal Médico en el Cuerpo de Médicos Forenses.

Ley Orgánica 16/1994, de 8 de noviembre, por la que se reforma la Ley Orgánica 6/1985, de 1 de julio, del Poder Judicial.

Ley Orgánica 5/1995, de 22 de mayo, del Tribunal del Jurado.

Ley Orgánica 5/1997, de 4 de diciembre, de Reforma de la Ley Orgánica 6/1985, de 1 de julio, del Poder Judicial.

Ley Orgánica 6/1998, de 13 de julio, de reforma de la Ley Orgánica del Poder Judicial.

Ley Orgánica 11/1999, de 30 de abril, de modificación del Título VIII del Libro II del Código Penal, aprobado por Ley Orgánica 10/1995, de 23 de noviembre.

Ley Orgánica 13/1999, de 14 de mayo, de modificación de los artículos 19 y 240 de la Ley Orgánica 6/1985, de 1 de julio, del Poder Judicial.

Ley Orgánica 7/2000, de 22 de diciembre, de modificación de la Ley Orgánica 10/1995, de 23 de noviembre, del Código Penal, y de la Ley Orgánica 5/2000, de 12 de enero, reguladora de la Responsabilidad Penal de los Menores, en relación con los delitos de terrorismo.

Ley Orgánica 9/2000, de 22 de diciembre, sobre medidas urgentes para la agilización de la Administración de Justicia, por la que se modifica la Ley Orgánica 6/1985, de 1 de julio, del Poder Judicial.

Ley Orgánica 2/2001, de 28 de junio, sobre composición del Consejo General del Poder Judicial, por la que se modifica la Ley Orgánica 6/1985, de 1 de julio, del Poder Judicial.

Ley Orgánica 2/2002, de 6 de mayo, reguladora del control judicial previo del Centro Nacional de Inteligencia.

Ley Orgánica 6/2002, de 27 de junio, de Partidos Políticos.

Ley Orgánica 8/2002, de 24 de octubre, complementaria de la Ley de reforma parcial de la Ley de Enjuiciamiento Criminal, sobre procedimiento para el enjuiciamiento rápido e inmediato de determinados delitos y faltas, y de modificación del procedimiento abreviado.

Ley Orgánica 9/2002, de 10 de diciembre, de modificación de la Ley Orgánica 10/1995, de 23 de noviembre, del Código Penal, y del Código Civil, sobre sustracción de menores.

Ley Orgánica 2/2003, de 14 de marzo, complementaria de la Ley sobre la orden europea de detención y entrega.

Ley Orgánica 4/2003, de 21 de mayo, complementaria de la ley de prevención y bloqueo de la financiación del terrorismo, por la que se modifican la Ley Orgánica 6/1985, de 1 de julio, del Poder Judicial, y la Ley 29/1998, de 13 de julio, reguladora de la Jurisdicción Contencioso-Administrativa.

Ley Orgánica 5/2003, de 27 de mayo, por la que se modifica la Ley Orgánica 6/1985, de 1 de julio, del Poder Judicial; la Ley Orgánica 1/1979, de 26 de septiembre, General Penitenciaria, y la Ley 38/1988, de 28 de diciembre, de Demarcación y de Planta Judicial.

Ley Orgánica 7/2003, de 30 de junio, de medidas de reforma para el cumplimiento íntegro y efectivo de las penas.

Ley Orgánica 8/2003, de 9 de julio, para la Reforma Concursal, por la que se modifica la Ley Orgánica 6/1985, de 1 de julio, del Poder Judicial.

Ley Orgánica 13/2003, de 24 de octubre, de reforma de la Ley de Enjuiciamiento Criminal en materia de prisión provisional.

Ley Orgánica 19/2003, de 23 de diciembre, de modificación de la Ley Orgánica 6/1985, de 1 de julio, del Poder Judicial.

Ley Orgánica 20/2003, de 23 de diciembre, de modificación de la Ley Orgánica del Poder Judicial y del Código Penal.

Ley Orgánica 1/2004, de 28 de diciembre, de Medidas de Protección Integral contra la Violencia de Género.

Ley Orgánica 2/2004, de 28 de diciembre, por la que se modifica la Ley Orgánica 6/1985, de 1 de julio, del Poder Judicial.

Ley Orgánica 3/2005, de 8 de julio, de modificación de la Ley Orgánica 6/1985, de 1 de julio, del Poder Judicial, para perseguir extraterritorialmente la práctica de la mutilación genital femenina.

Ley Orgánica 5/2006, de 5 de junio, complementaria de la Ley para la eficacia en la Unión Europea de las resoluciones de embargo y de aseguramiento de pruebas en procedimientos penales, por la que se modifica la Ley Orgánica 6/1985, de 1 de julio, del Poder Judicial.

Ley Orgánica 3/2007, de 22 de marzo, para la igualdad efectiva de mujeres y hombres.

Ley Orgánica 6/2007, de 24 de mayo, por la que se modifica la Ley Orgánica 2/1979, de 3 de octubre, del Tribunal Constitucional.

Ley Orgánica 13/2007, de 19 de noviembre, para la persecución extraterritorial del tráfico ilegal o la inmigración clandestina de personas.

Ley Orgánica 2/2008, de 4 de diciembre, de modificación de la Ley Orgánica 6/1985, de 1 de julio, del Poder Judicial, complementaria de la Ley para la ejecución en la Unión Europea de Resoluciones que impongan sanciones pecuniarias.

Ley Orgánica 1/2009, de 3 de noviembre, complementaria de la Ley de reforma de la legislación procesal para la implantación de la nueva Oficina judicial, por la que se modifica la Ley Orgánica 6/1985, de 1 de julio, del Poder Judicial.

Ley Orgánica 2/2009, de 11 de diciembre, de reforma de la Ley Orgánica 4/2000, de 11 de enero, sobre derechos y libertades de los extranjeros en España y su integración social.

Ley Orgánica 1/2010, de 19 de febrero, de modificación de las leyes orgánicas del Tribunal Constitucional y del Poder Judicial.

Ley Orgánica 3/2010, de 10 de marzo, de modificación de la Ley Orgánica 6/1985, de 1 de julio, del Poder Judicial, y complementaria a la Ley para la ejecución en la Unión Europea de resoluciones judiciales de decomiso por la Comisión de infracciones penales.

Ley Orgánica 5/2010, de 22 de junio, por la que se modifica la Ley Orgánica 10/1995, de 23 de noviembre, del Código Penal.

Ley Orgánica 6/2010, de 27 de julio, complementaria de la Ley 31/2010, de 27 de julio, sobre simplificación del intercambio de información e inteligencia entre los servicios de seguridad de los Estados miembros de la Unión Europea, por la que se modifica la Ley Orgánica 6/1985, de 1 de julio, del Poder Judicial.

Ley Orgánica 4/2011, de 11 de marzo, complementaria de la Ley de Economía Sostenible, por la que se modifican las Leyes Orgánicas 5/2002, de 19 de junio, de las Cualificaciones y de la Formación Profesional, 2/2006, de 3 de mayo, de Educación, y 6/1985, de 1 de julio, del Poder Judicial.

Ley Orgánica 5/2011, de 20 de mayo, complementaria a la Ley 11/2011, de 20 de mayo, de reforma de la Ley 60/2003, de 23 de diciembre, de Arbitraje y de regulación del arbitraje institucional en la Administración General del Estado para la modificación de la Ley Orgánica 6/1985, de 1 de julio, del Poder Judicial.

Ley Orgánica 8/2011, de 21 de julio, complementaria de la Ley del Registro Civil, por la que se modifica la Ley Orgánica 6/1985, de 1 de julio, del Poder Judicial.

Ley Orgánica 12/2011, de 22 de septiembre, de modificación de la Ley Orgánica 6/1985, de 1 de julio, del Poder Judicial.

Ley Orgánica 8/2012, de 27 de diciembre, de medidas de eficiencia presupuestaria en la Administración de Justicia, por la que se modifica la Ley Orgánica 6/1985, de 1 de julio, del Poder Judicial.

Ley Orgánica 4/2013, de 28 de junio, de reforma del Consejo General del Poder Judicial, por la que se modifica la Ley Orgánica 6/1985, de 1 de julio, del Poder Judicial.

Ley Orgánica 1/2014, de 13 de marzo, de modificación de la Ley Orgánica 6/1985, de 1 de julio, del Poder Judicial, relativa a la justicia universal.

Ley Orgánica 4/2014, de 11 de julio, complementaria de la Ley de racionalización del sector público y otras medidas de reforma administrativa por la que se modifica la Ley Orgánica 6/1985, de 1 de julio, del Poder Judicial.

Ley Orgánica 6/2014, de 29 de octubre, complementaria de la Ley de reconocimiento mutuo de resoluciones penales en la Unión Europea, por la que se modifica la Ley Orgánica 6/1985, de 1 de julio, del Poder Judicial.

Ley Orgánica 2/2015, de 30 de marzo, por la que se modifica la Ley Orgánica 10/1995, de 23 de noviembre, del Código Penal, en materia de delitos de terrorismo.

Ley Orgánica 3/2015, de 30 de marzo, de control de la actividad económico-financiera de los Partidos Políticos, por la que se modifican la Ley Orgánica 8/2007, de 4 de julio, sobre financiación de los Partidos Políticos, la Ley Orgánica 6/2002, de 27 de junio, de Partidos Políticos y la Ley Orgánica 2/1982, de 12 de mayo, del Tribunal de Cuentas.

Ley Orgánica 5/2015, de 27 de abril, por la que se modifican la Ley de Enjuiciamiento Criminal y la Ley Orgánica 6/1985, de 1 de julio, del Poder Judicial, para transponer la Directiva 2010/64/UE, de 20 de octubre de 2010, relativa al derecho a interpretación y a traducción en los procesos penales y la Directiva 2012/13/UE, de 22 de mayo de 2012, relativa al derecho a la información en los procesos penales.

Ley Orgánica 7/2015, de 21 de julio, por la que se modifica la Ley Orgánica 6/1985, de 1 de julio, del Poder Judicial.

Ley Orgánica 8/2015, de 22 de julio, de modificación del sistema de protección a la infancia y a la adolescencia.

Ley Orgánica 10/2015, de 10 de septiembre, por la que se regula el acceso y publicidad de determinada información contenida en las sentencias dictadas en materia de fraude fiscal.

Ley Orgánica 13/2015, de 5 de octubre, de modificación de la Ley de Enjuiciamiento Criminal para el fortalecimiento de las garantías procesales y la regulación de las medidas de investigación tecnológica.

Ley Orgánica 16/2015, de 27 de octubre, sobre privilegios e inmunidades de los Estados extranjeros, las Organizaciones Internacionales con sede u oficina en España y las Conferencias y Reuniones internacionales celebradas en España.

Ley Orgánica 3/2018, de 5 de diciembre, de Protección de Datos Personales y garantía de los derechos digitales.

Sentencia 135/2018 del Tribunal Constitucional, Pleno, de 13 de Diciembre de 2018

Ley Orgánica 4/2018, de 28 de diciembre, de reforma de la Ley Orgánica 6/1985, de 1 de julio, del Poder Judicial.

Ley Orgánica 5/2018, de 28 de diciembre, de reforma de la Ley Orgánica 6/1985, de 1 de julio, del Poder Judicial, sobre medidas urgentes en aplicación del Pacto de Estado en materia de violencia de género.

Sentencia 85/2019 del Tribunal Constitucional, Pleno, de 19 de Junio de 2019

Ley Orgánica 4/2021, de 29 de marzo, por la que se modifica la Ley Orgánica 6/1985, de 1 de julio, del Poder Judicial, para el establecimiento del régimen jurídico aplicable al Consejo General del Poder Judicial en funciones.

Ley Orgánica 6/2021, de 28 de abril, complementaria de la Ley 6/2021, de 28 de abril, por la que se modifica la Ley 20/2011, de 21 de julio, del Registro Civil, de modificación de la Ley Orgánica 6/1985, de 1 de julio, del Poder Judicial y de modificación de la Ley Orgánica 10/1995, de 23 de noviembre, del Código Penal.

Ley Orgánica 7/2021, de 26 de mayo, de protección de datos personales tratados para fines de prevención, detección, investigación y enjuiciamiento de infracciones penales y de ejecución de sanciones penales.

Ley Orgánica 8/2021, de 4 de junio, de protección integral a la infancia y la adolescencia frente a la violencia.

Ley Orgánica 9/2021, de 1 de julio, de aplicación del Reglamento (UE) 2017/1939 del Consejo, de 12 de octubre de 2017, por el que se establece una cooperación reforzada para la creación de la Fiscalía Europea.

Ley Orgánica 10/2021, de 14 de diciembre, de modificación de la Ley Orgánica 6/1985, de 1 de julio, del Poder Judicial, para reconocer el carácter de tribunal consuetudinario y tradicional al Juzgado Privativo de Aguas de Orihuela (Alicante/Alacant) y Pueblos de su Marco y al Tribunal del Comuner del Rollet de Gràcia de l'Horta d'Aldaia.

Ley Orgánica 2/2022, de 21 de marzo, de mejora de la protección de las personas huérfanas víctimas de la violencia de género.

Ley Orgánica 5/2022, de 28 de junio, complementaria de la Ley 11/2022, de 28 de junio, General de Telecomunicaciones, de modificación de la Ley Orgánica 6/1985, de 1 de julio, del Poder Judicial.

Ley Orgánica 7/2022, de 27 de julio, de modificación de la Ley Orgánica 6/1985, de 1 de julio, del Poder Judicial, en materia de Juzgados de lo Mercantil.

Ley Orgánica 8/2022, de 27 de julio, de modificación de los artículos 570 bis y 599 de la Ley Orgánica 6/1985, de 1 de julio, del Poder Judicial.

Ley Orgánica 14/2022, de 22 de diciembre, de transposición de directivas europeas y otras disposiciones para la adaptación de la legislación penal al ordenamiento de la Unión Europea, y reforma de los delitos contra la integridad moral, desórdenes públicos y contrabando de armas de doble uso.

Ley Orgánica 2/2024, de 1 de agosto, de representación paritaria y presencia equilibrada de mujeres y hombres.

Ley Orgánica 3/2024, de 2 de agosto, de reforma de la Ley Orgánica 6/1985, de 1 de julio, del Poder Judicial y de reforma de la Ley 50/1981, de 30 de diciembre, por la que se regula el Estatuto Orgánico del Ministerio Fiscal.

Ley Orgánica 1/2025, de 2 de enero, de medidas en materia de eficiencia del Servicio Público de Justicia.

INDICE DE PRECEPTOS AFECTADOS POR LAS REFORMAS

Ley Orgánica 6/1985, de 1 de julio, del Poder Judicial.

Última reforma de la presente disposición realizada por LO 1/2025, de 2 de enero, de medidas en materia de eficiencia del Servicio Público de Justicia

EXPOSICIÓN DE MOTIVOS

I

El artículo 1 de la Constitución afirma que España se constituye en un Estado social y democrático de Derecho que propugna como valores superiores de su ordenamiento jurídico la libertad, la justicia, la igualdad y el pluralismo político.

El Estado de Derecho, al implicar, fundamentalmente, separación de los poderes del Estado, imperio de la Ley como expresión de la soberanía popular, sujeción de todos los poderes públicos a la Constitución y al resto del ordenamiento jurídico y garantía procesal efectiva de los derechos fundamentales y de las libertades públicas, requiere la existencia de unos órganos que, institucionalmente caracterizados por su independencia, tengan un emplazamiento constitucional que les permita ejecutar y aplicar imparcialmente las normas que expresan la voluntad popular, someter a todos los poderes públicos al cumplimiento de la ley, controlar la legalidad de la actuación administrativa y ofrecer a todas las personas tutela efectiva en el ejercicio de sus derechos e intereses legítimos.

El conjunto de órganos que desarrollan esa función constituye el Poder Judicial del que se ocupa el Título VI de nuestra Constitución, configurándolo como uno de los tres poderes del Estado y encomendándole, con exclusividad, el ejercicio de la potestad jurisdiccional en todo tipo de procesos, juzgando y haciendo ejecutar lo juzgado, según las normas de competencia y procedimiento que las leyes establezcan.

El artículo 122 de la Constitución española dispone que la Ley Orgánica del Poder Judicial determinará la constitución, funcionamiento y gobierno de los Juzgados y Tribunales, el estatuto jurídico de los Jueces y Magistrados de carrera, que formarán un cuerpo único, y del personal al servicio de la Administración de Justicia, así como el estatuto y el régimen de incompatibilidades de los miembros del Consejo General del Poder Judicial y sus funciones, en particular en materia de nombramientos, ascensos, inspección y régimen disciplinario.

Las exigencias del desarrollo constitucional demandaron la aprobación de una Ley Orgánica que regulara la elección, composición y funcionamiento del Consejo General del Poder Judicial, aun antes de que se procediese a la organización integral del Poder Judicial. Tal Ley Orgánica tiene, en no pocos aspectos, un carácter provisional que se reconoce explícitamente en sus disposiciones transitorias, las cuales remiten a la futura Ley Orgánica del Poder Judicial.

La presente Ley Orgánica satisface, por tanto, un doble objetivo: Pone fin a la situación de provisionalidad hasta ahora existente en la organización y funcionamiento del Poder Judicial y cumple el mandato constitucional.

II

En la actualidad, el Poder Judicial está regulado por la Ley Provisional sobre Organización del Poder Judicial de 18 de septiembre de 1870, por la Ley Adicional a la Orgánica del Poder Judicial de 14 de octubre de 1882, por la Ley de Bases para la reforma de la Justicia Municipal de 19 de julio de 1944 y por numerosas disposiciones legales y reglamentarias que, con posterioridad, se dictaron de forma dispersa en relación con la misma materia.

Estas normas no se ajustan a las demandas de la sociedad española de hoy. Desde el régimen liberal de separación de poderes, entonces recién conquistado, que promulgó aquellas leyes, se ha transitado, un siglo después, a un Estado social y democrático de Derecho, que es la organización política de una Nación que desea establecer una sociedad democrática avanzada y en la que los poderes públicos están obligados a promover las condiciones para que la libertad y la igualdad del individuo y de los grupos sean reales y efectivas, a remover los obstáculos que impidan o dificulten su plenitud y a facilitar la participación de todos los ciudadanos en la vida política, económica y social. El cumplimiento de estos objetivos constitucionales precisa de un Poder Judicial adaptado a una sociedad predominantemente industrial y urbana y diseñado en atención a los cambios producidos en la distribución territorial de su población, en la división social del trabajo y en las concepciones éticas de los ciudadanos.

A todo ello hay que añadir la notable transformación que se ha producido, por obra de la Constitución, en la distribución territorial del poder. La existencia de Comunidades Autónomas que tienen asignadas por la Constitución y los Estatutos competencias en relación con la Administración de Justicia obliga a modificar la legislación vigente a ese respecto. Tanto la Constitución como los Estatutos de Autonomía prevén la existencia de los Tribunales Superiores de Justicia que, según nuestra Carta Magna, culminarán la organización judicial en el ámbito territorial de la Comunidad Autónoma.

La ineludible e inaplazable necesidad de acomodar la organización del Poder Judicial a estas previsiones constitucionales y estatutarias es, pues, un imperativo más que justifica la aprobación de la presente Ley Orgánica.

Por último, hay que señalar que ésta es solamente una de las normas que, en unión de otras muchas, tiene que actualizar el cuerpo legislativo -tanto sustantivo como procesal- español y adecuarlo a la realidad jurídica, económica y social. Será preciso para ello una ardua labor de reforma de la legislación española, parte de la cual ha sido ya acometida, al objeto de lograr un todo armónico caracterizado por su uniformidad.

III

Las grandes líneas de la Ley están expresadas en su Título Preliminar. Se recogen en él los principios que se consagran en la Constitución. El primero de ellos es la independencia, que constituye la característica esencial del Poder Judicial en cuanto tal. Sus exigencias se desenvuelven a través de mandatos concretos que delimitan con el rigor preciso su exacto contenido. Así, se precisa que la independencia en el ejercicio de la función jurisdiccional se extiende frente a todos, incluso frente a los propios órganos jurisdiccionales, lo que implica la imposibilidad de que ni los propios Jueces o Tribunales corrijan, a no ser con ocasión del recurso que legalmente proceda, la actuación de sus inferiores, quedando igualmente excluida la posibilidad de circulares o instrucciones con carácter general y relativas a la aplicación o interpretación de la Ley.

De la forma en que la Ley Orgánica regula la independencia del Poder Judicial se puede afirmar que posee una característica: su plenitud. Plenitud que se deriva de la obligación que se impone a los poderes públicos y a los particulares de respetar la independencia del Poder Judicial y de la absoluta sustracción del estatuto jurídico de Jueces y Magistrados a toda posible interferencia que parta de los otros poderes del Estado, de tal suerte que a la clásica garantía -constitucionalmente reconocida- de inamovilidad, se añade una regulación en virtud de la cual se excluye toda competencia del Poder Ejecutivo sobre la aplicación del estatuto orgánico de aquéllos. En lo sucesivo, pues, la carrera profesional de Jueces y Magistrados estará plena y regladamente gobernada por la norma o dependerá, con exclusividad absoluta, de las decisiones que en el ámbito discrecional estatutariamente delimitado adopte el Consejo General del Poder Judicial.

La importancia que la plenitud de la independencia judicial tendrá en nuestro ordenamiento debe ser valorada completándola con el carácter de totalidad con que la Ley dota a la potestad jurisdiccional. Los Tribunales, en efecto, controlan sin excepciones la potestad reglamentaria y la actividad administrativa, con lo que ninguna actuación del Poder Ejecutivo quedará sustraída a la fiscalización de un Poder independiente y sometido exclusivamente al imperio de la Ley. Habrá que convenir que el Estado de Derecho proclamado en la Constitución alcanza, como organización regida por la Ley que expresa la voluntad popular y como sistema en el que el gobierno de los hombres es sustituido por el imperio de la Ley, la máxima potencialidad posible.

Corolarios de la independencia judicial son otros preceptos del título preliminar que concretan sus distintas perspectivas. Así, la unidad de la jurisdicción, que, en consecuencia con el mandato constitucional, es absoluta, con la única salvedad de la competencia de la jurisdicción militar, que queda limitada al ámbito estrictamente castrense regulado por la Ley y a los supuestos de estado de sitio; la facultad que se reconoce a Jueces y Tribunales de requerir la colaboración de particulares y poderes públicos; y, en fin, la regulación del procedimiento y de las garantías en él previstas, para los supuestos de expropiación de los derechos reconocidos frente a la Administración Pública en una sentencia firme.

IV

Una de las características de la Constitución española es la superación del carácter meramente programático que antaño se asignó a las normas constitucionales, la asunción de una eficacia jurídica directa e inmediata y, como resumen, la posición de indiscutible supremacía de que goza en el ordenamiento jurídico. Todo ello hace de nuestra Constitución una norma directamente aplicable, con preferencia a cualquier otra.

Todos estos caracteres derivan del propio tenor del texto constitucional. En primer lugar, del artículo 9.1 que prescribe que «los ciudadanos y los poderes públicos están sujetos a la Constitución y al resto del ordenamiento». Otras disposiciones constitucionales, como la que deroga cuantas normas se opongan al texto constitucional o la que regula los procedimientos de declaración de inconstitucionalidad, completan el efecto del citado párrafo 1 del artículo 9 y cierran el sistema que hace de la Carta Magna la norma suprema de nuestro ordenamiento con todos los efectos jurídicos a ello inherentes.

El título preliminar de la presente Ley Orgánica singulariza en el Poder Judicial la vinculación genérica del artículo 9.1 de la Constitución, disponiendo que las leyes y reglamentos habrán de aplicarse según los preceptos y principios constitucionales y conforme a la interpretación de los mismos que realice el Tribunal Constitucional. Se ratifica así la importancia de los valores propugnados por la Constitución como superiores, y de todos los demás principios generales del Derecho que de ellos derivan, como fuente del Derecho, lo que dota plenamente al ordenamiento de las características de plenitud y coherencia que le son exigibles y garantiza la eficacia de los preceptos constitucionales y la uniformidad en la interpretación de los mismos.

Además, se dispone que sólo procederá el planteamiento de la cuestión de inconstitucionalidad cuando no sea posible acomodar, por la vía interpretativa, la norma controvertida al mandato constitucional. Se refuerza con ello la vinculación del juzgador para con la norma fundamental y se introduce en esa sujeción un elemento dinámico de protección activa, que trasciende del mero respeto pasivo por la Ley Suprema.

El valor de la Constitución como norma suprema del ordenamiento se manifiesta, también, en otros preceptos complementarios. Así, se configura la infracción de precepto constitucional como motivo suficiente del recurso de casación y se menciona expresamente la directa aplicabilidad de los derechos fundamentales, haciéndose explícita protección del contenido esencial que salvaguarda la Constitución.

V

El Estado se organiza territorialmente, a efectos judiciales, en municipios, partidos, provincias y Comunidades Autónomas, sobre los que ejercen potestad jurisdiccional Juzgados de Paz, Juzgados de Primera Instancia e Instrucción, de lo Contencioso-administrativo, de lo Social, de Vigilancia Penitenciaria y de Menores, Audiencias Provinciales y Tribunales Superiores de Justicia. Sobre todo el territorio nacional ejercen potestad jurisdiccional la Audiencia Nacional y el Tribunal Supremo.

La Ley contiene en este punto innovaciones importantes. Así, se democratiza el procedimiento de designación de los Jueces de Paz; se suprimen los Juzgados de Distrito, que se transforman en Juzgados de Primera Instancia o de Instrucción; se crean Juzgados unipersonales de lo Contencioso-administrativo, así como de lo Social, sustitutivos estos últimos de las Magistraturas de Trabajo; se atribuyen competencias en materia civil a las Audiencias Provinciales y, en fin, se modifica la esfera de la Audiencia Nacional, creando en la misma una Sala de lo Social, y manteniendo las Salas de lo Penal y de lo Contencioso-administrativo.

Sin embargo, las modificaciones más relevantes son las derivadas de la configuración territorial del Estado en Comunidades Autónomas que realiza la Constitución y que, lógicamente, se proyecta sobre la organización territorial del Poder Judicial.

La Ley Orgánica cumple en este punto las exigencias constitucionales y estatutarias. Por ello, y como decisiones más relevantes, se crean los Tribunales Superiores de Justicia, que culminarán la organización judicial en la Comunidad Autónoma, lo que implica la desaparición de las Audiencias Territoriales hasta ahora existentes como órganos jurisdiccionales supraprovinciales de ámbito no nacional.

A ello hay que añadir la regulación de la participación reconocida a las Comunidades Autónomas en la delimitación de las demarcaciones territoriales, así como las competencias que se les asignan en referencia a la gestión de los medios materiales.

Con esta nueva organización judicial, necesitada del desarrollo que llevará a cabo la futura Ley de Planta y Demarcación Judicial -que el Gobierno se compromete a remitir a las Cortes Generales en el plazo de un año-, se pretende poner a disposición del pueblo español una red de órganos judiciales que, junto a la mayor inmediación posible, garantice sobre todo la realización efectiva de los derechos fundamentales reconocidos en el artículo 24 de la Constitución española, entre ellos, destacadamente, el derecho a un juicio público sin dilaciones indebidas y con todas las garantías.

VI

Para garantizar la independencia del Poder Judicial, la Constitución crea el Consejo General del Poder Judicial, al que encomienda el gobierno del mismo, y remite a la Ley Orgánica el desarrollo de las normas contenidas en su artículo 122.2 y 3.

En cumplimiento de tales mandatos, la presente Ley Orgánica reconoce al Consejo General todas las atribuciones necesarias para la aplicación del estatuto orgánico de los Jueces y Magistrados, en particular en materia de nombramientos, ascensos, inspección y régimen disciplinario. La Ley concibe las facultades de inspección de Juzgados y Tribunales, no como una mera actividad represiva, sino, más bien, como una potestad que incorpora elementos de perfeccionamiento de la organización que se inspecciona.

Para la elección de los doce miembros del Consejo General del Poder Judicial que, de acuerdo con el artículo 122.2 de la Constitución española, deben ser elegidos «entre Jueces y Magistrados de todas las categorías judiciales», la Ley, informada por un principio democrático, partiendo de la base de que se trata del órgano de gobierno de un Poder del Estado, recordando que todos los poderes del Estado emanan del pueblo y en atención al carácter de representantes del pueblo soberano que ostentan las Cortes Generales, atribuye a éstas la elección de dichos miembros de procedencia judicial del Consejo General. La exigencia de una muy cualificada mayoría de tres quintos -pareja a la que la Constitución requiere para la elección de los otros miembros- garantiza, a la par que la absoluta coherencia con el carácter general del sistema democrático, la convergencia de fuerzas diversas y evita la conformación de un Consejo General que responda a una mayoría parlamentaria concreta y coyuntural. La Ley regula también el estatuto de los miembros del Consejo y la composición y atribuciones de los órganos en que se articula. Igualmente, se refuerza la mayoría necesaria para la propuesta de nombramiento del Presidente del Tribunal Supremo y del Consejo General del Poder Judicial y otros cargos institucionales. Por último, se atribuye a la Sala de lo Contencioso-administrativo del Tribunal Supremo la competencia para conocer de los recursos que se interpongan contra los actos y disposiciones emanados del pleno o de la comisión disciplinaria del Consejo General del Poder Judicial no susceptibles de alzada.

Resta añadir que la entrada en vigor de esta Ley Orgánica significará la derogación de la Ley del mismo carácter 1/1980, de 10 de enero, cuya provisionalidad ya ha sido puesta de manifiesto.

La Ley Orgánica modifica el sistema de designación de las Salas de Gobierno, introduciendo parcialmente los métodos electivos. Ello está aconsejado por las funciones gubernativas y no jurisdiccionales que vienen llamadas a cumplir, así como por las nuevas competencias que esta misma Ley Orgánica les atribuye. En estas condiciones, habida cuenta de que la actividad de las Salas de Gobierno afecta fundamentalmente a Jueces y Magistrados y no incide directamente sobre los particulares, se adopta un sistema parcial de elección abierto y mayoritario, en el que desempeña un papel notable el conocimiento personal de electores y elegidos.

La materialización de los principios de pluralismo y participación de que se quiere impregnar el gobierno del Poder Judicial impone una profunda modificación de la actual regulación del derecho de asociación profesional que el artículo 127.1 de la Constitución reconoce a Jueces, Magistrados y Fiscales. El régimen transitorio de libertad asociativa hasta ahora existente contiene restricciones injustificadas a las que se pone fin. De ahí que esta Ley Orgánica reconozca el derecho de libre asociación profesional con la única limitación de no poder llevar a cabo actuaciones políticas ni tener vinculaciones con partidos políticos o sindicatos. Las asociaciones profesionales quedarán válidamente constituidas desde que se inscriban en el Registro que será llevado al efecto por el Consejo General del Poder Judicial.

VII

La realización práctica del derecho, constitucionalmente reconocido a la tutela judicial efectiva, requiere como presupuesto indispensable que todos los órganos jurisdiccionales estén provistos de sus correspondientes titulares, Jueces o Magistrados. Muy graves perjuicios se producen en la seguridad jurídica, en el derecho a un juicio sin dilaciones, cuando los Juzgados y Tribunales se encuentran vacantes durante prolongados lapsos de tiempo, con la correspondiente acumulación de asuntos pendientes y retraso en la administración de justicia. Ello ha obligado a recurrir a fórmulas de sustituciones o prórrogas de jurisdicción especialmente inconvenientes en aquellos territorios en los que tiene lugar un progresivo y creciente incremento del trabajo. Resulta por todo ello indemorable afrontar y resolver tal problema.

Los hechos demuestran que los clásicos mecanismos de selección de personal judicial no permiten que la sociedad española se dote de Jueces y Magistrados en número suficiente. Es obligado, pues, recurrir a mecanismos complementarios. A tal fin, la Ley Orgánica prevé un sistema de acceso a la Carrera Judicial de juristas de reconocido prestigio. Ello permitirá, en primer lugar, hacer frente a las necesidades y cubrir las vacantes que de otra forma no podrían serlo; en segundo término, incorporar a función tan relevante como la judicial a quienes, en otros campos jurídicos, han demostrado estar en condiciones de ofrecer capacidad y competencia acreditadas; por último, lograr entre la Carrera Judicial y el resto del universo jurídico la ósmosis que, a buen seguro, se dará cuando se integren en la judicatura quienes, por haber ejercido el Derecho en otros sectores, aportarán perspectivas diferentes e incorporarán distintas sensibilidades a un ejercicio que se caracteriza por la riqueza conceptual y la diversidad de enfoques. Los requisitos exigidos, y el hecho de que operarán aquí las mismas garantías de selección objetiva y rigurosa que rigen el clásico camino de la oposición libre, aseguran simultáneamente la imparcialidad del elector y la capacidad del elegido. No se hace con ello, en definitiva, otra cosa que incorporar a nuestro sistema de selección mecanismos experimentados con éxito de antiguo no sólo en varios países, sino, incluso, entre nosotros mismos, y precisamente en el Tribunal Supremo.

Sin embargo, el sistema básico de ingreso en la Carrera Judicial sigue siendo el de oposición libre entre licenciados en Derecho, completada por la aprobación de un curso en el Centro de Estudios Judiciales y con las prácticas en un órgano jurisdiccional.

El acceso a la categoría de Magistrado se verifica en las proporciones siguientes: De cada cuatro vacantes, dos se proveerán con los Jueces que ocupen el primer lugar en el escalafón dentro de la categoría; la tercera, por medio de pruebas selectivas y de especialización en los órdenes contencioso-administrativo y social entre los Jueces, y la cuarta, por concurso entre juristas de reconocida competencia y con más de 10 años de ejercicio.

Por lo que se refiere al régimen de provisión de destinos, se sigue manteniendo como criterio básico, en lo que respecta a Juzgados, Audiencias y Tribunales Superiores de Justicia, el de la antigüedad. Ello no obsta, sin embargo, para que se introduzca también, como sistema de promoción en la Carrera Judicial, la especialización que es, por un lado, necesaria a la vista de la magnitud y complejidad de la legislación de nuestros días y, por otra parte, conveniente en cuanto introduce elementos de estímulo en orden a la permanente formación de Jueces y Magistrados.

Por lo demás, la regulación de la Carrera Judicial se realiza bajo el criterio básico de su homologación con las normas comunes que rigen el resto de los funcionarios públicos, manteniendo tan sólo aquellas peculiaridades que se derivan de su específica función.

VIII

Los cuatro primeros Libros de la Ley regulan cuanto se refiere a la organización, gobierno y régimen de los órganos que integran el Poder Judicial y de su órgano de gobierno. Los Libros V y VI establecen el marco básico regulador de aquellos otros órganos, cuerpos de funcionarios y profesionales que, sin integrar el Poder Judicial, colaboran de diversas formas con él, haciendo posible la efectividad de su tutela en los términos establecidos por la Constitución.

La Ley se refiere así, en primer lugar, al Ministerio Fiscal, que tiene por misión promover la acción de la justicia en defensa de la legalidad, de los derechos de los ciudadanos y el interés público, y la de velar por la independencia de los Tribunales y la satisfacción del interés social conforme a lo previsto por el artículo 124 de la Constitución.

Consagra también la Ley la función de los Abogados y Procuradores, a los que reserva la dirección y defensa y la representación de las partes, pues a ellos corresponde garantizar la asistencia jurídica al ciudadano en el proceso, de forma obligatoria cuando así lo exija y, en todo caso, como derecho a la defensa y asistencia letrada expresamente reconocido por la Constitución.

La Policía Judicial, como institución que coopera y auxilia a la Administración de Justicia, se ve potenciada por el establecimiento de unidades funcionalmente dependientes de las autoridades judiciales y del Ministerio Fiscal.

Regula también la Ley el personal que sirve a la Administración de Justicia, comprendiendo en él a los Secretarios, así como a los Médicos Forenses, Oficiales, Auxiliares y Agentes, cuerpos todos ellos de funcionarios que en sus respectivas competencias auxilian y colaboran con los Jueces y Tribunales.

Las funciones de los Secretarios merecen especial regulación en el Título IV del Libro III, pues a ellos corresponde la fe pública judicial al mismo tiempo que la ordenación e impulso del procedimiento, viéndose reforzadas sus funciones de dirección procesal.

Junto a las previsiones básicas sobre la estructura y funciones de los cuerpos de Oficiales, Auxiliares y Agentes, así como de los Médicos Forenses, la Ley establece la previsión de que otros técnicos puedan servir a la Administración de Justicia, constituyendo al efecto cuerpos y escalas, o bajo contrato laboral. Con ello se trata de garantizar y potenciar la estructura del personal al servicio de los órganos judiciales y su cada vez más necesaria especialización.

IX

El ciudadano es el destinatario de la Administración de Justicia. La Constitución exige y esta Ley Orgánica consagra los principios de oralidad y publicidad, para lo que se acentúa la necesaria inmediación que ha de desarrollarse en las leyes procesales y, junto a ello, se regula por primera vez la responsabilidad patrimonial del Estado que pueda derivarse del error judicial o del funcionamiento anormal de la Administración de Justicia, sin perjuicio de la responsabilidad individual de Jueces y Magistrados de carácter civil, penal y disciplinaria, complementándose de esta forma un Poder Judicial plenamente responsable.

X

Las disposiciones adicionales, transitorias y final de la Ley regulan los problemas de su aplicación sincrónica, haciendo posible la adecuación de la organización judicial vigente a la que esta Ley establece y previendo expresamente las leyes de desarrollo que han de implantar en su totalidad la nueva organización del Poder Judicial.

TÍTULO PRELIMINAR
Del Poder Judicial y del ejercicio de la potestad jurisdiccional

1. La Justicia emana del pueblo y se administra en nombre del Rey por Jueces y Magistrados integrantes del Poder Judicial, independientes, inamovibles, responsables y sometidos únicamente a la Constitución y al imperio de la Ley [1].

2. [2] 1. El ejercicio de la potestad jurisdiccional, juzgando y haciendo ejecutar lo juzgado, corresponde exclusivamente a los jueces, a las juezas y a los Tribunales determinados en las leyes y en los tratados internacionales [3].

2. Los jueces, las juezas y los Tribunales no ejercerán más funciones que las señaladas en el apartado anterior, y las demás que expresamente les sean atribuidas por ley en garantía de cualquier derecho.

3. 1. La jurisdicción es única y se ejerce por los jueces, las juezas y los Tribunales previstos en esta ley orgánica, sin perjuicio de las potestades jurisdiccionales reconocidas por la Constitución a otros órganos [4]. [5]

2. Los órganos de la jurisdicción militar, integrante del Poder Judicial del Estado, basan su organización y funcionamiento en el principio de unidad jurisdiccional y administran Justicia en el ámbito estrictamente castrense y, en su caso, en las materias que establezca la declaración del estado de sitio, de acuerdo con la Constitución y lo dispuesto en las leyes penales, procesales y disciplinarias militares [6]. [7]

---

[1] Véanse arts. 1 EOMF, 1, 87 LOJM, 22 LOTC, 30.2 LOTCu. y 117.3 CE

[2] Dada nueva redacción por art. 1 apartado 1 de Ley Orgánica 1/2025 de 2 de enero de 2025, con vigencia desde 23/01/2025

[3] Véanse arts. 19 a 51 Conv. Europeo para la Protección de los Derechos Humanos y de las Libertades Fundamentales, de 4 de noviembre de 1950, 93, 117.3 y 5, 125, 136, 159 a 165 CE,LOTC y LOTCu

[4] Véanse arts. 117.5, 125, 136, 159 a 165 CE, LOTC y LOTCu

[5] Dada nueva redacción apartado 1 por art. 1 apartado 2 de Ley Orgánica 1/2025 de 2 de enero de 2025, con vigencia desde 23/01/2025

[6] Véanse arts. 14 LO 5/2005, de 17 de noviembre, de Defensa Nacional, capítulo cuarto LO 4/1981, de 1 de junio, Estados de Alarma, Excepción y Sitio,117. 5 CE, CPM, LOJM y LOPM

[7] Dada nueva redacción apartado 2 por art. único apartado 1 de Ley Orgánica 7/2015 de 21 de julio de 2015, con vigencia desde 01/10/2015

4. La jurisdicción se extiende a todas las personas, a todas las materias y a todo el territorio español, en la forma establecida en la Constitución y en las leyes [8].

4 bis. [9] 1. Los Jueces y Tribunales aplicarán el Derecho de la Unión Europea de conformidad con la jurisprudencia del Tribunal de Justicia de la Unión Europea.

2. Cuando los Tribunales decidan plantear una cuestión prejudicial europea lo harán de conformidad con la jurisprudencia del Tribunal de Justicia de la Unión Europea y, en todo caso, mediante auto, previa audiencia de las partes.

5. 1. La Constitución es la norma suprema del ordenamiento jurídico, y vincula a todos los Jueces y Tribunales, quienes interpretarán y aplicarán las leyes y los reglamentos según los preceptos y principios constitucionales, conforme a la interpretación de los mismos que resulte de las resoluciones dictadas por el Tribunal Constitucional en todo tipo de procesos [10].

2. Cuando un órgano judicial considere, en algún proceso, que una norma con rango de Ley, aplicable al caso, de cuya validez dependa el fallo, pueda ser contraria a la Constitución, planteará la cuestión ante el Tribunal Constitucional, con arreglo a lo que establece su Ley Orgánica [11].

3. Procederá el planteamiento de la cuestión de inconstitucionalidad cuando por vía interpretativa no sea posible la acomodación de la norma al ordenamiento constitucional [12].

4. En todos los casos en que, según la Ley, proceda recurso de casación, será suficiente para fundamentarlo la infracción de precepto constitucional. En este supuesto, la competencia para decidir el recurso

---

[8] Véanse arts. 56, 71, 72 CE y 21 a 25 de la presente Ley

[9] Añadido por art. único apartado 2 de Ley Orgánica 7/2015 de 21 de julio de 2015, con vigencia desde 01/10/2015

[10] Véanse arts. 1 CC, 1.1, 38, 40, 53, 54 LOTC, 9.1 y 3, 164 CE, 6 y 7 de la presente Ley

[11] Véanse arts. 35 a 37 LOTC y 163 CE

[12] Véanse arts. 3.1 CC, 35 a 37 LOTC y 163 CE

corresponderá siempre al Tribunal Supremo, cualesquiera que sean la materia, el derecho aplicable y el orden jurisdiccional [13].

5 bis. [14] Se podrá interponer recurso de revisión ante el Tribunal Supremo contra una resolución judicial firme, con arreglo a las normas procesales de cada orden jurisdiccional, cuando el Tribunal Europeo de Derechos Humanos haya declarado que dicha resolución ha sido dictada en violación de alguno de los derechos reconocidos en el Convenio Europeo para la Protección de los Derechos Humanos y Libertades Fundamentales y sus Protocolos, siempre que la violación, por su naturaleza y gravedad, entrañe efectos que persistan y no puedan cesar de ningún otro modo que no sea mediante esta revisión.

6. Los Jueces y Tribunales no aplicarán los reglamentos o cualquier otra disposición contrarios a la Constitución, a la Ley o al principio de jerarquía normativa [15].

7. 1. Los derechos y libertades reconocidos en el Capítulo II del Título I de la Constitución vinculan, en su integridad, a todos los Jueces y Tribunales y están garantizados bajo la tutela efectiva de los mismos [16].

2. En especial, los derechos enunciados en el artículo 53.2 de la Constitución se reconocerán, en todo caso, de conformidad con su contenido constitucionalmente declarado, sin que las resoluciones judiciales puedan restringir, menoscabar o inaplicar dicho contenido [17].

---

[13] Véanse arts. 477 a 489, disposición final 16 LEC y 56.1 de la presente Ley

[14] Añadido por art. único apartado 3 de Ley Orgánica 7/2015 de 21 de julio de 2015, con vigencia desde 01/10/2015

[15] Véanse arts. 1.1, 25 a 30 LJCA, 9.3, 103.1, 106.1, 153.c CE, 27.1 LOTC y 8, 9.4, 24, 58.1, 66, 74, 93, 143.2 de la presente Ley

[16] Véanse art. 24.1 CE, 4 del Conv. Europeo para la Protección de los Derechos Humanos y de las Libertades Fundamentales, de 4 de noviembre de 1950 y 6 del Pacto Internacional de Derechos Civiles y Políticos, de 19 de diciembre de 1966

[17] Véanse arts. 13 Conv. Europeo para la Protección de los Derechos Humanos y de las Libertades Fundamentales, de 4 de noviembre de 1950, 2.1, 41 a 58 y 80 a 95 LOTC

3. Los jueces y las juezas protegerán los derechos e intereses legítimos, tanto individuales como colectivos, sin que en ningún caso pueda producirse indefensión. Para la defensa de estos últimos se reconocerá la legitimación de las corporaciones, asociaciones, organizaciones sindicales y grupos que resulten afectados o que estén legalmente habilitados para su defensa y promoción [18] . [19]

8. Los Tribunales controlan la potestad reglamentaria y la legalidad de la actuación administrativa, así como el sometimiento de ésta a los fines que la justifican [20] .

9. 1. Los jueces y juezas, así como los Tribunales ejercerán su jurisdicción exclusivamente en aquellos casos en que les venga atribuida por esta u otra ley [21] . [22]

2. Los jueces y juezas, así como los Tribunales del orden civil conocerán, además de las materias que les son propias, de todas aquellas que no estén atribuidas a otro orden jurisdiccional.

En este orden civil, corresponderá a la Jurisdicción Militar la prevención de los juicios de testamentaría y de abintestato de los miembros de las Fuerzas Armadas que, en situación de conflicto armado, fallecieren en campaña o navegación, limitándose a la práctica de la asistencia imprescindible para disponer el sepelio del difunto y la formación del inventario y aseguramiento provisorio de sus bienes, dando siempre cuenta a la Autoridad judicial civil competente [23] . [24]

---

[18] Véanse arts. 6.1, 7.7 y 11 LEC

[19] Dada nueva redacción apartado 3 por art. 1 apartado 3 de Ley Orgánica 1/2025 de 2 de enero de 2025, con vigencia desde 23/01/2025

[20] Véanse arts. 1 y 67 LJCA, 9.3, 103.1, 106.1 y 153.c CE, 9.4, 24, 58, 66, 74, 93 y 143.2 de la presente Ley

[21] Véanse LOTC, LOTCu, arts. 117.5, 125, 136, 159 a 165 CE y 21 a 25 de la presente Ley

[22] Dada nueva redacción apartado 1 por art. 1 apartado 4 de Ley Orgánica 1/2025 de 2 de enero de 2025, con vigencia desde 23/01/2025

[23] Véanse arts. 37, 39, 790 a 805 LEC, 117.5 CE, 519 a 521 LOPM y 21 y 22 de la presente Ley

[24] Dada nueva redacción apartado 2 por art. 1 apartado 4 de Ley Orgánica 1/2025 de 2 de enero de 2025, con vigencia desde 23/01/2025

3. Los del orden jurisdiccional penal tendrán atribuido el conocimiento de las causas y juicios criminales, con excepción de los que correspondan a la jurisdicción militar.

4. Los del orden contencioso-administrativo conocerán de las pretensiones que se deduzcan en relación con la actuación de las Administraciones públicas sujeta al derecho administrativo, con las disposiciones generales de rango inferior a la Ley y con los reales decretos legislativos en los términos previstos en el artículo 82.6 de la Constitución, de conformidad con lo que establezca la Ley de esa jurisdicción. También conocerán de los recursos contra la inactividad de la Administración y contra sus actuaciones materiales que constituyan vía de hecho. Quedan excluidos de su conocimiento los recursos directos o indirectos que se interpongan contra las Normas Forales fiscales de las Juntas Generales de los Territorios Históricos de Álava, Guipúzcoa y Vizcaya, que corresponderán, en exclusiva, al Tribunal Constitucional, en los términos establecidos por la disposición adicional quinta de su Ley Orgánica [25] . [26] [27]

Conocerán, asimismo, de las pretensiones que se deduzcan en relación con la responsabilidad patrimonial de las Administraciones públicas y del personal a su servicio, cualquiera que sea la naturaleza de la actividad o el tipo de relación de que se derive. Si a la producción del daño hubieran concurrido sujetos privados, el demandante deducirá también frente a ellos su pretensión ante este orden jurisdiccional. Igualmente conocerán de las reclamaciones de responsabilidad cuando el interesado accione directamente contra la aseguradora de la Administración, junto a la Administración respectiva.

---

[25] La disposición final 1ª LO 4/2011, de 11 marzo, complementaria de la Ley de Economía Sostenible, por la que se modifican las Leyes Orgánicas 5/2002, de 19 junio, de las Cualificaciones y de la Formación Profesional, 2/2006, de 3 mayo, de Educación, y 6/1985, de 1 julio, del Poder Judicial, corrige el art. 2 LO 1/2010, de 19 febrero, de modificación de las leyes orgánicas del Tribunal Constitucional y del Poder Judicial, sustituyendo el inciso «apartado 4 del art. 9 de esta Ley», por «párrafo primero del apartado 4 del art. 9 de la Ley Orgánica 6/1985, de 1 de julio, del Poder Judicial», con lo que este apartado vuelve a tener tres párrafos, con efectos desde 12 de marzo de 2010

[26] Declarada la constitucionalidad de este párrafo, desde el 28 julio 2016, conforme a la STC Pleno de 23 junio 2016, interpretado en los términos de su f.j. 3° d)

[27] Dada nueva redacción apartado 4 párrafo 1 por art. 2 de Ley Orgánica 1/2010 de 19 de febrero de 2010, con vigencia desde 12/03/2010

También será competente este orden jurisdiccional si las demandas de responsabilidad patrimonial se dirigen, además, contra las personas o entidades públicas o privadas indirectamente responsables de aquéllas. [28]

5. Los del orden jurisdiccional social conocerán de las pretensiones que se promuevan dentro de la rama social del Derecho, tanto en conflictos individuales como colectivos, así como las reclamaciones en materia de Seguridad Social o contra el Estado cuando le atribuya responsabilidad la legislación laboral.

6. La jurisdicción es improrrogable. Los órganos judiciales apreciarán de oficio la falta de jurisdicción y resolverán sobre la misma con audiencia de las partes y del Ministerio Fiscal. En todo caso, esta resolución será fundada y se efectuará indicando siempre el orden jurisdiccional que se estime competente [29].

10. 1. A los solos efectos prejudiciales, cada orden jurisdiccional podrá conocer de asuntos que no le estén atribuidos privativamente.

2. No obstante, la existencia de una cuestión prejudicial penal de la que no pueda prescindirse para la debida decisión o que condicione directamente el contenido de ésta, determinará la suspensión del procedimiento mientras aquélla no sea resuelta por los órganos penales a quienes corresponda, salvo las excepciones que la Ley establezca [30].

11. 1. En todo tipo de procedimiento se respetarán las reglas de la buena fe. No surtirán efecto las pruebas obtenidas, directa o indirectamente, violentando los derechos o libertades fundamentales [31].

2. Los jueces y juezas, así como los Tribunales rechazarán fundadamente las peticiones, incidentes y excepciones que se formulen

---

[28] Dada nueva redacción apartado 4 por art. único apartado 1 de Ley Orgánica 19/2003 de 23 de diciembre de 2003, con vigencia desde 15/01/2004

[29] Véase art. 38 LEC

[30] Véanse arts. 40 a 43 LEC

[31] Véanse arts. 7.1 CC, 247.1, 283.3 y 287 LEC

con manifiesto abuso de derecho o entrañen fraude de ley o procesal [32] . [33]

3. Los jueces y juezas, así como los Tribunales, de conformidad con el principio de tutela efectiva consagrado en el artículo 24 de la Constitución, deberán resolver siempre sobre las pretensiones que se les formulen, y solo podrán desestimarlas por motivos formales cuando el defecto fuese insubsanable o no se subsanare por el procedimiento establecido en las leyes [34] . [35]

12. 1. En el ejercicio de la potestad jurisdiccional, los Jueces y Magistrados son independientes respecto a todos los órganos judiciales y de gobierno del Poder Judicial [36] .

2. No podrán los Jueces y Tribunales corregir la aplicación o interpretación del ordenamiento jurídico hecha por sus inferiores en el orden jerárquico judicial sino cuando administren justicia en virtud de los recursos que las leyes establezcan.

3. Tampoco podrán los Jueces y Tribunales, órganos de gobierno de los mismos o el Consejo General del Poder Judicial dictar instrucciones, de carácter general o particular, dirigidas a sus inferiores, sobre la aplicación o interpretación del ordenamiento jurídico que lleven a cabo en el ejercicio de su función jurisdiccional.

13. Todos están obligados a respetar la independencia de los Jueces y Magistrados [37] .

14. 1. Los Jueces y Magistrados que se consideren inquietados o perturbados en su independencia lo pondrán en conocimiento del Consejo General del Poder Judicial, dando cuenta de los hechos al

[32] Véanse arts. 6.4, 7.2 CC y247.2, 3 y 4 LEC

[33] Dada nueva redacción apartado 2 por art. 1 apartado 5 de Ley Orgánica 1/2025 de 2 de enero de 2025, con vigencia desde 23/01/2025

[34] Véase art. 231 LEC

[35] Dada nueva redacción apartado 3 por art. 1 apartado 5 de Ley Orgánica 1/2025 de 2 de enero de 2025, con vigencia desde 23/01/2025

[36] Véanse arts. 117.1, 122, 127 CE, 1, 13, 14, 104, 162, 176, 264, 378 a 388 y 417 de la presente Ley

[37] Véanse arts. 9.3, 117.1 CE y 9 de la presente Ley

Juez o Tribunal competente para seguir el procedimiento adecuado, sin perjuicio de practicar por sí mismos las diligencias estrictamente indispensables para asegurar la acción de la justicia y restaurar el orden jurídico.

2. El Ministerio Fiscal, por sí o a petición de aquéllos, promoverá las acciones pertinentes en defensa de la independencia judicial [38].

15. Los Jueces y Magistrados no podrán ser separados, suspendidos, trasladados ni jubilados, sino por alguna de las causas y con las garantías previstas en esta Ley [39].

16. 1. Los Jueces y Magistrados responderán penal y civilmente en los casos y en la forma determinada en las leyes, y disciplinariamente de conformidad con lo establecido en esta Ley [40].

2. Se prohiben los Tribunales de Honor en la Administración de Justicia [41].

17. 1. Todas las personas y entidades públicas y privadas están obligadas a prestar, en la forma que la Ley establezca, la colaboración requerida por los Jueces y Tribunales en el curso del proceso y en la ejecución de lo resuelto, con las excepciones que establezcan la Constitución y las leyes, y sin perjuicio del resarcimiento de los gastos y del abono de las remuneraciones debidas que procedan conforme a la Ley.

2. Las Administraciones Públicas, las Autoridades y funcionarios, las Corporaciones y todas las entidades públicas y privadas, y los particulares, respetarán y, en su caso, cumplirán las sentencias y las demás resoluciones judiciales que hayan ganado firmeza o sean ejecutables de acuerdo con las leyes [42].

---

[38] Véanse arts. 1, 3.2 EOMF, 124 CE y 541 de la presente Ley
[39] Véanse arts. 117.2 CE, 1, 361 a 366 y 378 a 388 de la presente Ley
[40] Véanse arts. 266.1, 403.2 LEC, 398, 405 a 410, 411 a 413 y 414 a 426 de la presente Ley
[41] Véase art. 26 CE
[42] Véanse arts. 118 CE, 522 y 591 LEC

18. 1. Las resoluciones judiciales sólo podrán dejarse sin efecto en virtud de los recursos previstos en las leyes.

2. Las sentencias se ejecutarán en sus propios términos. Si la ejecución resultare imposible, el Juez o Tribunal adoptará las medidas necesarias que aseguren la mayor efectividad de la ejecutoria, y fijará en todo caso la indemnización que sea procedente en la parte en que aquélla no pueda ser objeto de cumplimiento pleno. Sólo por causa de utilidad pública o interés social, declarada por el Gobierno, podrán expropiarse los derechos reconocidos frente a la Administración Pública en una sentencia firme, antes de su ejecución. En este caso, el Juez o Tribunal a quien corresponda la ejecución será el único competente para señalar por vía incidental la correspondiente indemnización [43].

3. Lo dispuesto en este artículo se entiende sin perjuicio del derecho de gracia, cuyo ejercicio, de acuerdo con la Constitución y las leyes, corresponde al Rey [44].

19. 1. Los ciudadanos de nacionalidad española podrán ejercer la acción popular, en los casos y formas establecidos en la Ley [45].

2. Asimismo, podrán participar en la Administración de Justicia, mediante la institución del Jurado, en la forma y con respecto a aquellos procesos penales que la Ley determine; en los Tribunales consuetudinarios y tradicionales y en los demás casos previstos en esta Ley [46].

3. Tiene el carácter de Tribunal consuetudinario y tradicional el Tribunal de las Aguas de la Vega Valenciana [47].

4. Se reconoce el carácter de Tribunal consuetudinario y tradicional al denominado Consejo de Hombres Buenos de Murcia. [48]

---

[43] Véanse arts. 24.1, 118 CE y 548 a 555 LEC

[44] Véanse arts. 62.i, 102 CE y Ley de 18 de junio de 1870, Derecho de Gracia

[45] Véanse arts. 125 CE, 20.3 y 406 de la presente Ley

[46] Véanse arts. 125 CE, 83 y disposición adicional 1 de la presente Ley

[47] Véanse arts. 36.1 Estatuto de Autonomía de la Comunidad Valenciana, 85 Ley de Aguas, de 20 de julio de 2001

[48] Añadido apartado 4 por art. 1 de Ley Orgánica 13/1999 de 14 de mayo de 1999, con vigencia desde 16/05/1999

5. Se reconoce el carácter de tribunal consuetudinario y tradicional al denominado Juzgado Privativo de Aguas de Orihuela y Pueblos de su Marco. [49]

6. Se reconoce el carácter de tribunal consuetudinario y tradicional al denominado Tribunal del Comuner del Rollet de Gràcia de l'Horta d'Aldaia. [50]

20. 1. La Justicia será gratuita en los supuestos que establezca la Ley [51].

2. Se regulará por Ley un sistema de justicia gratuita que de efectividad al derecho declarado en los arts. 24 y 119 de la Constitución, en los casos de insuficiencia de recursos para litigar.

3. No podrán exigirse fianzas que por su inadecuación impidan el ejercicio de la acción popular, que será siempre gratuita.

LIBRO PRIMERO
DE LA EXTENSIÓN Y LÍMITES DE LA JURISDICCIÓN Y DE LA PLANTA Y ORGANIZACIÓN DE LOS TRIBUNALES [52]

TÍTULO PRIMERO
De la extensión y límites de la jurisdicción

21. [53] 1. Los Tribunales civiles españoles conocerán de las pretensiones que se susciten en territorio español con arreglo a lo establecido

---

[49] Añadido apartado 5 por art. único de Ley Orgánica 10/2021 de 14 de diciembre de 2021, con vigencia desde 16/12/2021

[50] Añadido apartado 6 por art. único de Ley Orgánica 10/2021 de 14 de diciembre de 2021, con vigencia desde 16/12/2021

[51] Véanse LAJG, RAJG, arts. 119 CE y 545.2 de la presente Ley

[52] Dada nueva redacción por art. 1 apartado 6 de Ley Orgánica 1/2025 de 2 de enero de 2025, con vigencia desde 23/01/2025

[53] Dada nueva redacción por art. único apartado 4 de Ley Orgánica 7/2015 de 21 de julio de 2015, con vigencia desde 01/10/2015

en los tratados y convenios internacionales en los que España sea parte, en las normas de la Unión Europea y en las leyes españolas [54] .

2. No obstante, no conocerán de las pretensiones formuladas respecto de sujetos o bienes que gocen de inmunidad de jurisdicción y de ejecución de conformidad con la legislación española y las normas de Derecho Internacional Público [55] . [56]

22. [57] Con carácter exclusivo, los Tribunales españoles serán competentes en todo caso y con preferencia de cualquier otro, para conocer de las pretensiones relativas a las siguientes materias:

a) Derechos reales y arrendamientos de bienes inmuebles que se hallen en España. No obstante, en materia de contratos de arrendamiento de bienes inmuebles celebrados para un uso particular durante un plazo máximo de seis meses consecutivos, serán igualmente competentes los órganos jurisdiccionales españoles si el demandado estuviera domiciliado en España, siempre que el arrendatario sea una persona física y que éste y el propietario estén domiciliados en el mismo Estado.

b) Constitución, validez, nulidad o disolución de sociedades o personas jurídicas que tengan su domicilio en territorio español, así como respecto de los acuerdos y decisiones de sus órganos.

c) Validez o nulidad de las inscripciones practicadas en un registro español.

d) Inscripciones o validez de patentes, marcas, diseños o dibujos y modelos y otros derechos sometidos a depósito o registro, cuando se hubiera solicitado o efectuado en España el depósito o el registro.

e) Reconocimiento y ejecución en territorio español de sentencias y demás resoluciones judiciales, decisiones arbitrales y acuerdos de mediación dictados en el extranjero.

---

[54] Véanse arts. 36 LEC, 4, 9.1, 22 a 25 y 238.1 de la presente Ley

[55] Véanse Conv. Viena sobre Relaciones Diplomáticas, de 18 de abril de 1961 y Conv. Viena sobre Relaciones Consulares, de 24 de abril de 1963

[56] Dada nueva redacción apartado 2 por disposición final 3 de Ley Orgánica 16/2015 de 27 de octubre de 2015, con vigencia desde 17/11/2015

[57] Dada nueva redacción por art. único apartado 5 de Ley Orgánica 7/2015 de 21 de julio de 2015, con vigencia desde 01/10/2015

22 bis. [58] 1. En aquellas materias en que una norma expresamente lo permita, los Tribunales españoles serán competentes cuando las partes, con independencia de su domicilio, se hayan sometido expresa o tácitamente a ellos. No surtirán efectos los acuerdos que atribuyan la competencia a los Tribunales españoles ni las estipulaciones similares incluidas en un contrato si son contrarios a lo establecido en los artículos 22 quáter, 22 quinquies, 22 sexies y 22 septies, o si excluyen la competencia de los órganos judiciales españoles exclusivamente competentes conforme lo establecido en el artículo 22, en cuyo caso se estará a lo establecido en dichos preceptos.

La sumisión a los Tribunales españoles en las materias contempladas en las letras d) y e) del artículo 22 quinquies sólo será válida si se fundamenta en un acuerdo de sumisión posterior a que surja la controversia, o ambos contratantes tuvieran ya su domicilio o residencia habitual en España en el momento de celebración del contrato o el demandante fuera el consumidor, asegurado o tomador del seguro.

2. Se entenderá por acuerdo de sumisión expresa aquel pacto por el cual las partes deciden atribuir a los Tribunales españoles el conocimiento de ciertas o todas las controversias que hayan surgido o puedan surgir entre ellas respecto de una determinada relación jurídica, contractual o no contractual. La competencia establecida por sumisión expresa se extenderá a la propia validez del acuerdo de sumisión.

El acuerdo de sumisión expresa deberá constar por escrito, en una cláusula incluida en un contrato o en un acuerdo independiente, o verbalmente con confirmación escrita, así como en alguna forma que se ajuste a los hábitos que las partes tengan establecidos entre ellas, o en el comercio internacional sea conforme a los usos que las partes conozcan o deban conocer y que, en dicho comercio, sean ampliamente conocidos y regularmente observados por las partes en los contratos del mismo tipo en el sector comercial considerado. Se entenderá que media acuerdo escrito cuando resulte de una transmisión efectuada por medios electrónicos que proporcione un registro duradero.

Se considerará igualmente que hay acuerdo escrito cuando esté consignado en un intercambio de escritos de demanda y contestación dentro del proceso iniciado en España, en los cuales la existencia del acuerdo sea afirmada por una parte y no negada por la otra.

---

[58] Añadido por art. único apartado 6 de Ley Orgánica 7/2015 de 21 de julio de 2015, con vigencia desde 01/10/2015

3. Con independencia de los casos en los que su competencia resulte de otras disposiciones, serán competentes los Tribunales españoles cuando comparezca ante ellos el demandado. Esta regla no será de aplicación si la comparecencia tiene por objeto impugnar la competencia.

22 ter. [59] 1. En materias distintas a las contempladas en los artículos 22, 22 sexies y 22 septies y si no mediare sumisión a los Tribunales españoles de conformidad con el artículo 22 bis, éstos resultarán competentes cuando el demandado tenga su domicilio en España o cuando así venga determinado por cualquiera de los foros establecidos en los artículos 22 quáter y 22 quinquies.

2. Se entenderá, a los efectos de este artículo, que una persona física está domiciliada en España cuando tenga en ella su residencia habitual.

Se entenderá que una persona jurídica está domiciliada en España cuando radique en ella su sede social, su centro de administración o administración central o su centro de actividad principal.

3. En caso de pluralidad de demandados, serán competentes los Tribunales españoles cuando al menos uno de ellos tenga su domicilio en España, siempre que se ejercite una sola acción o varias entre las que exista un nexo por razón del título o causa de pedir que aconsejen su acumulación.

4. No obstante, la competencia establecida conforme a lo dispuesto en el apartado 1 de este artículo podrá ser excluida mediante un acuerdo de elección de foro a favor de un Tribunal extranjero. En tal caso, los Tribunales suspenderán el procedimiento y sólo podrán conocer de la pretensión deducida en el supuesto de que los Tribunales extranjeros designados hubieren declinado su competencia.

5. No tendrá efecto la exclusión de la competencia de los Tribunales españoles en aquellas materias en que no cabe sumisión a ellos.

22 quater. [60] En defecto de los criterios anteriores, los Tribunales españoles serán competentes:

---

[59] Añadido por art. único apartado 7 de Ley Orgánica 7/2015 de 21 de julio de 2015, con vigencia desde 01/10/2015

[60] Añadido por art. único apartado 8 de Ley Orgánica 7/2015 de 21 de julio de 2015, con vigencia desde 01/10/2015

a) En materia de declaración de ausencia o fallecimiento, cuando el desaparecido hubiera tenido su último domicilio en territorio español o tuviera nacionalidad española.

b) En materia relacionada con la capacidad de las personas y las medidas de protección de las personas mayores de edad o de sus bienes, cuando estos tuviesen su residencia habitual en España.

c) En materia de relaciones personales y patrimoniales entre cónyuges, nulidad matrimonial, separación y divorcio y sus modificaciones, siempre que ningún otro Tribunal extranjero tenga competencia, cuando ambos cónyuges posean residencia habitual en España al tiempo de la interposición de la demanda o cuando hayan tenido en España su última residencia habitual y uno de ellos resida allí, o cuando España sea la residencia habitual del demandado, o, en caso de demanda de mutuo acuerdo, cuando en España resida uno de los cónyuges, o cuando el demandante lleve al menos un año de residencia habitual en España desde la interposición de la demanda, o cuando el demandante sea español y tenga su residencia habitual en España al menos seis meses antes de la interposición de la demanda, así como cuando ambos cónyuges tengan nacionalidad española.

d) En materia de filiación y de relaciones paterno-filiales, protección de menores y de responsabilidad parental, cuando el hijo o menor tenga su residencia habitual en España al tiempo de la interposición de la demanda o el demandante sea español o resida habitualmente en España o, en todo caso, al menos desde seis meses antes de la presentación de la demanda.

e) En materia de adopción, en los supuestos regulados en la Ley 54/2007, de 28 de diciembre, de adopción internacional.

f) En materia de alimentos, cuando el acreedor o el demandado de los mismos tenga su residencia habitual en España o, si la pretensión de alimentos se formula como accesoria a una cuestión sobre el estado civil o de una acción de responsabilidad parental, cuando los Tribunales españoles fuesen competentes para conocer de esta última acción.

g) En materia de sucesiones, cuando el causante hubiera tenido su última residencia habitual en España o cuando los bienes se encuentren en España y el causante fuera español en el momento del fallecimiento. También serán competentes cuando las partes se hubieran sometido a los Tribunales españoles, siempre que fuera aplicable la ley española a la sucesión. Cuando ninguna jurisdicción extranjera sea competente, los Tribunales españoles lo serán respecto de los bienes de la sucesión que se encuentren en España.

22 quinquies. [61] Asimismo, en defecto de sumisión expresa o tácita y aunque el demandado no tuviera su domicilio en España, los Tribunales españoles serán competentes:

a) En materia de obligaciones contractuales, cuando la obligación objeto de la demanda se haya cumplido o deba cumplirse en España.

b) En materia de obligaciones extracontractuales, cuando el hecho dañoso se haya producido en territorio español.

c) En las acciones relativas a la explotación de una sucursal, agencia o establecimiento mercantil, cuando éste se encuentre en territorio español.

d) En materia de contratos celebrados por consumidores, estos podrán litigar en España si tienen su residencia habitual en territorio español o si lo tuviera la otra parte contratante; esta última solo podrá litigar en España si el consumidor tiene su residencia habitual en territorio español.

e) En materia de seguros, cuando el asegurado, tomador o beneficiario del seguro tuviera su domicilio en España; también podrá el asegurador ser demandado ante los Tribunales españoles si el hecho dañoso se produjere en territorio español y se tratara de un contrato de seguro de responsabilidad o de seguro relativo a inmuebles, o, tratándose de un seguro de responsabilidad civil, si los Tribunales españoles fueran competentes para conocer de la acción entablada por el perjudicado contra el asegurado en virtud de lo dispuesto en la letra b) de este artículo.

f) En las acciones relativas a derechos reales sobre bienes muebles, si estos se encontraren en territorio español al tiempo de la interposición de la demanda.

Respecto a los supuestos previstos en las letras d) y e) también serán competentes los Tribunales españoles cuando el consumidor, asegurado o tomador del seguro sea demandante y las partes hayan acordado la sumisión a los Tribunales españoles después de surgir la controversia, o ambos contratantes tuvieran ya su domicilio en España

---

[61] Añadido por art. único apartado 9 de Ley Orgánica 7/2015 de 21 de julio de 2015, con vigencia desde 01/10/2015

en el momento de celebración del contrato o el demandante fuera el consumidor, asegurado o tomador del seguro.

22 sexies. [62] Los Tribunales españoles serán competentes cuando se trate de adoptar medidas provisionales o de aseguramiento respecto de personas o bienes que se hallen en territorio español y deban cumplirse en España. Serán también competentes para adoptar estas medidas si lo son para conocer del asunto principal.

22 septies. [63] En materia concursal y demás procedimientos de insolvencia se estará a lo que disponga su legislación reguladora.

22 octies. [64] 1. No serán competentes los Tribunales españoles en aquellos casos en que los fueros de competencia previstos en las leyes españolas no contemplen dicha competencia.

2. Los Tribunales españoles apreciarán, de oficio o a instancia de parte, su competencia de conformidad con las normas vigentes y las circunstancias concurrentes en el momento de presentación de la demanda, y el proceso se sustanciará hasta su conclusión aunque dichas normas o circunstancias hayan sido modificadas con posterioridad, salvo que expresamente se determine lo contrario.

3. Los Tribunales españoles se declararán incompetentes si su competencia no estuviera fundada en las disposiciones de las leyes españolas, de conformidad con lo previsto en las leyes procesales.

Los Tribunales españoles no podrán abstenerse o declinar su competencia cuando el supuesto litigioso presente vinculación con España y los Tribunales de los distintos Estados conectados con el supuesto hayan declinado su competencia. Tampoco lo podrán hacer cuando se trate del reconocimiento y la ejecución de resoluciones judiciales, decisiones arbitrales y acuerdos de mediación dictados por los Tribunales extranjeros.

---

[62] Añadido por art. único apartado 10 de Ley Orgánica 7/2015 de 21 de julio de 2015, con vigencia desde 01/10/2015

[63] Añadido por art. único apartado 11 de Ley Orgánica 7/2015 de 21 de julio de 2015, con vigencia desde 01/10/2015

[64] Añadido por art. único apartado 12 de Ley Orgánica 7/2015 de 21 de julio de 2015, con vigencia desde 01/10/2015

22 nonies. [65] Las excepciones de litispendencia y de conexidad internacionales se alegarán y tramitarán con arreglo a las normas generales que regulen las leyes procesales.

23. 1. En el orden penal corresponderá a la jurisdicción española el conocimiento de las causas por delitos y faltas cometidos en territorio español o cometidos a bordo de buques o aeronaves españoles, sin perjuicio de lo previsto en los tratados internacionales en los que España sea parte.

2. También conocerá la jurisdicción española de los delitos que hayan sido cometidos fuera del territorio nacional, siempre que los criminalmente responsables fueren españoles o extranjeros que hubieran adquirido la nacionalidad española con posterioridad a la comisión del hecho y concurrieren los siguientes requisitos:

a) Que el hecho sea punible en el lugar de ejecución, salvo que, en virtud de un Tratado internacional o de un acto normativo de una Organización internacional de la que España sea parte, no resulte necesario dicho requisito, sin perjuicio de lo dispuesto en los apartados siguientes.

b) Que el agraviado o el Ministerio Fiscal interpongan querella ante los tribunales españoles. Este requisito se considerará cumplido en relación con los delitos competencia de la Fiscalía Europea cuando esta ejercite efectivamente su competencia. [66]

c) Que el delincuente no haya sido absuelto, indultado o penado en el extranjero, o, en este último caso, no haya cumplido la condena. Si sólo la hubiere cumplido en parte, se le tendrá en cuenta para rebajarle proporcionalmente la que le corresponda. [67]

3. Conocerá la jurisdicción española de los hechos cometidos por españoles o extranjeros fuera del territorio nacional cuando sean susceptibles de tipificarse, según la Ley penal española, como alguno de los siguientes delitos:

a) De traición y contra la paz o la independencia del Estado.

---

[65] Añadido por art. único apartado 13 de Ley Orgánica 7/2015 de 21 de julio de 2015, con vigencia desde 01/10/2015

[66] Dada nueva redacción apartado 2 letra b por disposición final 2 apartado 1 de Ley Orgánica 9/2021 de 1 de julio de 2021, con vigencia desde 03/07/2021

[67] Dada nueva redacción apartado 2 por art. único apartado 1 de Ley Orgánica 1/2014 de 13 de marzo de 2014, con vigencia desde 15/03/2014

b) Contra el titular de la Corona, su Consorte, su Sucesor o el Regente.

c) Rebelión y sedición.

d) Falsificación de la firma o estampilla reales, del sello del Estado, de las firmas de los Ministros y de los sellos públicos u oficiales.

e) Falsificación de moneda española y su expedición.

f) Cualquier otra falsificación que perjudique directamente al crédito o intereses del Estado, e introducción o expedición de lo falsificado.

g) Atentado contra autoridades o funcionarios públicos españoles.

h) Los perpetrados en el ejercicio de sus funciones por funcionarios públicos españoles residentes en el extranjero y los delitos contra la Administración Pública española.

i) Los relativos al control de cambios.

4. Igualmente, será competente la jurisdicción española para conocer de los hechos cometidos por españoles o extranjeros fuera del territorio nacional susceptibles de tipificarse, según la ley española, como alguno de los siguientes delitos cuando se cumplan las condiciones expresadas:

a) Genocidio, lesa humanidad o contra las personas y bienes protegidos en caso de conflicto armado, siempre que el procedimiento se dirija contra un español o contra un ciudadano extranjero que resida habitualmente en España, o contra un extranjero que se encontrara en España y cuya extradición hubiera sido denegada por las autoridades españolas.

b) Delitos de tortura y contra la integridad moral de los artículos 174 a 177 del Código Penal, cuando:

1º el procedimiento se dirija contra un español; o,

2º la víctima tuviera nacionalidad española en el momento de comisión de los hechos y la persona a la que se impute la comisión del delito se encuentre en territorio español.

c) Delitos de desaparición forzada incluidos en la Convención internacional para la protección de todas las personas contra las desapariciones forzadas, hecha en Nueva York el 20 de diciembre de 2006, cuando:

1º el procedimiento se dirija contra un español; o,

2º la víctima tuviera nacionalidad española en el momento de comisión de los hechos y la persona a la que se impute la comisión del delito se encuentre en territorio español.

d) Delitos de piratería, terrorismo, tráfico ilegal de drogas tóxicas, estupefacientes o sustancias psicotrópicas, trata de seres humanos, contra los derechos de los ciudadanos extranjeros y delitos contra la seguridad de la navegación marítima que se cometan en los espacios marinos, en los supuestos previstos en los tratados ratificados por España o en actos normativos de una Organización Internacional de la que España sea parte.

e) Terrorismo, siempre que concurra alguno de los siguientes supuestos:

1º el procedimiento se dirija contra un español;

2º el procedimiento se dirija contra un extranjero que resida habitualmente o se encuentre en España o, sin reunir esos requisitos, colabore con un español, o con un extranjero que resida o se encuentre en España, para la comisión de un delito de terrorismo; [68]

3º el delito se haya cometido por cuenta de una persona jurídica con domicilio en España;

4º la víctima tuviera nacionalidad española en el momento de comisión de los hechos;

5º el delito haya sido cometido para influir o condicionar de un modo ilícito la actuación de cualquier Autoridad española;

6º el delito haya sido cometido contra una institución u organismo de la Unión Europea que tenga su sede en España;

7º el delito haya sido cometido contra un buque o aeronave con pabellón español; o,

8º el delito se haya cometido contra instalaciones oficiales españolas, incluyendo sus embajadas y consulados.

A estos efectos, se entiende por instalación oficial española cualquier instalación permanente o temporal en la que desarrollen sus funciones públicas autoridades o funcionarios públicos españoles.

f) Los delitos contenidos en el Convenio para la represión del apoderamiento ilícito de aeronaves, hecho en La Haya el 16 de diciembre de 1970, siempre que:

1º el delito haya sido cometido por un ciudadano español; o,

2º el delito se haya cometido contra una aeronave que navegue bajo pabellón español.

g) Los delitos contenidos en el Convenio para la represión de actos ilícitos contra la seguridad de la aviación civil, hecho en Montreal el 23 de septiembre de 1971, y en su Protocolo complementario hecho en

---

[68] Dada nueva redacción apartado 4 letra e número 2 por disposición final 1 de Ley Orgánica 2/2015 de 30 de marzo de 2015, con vigencia desde 01/07/2015

Montreal el 24 de febrero de 1988, en los supuestos autorizados por el mismo.

h) Los delitos contenidos en el Convenio sobre la protección física de materiales nucleares hecho en Viena y Nueva York el 3 de marzo de 1980, siempre que el delito se haya cometido por un ciudadano español.

i) Tráfico ilegal de drogas tóxicas, estupefacientes o sustancias psicotrópicas, siempre que:

1º el procedimiento se dirija contra un español; o,

2º cuando se trate de la realización de actos de ejecución de uno de estos delitos o de constitución de un grupo u organización criminal con miras a su comisión en territorio español.

j) Delitos de constitución, financiación o integración en grupo u organización criminal o delitos cometidos en el seno de los mismos, siempre que se trate de grupos u organizaciones que actúen con miras a la comisión en España de un delito que esté castigado con una pena máxima igual o superior a tres años de prisión.

k) Delitos contra la libertad e indemnidad sexual cometidos sobre víctimas menores de edad, siempre que:

1º el procedimiento se dirija contra un español;

2º el procedimiento se dirija contra ciudadano extranjero que resida habitualmente en España;

3º el procedimiento se dirija contra una persona jurídica, empresa, organización, grupos o cualquier otra clase de entidades o agrupaciones de personas que tengan su sede o domicilio social en España; o,

4º el delito se hubiera cometido contra una víctima que, en el momento de comisión de los hechos, tuviera nacionalidad española o residencia habitual en España.

l) Delitos regulados en el Convenio del Consejo de Europa de 11 de mayo de 2011 sobre prevención y lucha contra la violencia contra las mujeres y la violencia doméstica, siempre que:

1º el procedimiento se dirija contra un español;

2º el procedimiento se dirija contra un extranjero que resida habitualmente en España; o,

3º el delito se hubiera cometido contra una víctima que, en el momento de comisión de los hechos, tuviera nacionalidad española o residencia habitual en España, siempre que la persona a la que se impute la comisión del hecho delictivo se encuentre en España.

m) Trata de seres humanos, siempre que:

1º el procedimiento se dirija contra un español;

2º el procedimiento se dirija contra un ciudadano extranjero que resida habitualmente en España;

3º el procedimiento se dirija contra una persona jurídica, empresa, organización, grupos o cualquier otra clase de entidades o agrupaciones de personas que tengan su sede o domicilio social en España; o,

4º el delito se hubiera cometido contra una víctima que, en el momento de comisión de los hechos, tuviera nacionalidad española o residencia habitual en España, siempre que la persona a la que se impute la comisión del hecho delictivo se encuentre en España.

n) Delitos de corrupción entre particulares o en las transacciones económicas internacionales, siempre que:

1º el procedimiento se dirija contra un español;

2º el procedimiento se dirija contra un ciudadano extranjero que resida habitualmente en España;

3º el delito hubiera sido cometido por el directivo, administrador, empleado o colaborador de una empresa mercantil, o de una sociedad, asociación, fundación u organización que tenga su sede o domicilio social en España; o,

4º el delito hubiera sido cometido por una persona jurídica, empresa, organización, grupos o cualquier otra clase de entidades o agrupaciones de personas que tengan su sede o domicilio social en España.

o) Delitos regulados en el Convenio del Consejo de Europa de 28 de octubre de 2011, sobre falsificación de productos médicos y delitos que supongan una amenaza para la salud pública, cuando:

1º el procedimiento se dirija contra un español;

2º el procedimiento se dirija contra un extranjero que resida habitualmente en España;

3º el procedimiento se dirija contra una persona jurídica, empresa, organización, grupos o cualquier otra clase de entidades o agrupaciones de personas que tengan su sede o domicilio social en España;

4º la víctima tuviera nacionalidad española en el momento de comisión de los hechos; o,

5º el delito se haya cometido contra una persona que tuviera residencia habitual en España en el momento de comisión de los hechos.

p) Cualquier otro delito cuya persecución se imponga con carácter obligatorio por un Tratado vigente para España o por otros actos normativos de una Organización Internacional de la que España sea miembro, en los supuestos y condiciones que se determine en los mismos.

Asimismo, la jurisdicción española será también competente para conocer de los delitos anteriores cometidos fuera del territorio nacional por ciudadanos extranjeros que se encontraran en España y cuya extradición hubiera sido denegada por las autoridades españolas, siempre que así lo imponga un Tratado vigente para España. [69]

5. Los delitos a los que se refiere el apartado anterior no serán perseguibles en España en los siguientes supuestos:

a) Cuando se haya iniciado un procedimiento para su investigación y enjuiciamiento en un Tribunal Internacional constituido conforme a los Tratados y Convenios en que España fuera parte.

b) Cuando se haya iniciado un procedimiento para su investigación y enjuiciamiento en el Estado del lugar en que se hubieran cometido los hechos o en el Estado de nacionalidad de la persona a que se impute su comisión, siempre que:

1º la persona a la que se impute la comisión del hecho no se encontrara en territorio español; o,

2º se hubiera iniciado un procedimiento para su extradición al país del lugar en que se hubieran cometido los hechos o de cuya nacionalidad fueran las víctimas, o para ponerlo a disposición de un Tribunal Internacional para que fuera juzgado por los mismos, salvo que la extradición no fuera autorizada.

Lo dispuesto en este apartado b) no será de aplicación cuando el Estado que ejerza su jurisdicción no esté dispuesto a llevar a cabo la investigación o no pueda realmente hacerlo, y así se valore por la Sala 2ª del Tribunal Supremo, a la que elevará exposición razonada el Juez o Tribunal.

A fin de determinar si hay o no disposición a actuar en un asunto determinado, se examinará, teniendo en cuenta los principios de un proceso con las debidas garantías reconocidos por el Derecho Internacional, si se da una o varias de las siguientes circunstancias, según el caso:

a) Que el juicio ya haya estado o esté en marcha o que la decisión nacional haya sido adoptada con el propósito de sustraer a la persona de que se trate de su responsabilidad penal.

---

[69] Dada nueva redacción apartado 4 por art. único apartado 1 de Ley Orgánica 1/2014 de 13 de marzo de 2014, con vigencia desde 15/03/2014

b) Que haya habido una demora injustificada en el juicio que, dadas las circunstancias, sea incompatible con la intención de hacer comparecer a la persona de que se trate ante la justicia.

c) Que el proceso no haya sido o no esté siendo sustanciado de manera independiente o imparcial y haya sido o esté siendo sustanciado de forma en que, dadas las circunstancias, sea incompatible con la intención de hacer comparecer a la persona de que se trate ante la justicia.

A fin de determinar la incapacidad para investigar o enjuiciar en un asunto determinado, se examinará si el Estado, debido al colapso total o sustancial de su administración nacional de justicia o al hecho de que carece de ella, no puede hacer comparecer al acusado, no dispone de las pruebas y los testimonios necesarios o no está por otras razones en condiciones de llevar a cabo el juicio. [70]

6. Los delitos a los que se refieren los apartados 3 y 4 solamente serán perseguibles en España previa interposición de querella por el agraviado o por el Ministerio Fiscal. [71]

24. En el orden contencioso-administrativo será competente, en todo caso, la jurisdicción española cuando la pretensión que se deduzca se refiera a disposiciones de carácter general o a actos de las Administraciones Públicas españolas. Asimismo conocerá de las que se deduzcan en relación con actos de los Poderes Públicos españoles, de acuerdo con lo que dispongan las leyes.

25. [72] En el orden social, los jueces y juezas, así como los Tribunales españoles serán competentes:

1.º En materia de derechos y obligaciones derivados de contrato de trabajo, cuando los servicios se hayan prestado en España o el contrato se haya celebrado en territorio español; cuando el demandado tenga su domicilio en territorio español o una agencia, sucursal, delegación o cualquier otra representación en España; cuando el trabajador o

---

[70] Dada nueva redacción apartado 5 por art. único apartado 1 de Ley Orgánica 1/2014 de 13 de marzo de 2014, con vigencia desde 15/03/2014

[71] Añadido apartado 6 por art. único apartado 1 de Ley Orgánica 1/2014 de 13 de marzo de 2014, con vigencia desde 15/03/2014

[72] Dada nueva redacción por art. 1 apartado 7 de Ley Orgánica 1/2025 de 2 de enero de 2025, con vigencia desde 23/01/2025

la trabajadora y el empresario o la empresaria tengan nacionalidad española, cualquiera que sea el lugar de prestación de los servicios o de celebración del contrato; y, además, en el caso de contrato de embarque, si el contrato fue precedido de oferta recibida en España por trabajador español.

2.º En materia de control de legalidad de los convenios colectivos de trabajo celebrados en España y de pretensiones derivadas de conflictos colectivos de trabajo promovidos en territorio español.

3.º En materia de pretensiones de Seguridad Social frente a entidades españolas o que tengan domicilio, agencia, delegación o cualquier otra representación en España.

TÍTULO II
De la planta y organización territorial

CAPÍTULO PRIMERO
De los Tribunales [73]

26. [74] Los Tribunales a los que se atribuye el ejercicio de la potestad jurisdiccional son los siguientes:

a) Jueces y juezas de paz.

b) Tribunales de Instancia.

c) Audiencias Provinciales.

d) Tribunales Superiores de Justicia.

e) Tribunal Central de Instancia.

f) Audiencia Nacional.

g) Tribunal Supremo.

---

[73] Dada nueva redacción por art. 1 apartado 8 de Ley Orgánica 1/2025 de 2 de enero de 2025, con vigencia desde 23/01/2025

[74] Dada nueva redacción por art. 1 apartado 9 de Ley Orgánica 1/2025 de 2 de enero de 2025, con vigencia desde 23/01/2025

27. [75] 1. Cuando las Salas de los Tribunales se dividan en Secciones y hubiere dos o más, se designarán por numeración ordinal.

2. Las plazas judiciales que integran los Tribunales de Instancia y el Tribunal Central de Instancia se designarán por numeración cardinal dentro de la misma Sección.

28. [76] (Derogado)

29. [77] 1. La planta de los tribunales se establecerá por ley. Será revisada con base en la evolución de las cargas de trabajo, población y otros parámetros que se consideren relevantes, al menos, cada cinco años, previo informe del Consejo General del Poder Judicial, para adaptarla a las nuevas necesidades [78].

2. La revisión de la planta de los tribunales podrá ser instada por las comunidades autónomas con competencia en materia de Justicia para adaptarla a las necesidades de su ámbito territorial.

CAPÍTULO II
De la división territorial en lo judicial

30. El Estado se organiza territorialmente, a efectos judiciales, en municipios, partidos, provincias y Comunidades Autónomas [79].

---

[75] Dada nueva redacción por art. 1 apartado 10 de Ley Orgánica 1/2025 de 2 de enero de 2025, con vigencia desde 23/01/2025

[76] Derogado por disposición derogatoria única letra a de Ley Orgánica 19/2003 de 23 de diciembre de 2003, con vigencia desde 15/01/2004

[77] Dada nueva redacción por art. 1 apartado 11 de Ley Orgánica 1/2025 de 2 de enero de 2025, con vigencia desde 23/01/2025

[78] Véase LDPJ

[79] Véanse arts. 137, 141.1, 147.2, 148.1 CE, 70, 80.1, 84, 99 y disposición transitoria 30 de la presente Ley

31. El municipio se corresponde con la demarcación administrativa del mismo nombre [80].

32. 1. El partido es la unidad territorial integrada por uno o más municipios limítrofes, pertenecientes a una misma provincia.

2. La modificación de partidos se realizará, en su caso, en función del número de asuntos, de las características de la población, medios de comunicación y comarcas naturales.

3. El partido podrá coincidir con la demarcación provincial [81].

33. La provincia se ajustará a los límites territoriales de la demarcación administrativa del mismo nombre [82].

34. La Comunidad Autónoma será el ámbito territorial de los Tribunales Superiores de Justicia [83].

35. [84] 1. La demarcación judicial, que determinará la circunscripción territorial de los órganos judiciales, se establecerá por ley o, en los casos expresamente contemplados en esta norma, por real decreto [85].

2. A tal fin, las Comunidades Autónomas participarán en la organización de la demarcación judicial de sus territorios respectivos, remitiendo al Gobierno, a solicitud de éste, una propuesta de la misma en la que fijarán los partidos judiciales [86].

---

[80] Véanse arts. 1, 3, 11 a 14 LRBRL, 2 a 11 RDLeg. 781/1986, de 18 de abril y 148.2 CE

[81] Véanse arts. 4, anexo 1 LDPJ, 35.6, 80.2, 84, 91 y disposición adicional 1 de la presente Ley

[82] Véanse arts. 1, 3, 31 LBRL, 25 TR de las Disposiciones Legales Vigentes en materia de Régimen Local y 137 a 141 CE

[83] Véanse arts. 2, 7 LDPJ y 147.2 CE

[84] Dada nueva redacción por art. único apartado 14 de Ley Orgánica 7/2015 de 21 de julio de 2015, con vigencia desde 01/10/2015

[85] Véase LDPL

[86] Véase art. 152.1 CE

3. El Ministerio de Justicia, vistas las propuestas de las Comunidades Autónomas, redactará la correspondiente disposición normativa, que será informada por el Consejo General del Poder Judicial en el plazo de dos meses [87].

4. Emitidos los precitados informes, el Gobierno procederá a la tramitación del oportuno proyecto normativo.

5. La demarcación judicial será revisada cada cinco años o antes si las circunstancias lo aconsejan, mediante ley elaborada conforme al procedimiento anteriormente establecido.

6. Las Comunidades Autónomas, previo informe del Consejo General del Poder Judicial, determinarán, por ley, la capitalidad de los partidos judiciales [88].

36. [89] La creación de las Secciones de las Audiencias y Tribunales y de plazas judiciales, siempre que no suponga alteración de la demarcación judicial, corresponderá al Gobierno, oídos preceptivamente la comunidad autónoma afectada y el Consejo General del Poder Judicial [90].

37. [91] 1. Corresponde al Ministerio de Justicia o al órgano competente de la Comunidad Autónoma con competencias en materia de justicia proveer a los Juzgados y Tribunales de los medios precisos para el desarrollo de su función con independencia y eficacia.

2. A tal efecto, el Consejo General del Poder Judicial remitirá anualmente al Ministerio de Justicia o al órgano competente de la

---

[87] Véase art. 127.6 de la presente Ley

[88] Véase art. 4 LDPJ. Sobre la capitalidad de los partidos judiciales: Asturias, Ley 1/1989, de 18 de abril; Castilla y León, Ley 3/1989, de 13 de abril; Castilla-La Mancha, Ley 3/1989, de 18 de mayo; Navarra, Ley Foral 4/1989, de 12 de mayo; Andalucía, Ley 3/1989, de 2 de diciembre; Murcia, Ley 5/1989, de 4 de diciembre; Madrid, Ley 11/1989, 5 de diciembre; Extremadura, Ley 3/1989, de 27 de diciembre; La Rioja, Ley 6/1989, de 27 de diciembre; Comunidad Valenciana, Ley 9/1989, de 29 de diciembre y País Vasco, Ley 1/1990, de 6 de abril

[89] Dada nueva redacción por art. 1 apartado 12 de Ley Orgánica 1/2025 de 2 de enero de 2025, con vigencia desde 23/01/2025

[90] Véase art. 127.6 de la presente Ley

[91] Dada nueva redacción por art. único apartado 3 de Ley Orgánica 19/2003 de 23 de diciembre de 2003, con vigencia desde 15/01/2004

Comunidad Autónoma con competencias en materia de justicia una relación circunstanciada de las necesidades que estime existentes.

TÍTULO III
De los conflictos de jurisdicción y de los conflictos y cuestiones de competencia

CAPÍTULO PRIMERO
De los conflictos de jurisdicción

38. 1. Los conflictos de jurisdicción entre los Juzgados o Tribunales y la Administración serán resueltos por un órgano colegiado constituido por el Presidente del Tribunal Supremo, que lo presidirá, y por cinco vocales, de los que dos serán Magistrados de la Sala de lo Contencioso-administrativo del Tribunal Supremo, designados por el Pleno del Consejo General del Poder Judicial, y los otros tres serán Consejeros Permanentes de Estado, actuando como Secretario el de Gobierno del Tribunal Supremo.

2. El Presidente tendrá siempre voto de calidad en caso de empate [92].

39. 1. Los conflictos de jurisdicción entre los Juzgados o Tribunales de cualquier orden jurisdiccional de la jurisdicción ordinaria y los órganos judiciales militares, serán resueltos por la Sala de Conflictos de Jurisdicción, compuesta por el Presidente del Tribunal Supremo, que la presidirá, dos Magistrados de la Sala del Tribunal Supremo del orden jurisdiccional en conflicto y dos Magistrados de la Sala de lo Militar, todos ellos designados por el Pleno del Consejo General del Poder Judicial. Actuará como Secretario de esta Sala el de Gobierno del Tribunal Supremo. [93]

---

[92] Véanse arts. 1 a 21 LOCJ, disposición adicional 1 y disposición adicional 4 de la presente Ley

[93] Dada nueva redacción apartado 1 por disposición adicional 5 de Ley Orgánica 4/1987 de 15 de julio de 1987, con vigencia desde 01/05/1988

2. El Presidente tendrá siempre voto de calidad en caso de empate [94] .

40. Anualmente se renovarán los componentes de los órganos colegiados decisorios previstos en los dos artículos anteriores.

41. El planteamiento, tramitación y decisión de los conflictos de jurisdicción se ajustará a lo dispuesto en la Ley [95] .

CAPÍTULO II
De los conflictos de competencia

42. Los conflictos de competencia que puedan producirse entre Juzgados o Tribunales de distinto orden jurisdiccional, integrados en el Poder Judicial, se resolverán por una Sala especial del Tribunal Supremo, presidida por el Presidente y compuesta por dos Magistrados, uno por cada orden jurisdiccional en conflicto, que serán designados anualmente por la Sala de Gobierno. Actuará como Secretario de esta Sala especial el de Gobierno del Tribunal Supremo [96] .

43. Los conflictos de competencia, tanto positivos como negativos, podrán ser promovidos de oficio o a instancia de parte o del Ministerio Fiscal, mientras el proceso no haya concluido por sentencia firme, salvo que el conflicto se refiera a la ejecución del fallo [97] .

44. El orden jurisdiccional penal es siempre preferente. Ningún Juez o Tribunal podrá plantear conflicto de competencia a los órganos de dicho orden jurisdiccional.

45. Suscitado el conflicto de competencia en escrito razonado, en el que se expresarán los preceptos legales en que se funde, el Juez

---

[94] Véanse arts. 22 a 29 LOCJ
[95] Véase LOCJ
[96] Véase art. 125.8 de la presente Ley
[97] Véase art. 3.8 EOMF

o Tribunal, oídas las partes y el Ministerio Fiscal por plazo común de diez días, decidirá por medio de un auto si procede declinar el conocimiento del asunto o requerir al órgano jurisdiccional que esté conociendo para que deje de hacerlo.

46. 1. Al requerimiento de inhibición se acompañará testimonio del auto dictado por el Juez o Tribunal requirente, de los escritos de las partes y del Ministerio Fiscal y de los demás particulares que se estimen conducentes para justificar la competencia de aquél.

2. El requerido, con audiencia del Ministerio Fiscal y de las partes por plazo común de diez días, dictará auto resolviendo sobre su competencia.

47. 1. Si no se accediere al requerimiento, se comunicará así al requirente y se elevarán por ambos las actuaciones a la Sala de Conflictos, conservando ambos órganos, en su caso, los testimonios necesarios para cumplir lo previsto en el apartado 2 del artículo 48.

2. La Sala, oído el Ministerio Fiscal por plazo no superior a diez días, dictará auto en los diez siguientes, sin que contra él quepa recurso alguno. El auto que se dicte resolverá definitivamente el conflicto de competencia.

48. 1. Desde que se dicte el auto declinando la competencia o acordando el requerimiento, y desde que se tenga conocimiento de éste por el Juez o Tribunal requerido, se suspenderá el procedimiento en el asunto a que se refiere aquél.

2. No obstante, la suspensión no alcanzará a las actuaciones preventivas o preparatorias ni a las cautelares, cualesquiera que sean los órdenes jurisdiccionales en eventual conflicto, que tengan carácter urgente o necesario, o que, de no adoptarse, pudieran producir un quebranto irreparable o de difícil reparación. En su caso, los Jueces o Tribunales adoptarán las garantías procedentes para asegurar los derechos o intereses de las partes o de terceros o el interés público.

49. Las resoluciones recaídas en la tramitación de los conflictos de competencia no serán susceptibles de recurso alguno, ordinario o extraordinario.

50. 1. Contra la resolución firme en que el órgano del orden jurisdiccional indicado en la resolución a que se refiere el apartado 6 del artículo 9 declare su falta de jurisdicción en un proceso cuyos sujetos y pretensiones fuesen los mismos, podrá interponerse en el plazo de diez días recurso por defecto de jurisdicción.

2. El recurso se interpondrá ante el órgano que dictó la resolución, quien, tras oír a las partes personadas, si las hubiere, remitirá las actuaciones a la Sala de Conflictos.

3. La Sala reclamará del Juzgado o Tribunal que declaró en primer lugar su falta de jurisdicción que le remita las actuaciones y, oído el Ministerio Fiscal por plazo no superior a diez días, dictará auto dentro de los diez siguientes.

CAPÍTULO III
De las cuestiones de competencia

51. 1. Las cuestiones de competencia entre Juzgados y Tribunales de un mismo orden jurisdiccional se resolverán por el órgano inmediato superior común, conforme a las normas establecidas en las leyes procesales.

2. En la resolución en que se declare la falta de competencia se expresará el órgano que se considere competente [98].

52. No podrán suscitarse cuestiones de competencia entre Jueces y Tribunales subordinados entre sí. El Juez o Tribunal superior fijará, en todo caso, y sin ulterior recurso, su propia competencia, oídas las partes y el Ministerio Fiscal por plazo común de diez días. Acordado lo procedente, recabarán las actuaciones del Juez o Tribunal inferior o le remitirán las que se hallare conociendo [99].

---

[98] Véanse arts. 60 LEC, 60.1, 73.2, 3 y 5, 74.3, 82.4, 85.4, 88.1, 238.1 y 245.1 de la presente Ley

[99] Véase art. 60 LEC

TÍTULO IV
De la composición y atribuciones y de los órganos jurisdiccionales

CAPÍTULO PRIMERO
Del Tribunal Supremo

53. El Tribunal Supremo, con sede en la villa de Madrid, es el órgano jurisdiccional superior en todos los órdenes, salvo lo dispuesto en materia de garantías constitucionales. Tendrá jurisdicción en toda España y ningún otro podrá tener el título de Supremo [100].

54. El Tribunal Supremo se compondrá de su Presidente, los Presidentes de Sala y los Magistrados que determine la Ley para cada una de las Salas y, en su caso, Secciones en que las mismas puedan articularse [101].

55. [102] El Tribunal Supremo estará integrado por las siguientes Salas:
- Primera, de lo Civil.
- Segunda, de lo Penal.
- Tercera, de lo Contencioso-administrativo.
- Cuarta, de lo Social.
- Quinta, de lo Militar, que se regirá por su legislación específica y supletoriamente por la presente Ley y por el ordenamiento común a las demás Salas del Tribunal Supremo.

---

[100] Véanse arts. 5, 123, 159 CE y 59 a 61 de la presente Ley

[101] Véanse arts. 1, 6, 11, 28 a 30, disposición transitoria 2 y anexo II LDYPJ

[102] Dada nueva redacción por disposición adicional 6 de Ley Orgánica 4/1987 de 15 de julio de 1987, con vigencia desde 01/05/1988

55 bis. [103] *[104]* Además de las competencias atribuidas a las Salas de lo Civil y de lo Penal del Tribunal Supremo en los artículos 56 y 57, dichas Salas conocerán de la tramitación y enjuiciamiento de las acciones civiles y penales, respectivamente, dirigidas contra la Reina consorte o el consorte de la Reina, la Princesa o Príncipe de Asturias y su consorte, así como contra el Rey o Reina que hubiere abdicado y su consorte.

56. La Sala de lo Civil del Tribunal Supremo conocerá:

1º De los recursos de casación, revisión y otros extraordinarios en materia civil que establezca la Ley [105].

2º De las demandas de responsabilidad civil por hechos realizados en el ejercicio de su cargo, dirigidas contra el Presidente del Gobierno, Presidentes del Congreso y del Senado, Presidente del Tribunal Supremo y del Consejo General del Poder Judicial, Presidente del Tribunal Constitucional, miembros del Gobierno, Diputados y Senadores, vocales del Consejo General del Poder Judicial, Magistrados del Tribunal Constitucional y del Tribunal Supremo, Presidentes de la Audiencia Nacional y de cualquiera de sus Salas y de los Tribunales Superiores de Justicia, Fiscal General del Estado, Fiscales de Sala del Tribunal Supremo, Presidente y Consejeros del Tribunal de Cuentas, Presidente y Consejeros del Consejo de Estado, Defensor del Pueblo y Presidente y Consejeros de una Comunidad Autónoma, cuando así lo determine su Estatuto de Autonomía [106].

3º De las demandas de responsabilidad civil dirigidas contra Magistrados de la Audiencia Nacional o de los Tribunales Superiores de Justicia por hechos realizados en el ejercicio de sus cargos [107].

---

[103] Véase la disp. trans. única LO 4/2014, de 11 de julio, complementaria de la Ley de racionalización del sector público y otras medidas de reforma administrativa por la que se modifica la LOPJ

[104] Añadido por art. único apartado 1 de Ley Orgánica 4/2014 de 11 de julio de 2014, con vigencia desde 13/07/2014

[105] Véanse arts. 477 a 489, 490 a 493, 509 a 516 y disposición final 16 LEC

[106] Véase art. 119.1 de la presente Ley

[107] Véanse arts. 266.1, 403.2 LEC, 297, 411 a 413 y 417.5 de la presente Ley

Apartado 4 (Derogado) [108]

57. 1. La Sala de lo Penal del Tribunal Supremo conocerá:

1º De los recursos de casación, revisión y otros extraordinarios en materia penal que establezca la Ley. [109]

2.º De la instrucción y enjuiciamiento de las causas contra el Presidente del Gobierno, Presidentes del Congreso y del Senado, Presidente del Tribunal Supremo y del Consejo General del Poder Judicial, Presidente del Tribunal Constitucional, miembros del Gobierno, Diputados y Senadores, Vocales del Consejo General del Poder Judicial, Magistrados del Tribunal Constitucional y del Tribunal Supremo, Presidente de la Audiencia Nacional y de cualquiera de sus Salas y de los Tribunales Superiores de Justicia, Fiscal General del Estado, Fiscales de Sala del Tribunal Supremo, Fiscal Europeo, Presidente y Consejeros del Tribunal de Cuentas, Presidente y Consejeros del Consejo de Estado y Defensor del Pueblo, así como de las causas que, en su caso, determinen los Estatutos de Autonomía. [110]

3.º De la instrucción y enjuiciamiento de las causas contra Magistrados de la Audiencia Nacional, de un Tribunal Superior de Justicia o de los Fiscales europeos delegados. [111]

4º De los demás asuntos que le atribuya esta Ley. [112]

5.º De los procedimientos de decomiso autónomo por los delitos para cuyo conocimiento sean competentes. [113]

2. En las causas a que se refieren los números segundo y tercero del párrafo anterior se designará de entre los miembros de la Sala,

---

[108] Suprimido apartado 4 por art. único apartado 4 de Ley Orgánica 19/2003 de 23 de diciembre de 2003, con vigencia desde 15/01/2004

[109] Renumerado párrafo 1 por art. 1 apartado 2 de Ley Orgánica 7/1988 de 28 de diciembre de 1988 como apartado 1, con vigencia desde 01/01/1989

[110] Dada nueva redacción apartado 1 número 2 por disposición final 2 apartado 2 de Ley Orgánica 9/2021 de 1 de julio de 2021, con vigencia desde 03/07/2021

[111] Dada nueva redacción apartado 1 número 3 por disposición final 2 apartado 2 de Ley Orgánica 9/2021 de 1 de julio de 2021, con vigencia desde 03/07/2021

[112] Añadido apartado 1 número 4 por art. único apartado 2 de Ley Orgánica 1/2014 de 13 de marzo de 2014, con vigencia desde 15/03/2014

[113] Añadido apartado 1 número 5 por disposición final 1 apartado 1 de Ley Orgánica 13/2015 de 5 de octubre de 2015, con vigencia desde 06/12/2015

conforme a un turno preestablecido, un instructor, que no formará parte de la misma para enjuiciarlas. [114]

3. En las causas por delitos atribuidos a la Fiscalía Europea, contra las personas a las que se refieren los números 2.º y 3.º del apartado 1, se designará de entre los miembros de la Sala, conforme a un turno preestablecido, un Juez de garantías, que no formará parte de la misma para enjuiciarlas. [115]

58. [116] La Sala de lo Contencioso-administrativo del Tribunal Supremo conocerá:

Primero. En única instancia, de los recursos contencioso-administrativos contra actos y disposiciones del Consejo de Ministros, de las Comisiones Delegadas del Gobierno y del Consejo General del Poder Judicial y contra los actos y disposiciones de los órganos competentes del Congreso de los Diputados y del Senado, del Tribunal Constitucional, del Tribunal de Cuentas y del Defensor del Pueblo en los términos y materias que la Ley establezca y de aquellos otros recursos que excepcionalmente le atribuya la ley.

Segundo. De los recursos de casación y revisión en los términos que establezca la ley.

Tercero. De la solicitud de autorización para la declaración prevista en la disposición adicional quinta de la Ley Orgánica 3/2018, de 5 de diciembre, de Protección de Datos Personales y garantía de los derechos digitales, cuando tal solicitud sea formulada por el Consejo General del Poder Judicial.

Cuarto. De la solicitud del Gobierno prevista en el artículo cuarto de la Ley 11/2022, de 28 de junio, General de Telecomunicaciones, para la convalidación o revocación de los acuerdos de asunción o intervención de la gestión directa del servicio o los de intervención o explotación de redes.

---

[114] Añadido apartado 2 por art. 1 apartado 2 de Ley Orgánica 7/1988 de 28 de diciembre de 1988, con vigencia desde 01/01/1989

[115] Añadido apartado 3 por disposición final 2 apartado 2 de Ley Orgánica 9/2021 de 1 de julio de 2021, con vigencia desde 03/07/2021

[116] Dada nueva redacción por art. único de Ley Orgánica 5/2022 de 28 de junio de 2022, con vigencia desde 30/06/2022

59. La Sala de lo Social del Tribunal Supremo conocerá de los recursos de casación y revisión y otros extraordinarios que establezca la Ley en materias propias de este orden jurisdiccional.

60. 1. Conocerá además cada una de las Salas del Tribunal Supremo de las recusaciones que se interpusieren contra los Magistrados que las compongan, y de las cuestiones de competencia entre Juzgados o Tribunales del propio orden jurisdiccional que no tengan otro superior común.

2. A estos efectos, los Magistrados recusados no formarán parte de la Sala [117].

61. 1. Una Sala formada por el Presidente del Tribunal Supremo, los Presidentes de Sala y el Magistrado más antiguo y el más moderno de cada una de ellas conocerá:

1º De los recursos de revisión contra las sentencias dictadas en única instancia por la Sala de lo Contencioso-administrativo de dicho Tribunal.

2º De los incidentes de recusación del Presidente del Tribunal Supremo, o de los Presidentes de Sala, o de más de dos Magistrados de una Sala.

En este caso, los afectados directamente por la recusación serán sustituidos por quienes corresponda [118].

3º De las demandas de responsabilidad civil que se dirijan contra los Presidentes de Sala o contra todos o la mayor parte de los Magistrados de una Sala de dicho Tribunal por hechos realizados en el ejercicio de su cargo [119].

4º De la instrucción y enjuiciamiento de las causas contra los Presidentes de Sala o contra los Magistrados de una Sala, cuando sean juzgados todos o la mayor parte de los que la constituyen.

---

[117] Véanse arts. 110.2, disposición final 11.2, disposición final 12.4, LEC, 51, 52 y 217 a 228 de la presente Ley

[118] Véanse arts. 110.1, disposición final 11.2, disposición final 12.4 LEC, 224.1 y 227.1 de la presente Ley

[119] Véase art. 57.2 de la presente Ley

5º Del conocimiento de las pretensiones de declaración de error judicial cuando éste se impute a una Sala del Tribunal Supremo. [120]

6º De los procesos de declaración de ilegalidad y consecuente disolución de los partidos políticos, conforme a lo dispuesto en la Ley Orgánica 6/2002, de 27 de junio, de Partidos Políticos. [121]

2. En las causas a que se refiere el número 4 del apartado anterior se designará de entre los miembros de la Sala, conforme a un turno preestablecido, un instructor que no formará parte de la misma para enjuiciarlos. [122]

En las causas por delitos atribuidos a la Fiscalía Europea, se designará de entre los miembros de la Sala, conforme a un turno preestablecido, un Juez de garantías que no formará parte de la misma para enjuiciarlas. [123]

3. Una Sección, formada por el Presidente del Tribunal Supremo, el de la Sala de lo Contencioso-administrativo y cinco Magistrados de esta misma Sala, que serán los dos más antiguos y los tres más modernos, conocerá del recurso de casación para la unificación de doctrina cuando la contradicción se produzca entre sentencias dictadas en única instancia por Secciones distintas de dicha Sala. [124]

61 bis. [125] 1. Al servicio del Tribunal Supremo existirá un Gabinete Técnico, que asistirá a la Presidencia y a sus diferentes Salas en los procesos de admisión de los asuntos de que conozcan y mediante la elaboración de estudios e informes que se le soliciten. También prestará apoyo a las Salas especiales en el despacho de asuntos que les estén atribuidos.

---

[120] Renumerado párrafo 1 por art. 1 apartado 3 de Ley Orgánica 7/1988 de 28 de diciembre de 1988 como apartado 1, con vigencia desde 01/01/1989

[121] Añadido apartado 1 número 6 por disposición adicional 1 de Ley Orgánica 6/2002 de 27 de junio de 2002, con vigencia desde 29/06/2002

[122] Añadido apartado 2 por art. 1 apartado 3 de Ley Orgánica 7/1988 de 28 de diciembre de 1988, con vigencia desde 01/01/1989

[123] Añadido apartado 2 párrafo 2 por disposición final 2 apartado 3 de Ley Orgánica 9/2021 de 1 de julio de 2021, con vigencia desde 03/07/2021

[124] Añadido apartado 3 por art. único apartado 3 de Ley Orgánica 6/1998 de 13 de julio de 1998, con vigencia desde 14/12/1998

[125] Añadido por art. único apartado 15 de Ley Orgánica 7/2015 de 21 de julio de 2015, con vigencia desde 01/10/2015

2. El Gabinete Técnico estará integrado por un Director y por miembros de la Carrera judicial y otros juristas que ostentarán la denominación de Letrados del Gabinete Técnico.

3. A los efectos anteriores, en el Gabinete Técnico existirán tantas áreas como órdenes jurisdiccionales. Dentro de cada área podrá existir una sección de Admisión y otra sección de Estudios e Informes. En la Sala Quinta de lo Militar podrá haber un Letrado del Gabinete Técnico.

Los Letrados prestarán sus servicios en las diferentes áreas atendiendo a su especialización profesional.

4. En cada una de las áreas habrá uno o varios Letrados del Gabinete Técnico que asuman funciones de coordinación de los miembros del Gabinete que formen parte de la misma. Serán designados por el Presidente del Tribunal Supremo, preferentemente de entre los Letrados que pertenezcan a la Carrera Judicial, y deberán tener una antigüedad mínima de diez años en el ejercicio de su respectiva profesión.

5. El Ministerio de Justicia, oída la Sala de Gobierno del Tribunal Supremo y previo informe del Consejo General del Poder Judicial e informe favorable del Ministerio de Hacienda y Administraciones Públicas, determinará la composición y plantilla del Gabinete Técnico.

Excepcionalmente, por razones coyunturales y debidamente justificadas, a propuesta del Consejo General del Poder Judicial y oída la Sala de Gobierno del Tribunal Supremo, podrá el Ministerio de Justicia adscribir temporalmente, con el límite máximo de un año, un número adicional de miembros al servicio del Gabinete Técnico.

61 ter. [126] La superior dirección del Gabinete Técnico será ejercida por el Presidente del Tribunal Supremo o, en caso de delegación de éste, por el Vicepresidente del Tribunal Supremo.

61 quater. [127] 1. El Pleno del Consejo General del Poder Judicial nombrará al Director del Gabinete Técnico, a propuesta vinculante del Presidente del Tribunal Supremo, debiendo acreditar los requisitos legalmente exigidos para poder acceder a la categoría de Magistrado

---

[126] Añadido por art. único apartado 16 de Ley Orgánica 7/2015 de 21 de julio de 2015, con vigencia desde 01/10/2015

[127] Añadido por art. único apartado 17 de Ley Orgánica 7/2015 de 21 de julio de 2015, con vigencia desde 01/10/2015

del Tribunal Supremo, teniendo dicha consideración, a efectos representativos, mientras desempeñe el cargo.

2. Los Letrados que hayan de prestar servicio en el Gabinete Técnico serán seleccionados mediante concurso de méritos, estableciéndose en el anuncio de la convocatoria los criterios de selección.

Los Letrados que no pertenezcan a la Carrera Judicial o Fiscal deberán ser funcionarios del Cuerpo de Letrados de la Administración de Justicia o funcionarios de las Administraciones Públicas u órganos constitucionales, con titulación en Derecho, pertenecientes a Cuerpos del Subgrupo A1 o asimilados.

La Comisión Permanente del Consejo General del Poder Judicial realizará la convocatoria a propuesta del Presidente del Tribunal Supremo, quien oirá previamente, a los efectos de fijar los criterios de selección, a la Sala de Gobierno de dicho Tribunal.

3. El Presidente del Tribunal Supremo, oídos los Presidentes de Sala y el Director del Gabinete Técnico, someterá a la Sala de Gobierno, para su aprobación, la propuesta de candidatos a cubrir las plazas de Letrado del Gabinete Técnico.

4. El Presidente del Tribunal Supremo elevará al Pleno del Consejo General del Poder Judicial la propuesta de la Sala de Gobierno del Tribunal Supremo, para que proceda al nombramiento de quienes vayan a ocupar las plazas de Letrado del Gabinete Técnico.

61 quinquies. [128] 1. Los Letrados que fueren seleccionados serán nombrados por un año. Una vez cumplido ese plazo, el Presidente del Tribunal Supremo, oídos el Presidente de Sala respectivo y el Director del Gabinete Técnico, propondrá, en su caso, la prórroga en la plaza, de conformidad con el procedimiento establecido para el nombramiento inicial. Los Letrados podrán ser prorrogados por sucesivos periodos de tres años. Sin perjuicio de lo anterior, los Letrados podrán ser cesados por el Presidente del Tribunal Supremo por incumplimiento grave de los deberes de su función.

2. El Director del Gabinete Técnico y los Letrados serán declarados en situación administrativa de servicios especiales en la Carrera o Cuerpo de procedencia.

---

[128] Añadido por art. único apartado 18 de Ley Orgánica 7/2015 de 21 de julio de 2015, con vigencia desde 01/10/2015

3. A los efectos del cómputo de la antigüedad en la Carrera Judicial, a los Jueces o Magistrados que ocupen plaza de Letrado en el Gabinete Técnico se les tendrán en cuenta los servicios prestados en el orden jurisdiccional correspondiente al área del Gabinete Técnico en que estuvieran adscritos.

Esta previsión será también de aplicación a los efectos del cómputo de la antigüedad en el Cuerpo a los Letrados de la Administración de Justicia que ocupen plaza de Letrado en el Gabinete Técnico.

61 sexies. [129] La Sala de Gobierno, a propuesta del Presidente del Tribunal Supremo, aprobará las normas de funcionamiento del Gabinete Técnico.

CAPÍTULO II
De la Audiencia Nacional

62. La Audiencia Nacional, con sede en la villa de Madrid, tiene jurisdicción en toda España.

63. [130] 1. La Audiencia Nacional se compondrá de su Presidente, los Presidentes de Sala y los Magistrados que determine la Ley para cada una de sus Salas y Secciones.

2. El Presidente de la Audiencia Nacional, que tendrá la consideración de Presidente de Sala del Tribunal Supremo, es el Presidente nato de todas sus Salas.

64. [131] 1. La Audiencia Nacional estará integrada por las siguientes Salas:

De Apelación.
De lo Penal.

---

[129] Añadido por art. único apartado 19 de Ley Orgánica 7/2015 de 21 de julio de 2015, con vigencia desde 01/10/2015

[130] Dada nueva redacción por art. único de Ley Orgánica 19/2003 de 23 de diciembre de 2003, con vigencia desde 15/01/2004

[131] Dada nueva redacción por art. único de Ley Orgánica 19/2003 de 23 de diciembre de 2003, con vigencia desde 15/01/2004

De lo Contencioso-Administrativo.
De lo Social.
2. En el caso de que el número de asuntos lo aconseje, podrán crearse dos o más Secciones dentro de una Sala.

64 bis. [132] 1. La Sala de Apelación de la Audiencia Nacional conocerá de los recursos de esta clase que establezca la Ley contra las resoluciones de la Sala de lo Penal.

2. Cuando la sensible y continuada diferencia en el volumen de trabajo lo aconseje, los Magistrados de esta Sala, con el acuerdo favorable de la Sala de Gobierno, previa propuesta del Presidente del Tribunal, podrán ser adscritos por el Consejo General del Poder Judicial, total o parcialmente, y sin que ello signifique incremento retributivo alguno, a otra Sala de diferente orden.

Para la adscripción se valorarán la antigüedad en el escalafón y la especialidad o experiencia de los Magistrados afectados y, a ser posible, sus preferencias.

65. La Sala de lo Penal de la Audiencia Nacional conocerá:

1.º Del enjuiciamiento, salvo que corresponda en primera instancia a la Sección de lo Penal del Tribunal Central de Instancia, de las causas por los siguientes delitos:

a) Delitos contra el titular de la Corona, su Consorte, su Sucesor o Sucesora, altos organismos de la Nación y forma de Gobierno.

b) Falsificación de moneda y fabricación de tarjetas de crédito y débito falsas y cheques de viajero falsos o cualquier otro instrumento de pago distinto del efectivo, siempre que sean cometidos por organizaciones o grupos criminales.

c) Defraudaciones y maquinaciones para alterar el precio de las cosas que produzcan o puedan producir grave repercusión en la seguridad del tráfico mercantil, en la economía nacional o perjuicio patrimonial en una generalidad de personas en el territorio de más de una Audiencia.

d) Tráfico de drogas o estupefacientes, fraudes alimentarios y de sustancias farmacéuticas o medicinales, siempre que sean cometidos

---

[132] Añadido por art. único de Ley Orgánica 19/2003 de 23 de diciembre de 2003, con vigencia desde 15/01/2004

por bandas o grupos organizados y produzcan efectos en lugares pertenecientes a distintas Audiencias.

e) Delitos cometidos fuera del territorio nacional, cuando conforme a las leyes o a los tratados corresponda su enjuiciamiento a los Tribunales españoles.

f) Delitos atribuidos a la Fiscalía Europea en los artículos 22 y 25 del Reglamento (UE) 2017/1939 del Consejo, de 12 de octubre de 2017, cuando aquella hubiera decidido ejercer su competencia.

g) Delitos de contrabando de material de defensa, de otros materiales y de productos y tecnología de doble uso.

En todo caso, la Sala de lo penal de la Audiencia Nacional extenderá su competencia al conocimiento de los delitos conexos con todos los anteriormente reseñados. [133]

2.º De los procedimientos penales iniciados en el extranjero, de la ejecución de las sentencias dictadas por Tribunales extranjeros o del cumplimiento de pena de prisión impuesta por Tribunales extranjeros, cuando en virtud de un tratado internacional corresponda a España la continuación de un procedimiento penal iniciado en el extranjero, la ejecución de una sentencia penal extranjera o el cumplimiento de una pena o medida de seguridad privativa de libertad, salvo en aquellos casos en que esta Ley atribuya alguna de estas competencias a otro órgano jurisdiccional penal. [134]

3.º De las cuestiones de cesión de jurisdicción en materia penal derivadas del cumplimiento de tratados internacionales en los que España sea parte.

4.º De los recursos respecto a los instrumentos de reconocimiento mutuo de resoluciones penales en la Unión Europea que les atribuya la ley, y la resolución de los procedimientos judiciales de extradición pasiva, sea cual fuere el lugar de residencia o en que hubiese tenido lugar la detención del afectado por el procedimiento [135] . [136]

---

[133] Dada nueva redacción apartado 1 por art. 1 apartado 13 de Ley Orgánica 1/2025 de 2 de enero de 2025, con vigencia desde 23/01/2025

[134] Dada nueva redacción apartado 2 por art. único apartado 1 de Ley Orgánica 2/2008 de 4 de diciembre de 2008, con vigencia desde 25/12/2008

[135] Véase Ley 23/2014, de 20 de noviembre, de reconocimiento mutuo de resoluciones penales en la Unión Europea

[136] Dada nueva redacción apartado 4 por art. único apartado 1 de Ley Orgánica 6/2014 de 29 de octubre de 2014, con vigencia desde 19/11/2014

5.º De los recursos establecidos en la ley contra las sentencias y otras resoluciones de la Sección de lo Penal, de la Sección de Instrucción, incluidas sus funciones como Jueces de garantías en los delitos de los que conozca la Fiscalía Europea, y de la Sección de Menores, del Tribunal Central de Instancia. [137]

6.º De los recursos contra las resoluciones dictadas por la Sección de Vigilancia Penitenciaria del Tribunal Central de Instancia de conformidad con lo previsto en la disposición adicional quinta. [138]

7.º De los procedimientos de decomiso autónomo por los delitos para cuyo conocimiento sean competentes. [139]

8.º De cualquier otro asunto que le atribuyan las leyes. [140]

66. [141] La Sala de lo Contencioso-Administrativo de la Audiencia Nacional conocerá:

a) En única instancia, de los recursos contencioso-administrativos contra disposiciones y actos de los Ministros, Ministras, Secretarios y Secretarias de Estado que la ley no atribuya a la Sección de lo Contencioso-Administrativo del Tribunal Central de Instancia. [142]

b) En única instancia, de los recursos contencioso-administrativos contra los actos dictados por la Comisión de Vigilancia de Actividades de Financiación del Terrorismo. Conocerá, asimismo, de la posible prórroga de los plazos que le plantee dicha Comisión de Vigilancia respecto de las medidas previstas en los artículos 1 y 2 de la Ley 12/2003, de prevención y bloqueo de la financiación del terrorismo.

---

[137] Dada nueva redacción apartado 5 por art. 1 apartado 13 de Ley Orgánica 1/2025 de 2 de enero de 2025, con vigencia desde 23/01/2025

[138] Dada nueva redacción apartado 6 por art. 1 apartado 13 de Ley Orgánica 1/2025 de 2 de enero de 2025, con vigencia desde 23/01/2025

[139] Añadido apartado 7 por disposición final 1 apartado 2 de Ley Orgánica 13/2015 de 5 de octubre de 2015, con vigencia desde 06/12/2015

[140] Renumerado apartado 7 por disposición final 1 apartado 2 de Ley Orgánica 13/2015 de 5 de octubre de 2015, como apartado.8, con vigencia desde 06/12/2015

[141] Dada nueva redacción por art. 1 de Ley Orgánica 4/2003 de 21 de mayo de 2003, con vigencia desde 23/05/2003

[142] Dada nueva redacción letra a por art. 1 apartado 14 de Ley Orgánica 1/2025 de 2 de enero de 2025, con vigencia desde 23/01/2025

c) De los recursos devolutivos que la ley establezca contra las resoluciones de la Sección de lo Contencioso-Administrativo del Tribunal Central de Instancia. [143]

d) De los recursos no atribuidos a los Tribunales Superiores de Justicia en relación a los convenios entre las Administraciones públicas y a las resoluciones del Tribunal Económico-Administrativo Central.

e) De las cuestiones de competencia que se puedan plantear entre los magistrados y magistradas de la Sección de lo Contencioso-Administrativo del Tribunal Central de Instancia y de aquellos otros recursos que excepcionalmente le atribuya la ley. [144]

f) De la solicitud de autorización para la declaración prevista en la disposición adicional quinta de la Ley Orgánica de Protección de Datos Personales y Garantía de los Derechos Digitales, cuando tal solicitud sea formulada por la Agencia Española de Protección de Datos. [145]

67. La Sala de lo Social de la Audiencia Nacional conocerá en única instancia:

1º) De los procesos especiales de impugnación de convenios colectivos cuyo ámbito territorial de aplicación sea superior al territorio de una Comunidad Autónoma.

2º) De los procesos sobre conflictos colectivos cuya resolución haya de surtir efecto en un ámbito territorial superior al de una Comunidad Autónoma.

68. 1. Conocerá además cada una de las Salas de la Audiencia Nacional de las recusaciones que se interpusieren contra los Magistrados que las compongan.

2. A estos efectos, los Magistrados recusados no formarán parte de la Sala.

---

[143] Dada nueva redacción letra c por art. 1 apartado 14 de Ley Orgánica 1/2025 de 2 de enero de 2025, con vigencia desde 23/01/2025

[144] Dada nueva redacción letra e por art. 1 apartado 14 de Ley Orgánica 1/2025 de 2 de enero de 2025, con vigencia desde 23/01/2025

[145] Añadida letra f por disposición final 4 apartado 2 de Ley Orgánica 3/2018 de 5 de diciembre de 2018, con vigencia desde 07/12/2018

69. Una Sala formada por el Presidente de la Audiencia Nacional, los Presidentes de las Salas y el Magistrado más antiguo y el más moderno de cada una, o aquel que, respectivamente, le sustituya, conocerá de los incidentes de recusación del Presidente, de los Presidentes de Sala o de más de dos Magistrados de una Sala.

CAPÍTULO III
De los Tribunales Superiores de Justicia [146]

70. El Tribunal Superior de Justicia de la Comunidad Autónoma culminará la organización judicial en el ámbito territorial de aquélla, sin perjuicio de la jurisdicción que corresponde al Tribunal Supremo [147].

71. El Tribunal Superior de Justicia tomará el nombre de la Comunidad Autónoma y extenderá su jurisdicción al ámbito territorial de ésta [148].

72. 1. El Tribunal Superior de Justicia estará integrado por las siguientes Salas: de lo Civil y Penal, de lo Contencioso-administrativo y de lo Social.

2. Se compondrá de un Presidente, que lo será también de su Sala de lo Civil y Penal, y tendrá la consideración de Magistrado del Tribunal Supremo mientras desempeñe el cargo; de los Presidentes de Sala y de los Magistrados que determine la Ley para cada una de las Salas y, en su caso, de las Secciones que puedan dentro de ellas crearse [149].

---

[146] Véase disposición transitoria 2 de la presente Ley

[147] Véanse arts. 152.1 CE, 34, 71, disposición adicional 2, disposición adicional 3 y disposición transitoria 2 de la presente Ley

[148] Véanse arts. 2.1 LDPJ, 34, disposición adicional 2 y disposición adicional 3 de la presente Ley

[149] Véanse art. 13 y anexo IV LDPJ

73. [150] 1. La Sala de lo Civil y Penal del Tribunal Superior de Justicia conocerá, como Sala de lo Civil:

a) Del recurso de casación que establezca la Ley contra resoluciones de órganos jurisdiccionales del orden civil con sede en la Comunidad Autónoma, siempre que el recurso se funde en infracción de normas del derecho civil, foral o especial, propio de la comunidad, y cuando el correspondiente Estatuto de Autonomía haya previsto esta atribución.

b) Del recurso extraordinario de revisión que establezca la Ley contra sentencias dictadas por órganos jurisdiccionales del orden civil con sede en la Comunidad Autónoma, en materia de derecho civil, foral o especial, propio de la Comunidad Autónoma, si el correspondiente Estatuto de Autonomía ha previsto esta atribución [151].

c) De las funciones de apoyo y control del arbitraje que se establezcan en la ley, así como de las peticiones de exequátur de laudos o resoluciones arbitrales extranjeros, a no ser que, con arreglo a lo acordado en los tratados o las normas de la Unión Europea, corresponda su conocimiento a otro Juzgado o Tribunal. [152]

2. Esta Sala conocerá igualmente:

a) En única instancia, de las demandas de responsabilidad civil, por hechos cometidos en el ejercicio de sus respectivos cargos, dirigidas contra el Presidente y miembros del Consejo de Gobierno de la Comunidad Autónoma y contra los miembros de la Asamblea legislativa, cuando tal atribución no corresponda, según los Estatutos de Autonomía, al Tribunal Supremo [153].

b) En única instancia, de las demandas de responsabilidad civil, por hechos cometidos en el ejercicio de su cargo, contra todos o la mayor parte de los Magistrados de una Audiencia Provincial o de cualesquiera de sus secciones [154].

---

[150] Dada nueva redacción por art. único apartado 8 de Ley Orgánica 19/2003 de 23 de diciembre de 2003, con vigencia desde 15/01/2004

[151] Los Estatutos de Autonomía que tienen referencias a Derecho Civil, Foral o Especial, propio de la Comunidad son los siguientes: País Vasco, Cataluña, Galicia, Murcia, Comunidad Valenciana, Aragón, Navarra, Extremadura e Illes Balears

[152] Añadida apartado 1 letra c por art. único apartado 1 de Ley Orgánica 5/2011 de 20 de mayo de 2011, con vigencia desde 10/06/2011

[153] Atribuyen competencia al TS los Estatutos de Andalucía, Castilla-La Mancha y Madrid

[154] Véanse arts. 266.1, 403.2 LEC y 411 a 413 de la presente Ley

c) De las cuestiones de competencia entre órganos jurisdiccionales del orden civil con sede en la Comunidad Autónoma que no tenga otro superior común [155].

3. Como Sala de lo Penal, corresponde a esta Sala:

a) El conocimiento de las causas penales que los Estatutos de Autonomía reservan al conocimiento de los Tribunales Superiores de Justicia.

b) La instrucción y el fallo de las causas penales contra Jueces, Magistrados y miembros del Ministerio Fiscal por delitos o faltas cometidos en el ejercicio de su cargo en la Comunidad Autónoma, siempre que esta atribución no corresponda al Tribunal Supremo.

c) El conocimiento de los recursos de apelación contra las resoluciones dictadas en primera instancia por las Audiencias Provinciales, así como el de todos aquellos previstos por las leyes.

d) La decisión de las cuestiones de competencia entre órganos jurisdiccionales del orden penal con sede en la Comunidad Autónoma que no tengan otro superior común.

e) De los procedimientos de decomiso autónomo por los delitos para cuyo conocimiento sean competentes. [156]

4. Para la instrucción de las causas a que se refieren los párrafos a) y b) del apartado anterior se designará de entre los miembros de la Sala, conforme a un turno preestablecido, un instructor que no formará parte de la misma para enjuiciarlas.

En las causas por delitos atribuidos a la Fiscalía Europea, se designará de entre los miembros de la Sala, conforme a un turno preestablecido, un Juez de garantías que no formará parte de la misma para enjuiciarlas.» [157]

5. Le corresponde, igualmente, la decisión de las cuestiones de competencia entre Secciones de Menores de Tribunales de Instancia radicados en distintas provincias de la comunidad autónoma. [158]

6. En el caso de que el número de asuntos lo aconseje, podrán crearse una o más Secciones e incluso Sala de lo Penal con su propia

---

[155] Véase art. 51 de la presente Ley

[156] Añadida apartado 3 letra e por disposición final 1 apartado 3 de Ley Orgánica 13/2015 de 5 de octubre de 2015, con vigencia desde 06/12/2015

[157] Añadido apartado 4 párrafo 2 por disposición final 2 apartado 5 de Ley Orgánica 9/2021 de 1 de julio de 2021, con vigencia desde 03/07/2021

[158] Dada nueva redacción apartado 5 por art. 1 apartado 15 de Ley Orgánica 1/2025 de 2 de enero de 2025, con vigencia desde 23/01/2025

circunscripción territorial en aquellas capitales que ya sean sedes de otras Salas del Tribunal Superior, a los solos efectos de conocer los recursos de apelación a los que se refiere la letra c) del apartado 3 de este artículo y aquellas otras apelaciones atribuidas por las leyes al Tribunal Superior de Justicia.

Los nombramientos para Magistrados de estas Secciones o Salas, a propuesta del Consejo General del Poder Judicial, recaerán en aquellos Magistrados que, ostentando la condición de especialista en el orden penal obtenida mediante la superación de las pruebas selectivas que reglamentariamente determine el Consejo General del Poder Judicial, tengan mejor puesto en su escalafón. A falta de éstos, recaerá en aquellos Magistrados que habiendo prestado sus servicios en el orden jurisdiccional penal durante diez años dentro de los quince años inmediatamente anteriores a la fecha de la convocatoria, tengan mejor puesto en el escalafón. La antigüedad en órganos mixtos se computará de igual manera a estos efectos. En su defecto, se nombrará a quien ostente mejor puesto en el escalafón. [159]

74. [160] 1. Las Salas de lo Contencioso-Administrativo de los Tribunales Superiores de Justicia conocerán, en única instancia, de los recursos que se deduzcan en relación con:

a) Los actos de las Entidades locales y de las Administraciones de las comunidades autónomas, cuyo conocimiento no esté atribuido a las Secciones de lo Contencioso-Administrativo de los Tribunales de Instancia.

b) Las disposiciones generales emanadas de las comunidades autónomas y de las Entidades locales.

c) Los actos y disposiciones de los órganos de gobierno de las Asambleas legislativas de las comunidades autónomas y de las instituciones autonómicas análogas al Tribunal de Cuentas y al Defensor del Pueblo, en materia de personal, administración y gestión patrimonial.

d) Los actos y resoluciones dictados por los Tribunales Económico-Administrativos Regionales y Locales que pongan fin a la vía económico-administrativa.

---

[159] Dada nueva redacción apartado 6 por art. único apartado 20 de Ley Orgánica 7/2015 de 21 de julio de 2015, con vigencia desde 01/10/2015

[160] Dada nueva redacción por art. 1 apartado 16 de Ley Orgánica 1/2025 de 2 de enero de 2025, con vigencia desde 23/01/2025

e) Las resoluciones dictadas en alzada por el Tribunal Económico-Administrativo Central en materia de tributos cedidos.

f) Los actos y disposiciones de las Juntas Electorales Provinciales y de Comunidades Autónomas, así como los recursos contencioso-electorales contra acuerdos de las Juntas Electorales sobre proclamación de electos y elección y proclamación de Presidentes y Presidentas de Corporaciones locales en los términos de la legislación electoral.

g) Los convenios entre Administraciones públicas cuyas competencias se ejerzan en el ámbito territorial de la correspondiente comunidad autónoma.

h) La prohibición o la propuesta de modificación de reuniones previstas en la Ley Orgánica 9/1983, de 15 de julio, reguladora del derecho de reunión.

i) Los actos y resoluciones dictados por órganos de la Administración General del Estado cuya competencia se extienda a todo el territorio nacional y cuyo nivel orgánico sea inferior a Ministro, Ministra, Secretario o Secretaria de Estado, en materias de personal, propiedades especiales y expropiación forzosa, a excepción de lo dispuesto en el artículo 82.2. 3.º

j) Cualesquiera otras actuaciones administrativas no atribuidas expresamente a la competencia de otros órganos de este orden jurisdiccional.

k) De la solicitud de autorización para la declaración prevista en la disposición adicional quinta de la Ley Orgánica 3/2018, de 5 de diciembre, de Protección de Datos Personales y garantía de los derechos digitales, cuando tal solicitud sea formulada por la autoridad de protección de datos de la comunidad autónoma respectiva.

2. Conocerán, en segunda instancia, de las apelaciones promovidas contra sentencias y autos dictados en las Secciones de lo Contencioso-Administrativo de los Tribunales de Instancia y de los correspondientes recursos de queja.

3. También les corresponde, con arreglo a lo establecido en esta ley, el conocimiento de los recursos de revisión contra las sentencias firmes dictadas en las Secciones de lo Contencioso-Administrativo de los Tribunales de Instancia.

4. Conocerán de las cuestiones de competencia entre las Secciones de lo Contencioso-Administrativo de los Tribunales de Instancia con sede en la comunidad autónoma.

5. Corresponde a las Salas de lo Contencioso-Administrativo de los Tribunales Superiores de Justicia autorizar, mediante auto, el reque-

rimiento de información por parte de autoridades autonómicas de protección de datos a los operadores que presten servicios de comunicaciones electrónicas disponibles al público y de los prestadores de servicios de la sociedad de la información, cuando ello sea necesario de acuerdo con la legislación específica.

75. [161] La Sala de lo Social del Tribunal Superior de Justicia conocerá:

1.º En única instancia, de los procesos que la ley establezca sobre controversias que afecten a intereses de los trabajadores y trabajadoras y empresarios y empresarias en ámbito superior al de una Sección de lo Social del Tribunal de Instancia y no superior al de la comunidad autónoma.

2.º De los recursos que establezca la ley contra las resoluciones dictadas por las Secciones de lo Social de los Tribunales de Instancia de la comunidad autónoma, así como de los recursos de suplicación y los demás que prevé la ley contra las resoluciones de las Secciones de lo Mercantil de los Tribunales de Instancia de la comunidad autónoma en materia laboral, y las que resuelvan los incidentes concursales que versen sobre la misma materia.

3.º De las cuestiones de competencia que se susciten entre las Secciones de lo Social de los Tribunales de Instancia de la comunidad autónoma.

76. Cada una de las Salas del Tribunal Superior de Justicia conocerá de las recusaciones que se formulen contra sus Magistrados cuando la competencia no corresponda a la Sala a que se refiere el artículo siguiente [162].

77. 1. Una Sala constituida por el Presidente del Tribunal Superior de Justicia, los Presidentes de Sala y el Magistrado más moderno de cada una de ellas conocerá de las recusaciones formuladas contra el Presidente, los Presidentes de Sala o de Audiencias Provinciales con

---

[161] Dada nueva redacción por art. 1 apartado 17 de Ley Orgánica 1/2025 de 2 de enero de 2025, con vigencia desde 23/01/2025

[162] Véanse arts. 110.4, disposición final 11.2, disposición final 12.4 LEC y 217 a 228 de la presente Ley

sede en la Comunidad Autónoma o de dos o más Magistrados de una Sala o Sección o de una Audiencia Provincial [163].

2. El recusado no podrá formar parte de la Sala, produciéndose, en su caso, su sustitución con arreglo a lo previsto en esta Ley [164].

78. Cuando el número de asuntos procedentes de determinadas provincias u otras circunstancias lo requieran podrán crearse, con carácter excepcional, Salas de lo Contencioso-administrativo o de lo Social con jurisdicción limitada a una o varias provincias de la misma Comunidad Autónoma, en cuya capital tendrán su sede. Dichas Salas estarán formadas, como mínimo, por su Presidente, y se completarán, en su caso, con Magistrados de la Audiencia Provincial de su sede.

79. La Ley de Planta podrá, en aquellos Tribunales Superiores de Justicia en que el número de asuntos lo justifique, reducir el de Magistrados, quedando compuestas las Salas por su respectivo Presidente y por los Presidentes y Magistrados, en su caso, que aquélla determine [165].

CAPÍTULO IV
De las Audiencias Provinciales

80. [166] 1. Las Audiencias Provinciales, que tendrán su sede en la capital de la provincia, de la que tomarán su nombre, extenderán su jurisdicción a toda ella, sin perjuicio de lo dispuesto en el apartado 4 del artículo 82.

---

[163] Véanse arts. 82.5 y 208 de la presente Ley
[164] Véanse art. 110.3, disposición final 11.2 y disposición final 12.4 LEC
[165] Véase anexo IV LDPJ
[166] Dada nueva redacción por art. único de Ley Orgánica 19/2003 de 23 de diciembre de 2003, con vigencia desde 15/01/2004

2. Podrán crearse Secciones de la Audiencia Provincial fuera de la capital de la provincia, a las que quedarán adscritos uno o varios partidos judiciales [167].

3. En todo caso, y previo informe de la correspondiente Sala de Gobierno, el Consejo General del Poder Judicial podrá acordar que el conocimiento de determinadas clases de asuntos se atribuya en exclusiva a una sección de la Audiencia Provincial, que extenderá siempre su competencia a todo su ámbito territorial aun cuando existieren secciones desplazadas. Este acuerdo se publicará en el «Boletín Oficial del Estado».

81. [168] 1. Las Audiencias Provinciales se compondrán de un Presidente y dos o más Magistrados. También podrán estar integradas por dos o más Secciones de la misma composición, en cuyo caso el Presidente de la Audiencia presidirá una de las Secciones que determinará al principio de su mandato [169].

2. Cuando el escaso número de asuntos de que conozca una Audiencia Provincial lo aconseje, podrá constar su plantilla de uno a dos Magistrados, incluido el Presidente. En este caso, la Audiencia Provincial se completará para el enjuiciamiento y fallo, y cuando la naturaleza de la resolución a dictar lo exija, con el número de Magistrados que se precisen del Tribunal Superior de Justicia. A estos efectos, la Sala de Gobierno establecerá un turno para cada año judicial.

3. Del mismo modo, cuando así lo aconseje la mejor Administración de Justicia, las Secciones de la Audiencia podrán estar formadas por cuatro o más magistrados. [170]

4. La adscripción de los Magistrados a las distintas secciones tendrá carácter funcional cuando no estuvieren separadas por orden jurisdiccional o por especialidad. Si lo estuvieren, la adscripción será funcional exclusivamente dentro de las del mismo orden o especialidad.

---

[167] Véanse arts. 3.1 y 8 LDPJ, 141.1 CE y 33 de la presente Ley

[168] Dada nueva redacción por art. único de Ley Orgánica 19/2003 de 23 de diciembre de 2003, con vigencia desde 15/01/2004

[169] Véanse arts. 14, 39, 40 y anexo V LDPJ

[170] Dada nueva redacción apartado 3 por art. único apartado 1 de Ley Orgánica 8/2012 de 27 de diciembre de 2012, con vigencia desde 29/12/2012

82. [171] 1. Las Audiencias Provinciales conocerán en el orden penal:

1.º De las causas por delito, a excepción de los que la ley atribuye al conocimiento de las Secciones de lo Penal de los Tribunales de Instancia o de otros Tribunales previstos en esta ley.

2.º De los recursos que establezca la ley contra las resoluciones dictadas por las Secciones de Instrucción y de lo Penal de los Tribunales de Instancia de la provincia.

Para el conocimiento de los recursos contra resoluciones de las Secciones de Instrucción de los Tribunales de Instancia en juicios por delitos leves la Audiencia se constituirá con un solo magistrado o magistrada, mediante un turno de reparto.

3.º De los recursos que establezca la ley contra las resoluciones en materia penal dictadas por las Secciones de Violencia sobre la Mujer y por las Secciones de Violencia contra la Infancia y la Adolescencia. A fin de facilitar el conocimiento de estos recursos, y atendiendo al número de asuntos existentes, deberán especializarse una o varias de sus Secciones de conformidad con lo previsto en el artículo 80.3 de la presente ley orgánica. Esta especialización se extenderá a aquellos supuestos en que corresponda a la Audiencia Provincial el enjuiciamiento en primera instancia de asuntos instruidos por las Secciones de Violencia sobre la Mujer, por las Secciones de Violencia contra la Infancia y la Adolescencia y por las Secciones de Instrucción de los Tribunales de Instancia de la provincia, en procedimientos en los que las víctimas sean niños, niñas o adolescentes o víctimas de violencia sobre la mujer.

4.º Las Audiencias Provinciales conocerán también de los recursos contra las resoluciones de las Secciones de Menores de los Tribunales de Instancia con sede en la provincia y de las cuestiones de competencia entre los mismos.

5.º De los recursos que establezca la ley contra las resoluciones de las Secciones de Vigilancia Penitenciaria de los Tribunales de Instancia, cuando la competencia no corresponda a la Sala de lo Penal de la Audiencia Nacional.

6.º De los procedimientos de decomiso autónomo por los delitos para cuyo conocimiento sean competentes.

---

[171] Dada nueva redacción por art. 1 apartado 18 de Ley Orgánica 1/2025 de 2 de enero de 2025, con vigencia desde 23/01/2025

2. Las Audiencias Provinciales conocerán en el orden civil:

1.º De los recursos que establezca la ley contra las resoluciones dictadas en primera instancia por las Secciones Civiles de los Tribunales de Instancia de la provincia.

Para el conocimiento de los recursos contra resoluciones de las Secciones Civiles de los Tribunales de Instancia que se sigan por los trámites del juicio verbal por razón de la cuantía, la Audiencia se constituirá con un solo magistrado o magistrada, mediante un turno de reparto.

2.º De los recursos que establezca la ley contra las resoluciones dictadas en primera instancia por las Secciones de Familia, Infancia y Capacidad y en materia civil, por las Secciones de Violencia sobre la Mujer y las Secciones de Violencia contra la Infancia y la Adolescencia de los Tribunales de Instancia de la provincia. A fin de facilitar el conocimiento de estos recursos, y atendiendo al número de asuntos existentes, podrán especializarse una o varias de sus Secciones de conformidad con lo previsto en el artículo 82 bis y 80.3 de la presente ley orgánica.

3.º De los recursos que establezca la ley contra las resoluciones dictadas en primera instancia por las Secciones de lo Mercantil de los Tribunales de Instancia, salvo las que se dicten en incidentes concursales en materia laboral. Asimismo, conocerán de los recursos contra aquellas resoluciones que agoten la vía administrativa dictadas en materia de propiedad industrial por la Oficina Española de Patentes y Marcas.

3. Asimismo, la Sección o Secciones de la Audiencia Provincial de Alicante especializadas en materia mercantil conocerán, además, en segunda instancia y de forma exclusiva, de todos aquellos recursos a los que se refiere el artículo 133 del Reglamento (UE) 2017/1001 del Parlamento Europeo y del Consejo de 14 de junio de 2017 sobre la marca de la Unión Europea y el Reglamento (CE) 6/2002, del Consejo, de 12 de diciembre de 2001, sobre los dibujos y modelos comunitarios. En el ejercicio de esta competencia extenderán su jurisdicción a todo el territorio nacional, y a estos solos efectos se denominarán Tribunales de Marca de la Unión Europea.

4. Corresponde igualmente a las Audiencias Provinciales el conocimiento:

1.º De las cuestiones de competencia en materia civil y penal que se susciten entre los jueces, las juezas, los magistrados y las magistradas de un mismo o distinto Tribunal de Instancia de la provincia.

2.º De las recusaciones de sus magistrados y magistradas, cuando la competencia no esté atribuida a la Sala especial existente a estos efectos en los Tribunales Superiores de Justicia.

82 bis. [172] 1. El Consejo General del Poder Judicial, oída la Sala de Gobierno del Tribunal Superior de Justicia, podrá acordar que una o varias secciones de la misma Audiencia Provincial asuman el conocimiento de los recursos que se interpongan contra las resoluciones dictadas por los jueces, las juezas, los magistrados y las magistradas de las Secciones Civiles de los Tribunales de Instancia de la provincia sobre determinadas materias.

2. El Consejo General del Poder Judicial, oída la Sala de Gobierno del Tribunal Superior de Justicia, podrá acordar que una o varias secciones de la misma Audiencia Provincial asuman el conocimiento de los recursos que se interpongan contra las resoluciones dictadas en primera instancia por los jueces, las juezas, los magistrados y las magistradas de las Secciones de Violencia sobre la Mujer, de las Secciones de Violencia contra la Infancia y la Adolescencia y de las Secciones de Familia, Infancia y Capacidad de la provincia.

3. El Consejo General del Poder Judicial, oída la Sala de Gobierno del Tribunal Superior de Justicia, podrá acordar que una o varias secciones de la misma Audiencia Provincial asuman el conocimiento de los recursos que se interpongan contra las resoluciones dictadas en primera instancia por los jueces, las juezas, los magistrados y las magistradas de las Secciones de lo Mercantil y de los recursos contra aquellas resoluciones que agoten la vía administrativa dictadas en materia de propiedad industrial por la Oficina Española de Patentes y Marcas. El acuerdo de especialización deberá adoptarse necesariamente cuando el número de plazas de magistrados y magistradas de las Secciones de lo Mercantil existentes en la provincia fuera superior a cinco y podrá tener carácter excluyente del conocimiento de otros recursos atribuidos a la competencia de las secciones de la misma Audiencia Provincial.

---

[172] Dada nueva redacción por art. 1 apartado 19 de Ley Orgánica 1/2025 de 2 de enero de 2025, con vigencia desde 23/01/2025

Si las secciones especializadas fueran más de una, el Consejo General del Poder Judicial deberá distribuir el conocimiento de los recursos entre ellas, en atención a las materias atribuidas a la competencia de las Secciones de lo Mercantil de los Tribunales de Instancia.

4. Los acuerdos a que se refiere el presente artículo serán objeto de publicación en el «Boletín Oficial del Estado» y producirán efectos desde el inicio del año siguiente a aquel en que se adopten, salvo que, por razones de urgencia, razonadamente se establezca otro momento anterior.

83. 1. El juicio del Jurado se celebrará en el ámbito de la Audiencia Provincial u otros Tribunales y en la forma que establezca la Ley.

2. La composición y competencia del Jurado es la regulada en la Ley Orgánica del Tribunal del Jurado [173] . [174]

CAPÍTULO V
De los Tribunales de Instancia y del Tribunal Central de Instancia [175]

84. [176] [177]

1. Habrá un Tribunal de Instancia en cada partido judicial, con sede en su capital, de la que tomará su nombre [178] .

2. Los Tribunales de Instancia estarán integrados por una Sección Única, de Civil y de Instrucción. En los supuestos determinados por la Ley 38/1988, de 28 de diciembre, de Demarcación y de Planta Judicial, el Tribunal de Instancia se integrará por una Sección Civil y otra Sección de Instrucción.

---

[173] Véase LO 5/1995, de 22 de mayo, del Tribunal del Jurado

[174] Dada nueva redacción apartado 2 por disposición final 1 apartado 2 de Ley Orgánica 5/1995 de 22 de mayo de 1995, con vigencia desde 23/11/1995

[175] Dada nueva redacción por art. 1 apartado 20 de Ley Orgánica 1/2025 de 2 de enero de 2025, con vigencia desde 23/01/2025

[176] Dada nueva redacción por art. 1 apartado 21 de Ley Orgánica 1/2025 de 2 de enero de 2025, con vigencia desde 23/01/2025

[177] Véanse art. 4 y anexo VI LDYPJ y arts. 30, 32 y 35 de la presente Ley

[178] Véase la disp. trans. 1.ª LO 1/2025 de 2 enero que establece el calendario de constitución de los Tribunales de Instancia

Además de las anteriores, los Tribunales de Instancia podrán estar integrados por alguna o varias de las siguientes Secciones:

a) De Familia, Infancia y Capacidad.

b) De lo Mercantil.

c) De Violencia sobre la Mujer.

d) De Violencia contra la Infancia y la Adolescencia.

e) De lo Penal.

f) De Menores.

g) De Vigilancia Penitenciaria.

h) De lo Contencioso-Administrativo.

i) De lo Social.

3. Cada Tribunal de Instancia contará con una Presidencia [179]. Las Secciones del Tribunal de Instancia contarán con una Presidencia de Sección cuando concurran las siguientes circunstancias:

a) Que en el Tribunal de Instancia hubiere dos o más Secciones.

b) Que en la Sección de que se trate existan ocho o más plazas judiciales.

c) Que el número total de plazas judiciales del Tribunal de Instancia sea igual o superior a doce.

4. El ejercicio de la función jurisdiccional corresponde a los jueces, las juezas, los magistrados y las magistradas destinados o destinadas en las diferentes Secciones que integren los Tribunales de Instancia. Su adscripción a las referidas Secciones será funcional. Conforme a criterios de racionalización del trabajo, los jueces, las juezas, los magistrados y las magistradas destinados o destinadas en una Sección del Tribunal de Instancia podrán conocer de los asuntos de nuevo ingreso de otras Secciones que lo integren, siempre que se trate de asuntos del mismo orden jurisdiccional. Esta asignación se realizará mediante acuerdo del Consejo General del Poder Judicial, a propuesta de la Presidencia del Tribunal y oída la Junta de Jueces y Juezas del orden jurisdiccional al que se refiera. Cuando la asignación se acuerde para cubrir ausencias provocadas por la concesión de comisiones de servicio o licencias de larga duración, podrá afectar a los asuntos de nuevo ingreso o a aquellos de los que esté conociendo el juez, la jueza, el magistrado o la magistrada que se encuentre en alguna de tales situaciones. Dichos acuerdos deberán publicarse en el «Boletín Oficial del Estado».

---

[179] Véase la disp. trans. 3.ª LO 1/2025 de 2 enero

5. Se podrá establecer que algunas de las Secciones que integren los Tribunales de Instancia extiendan su jurisdicción a uno o varios partidos judiciales de la misma provincia, o de varias provincias limítrofes dentro del ámbito de un mismo Tribunal Superior de Justicia.

6. En el Tribunal de Instancia se podrá nombrar a dos de sus jueces, juezas, magistrados o magistradas, conforme a un turno anual preestablecido y público, para que, junto con aquel o aquella a quien le hubiere sido turnado el asunto inicialmente, se encarguen de la instrucción de un determinado proceso penal o conozcan en primera instancia de un procedimiento de cualquier orden jurisdiccional cuando, en atención al volumen, la especial complejidad o el número de intervinientes de un procedimiento, tal nombramiento favorezca el ejercicio de la función jurisdiccional. En estos casos, para la adopción de cuantas resoluciones se dictaren en el curso del proceso, actuará como ponente aquel o aquella a quien le hubiere sido turnado el asunto inicialmente. Estos jueces, juezas, magistrados o magistradas conocerán de dicho procedimiento hasta su completa terminación, sin perjuicio de que se les puedan seguir repartiendo otros asuntos.

85. [180] Con carácter general, en los Tribunales de Instancia, las Secciones Civiles o las Civiles y de Instrucción que constituyan una Sección Única extenderán su jurisdicción a un partido judicial.

Estas Secciones conocerán, en el orden civil:

1.º En primera instancia, de los juicios que no vengan atribuidos por esta ley a otros órganos judiciales [181].

2.º De los actos de jurisdicción voluntaria en los términos que prevean las leyes [182].

3.º De los recursos que establezca la ley contra las resoluciones de los jueces y las juezas de paz del partido [183].

4.º De las cuestiones de competencia en materia civil entre los jueces y las juezas de paz del partido [184].

---

[180] Dada nueva redacción por art. 1 apartado 22 de Ley Orgánica 1/2025 de 2 de enero de 2025, con vigencia desde 23/01/2025

[181] Véase art. 45 LEC

[182] Véase libro III LEC 1881

[183] Véase art. 455.2 LEC

[184] Véanse arts. 51, 56, 73, 82 y 100 de la presente Ley

5.º De las solicitudes de reconocimiento y ejecución de sentencias y demás resoluciones judiciales extranjeras y de la ejecución de laudos o resoluciones arbitrales extranjeros, a no ser que, con arreglo a lo acordado en los tratados y otras normas internacionales, corresponda su conocimiento a otra Sección o Tribunal [185].

86. [186] 1. Cuando se estime conveniente, en función de la carga de trabajo, se creará en el Tribunal de Instancia una Sección de Familia, Infancia y Capacidad, que extenderá su jurisdicción a todo el partido judicial [187].

2. No obstante lo dispuesto en el apartado anterior, el Gobierno podrá establecer por real decreto, a propuesta del Consejo General del Poder Judicial y, en su caso, con informe favorable de la comunidad autónoma con competencias en materia de Justicia, Secciones de Familia, Infancia y Capacidad que extiendan su jurisdicción a dos o más partidos dentro de la misma provincia.

3. El Consejo General del Poder Judicial, previo informe de las Salas de Gobierno, podrá acordar que, en aquellos Tribunales de Instancia donde no hubiere una Sección de Familia, Infancia y Capacidad y sea conveniente por razón de la carga de trabajo existente, el conocimiento de los asuntos referidos en este artículo corresponda a uno de los jueces, juezas, magistrados o magistradas de la Sección Civil, o Civil y de Instrucción que constituya una Sección Única, determinándose en esta situación que ese juez, jueza, magistrado o magistrada conozca de todos estos asuntos dentro del partido judicial, ya sea de forma exclusiva o conociendo también de otras materias.

4. En los partidos judiciales en que exista un Tribunal de Instancia con Sección Única integrada por una sola plaza judicial, el juez o jueza que la ocupe será quien asuma el conocimiento de los asuntos de familia cuando no se hubiere creado una Sección de Familia, Infancia y Capacidad.

---

[185] Véanse arts. 951 a 958 LEC 1881

[186] Dada nueva redacción por art. 1 apartado 23 de Ley Orgánica 1/2025 de 2 de enero de 2025, con vigencia desde 23/01/2025

[187] Téngase en cuenta la disp. trans. 7ª LO 1/2025 de 2 enero, que establece el régimen para la constitución inicial de las Secciones de Familia, Infancia y Capacidad en aquellos Tribunales de Instancia de los partidos judiciales donde existiese acuerdo de especialización

5. Las Secciones de Familia, Infancia y Capacidad conocerán de cuantas cuestiones se susciten en materia de familia en los términos previstos en las leyes. En todo caso, la jurisdicción de estas Secciones será exclusiva y excluyente en las siguientes materias:

a) Las relativas al matrimonio y a su régimen económico matrimonial y las que tengan por objeto la adopción o modificación de medidas de trascendencia familiar y otras acciones derivadas de la crisis matrimonial o de la unión de hecho.

b) Las que versen exclusivamente sobre guarda y custodia de hijos o hijas menores o sobre alimentos reclamados por un progenitor contra el otro en nombre de los hijos o hijas menores.

c) Las relativas a modificación de medidas adoptadas en los procesos que versen sobre las materias previstas en las letras anteriores.

d) Las que versen sobre maternidad, paternidad, filiación y adopción.

e) Las relativas a los alimentos entre parientes.

f) Las relativas a las relaciones paternofiliales.

g) Las que versen sobre adopción de medidas judiciales de apoyo a personas con discapacidad, incluyendo los internamientos no voluntarios por razón de trastorno psíquico.

h) Las relativas a la protección del menor, incluidas las que sean objeto de los procedimientos regulados en los artículos 778 bis y 778 ter y los capítulos IV bis y V del título I del libro IV de la Ley 1/2000, de 7 de enero, de Enjuiciamiento Civil.

i) La oposición a las resoluciones y actos de la Dirección General de Seguridad Jurídica y Fe Pública en materia de Registro Civil que se tramitan por el procedimiento del artículo 781 bis de la Ley 1/2000, de 7 de enero, de Enjuiciamiento Civil.

j) Los expedientes de jurisdicción voluntaria en materia de personas y familia, con excepción de los regulados en los capítulos IX y X del título I de la Ley 15/2015, de 2 de julio, de la Jurisdicción Voluntaria.

k) Las que versen sobre el reconocimiento de eficacia civil de resoluciones o decisiones eclesiásticas en materia matrimonial.

l) El reconocimiento y la ejecución de sentencias y resoluciones judiciales extranjeras civiles sobre menores, familia y medidas de apoyo.

m) Los procesos para la efectividad de los derechos reconocidos en el artículo 160 del Código Civil.

n) Cualesquiera otras materias civiles relativas a la familia o la protección de la infancia o las personas con discapacidad.

86 bis a 86 quinquies. [188] (Derogados)

87. [189] 1. Con carácter general, en el Tribunal de Instancia con sede en la capital de cada provincia, existirá una Sección de lo Mercantil con jurisdicción en toda la provincia y sede en su capital.

2. En aquellas provincias donde, por razón de la carga de trabajo, no se constituya una Sección de lo Mercantil el conocimiento de los asuntos referidos en este artículo corresponderá a uno de los jueces o a una de las juezas de la Sección Civil, o Civil y de Instrucción que constituya una Sección Única en el Tribunal de Instancia de la capital de provincia.

3. Por excepción a lo establecido en los apartados anteriores, cuando una provincia tenga una población inferior a los 500.000 habitantes, el Gobierno por real decreto, a propuesta del Consejo General del Poder Judicial con informe favorable previo de la comunidad autónoma con competencias en materia de Justicia o a propuesta de esta comunidad oído el Consejo General del Poder Judicial, podrá extender a esa provincia la jurisdicción de la Sección de lo Mercantil de otra provincia limítrofe perteneciente a la misma comunidad autónoma.

4. Cuando un partido judicial cuente con más de 250.000 habitantes y, perteneciendo a la misma provincia, no sea limítrofe con el de su capital, el Gobierno, a propuesta del Consejo General del Poder Judicial y con informe favorable previo de la comunidad autónoma con competencias en materia de Justicia o a propuesta de la comunidad autónoma con competencias en materia de Justicia y oído el Consejo General del Poder Judicial, podrá crear una Sección de lo Mercantil en el Tribunal de Instancia de aquel partido judicial con jurisdicción en él y en aquellos otros partidos judiciales limítrofes que se considere oportuno.

5. En aquellas capitales de provincia en las que exista más de un juez, jueza, magistrado o magistrada en la Sección de lo Mercantil y

[188] Derogado por art. 1 apartado 24 de Ley Orgánica 1/2025 de 2 de enero de 2025, con vigencia desde 23/01/2025

[189] Dada nueva redacción por art. 1 apartado 24 de Ley Orgánica 1/2025 de 2 de enero de 2025, con vigencia desde 23/01/2025

menos de cinco, las solicitudes de declaración de concurso de acreedores de persona natural se repartirán a uno solo de ellos. Si el número de jueces, juezas, magistrados y magistradas de dicha Sección fuera más de cinco, esas solicitudes se repartirán a dos o más igualmente determinados, con exclusión de los demás.

6. Las Secciones de lo Mercantil conocerán de las siguientes materias:

a) De cuantas cuestiones sean de la competencia del orden jurisdiccional civil en materia de propiedad intelectual e industrial; competencia desleal y publicidad; sociedades mercantiles, sociedades cooperativas, agrupaciones de interés económico; transporte terrestre, nacional o internacional; derecho marítimo y derecho aéreo.

Por excepción a lo establecido en el párrafo anterior, las Secciones de lo Mercantil no serán competentes para conocer de las pretensiones basadas exclusivamente en el Reglamento (CE) n.º 261/2004 del Parlamento Europeo y del Consejo, de 11 de febrero de 2004, por el que se establecen normas comunes sobre compensación y asistencia a los pasajeros aéreos en caso de denegación de embarque y de cancelación o gran retraso de los vuelos, y se deroga el Reglamento (CEE) n.º295/91; en el Reglamento (UE) 2021/782 del Parlamento Europeo y del Consejo, de 29 de abril de 2021, sobre los derechos y las obligaciones de los viajeros de ferrocarril; en el Reglamento (UE) n.º 181/2011 del Parlamento Europeo y del Consejo, de 16 de febrero de 2011, sobre los derechos de los viajeros de autobús y autocar y por el que se modifica el Reglamento (CE) n.º 2006/2004; y en el Reglamento (UE) n.º 1177/2010 del Parlamento Europeo y del Consejo, de 24 de noviembre de 2010, sobre los derechos de los pasajeros que viajan por mar y por vías navegables y por el que se modifica el Reglamento (CE) n.º 2006/2004.

b) De las acciones relativas a la aplicación de los artículos 101 y 102 del Tratado de Funcionamiento de la Unión Europea y de los artículos 1 y 2 de la Ley 15/2007, de 3 de julio, de Defensa de la Competencia, así como de las pretensiones de resarcimiento del perjuicio ocasionado por la infracción del Derecho de la competencia.

c) De los recursos directos contra las calificaciones negativas de los registradores y las registradoras mercantiles o, en su caso, contra las resoluciones expresas o presuntas de la Dirección General de Seguridad Jurídica y Fe Pública relativas a esas calificaciones.

7. Las Secciones de lo Mercantil conocerán, además, de cuantas cuestiones sean de la competencia del orden jurisdiccional civil en

materia de concurso de acreedores o acreedoras, cualquiera que sea la condición civil o mercantil de la persona deudora, de los planes de reestructuración y del procedimiento especial para microempresas, en los términos establecidos por el texto refundido de la Ley Concursal, aprobado por Real Decreto Legislativo 1/2020, de 5 de mayo. En relación con la jurisdicción del juez o de la jueza del concurso:

a) En todo caso será exclusiva y excluyente en las siguientes materias:

1.ª Las acciones civiles con trascendencia patrimonial que se dirijan contra la persona concursada, con excepción de las que se ejerciten en los procesos civiles sobre capacidad, filiación, matrimonio y menores.

2.ª Las ejecuciones relativas a créditos concursales o contra la masa sobre los bienes y derechos de la persona concursada integrados o que se integren en la masa activa, cualquiera que sea el tribunal o la autoridad administrativa que la hubiera ordenado, sin más excepciones que las previstas en la legislación concursal.

3.ª La determinación del carácter necesario de un bien o derecho para la continuidad de la actividad profesional o empresarial de la persona deudora.

4.ª La declaración de la existencia de sucesión de empresa a efectos laborales y de seguridad social en los casos de transmisión de unidad o de unidades productivas y la determinación de los límites de esa declaración conforme a lo dispuesto en la legislación laboral y de seguridad social.

5.ª Las medidas cautelares que afecten o pudieran afectar a los bienes y derechos de la persona concursada integrados o que se integren en la masa activa, cualquiera que sea el tribunal o la autoridad administrativa que la hubiera acordado, excepto las que se adopten en los procesos civiles sobre provisión de medidas de apoyo y otros relativos a personas con discapacidad, filiación, matrimonio y menores.

6.ª Las demás materias establecidas en la legislación concursal.

b) Cuando el deudor o la deudora sea persona natural, la jurisdicción del juez o de la jueza del concurso será también exclusiva y excluyente en las siguientes materias:

1.ª Las que en el procedimiento concursal debe adoptar en relación con la asistencia jurídica gratuita.

2.ª La disolución y liquidación de la sociedad o comunidad conyugal de la persona concursada.

c) Cuando el deudor sea persona jurídica, la jurisdicción del juez o de la jueza del concurso será exclusiva y excluyente en las siguientes materias:

1.ª Las acciones de reclamación de deudas sociales que se ejerciten contra los socios de la sociedad concursada que sean subsidiariamente responsables del pago de esas deudas, cualquiera que sea la fecha en que se hubieran contraído, y las acciones para exigir a los socios de la sociedad concursada el desembolso de las aportaciones sociales diferidas o el cumplimiento de las prestaciones accesorias.

2.ª Las acciones de responsabilidad civil contra los administradores, administradoras, liquidadores o liquidadoras, de derecho o de hecho; contra la persona natural designada para el ejercicio permanente de las funciones propias del cargo de administrador persona jurídica; y contra las personas, cualquiera que sea su denominación, que tengan atribuidas facultades de la más alta dirección de la sociedad cuando no exista delegación permanente de facultades del consejo de administración en uno o varios consejeros delegados o en una comisión ejecutiva, por los daños y perjuicios causados, antes o después de la declaración judicial de concurso, a la persona jurídica concursada. En todo caso, quedará excluida de esta jurisdicción la revisión de las acciones de responsabilidad que ejerzan las Administraciones Públicas en el ejercicio de su autotutela.

3.ª Las acciones de responsabilidad contra los auditores y auditoras por los daños y perjuicios causados, antes o después de la declaración judicial de concurso, a la persona jurídica concursada.

d) La jurisdicción del juez o jueza del concurso es exclusiva y excluyente para conocer de las acciones sociales que tengan por objeto la modificación sustancial de las condiciones de trabajo, el traslado, el despido, la suspensión de contratos y la reducción de jornada por causas económicas, técnicas, organizativas o de producción que, conforme a la legislación laboral y a lo establecido en la legislación concursal, tengan carácter colectivo, así como de las que versen sobre la suspensión o extinción de contratos de alta dirección.

La suspensión de contratos y la reducción de jornada tendrán carácter colectivo cuando afecten al número de trabajadores establecido en la legislación laboral para la modificación sustancial de las condiciones de trabajo con este carácter.

e) La jurisdicción del juez o jueza del concurso se extiende a todas las cuestiones prejudiciales civiles, sin más excepciones que las establecidas en la legislación concursal, las administrativas y las sociales directamente relacionadas con el concurso o cuya resolución sea necesaria para la adecuada tramitación del procedimiento concursal. La decisión sobre estas cuestiones no surtirá efecto fuera del concurso de acreedores en que se produzca.

8. Las Secciones de lo Mercantil serán competentes para el reconocimiento y ejecución de sentencias y demás resoluciones judiciales extranjeras cuando éstas versen sobre cualquiera de las materias a que se refiere este artículo, salvo que, según los tratados y otras normas internacionales, el conocimiento de esa materia corresponda a otro órgano judicial.

9. Las Secciones de lo Mercantil tendrán competencia exclusiva para conocer en primera instancia, de acuerdo con la atribución de competencia objetiva, territorial y funcional establecida en la Ley 1/2000, de 7 de enero, de Enjuiciamiento Civil, de los recursos contra las resoluciones dictadas por la Sección Primera de la Comisión de Propiedad Intelectual para resolver las cuestiones litigiosas sobre el acuerdo previsto en el artículo 129 bis.3 del texto refundido de la Ley de Propiedad Intelectual, aprobado por Real Decreto Legislativo 1/1996, de 12 de abril. Dichos Juzgados podrán, en todo caso, pronunciarse sobre el fondo de la controversia, así como suspender cautelarmente la ejecución de la resolución dictada por la Sección Primera mientras se resuelve el procedimiento en sede judicial.

10. Además de la competencia para conocer con jurisdicción en toda la provincia de las materias a que se refiere este artículo, la Sección de lo Mercantil del Tribunal de Instancia de Alicante tendrá competencia exclusiva para conocer en primera instancia con jurisdicción en todo el territorio nacional de aquellas acciones que se ejerciten al amparo de lo establecido en el Reglamento (UE) 2017/1001 del Parlamento y del Consejo, de 14 de junio de 2017, sobre la marca de la Unión Europea, y del Reglamento (CE) n.º 6/2002, del Consejo, de 12 de diciembre de 2001, sobre los dibujos y modelos comunitarios.

A los solos efectos de la competencia específica a que se refiere el párrafo anterior, dicha Sección se denominará Tribunal de Marca de la Unión Europea y tendrá también competencia exclusiva para conocer de aquellas demandas civiles en las que se ejerciten acumuladas acciones relativas a marcas de la Unión y a marcas nacionales o internacionales idénticas o similares; y de aquellas en las que existiera cualquier otra conexión entre las acciones ejercitadas si al menos una de ellas estuviera basada en un registro o solicitud de marca de la Unión.

87 bis a 87 quater. [190] (Derogados)

88. [191] 1. Con carácter general, en los Tribunales de Instancia, las Secciones de Instrucción o las Secciones Únicas extenderán su jurisdicción a un partido judicial.

Estas Secciones conocerán, en el orden penal:

a) De la instrucción de las causas por delito cuyo enjuiciamiento corresponda a las Audiencias Provinciales y a las Secciones de lo Penal de los Tribunales de Instancia, excepto de la instrucción de aquellas causas que sean competencia de las Secciones de Violencia sobre la Mujer o de la Sección de Violencia contra la Infancia y la Adolescencia.

b) Les corresponde asimismo dictar sentencia de conformidad con la acusación en los casos establecidos por la ley y en los procesos por aceptación de decreto.

c) Del conocimiento y fallo de los juicios por delito leve, salvo los que sean competencia de los jueces y juezas de paz o de las Secciones de Violencia sobre la Mujer o de la Sección de Violencia contra la Infancia y la Adolescencia.

d) De los procedimientos de habeas corpus.

e) De los recursos que establezca la ley contra las resoluciones dictadas por los jueces y las juezas de paz del partido y de las cuestiones de competencia entre estos.

f) De la adopción de la orden de protección a las víctimas de violencia sobre la mujer, infancia y adolescencia cuando esté desarrollando funciones de guardia, siempre que no pueda ser adoptada por el juez, la jueza, el magistrado o la magistrada de la Sección de Violencia sobre la Mujer o de la Sección correspondiente que asuma el conocimiento de estos asuntos.

---

[190] Derogado por art. 1 apartado 26 de Ley Orgánica 1/2025 de 2 de enero de 2025, con vigencia desde 23/01/2025

[191] Dada nueva redacción por art. 1 apartado 27 de Ley Orgánica 1/2025 de 2 de enero de 2025, con vigencia desde 23/01/2025

g) De la emisión y la ejecución de los instrumentos de reconocimiento mutuo de resoluciones penales en la Unión Europea que les atribuya la ley [192].

h) De los procedimientos de decomiso autónomo por los delitos para cuyo conocimiento sean competentes.

2. Asimismo, las Secciones de Instrucción y las Secciones Únicas conocerán de la autorización del internamiento de extranjeros en los centros de internamiento, así como del control de la estancia de éstos en los mismos y en las salas de inadmisión de fronteras. También conocerán de las peticiones y quejas que planteen los internos en cuanto afecten a sus derechos fundamentales.

3. Los procedimientos de revisión de medidas por modificación de circunstancias podrán ser tramitados por el juez o jueza inicialmente competente.

4. Excepcionalmente, el Consejo General del Poder Judicial, con informe de la Fiscalía General del Estado, podrá acordar la agrupación de las Secciones de Instrucción y de las Secciones Únicas de varios partidos judiciales limítrofes, dentro de una misma provincia, siempre que, por razón del incremento de las actividades delictivas de organizaciones criminales vinculadas al tráfico de drogas o personas, se produzca un destacado aumento en el volumen de asuntos penales de esta naturaleza en determinadas zonas o períodos.

La modificación singular en estos casos se limitará al periodo de tiempo en que se produzca la coyuntura que la motiva y a la instrucción de los procesos penales relacionados con los tipos delictivos que justifican el establecimiento de esa agrupación.

Para acordar dicha agrupación será necesario contar con la propuesta o informe tanto de la Sala de Gobierno del Tribunal Superior de Justicia correspondiente como de las Juntas de Jueces y Juezas de las poblaciones afectadas.

El Consejo General del Poder Judicial, antes de adoptar decisión alguna sobre la propuesta de que se trate, recabará el parecer del Ministerio de Justicia y el de la Comunidad Autónoma con competencias en materia de Justicia. En todo caso, la efectividad de dicha decisión no implicará el aumento de dotaciones presupuestarias.

5. La agrupación de Secciones a que se refiere el apartado anterior estará presidida por el Presidente o la Presidenta del Tribunal de Ins-

---

[192] Véase Ley 23/2014, de 20 de noviembre, de reconocimiento mutuo de resoluciones penales en la Unión Europea

tancia del partido judicial con mayor número de habitantes quien, junto con los Presidentes o Presidentas de Sección que la integren, o, en su defecto, con los Presidentes o Presidentas de los Tribunales de Instancia afectados, elaborará las normas para el reparto de asuntos concretos materia de la agrupación, que posteriormente se aprobarán por la Sala de Gobierno del Tribunal Superior de Justicia respectivo. Tales normas de reparto no podrán afectar a los procedimientos ya en trámite en cada una de las Secciones.

6. El reparto de asuntos entre las diferentes Secciones se realizará por el letrado o la letrada directores del Servicio Común General del Tribunal de Instancia con mayor número de habitantes de entre los que componen la agrupación. El Presidente o la Presidenta del Tribunal de Instancia de ese partido judicial con mayor número de habitantes resolverá, con carácter gubernativo, las cuestiones que se planteen y corregirá las irregularidades que puedan producirse, adoptando las medidas necesarias y promoviendo, en su caso, la exigencia de las responsabilidades que procedan.

89. [193] 1. El Consejo General del Poder Judicial, previo informe de las Salas de Gobierno, podrá acordar que, en aquellos Tribunales de Instancia donde no hubiere una Sección de Violencia sobre la Mujer y sea conveniente por razón de la carga de trabajo existente, el conocimiento de los asuntos referidos en este artículo corresponda a uno de los jueces o juezas de la Sección de Instrucción, o de Civil y de Instrucción que constituya una Sección Única, determinándose en esta situación que ese juez o jueza conozca de todos estos asuntos dentro del partido judicial, ya sea de forma exclusiva o conociendo también de otras materias.

2. Cuando se estime conveniente, en función de la carga de trabajo, se creará en el Tribunal de Instancia una Sección de Violencia sobre la Mujer, que extenderá su jurisdicción a todo el partido judicial.

3. No obstante lo dispuesto en el apartado anterior, el Gobierno podrá establecer por real decreto, a propuesta del Consejo General del Poder Judicial y, en su caso, con informe de la comunidad autónoma con competencias en materia de Justicia, Secciones de Violencia sobre

---

[193] Dada nueva redacción por art. 1 apartado 28 de Ley Orgánica 1/2025 de 2 de enero de 2025, con vigencia desde 23/01/2025

la Mujer que extiendan su jurisdicción a dos o más partidos dentro de la misma provincia. [194]

4. En los partidos judiciales en que exista un Tribunal de Instancia con Sección Única integrada por una sola plaza judicial, el juez o jueza que la ocupe será quien asuma el conocimiento de los asuntos a que se refiere este artículo, cuando ninguna Sección de Violencia sobre la Mujer extienda su jurisdicción a ese partido judicial.

5. Las Secciones de Violencia sobre la Mujer conocerán, en el orden penal, de conformidad en todo caso con los procedimientos y recursos previstos en la Ley de Enjuiciamiento Criminal, de los siguientes supuestos:

a) De la instrucción de los procesos para exigir responsabilidad penal por los delitos recogidos en los Títulos del Código Penal relativos a homicidio, aborto, lesiones, lesiones al feto, delitos contra la libertad, delitos contra la integridad moral, contra la libertad e indemnidad sexual, contra la intimidad y el derecho a la propia imagen, contra el honor o cualquier otro delito cometido con violencia o intimidación, siempre que se hubiesen cometido contra quien sea o haya sido su esposa o mujer que esté o haya estado ligada al autor por análoga relación de afectividad, aun sin convivencia, así como de los cometidos sobre los descendientes, propios o de la esposa o conviviente, o sobre los menores o personas con discapacidad que con él convivan o que se hallen sujetos a la potestad, tutela, curatela, acogimiento o guarda de hecho de la esposa o conviviente, cuando también se haya producido un acto de violencia de género.

b) De la instrucción de los procesos para exigir responsabilidad penal por cualquier delito contra las relaciones familiares, cuando la víctima sea alguna de las personas señaladas en la letra anterior.

c) De la adopción de las correspondientes órdenes de protección a las víctimas, sin perjuicio de las competencias atribuidas al juez o jueza de guardia.

d) Del conocimiento y fallo de los delitos leves que les atribuya la ley cuando la víctima sea alguna de las personas señaladas como tales en la letra a).

---

[194] Véanse el art. 6 y las disp. trans. 2ª y 3ª RD 422/2025, de 3 de junio, en cuanto a la constitución de agrupaciones de partidos judiciales para el conocimiento de los asuntos atribuidos a las Secciones de Violencia sobre la Mujer. Asimismo téngase en cuenta la disp. final 3ª en cuanto a la fecha de efectividad

e) Dictar sentencia de conformidad con la acusación en los casos establecidos por la ley.

f) De la emisión y la ejecución de los instrumentos de reconocimiento mutuo de resoluciones penales en la Unión Europea que les atribuya la ley.

g) De la instrucción de los procesos para exigir responsabilidad penal por el delito de quebrantamiento previsto y penado en el artículo 468 del Código Penal cuando la persona ofendida por el delito cuya condena, medida cautelar o medida de seguridad se haya quebrantado sea o haya sido su esposa, o mujer que esté o haya estado ligada al autor por una análoga relación de afectividad aun sin convivencia, así como los descendientes, propios o de la esposa o conviviente, o los menores o personas con discapacidad con medidas de apoyo que con él convivan o que se hallen sujetos a la potestad, tutela, curatela, acogimiento o guarda de hecho de la esposa o conviviente, así como cuando la persona ofendida lo sea por alguno de los delitos señalados en la letra h) de este apartado.

h) De la instrucción de los procesos para exigir responsabilidad penal por los delitos contra la libertad sexual previstos en el título VIII del libro II del Código Penal, por los delitos de mutilación genital femenina, matrimonio forzado, acoso con connotación sexual y la trata con fines de explotación sexual cuando la persona ofendida por el delito sea mujer. [195]

6. Las Secciones de Violencia sobre la Mujer podrán conocer en el orden civil, en todo caso de conformidad con los procedimientos y recursos previstos en la Ley 1/2000, de 7 de enero, de Enjuiciamiento Civil, de los siguientes asuntos:

a) Los relativos al matrimonio y a su régimen económico matrimonial y los que tengan por objeto la adopción o modificación de medidas de trascendencia familiar y otras acciones derivadas de la crisis matrimonial o de la unión de hecho.

---

[195] Téngase en cuenta que la atribución de competencias en materia de violencia sexual a los Juzgados de Violencia sobre la Mujer entrará en vigor el 3 octubre 2025, corforme a la disp. final 38.ª 3 LO 1/2025 de 2 enero. Véase asimismo su disp. trans. 4ª que establece un período transitorio para la transformación necesaria de los juzgados, secciones y tribunales con competencia en materia penal en juzgados, secciones y tribunales con competencia en materia de violencia sobre la mujer y el RD 422/2025, de 3 de junio, que con la finalidad de acomodar la planta judicial a esa nueva atribución de competencias, la dota de cincuenta nuevas plazas en Secciones de Violencia sobre la Mujer, dando cumplimiento a la citada disposición transitoria

b) Los que versen exclusivamente sobre guarda y custodia de hijos e hijas menores o sobre alimentos reclamados por un progenitor contra el otro en nombre de los hijos e hijas menores.

c) Los relativos a modificación de medidas adoptadas en los procesos que versen sobre las materias previstas en las letras anteriores.

d) Los que versen sobre maternidad, paternidad, filiación y adopción.

e) Los relativos a las relaciones paternofiliales.

f) Los relativos a la protección del menor, incluidas en los capítulos IV bis y V del título I del libro IV de la Ley 1/2000, de 7 de enero, de Enjuiciamiento Civil.

g) Los expedientes de jurisdicción voluntaria en materia de personas y familia, con excepción de los regulados en los capítulos IX y X del título II de la Ley 15/2015, de 2 de julio, de Jurisdicción Voluntaria.

h) Los que versen sobre los procedimientos de liquidación del régimen económico matrimonial instados por los herederos de la mujer víctima de violencia de género, así como los que se insten frente a estos herederos.

i) Los que versen sobre el reconocimiento de eficacia civil de resoluciones o decisiones eclesiásticas en materia matrimonial.

j) El reconocimiento y la ejecución de sentencias y resoluciones judiciales extranjeras civiles sobre menores y familia.

k) Los procesos para la efectividad de los derechos reconocidos en el artículo 160 del Código Civil.

7. Las Secciones de Violencia sobre la Mujer tendrán de forma exclusiva y excluyente competencia en el orden civil cuando concurran simultáneamente los siguientes requisitos [196]:

a) Que se trate de un proceso civil que tenga por objeto alguna de las materias indicadas en el apartado 6 del presente artículo.

b) Que alguna de las partes del proceso civil sea víctima de actos de violencia de género, en los términos a que hace referencia el apartado 5. a), o de actos de violencia sexual, en los términos a que hace referencia el apartado 5.h) del presente artículo.

c) Que alguna de las partes del proceso civil sea imputado como autor, inductor o cooperador necesario en la realización de actos de violencia de género o de violencia sexual.

---

[196] Véase art. 49 bis LEC

d) Que se hayan iniciado ante la Sección de Violencia sobre la Mujer de un Tribunal de Instancia actuaciones penales por delito o delito leve a consecuencia de un acto de violencia de género o de un acto de violencia sexual, o se haya adoptado una orden de protección a una víctima de violencia de género.

8. Cuando el juez o la jueza apreciara que los actos puestos en su conocimiento, de forma notoria, no constituyen expresión de violencia de género o de violencia sexual, podrá inadmitir la pretensión, remitiéndola al órgano judicial competente.

9. En todos estos casos está vedada la utilización de los medios adecuados de solución de controversias.

10. El Consejo General del Poder Judicial deberá estudiar, en el ámbito de sus competencias, la necesidad o carencia de dependencias que impidan la confrontación de la víctima y el agresor durante el proceso, así como impulsar, en su caso, la creación de las mismas, en colaboración con el Ministerio de Justicia y las comunidades autónomas competentes. Se procurará que estas mismas dependencias sean utilizadas en los casos de agresiones sexuales y de trata de personas con fines de explotación sexual. En todo caso, estas dependencias deberán ser plenamente accesibles, condición de obligado cumplimiento de los entornos, productos y servicios con el fin de que sean comprensibles, utilizables y practicables por todas las mujeres y menores víctimas sin excepción.

11. El Consejo General del Poder Judicial encomendará al Observatorio contra la Violencia Doméstica y de Género la evaluación de los datos provenientes de las Secciones de Violencia sobre la Mujer, así como de aquellos asuntos relacionados con esta materia en órganos judiciales no específicos.

Anualmente se elaborará un informe sobre los datos relativos a violencia de género y violencia sexual, que será publicado y remitido a la Comisión de seguimiento y evaluación de los acuerdos del Pacto de Estado en materia de Violencia de Género del Congreso de los Diputados, así como a la Comisión de seguimiento y evaluación de las estrategias acordadas por el Senado dentro del Pacto de Estado contra la Violencia de Género.

La información mencionada en el párrafo anterior se incorporará a la Memoria Anual del Consejo General del Poder Judicial.

La información estadística obtenida en aplicación de este apartado deberá poder desagregarse con un indicador de discapacidad de las víctimas.

Igualmente, permitirá establecer un registro estadístico de las menores víctimas de violencia de género, que permita también la desagregación con indicador de discapacidad.

89 bis. [197] 1. El Consejo General del Poder Judicial, previo informe de las Salas de Gobierno, podrá acordar que, en aquellos Tribunales de Instancia donde no hubiere una Sección de Violencia contra la Infancia y la Adolescencia y sea conveniente por razón de la carga de trabajo existente, el conocimiento de los asuntos referidos en este artículo corresponda a uno de los jueces o juezas de la Sección de Instrucción, o de Civil y de Instrucción que constituya una Sección Única, determinándose en esta situación que uno solo de estos jueces o juezas conozca de todos estos asuntos dentro del partido judicial, ya sea de forma exclusiva o conociendo también de otras materias.

2. Cuando se estime conveniente, en función de la carga de trabajo, se creará en el Tribunal de Instancia una Sección de Violencia contra la Infancia y la Adolescencia, que extenderá su jurisdicción a todo el partido judicial. [198]

3. No obstante lo anterior, excepcionalmente, el Gobierno podrá establecer por real decreto, a propuesta del Consejo General del Poder Judicial y en su caso, con informe de la comunidad autónoma con competencias en materia de Justicia, las Secciones de Violencia contra la Infancia y la Adolescencia que extiendan su jurisdicción a dos o más partidos dentro de la misma provincia.

4. En los partidos judiciales en que exista un Tribunal de Instancia con Sección Única integrada por un solo juez será éste el que asuma el conocimiento de los asuntos a que se refiere este artículo, cuando ninguna Sección de Violencia contra la Infancia y la Adolescencia extienda su jurisdicción a ese partido judicial.

5. Las Secciones de Violencia contra la Infancia y la Adolescencia conocerán, en el orden penal, de conformidad en todo caso con los

---

[197] Dada nueva redacción por art. 1 apartado 29 de Ley Orgánica 1/2025 de 2 de enero de 2025, con vigencia desde 23/01/2025

[198] Véase el art. 5 RD 422/2025, de 3 de junio, por el que se crean tres Secciones de Violencia contra la Infancia y la Adolescencia. Asimismo téngase en cuenta la disp. final 3ª en cuanto a la fecha de efectividad

procedimientos y recursos previstos en la Ley de Enjuiciamiento Criminal, de la instrucción de los procesos para exigir responsabilidad penal por los delitos recogidos en los Títulos del Código Penal relativos a:

a) Homicidio, aborto, lesiones o lesiones al feto, cometidos contra niños, niñas y adolescentes.

b) Delitos contra la libertad, delito de torturas y contra la integridad moral, delitos contra la intimidad, el derecho a la propia imagen y la inviolabilidad del domicilio, delitos contra la libertad e indemnidad sexual, delitos contra el honor, delitos contra las relaciones familiares, o cualquier otro delito cometido con violencia o intimidación, cuando la víctima sea niño, niña o adolescente.

c) Delito de trata de seres humanos del artículo 177 bis del Código Penal cuando al menos una de las víctimas sea niño, niña o adolescente.

d) Delito de quebrantamiento previsto y penado en el artículo 468 del Código Penal cuando la persona ofendida por el delito cuya condena, medida cautelar o medida de seguridad se haya quebrantado sea niño, niña o adolescente.

Las Secciones de Violencia contra la Infancia y la Adolescencia serán igualmente competentes para:

a) La adopción de las medidas cautelares legalmente previstas que aseguren la protección de las víctimas menores de edad, sin perjuicio de las competencias atribuidas al juez de guardia.

b) El conocimiento y fallo de los delitos leves que les atribuya la ley cuando la víctima sea niño, niña o adolescente.

c) Dictar sentencia de conformidad con la acusación en los casos establecidos por la ley.

d) La emisión y la ejecución de los instrumentos de reconocimiento mutuo de resoluciones penales en la Unión Europea que les atribuya la ley.

6. El Consejo General del Poder Judicial deberá estudiar, en el ámbito de sus competencias, la necesidad o carencia de dependencias que impidan la confrontación de la víctima y el agresor durante el proceso, así como impulsar, en su caso, la creación de las mismas, en colaboración con el Ministerio de Justicia y las comunidades autónomas competentes. En todo caso, estas dependencias deberán ser plenamente accesibles, condición de obligado cumplimiento de los

entornos, productos y servicios con el fin de que sean comprensibles, utilizables y practicables por todas las víctimas sin excepción.

7. En caso de que los hechos objeto de instrucción por la Sección de Violencia contra la Infancia y Adolescencia también pudieran ser conocidos por la Sección de Violencia sobre la Mujer, la competencia le corresponderá en todo caso a la última.

90. [199] 1. Con carácter general, en el Tribunal de Instancia, con sede en la capital de cada provincia y con jurisdicción en toda ella, existirá una Sección de lo Penal.

2. También podrán establecerse Secciones de lo Penal en Tribunales de Instancia que tengan su sede en poblaciones distintas de la capital de provincia, delimitándose en cada caso el ámbito territorial de su jurisdicción.

3. Las Secciones de lo Penal enjuiciarán las causas por delito que la ley determine.

A fin de facilitar el conocimiento de los asuntos instruidos por las Secciones de Violencia sobre la Mujer y las Secciones de Violencia contra la Infancia y la Adolescencia, y atendiendo al número de asuntos existentes, deberán especializarse una o varias plazas judiciales de la Sección de lo Penal, de conformidad con lo previsto en el artículo 96 de la presente ley.

4. Corresponde asimismo a las Secciones de lo Penal la ejecución de las sentencias dictadas en causas por delito grave o menos grave por las Secciones de Instrucción, Secciones de Violencia sobre la Mujer y Secciones de Violencia contra la Infancia y la Adolescencia; el reconocimiento y ejecución de las resoluciones que impongan sanciones pecuniarias transmitidas por las autoridades competentes de otros Estados miembros de la Unión Europea, cuando las mismas deban cumplirse en territorio español, y los procedimientos de decomiso autónomo por los delitos para cuyo conocimiento sean competentes.

---

[199] Dada nueva redacción por art. 1 apartado 30 de Ley Orgánica 1/2025 de 2 de enero de 2025, con vigencia desde 23/01/2025

5. Corresponde a las Secciones de lo Penal la emisión y la ejecución de los instrumentos de reconocimiento mutuo de resoluciones penales en la Unión Europea que les atribuya la ley [200].

91. [201] 1. Con carácter general, en el Tribunal de Instancia con sede en la capital de cada provincia, y con jurisdicción en toda ella, existirá una Sección de Menores. No obstante, cuando el volumen de trabajo lo aconseje, podrán establecerse Secciones de Menores cuya jurisdicción se extienda o bien a un partido determinado o agrupación de partidos, o bien a dos o más provincias de la misma comunidad autónoma. Tomarán su nombre de la población donde radique su sede.

2. Corresponde a las Secciones de Menores de los Tribunales de Instancia el ejercicio de las funciones que establezcan las leyes para con los menores que hubieren incurrido en conductas tipificadas por la ley como delito o delito leve y aquellas otras que, en relación con los menores de edad, les atribuyan las leyes, así como de la emisión y la ejecución de los instrumentos de reconocimiento mutuo de resoluciones penales en la Unión Europea que les atribuya la ley [202].

92. [203] 1. Con carácter general, en el Tribunal de Instancia con sede en la capital de cada provincia, dentro del orden jurisdiccional penal, existirá una Sección de Vigilancia Penitenciaria, que tendrá las funciones jurisdiccionales previstas en la ley en materia de ejecución de penas privativas de libertad y medidas de seguridad, emisión y ejecución de los instrumentos de reconocimiento mutuo de resoluciones penales en la Unión Europea que les atribuya la ley, control jurisdiccional de la potestad disciplinaria de las autoridades penitenciarias,

---

[200] Véase Ley 23/2014, de 20 de noviembre, de reconocimiento mutuo de resoluciones penales en la Unión Europea

[201] Dada nueva redacción por art. 1 apartado 31 de Ley Orgánica 1/2025 de 2 de enero de 2025, con vigencia desde 23/01/2025

[202] Véase Ley 23/2014, de 20 de noviembre, de reconocimiento mutuo de resoluciones penales en la Unión Europea

[203] Dada nueva redacción por art. 1 apartado 32 de Ley Orgánica 1/2025 de 2 de enero de 2025, con vigencia desde 23/01/2025

amparo de los derechos y beneficios de los internos en los establecimientos penitenciarios y demás que señale la ley [204].

2. Podrán establecerse Secciones de Vigilancia Penitenciaria en Tribunales de Instancia que tengan su sede en poblaciones distintas de la capital de provincia, delimitándose en cada caso el ámbito territorial de su jurisdicción. El Gobierno establecerá la sede de estas Secciones, previa audiencia de la comunidad autónoma afectada y del Consejo General del Poder Judicial.

3. El número de Tribunales de Instancia con Secciones de Vigilancia Penitenciaria, su ámbito territorial y número de magistrados y magistradas integrantes de cada una de ellas, se determinará en la Ley de Demarcación y Planta Judicial, atendiendo principalmente a los establecimientos penitenciarios existentes y a la clase de éstos.

4. Podrá establecerse que la Sección de Vigilancia Penitenciaria extienda su jurisdicción a dos o más provincias de la misma comunidad autónoma, o uno o más partidos dentro de la misma provincia.

5. El juez, jueza, magistrado o magistrada destinado o destinada en una Sección de Vigilancia Penitenciaria podrá compatibilizar las funciones propias de esta Sección con las de otras Secciones del orden jurisdiccional penal del mismo Tribunal de Instancia.

93. [205] 1. Con carácter general, en el Tribunal de Instancia con sede en la capital de cada provincia, y con jurisdicción en toda ella, existirá una Sección de lo Contencioso-Administrativo.

2. Cuando el volumen de asuntos lo requiera, se podrán establecer Secciones de lo Contencioso-Administrativo en Tribunales de Instancia que tengan su sede en poblaciones distintas de la capital de provincia, delimitándose en cada caso el ámbito territorial de su jurisdicción.

3. También podrán crearse excepcionalmente Secciones de lo Contencioso-Administrativo que extiendan su jurisdicción a más de una provincia dentro de la misma comunidad autónoma.

4. Las Secciones de lo Contencioso-Administrativo conocerán, en primera o única instancia, de los recursos contencioso-administrativos contra actos que expresamente les atribuya la ley.

---

[204] Véase Ley 23/2014, de 20 de noviembre, de reconocimiento mutuo de resoluciones penales en la Unión Europea

[205] Dada nueva redacción por art. 1 apartado 33 de Ley Orgánica 1/2025 de 2 de enero de 2025, con vigencia desde 23/01/2025

5. También les corresponde autorizar, mediante auto, la entrada en los domicilios y en los restantes edificios o lugares cuyo acceso requiera el consentimiento de su titular, cuando ello proceda para la ejecución forzosa de actos de la Administración, salvo que se trate de la ejecución de medidas de protección de menores acordadas por la entidad pública competente en la materia.

6. A dichas Secciones les compete igualmente la autorización para la entrada en domicilios y otros lugares constitucionalmente protegidos, que haya sido acordada por la Administración Tributaria en el marco de una actuación o procedimiento de aplicación de los tributos aún con carácter previo a su inicio formal cuando, requiriendo dicho acceso el consentimiento de su titular, este se oponga a ello o exista riesgo de tal oposición.

94. [206] 1. Con carácter general, en el Tribunal de Instancia con sede en la capital de cada provincia y con jurisdicción en toda ella existirá una Sección de lo Social.

2. Podrán establecerse Secciones de lo Social en Tribunales de Instancia que tengan su sede en poblaciones distintas de la capital de provincia, delimitándose en cada caso el ámbito territorial de su jurisdicción.

Asimismo, las Secciones de lo Social podrán excepcionalmente extender su jurisdicción a dos o más provincias dentro de la misma comunidad autónoma.

3. Las Secciones de lo Social conocerán, en primera o única instancia, de los procesos sobre materias propias de este orden jurisdiccional que no estén atribuidos a otros órganos del mismo.

95. [207] [208]

En la Villa de Madrid y con jurisdicción en todo el territorio nacional existirá un Tribunal Central de Instancia, que contará con las siguientes Secciones:

---

[206] Dada nueva redacción por art. 1 apartado 34 de Ley Orgánica 1/2025 de 2 de enero de 2025, con vigencia desde 23/01/2025

[207] Dada nueva redacción por art. 1 apartado 35 de Ley Orgánica 1/2025 de 2 de enero de 2025, con vigencia desde 23/01/2025

[208] Véase la disp. trans. 2.ª LO 1/2025 de 2 enero que establece el día 31 diciembre 2025 como fecha de constitución del Tribunal Central de Instancia

a) Sección de Instrucción, que instruirá las causas cuyo enjuiciamiento corresponda a la Sala de lo Penal de la Audiencia Nacional o, en su caso, a la Sección de lo Penal del propio Tribunal Central de Instancia y tramitará los expedientes de ejecución de las órdenes europeas de detención y entrega, los procedimientos de extradición pasiva, los relativos a la emisión y la ejecución de otros instrumentos de reconocimiento mutuo de resoluciones penales en la Unión Europea que les atribuya la ley, así como las solicitudes de información entre los servicios de seguridad de los Estados miembros de la Unión Europea cuando requieran autorización judicial, en los términos previstos en la ley [209].

En la Sección de Instrucción, los jueces y juezas de garantías conocerán de las peticiones de la Fiscalía Europea relativas a la adopción de medidas cautelares personales, la autorización de los actos que supongan limitación de los derechos fundamentales cuya adopción esté reservada a la autoridad judicial y demás supuestos que expresamente determine la ley.

Igualmente, conocerán de las impugnaciones que establezca la ley contra los decretos de los Fiscales europeos delegados.

b) Sección de lo Penal, que conocerá, en los casos en que así lo establezcan las leyes procesales, de las causas por los delitos a que se refiere el artículo 65 y de los demás asuntos que señalen las leyes. Corresponde asimismo a la Sección de lo Penal la ejecución de las sentencias dictadas en causas por delito grave o menos grave por la Sección de Instrucción del propio Tribunal Central de Instancia, y los procedimientos de decomiso autónomo por los delitos para cuyo conocimiento sean competentes.

c) Sección de Menores, que conocerá de las causas que le atribuya la legislación reguladora de la responsabilidad penal de los menores, así como de la emisión y la ejecución de los instrumentos de reconocimiento mutuo de resoluciones penales en la Unión Europea que le atribuya la ley.

d) Sección de Vigilancia Penitenciaria, que tendrá las funciones jurisdiccionales previstas en la Ley Orgánica 1/1979, de 26 de septiembre, General Penitenciaria, descritas en el apartado 1 del artículo 92 de esta ley, la competencia para la emisión y ejecución de los instru-

---

[209] Véase Ley 23/2014, de 20 de noviembre, de reconocimiento mutuo de resoluciones penales en la Unión Europea

mentos de reconocimiento mutuo de resoluciones penales en la Unión Europea que les atribuya la ley y demás funciones que señale la ley, en relación con los delitos competencia de la Audiencia Nacional. En todo caso, la competencia de esta Sección será preferente y excluyente cuando el penado cumpla también otras condenas que no hubiesen sido impuestas por la Audiencia Nacional.

e) Sección de lo Contencioso-Administrativo, que conocerá, en primera o única instancia, de los recursos contencioso-administrativos contra disposiciones y actos emanados de autoridades, organismos, órganos y entidades públicas con competencia en todo el territorio nacional, en los términos que la ley establezca.

Corresponde también a la Sección de lo Contencioso-Administrativo autorizar, mediante auto, la cesión de los datos que permitan la identificación a que se refiere el artículo 8.2 de la Ley 34/2002, de 11 de julio, de servicios de la sociedad de la información y de comercio electrónico, la ejecución material de las resoluciones adoptadas por el órgano competente para que se interrumpa la prestación de servicios de la sociedad de la información o para que se retiren contenidos que vulneran la propiedad intelectual, en aplicación de la citada Ley 34/2002, de 11 de julio, así como la limitación al acceso de los destinatarios al servicio intermediario prevista en el artículo 51.2 b) del Reglamento (UE) 2022/2065 del Parlamento Europeo y del Consejo de 19 de octubre de 2022, relativo a un mercado único de servicios digitales y por el que se modifica la Directiva 2000/31/CE. Igualmente conocerá la Sección de lo Contencioso-Administrativo del procedimiento previsto en el artículo 12 bis de la Ley Orgánica 6/2002, de 27 de junio, de Partidos Políticos.

Corresponde a la Sección de lo Contencioso-Administrativo autorizar, mediante auto, el requerimiento de información por parte de la Agencia Española de Protección de Datos y otras autoridades administrativas independientes de ámbito estatal a los operadores que presten servicios de comunicaciones electrónicas disponibles al público y de los prestadores de servicios de la sociedad de la información, cuando ello sea necesario de acuerdo con la legislación específica.

96. [210] 1. El Consejo General del Poder Judicial podrá acordar, previo informe de las Salas de Gobierno y de las Administraciones con competencias en materia de Justicia, que en aquellas circunscripciones donde exista más de una plaza judicial de la misma Sección, una o varias de las personas destinadas en ellas asuman con carácter exclusivo el conocimiento de determinadas clases de asuntos o de las ejecuciones propias del orden jurisdiccional de que se trate, sin perjuicio de las labores de apoyo que puedan prestar los servicios comunes que al efecto se constituyan.

2. El Consejo General del Poder Judicial, oída la Sala de Gobierno del Tribunal Superior de Justicia y con informe favorable de las Administraciones con competencias en materia de Justicia en cada territorio, podrá acordar que en aquellas provincias en que existan más de cinco plazas judiciales en las Secciones de lo Mercantil de los Tribunales de Instancia existentes, uno o varios de los jueces, juezas, magistrados o magistradas destinados en ellos asuman con carácter exclusivo el conocimiento de determinadas clases de asuntos de entre los que sean competencia de estas Secciones.

3. El Consejo General del Poder Judicial, con informe favorable del Ministerio de Justicia y, en su caso, de la comunidad autónoma con competencias en materia de Justicia, oída la Sala de Gobierno del Tribunal Superior de Justicia, podrá acordar la especialización de una o varias plazas judiciales de Tribunales de Instancia de la misma provincia y del mismo orden jurisdiccional, estén o no en el mismo partido judicial y, si no lo estuvieran, previa delimitación del ámbito de competencia territorial, asumiendo por tiempo determinado las personas destinadas en ellas el conocimiento de determinadas materias o clases de asuntos y, en su caso, de las ejecuciones que de los mismos dimanen, sin perjuicio de las labores de apoyo que puedan prestar los servicios comunes constituidos o que al efecto se constituyan.

En estos casos, los jueces, las juezas, los magistrados y las magistradas que ocupen la plaza o plazas objeto del acuerdo de especialización asumirán la competencia para conocer de todos aquellos asuntos asignados, aun cuando su conocimiento inicial estuviese atribuido a Secciones radicadas en distinto partido judicial. No podrá adoptarse este acuerdo para atribuir a los jueces, las juezas, los magistrados y

---

[210] Dada nueva redacción por art. 1 apartado 36 de Ley Orgánica 1/2025 de 2 de enero de 2025, con vigencia desde 23/01/2025

las magistradas así especializados asuntos que por disposición legal estuviesen atribuidos a otros u otras de diferente clase. Tampoco podrán ser objeto de especialización por esta vía las plazas judiciales de las Secciones de Instrucción, sin perjuicio de cualesquiera otras medidas de exención de reparto o de refuerzo que fuese necesario adoptar por necesidades del servicio.

4. Los acuerdos del Consejo General del Poder Judicial a que se refieren los apartados anteriores se publicarán en el «Boletín Oficial del Estado» y producirán efectos desde el inicio del año siguiente a aquel en que se adopte, salvo que, por razones de urgencia, razonadamente se establezca otro momento anterior.

5. Los jueces, las juezas, los magistrados y las magistradas afectados continuarán conociendo hasta su conclusión de todos los procesos que estuvieran pendientes ante los mismos [211].

97 y 98. [212] (Derogados)

CAPÍTULO VI
De los Jueces y las Juezas de Paz [213] [214]

99. [215] En cada municipio donde no exista Tribunal de Instancia, y con jurisdicción en el término correspondiente, habrá un juez o una jueza de paz [216].

---

[211] Véanse arts. 46 LEC y 170 de la presente Ley

[212] Derogado por art. 1 apartado 37 de Ley Orgánica 1/2025 de 2 de enero de 2025, con vigencia desde 23/01/2025

[213] Téngase en cuenta la implantación de las Oficinas de Justicia en los municipios establecida en la disp. trans. 6.ª LO 1/2025 de 2 enero. Véase Rgto. 3/1995, aprobado por Ac. de 7 de junio de 1995, del Pleno del CGPJ y Acuerdo de 25 de febrero de 2010, del Pleno del Consejo General del Poder Judicial, por el que se aprueba el Reglamento 1/2010, que regula la provisión de plazas de nombramiento discrecional en los órganos judiciales

[214] Dada nueva redacción por art. 1 apartado 38 de Ley Orgánica 1/2025 de 2 de enero de 2025, con vigencia desde 23/01/2025

[215] Dada nueva redacción por art. 1 apartado 39 de Ley Orgánica 1/2025 de 2 de enero de 2025, con vigencia desde 23/01/2025

[216] Véanse arts. 30 a 32, 152.2, 213 y 298.2 de la presente Ley

100. 1. Los Juzgados de Paz conocerán, en el orden civil, de la sustanciación en primera instancia, fallo y ejecución de los procesos que la ley determine y cumplirán también las demás funciones que la ley les atribuya. [217]

2. En el orden penal, conocerán en primera instancia de los procesos por delito leve que les atribuya la ley. Podrán intervenir, igualmente, en actuaciones penales de prevención, o por delegación, y en aquellas otras que señalen las leyes. [218]

101. 1. Los Jueces de Paz y sus sustitutos serán nombrados para un período de 4 años por la Sala de Gobierno del Tribunal Superior de Justicia correspondiente. El nombramiento recaerá en las personas elegidas por el respectivo Ayuntamiento.

2. Los Jueces de Paz y sus sustitutos serán elegidos por el Pleno del Ayuntamiento, con el voto favorable de la mayoría absoluta de sus miembros, entre las personas que, reuniendo las condiciones legales, así lo soliciten. Si no hubiere solicitante, el Pleno elegirá libremente.

3. Aprobado el acuerdo correspondiente, será remitido al Juez de Primera Instancia e Instrucción, quien lo elevará a la Sala de Gobierno.

4. Si en el plazo de tres meses, a contar desde que se produjera la vacante en un Juzgado de Paz, el Ayuntamiento correspondiente no efectuase la propuesta prevenida en los apartados anteriores, la Sala de Gobierno del Tribunal Superior de Justicia procederá a designar al Juez de Paz. Se actuará de igual modo cuando la persona propuesta por el Ayuntamiento no reuniera, a juicio de la misma Sala de Gobierno y oído el Ministerio Fiscal, las condiciones exigidas por esta Ley.

5. Los Jueces de Paz prestarán juramento ante el Juez de Primera Instancia e Instrucción y tomarán posesión ante quien se hallara ejerciendo la jurisdicción [219] .

---

[217] Dada nueva redacción apartado 1 por art. único apartado 3 de Ley Orgánica 8/2011 de 21 de julio de 2011, con vigencia desde 22/07/2014

[218] Dada nueva redacción apartado 2 por art. 1 apartado 40 de Ley Orgánica 1/2025 de 2 de enero de 2025, con vigencia desde 23/01/2025

[219] Véanse arts. 46 y 47 LBRL y 152.2 de la presente Ley

102. Podrán ser nombrados Jueces de Paz, tanto titular como sustituto, quienes, aún no siendo licenciados en Derecho, reúnan los requisitos establecidos en esta Ley para el ingreso en la Carrera Judicial, y no estén incursos en ninguna de las causas de incapacidad o de incompatibilidad previstas para el desempeño de las funciones judiciales, a excepción del ejercicio de actividades profesionales o mercantiles [220].

103. 1. Los Jueces de Paz serán retribuidos por el sistema y en la cuantía que legalmente se establezca, y tendrán, dentro de su circunscripción, el tratamiento y precedencia que se reconozcan en la suya a los Jueces de Primera Instancia e Instrucción.

2. Los Jueces de Paz y los sustitutos, en su caso, cesarán por el transcurso de su mandato y por las mismas causas que los Jueces de carrera en cuanto les sean de aplicación.

LIBRO II
DEL GOBIERNO DEL PODER JUDICIAL

TÍTULO PRIMERO
De los órganos de Gobierno del Poder Judicial

CAPÍTULO ÚNICO
Disposiciones generales

104. 1. El Poder Judicial se organiza y ejerce sus funciones con arreglo a los principios de unidad e independencia [221].

---

[220] Véanse arts. 3 RD 122/1989, de 3 de febrero, por el que se Acuerdan Medidas para la Efectividad de la Planta Judicial, 302, 303, 324, 378 a 388 y 389 de la presente Ley

[221] Véanse arts. 117.1 y 5 CE, 1, 3.1 y 2 y 12 a 15 de esta Ley

2. El Gobierno del Poder Judicial corresponde al Consejo General del Poder Judicial, que ejerce sus competencias en todo el territorio nacional, de acuerdo con la Constitución y lo previsto en la presente Ley. Con subordinación a él, las Salas de Gobierno del Tribunal Supremo, de la Audiencia Nacional y de los Tribunales Superiores de Justicia ejercerán las funciones que esta Ley les atribuye, sin perjuicio de las que correspondan a los Presidentes de dichos Tribunales y a los titulares de los restantes órganos jurisdiccionales [222].

105. El Presidente del Tribunal Supremo y del Consejo General del Poder Judicial es la primera autoridad judicial de la Nación y ostenta la representación del Poder Judicial y del órgano de gobierno del mismo. Su categoría y honores serán los correspondientes al titular de uno de los tres poderes del Estado [223].

106. 1. Las Salas de Gobierno del Tribunal Supremo y de la Audiencia Nacional ejercen sus atribuciones en dichos Tribunales. La de la Audiencia Nacional las ejerce, además, sobre el Tribunal Central de Instancia. [224]

2. Las Salas de Gobierno de los Tribunales Superiores de Justicia ejercen sus competencias en el propio Tribunal con respecto a los órganos judiciales radicados en la respectiva comunidad autónoma. La Sala de Gobierno del Tribunal Superior de Justicia de Andalucía ejercerá estas mismas competencias en relación con los órganos judiciales radicados en las Ciudades de Ceuta y Melilla. [225]

3. El resto de los órganos jurisdiccionales ejercen sus atribuciones gubernativas con respecto a su propio ámbito orgánico [226].

---

[222] Véanse arts. 122.2 CE, 149 a 159, 160 a 164, 165 y 166 a 170 de la presente Ley

[223] Véanse arts. 10, 12, 14, 16 RD 2099/1983, de 4 de agosto, por el que se Aprueba el Ordenamiento General de Precedencias en el Estado, 122.3, 123 CE, 123 a 126, 160, 162 y 324 de la presente Ley

[224] Dada nueva redacción apartado 1 por art. 1 apartado 41 de Ley Orgánica 1/2025 de 2 de enero de 2025, con vigencia desde 23/01/2025

[225] Dada nueva redacción apartado 2 por art. 1 apartado 41 de Ley Orgánica 1/2025 de 2 de enero de 2025, con vigencia desde 23/01/2025

[226] Véanse arts. 149 a 170 de la presente Ley

TÍTULO II
Del Consejo General del Poder Judicial [227] (Derogado) [228]

CAPÍTULO PRIMERO
De las atribuciones del Consejo General del Poder Judicial
(Derogado) [229]

107 a 110. [230] (Derogados)

CAPÍTULO II
De la composición del Consejo General del Poder Judicial y de la
designación y sustitución de sus miembros (Derogado) [231]

111 a 116. [232] (Derogados)

---

[227] Téngase en cuenta que el presente Título queda derogado el 30 junio 2013, en lo relativo a la renovación, designación y elección de los Vocales del Consejo y a la constitución del mismo. El resto del Título II quedará derogado el día en que se constituya el primer Consejo General del Poder Judicial (4 diciembre 2013), conforme a la disp. derog. única LO 4/2013 de 28 junio

[228] Derogado por disposición derogatoria única apartado 2 de Ley Orgánica 4/2013 de 28 de junio de 2013, con vigencia desde 04/12/2013

[229] Derogado por disposición derogatoria única apartado 2 de Ley Orgánica 4/2013 de 28 de junio de 2013, con vigencia desde 04/12/2013

[230] Derogado por disposición derogatoria única apartado 2 de Ley Orgánica 4/2013 de 28 de junio de 2013, con vigencia desde 04/12/2013

[231] Derogado por disposición derogatoria única apartado 1 de Ley Orgánica 4/2013 de 28 de junio de 2013, con vigencia desde 30/06/2013

[232] Derogado por disposición derogatoria única apartado 1 de Ley Orgánica 4/2013 de 28 de junio de 2013, con vigencia desde 30/06/2013

CAPÍTULO III
Del Estatuto de los miembros del Consejo General del Poder Judicial
(Derogado) [233]

117 a 121. [234] (Derogados)

CAPÍTULO IV
De los órganos del Consejo General del Poder Judicial
(Derogado) [235]

SECCIÓN PRIMERA
Disposición general (Derogada) [236]

122. [237] (Derogado)

SECCIÓN SEGUNDA
Del Presidente (Derogada) [238]

123 a 126. [239] (Derogados)

---

[233] Derogado por disposición derogatoria única apartado 2 de Ley Orgánica 4/2013 de 28 de junio de 2013, con vigencia desde 04/12/2013

[234] Derogado por disposición derogatoria única apartado 2 de Ley Orgánica 4/2013 de 28 de junio de 2013, con vigencia desde 04/12/2013

[235] Derogado por disposición derogatoria única apartado 2 de Ley Orgánica 4/2013 de 28 de junio de 2013, con vigencia desde 04/12/2013

[236] Derogada por disposición derogatoria única apartado 2 de Ley Orgánica 4/2013 de 28 de junio de 2013, con vigencia desde 04/12/2013

[237] Derogado por disposición derogatoria única apartado 2 de Ley Orgánica 4/2013 de 28 de junio de 2013, con vigencia desde 04/12/2013

[238] Derogada por disposición derogatoria única apartado 2 de Ley Orgánica 4/2013 de 28 de junio de 2013, con vigencia desde 04/12/2013

[239] Derogado por disposición derogatoria única apartado 2 de Ley Orgánica 4/2013 de 28 de junio de 2013, con vigencia desde 04/12/2013

SECCIÓN TERCERA
Del Pleno (Derogada) [240]

127 a 129. [241] (Derogados)

SECCIÓN CUARTA
De la Comisión Permanente (Derogada) [242]

130 y 131. [243] (Derogados)

SECCIÓN QUINTA
De la Comisión Disciplinaria (Derogada) [244]

132 y 133. [245] (Derogados)

---

[240] Derogada por disposición derogatoria única apartado 2 de Ley Orgánica 4/2013 de 28 de junio de 2013, con vigencia desde 04/12/2013

[241] Derogado por disposición derogatoria única apartado 2 de Ley Orgánica 4/2013 de 28 de junio de 2013, con vigencia desde 04/12/2013

[242] Derogada por disposición derogatoria única apartado 2 de Ley Orgánica 4/2013 de 28 de junio de 2013, con vigencia desde 04/12/2013

[243] Derogado por disposición derogatoria única apartado 2 de Ley Orgánica 4/2013 de 28 de junio de 2013, con vigencia desde 04/12/2013

[244] Derogada por disposición derogatoria única apartado 2 de Ley Orgánica 4/2013 de 28 de junio de 2013, con vigencia desde 04/12/2013

[245] Derogado por disposición derogatoria única apartado 2 de Ley Orgánica 4/2013 de 28 de junio de 2013, con vigencia desde 04/12/2013

SECCIÓN SEXTA
De la Comisión de Calificación (Derogada) [246]

134 a 136. [247] (Derogados)

SECCIÓN SÉPTIMA
De la Comisión de Igualdad (Derogada) [248]

136 bis. [249] (Derogado)

CAPÍTULO V
Del Régimen de los actos del Consejo (Derogado) [250]

SECCIÓN PRIMERA
De la forma de adoptar acuerdos (Derogada) [251]

137. [252] (Derogado)

---

[246] Derogada por disposición derogatoria única apartado 2 de Ley Orgánica 4/2013 de 28 de junio de 2013, con vigencia desde 04/12/2013

[247] Derogado por disposición derogatoria única apartado 2 de Ley Orgánica 4/2013 de 28 de junio de 2013, con vigencia desde 04/12/2013

[248] Derogada por disposición derogatoria única apartado 2 de Ley Orgánica 4/2013 de 28 de junio de 2013, con vigencia desde 04/12/2013

[249] Derogado por disposición derogatoria única apartado 2 de Ley Orgánica 4/2013 de 28 de junio de 2013, con vigencia desde 04/12/2013

[250] Derogado por disposición derogatoria única apartado 2 de Ley Orgánica 4/2013 de 28 de junio de 2013, con vigencia desde 04/12/2013

[251] Derogada por disposición derogatoria única apartado 2 de Ley Orgánica 4/2013 de 28 de junio de 2013, con vigencia desde 04/12/2013

[252] Derogado por disposición derogatoria única apartado 2 de Ley Orgánica 4/2013 de 28 de junio de 2013, con vigencia desde 04/12/2013

SECCIÓN SEGUNDA
De la formalización de los acuerdos (Derogada) [253]

138. [254] (Derogado)

SECCIÓN TERCERA
Régimen de los actos del Consejo (Derogada) [255]

139. [256] (Derogado)

SECCIÓN CUARTA
De la ejecución de los actos (Derogada) [257]

140 y 141. [258] (Derogados)

---

[253] Derogada por disposición derogatoria única apartado 2 de Ley Orgánica 4/2013 de 28 de junio de 2013, con vigencia desde 04/12/2013

[254] Derogado por disposición derogatoria única apartado 2 de Ley Orgánica 4/2013 de 28 de junio de 2013, con vigencia desde 04/12/2013

[255] Derogada por disposición derogatoria única apartado 2 de Ley Orgánica 4/2013 de 28 de junio de 2013, con vigencia desde 04/12/2013

[256] Derogado por disposición derogatoria única apartado 2 de Ley Orgánica 4/2013 de 28 de junio de 2013, con vigencia desde 04/12/2013

[257] Derogada por disposición derogatoria única apartado 2 de Ley Orgánica 4/2013 de 28 de junio de 2013, con vigencia desde 04/12/2013

[258] Derogado por disposición derogatoria única apartado 2 de Ley Orgánica 4/2013 de 28 de junio de 2013, con vigencia desde 04/12/2013

SECCIÓN QUINTA
Del procedimiento y recursos (Derogada) [259]

142 y 143. [260] (Derogados)

CAPÍTULO VI
De los órganos técnicos al servicio del Consejo General
(Derogado) [261]

SECCIÓN PRIMERA
Disposiciones generales (Derogada) [262]

144 a 146. [263] (Derogados)

---

[259] Derogada por disposición derogatoria única apartado 2 de Ley Orgánica 4/2013 de 28 de junio de 2013, con vigencia desde 04/12/2013

[260] Derogado por disposición derogatoria única apartado 2 de Ley Orgánica 4/2013 de 28 de junio de 2013, con vigencia desde 04/12/2013

[261] Derogado por disposición derogatoria única apartado 2 de Ley Orgánica 4/2013 de 28 de junio de 2013, con vigencia desde 04/12/2013

[262] Derogada por disposición derogatoria única apartado 2 de Ley Orgánica 4/2013 de 28 de junio de 2013, con vigencia desde 04/12/2013

[263] Derogado por disposición derogatoria única apartado 2 de Ley Orgánica 4/2013 de 28 de junio de 2013, con vigencia desde 04/12/2013

SECCIÓN SEGUNDA
De los órganos técnicos en particular [264] *(Derogada)* [265]

147 y 148. [266] (Derogados)

TÍTULO III
Del gobierno interno de los Tribunales y Juzgados [267]

CAPÍTULO PRIMERO
De las salas de gobierno del Tribunal Supremo, Audiencia Nacional y Tribunales Superiores de Justicia

SECCIÓN PRIMERA
De la composición de las Salas de gobierno y de la designación y sustitución de sus miembros

149. [268] 1. Las Salas de Gobierno del Tribunal Supremo y de la Audiencia Nacional estarán constituidas por el Presidente o la Presidenta de dichos órganos, que las presidirá, por los Presidentes o las Presidentas de las Salas en ellos existentes y por un número de magistrados o magistradas igual al de éstos o éstas.

2. Las Salas de Gobierno de los Tribunales Superiores de Justicia estarán constituidas por el Presidente o la Presidenta de éstos, que las

---

[264] Véanse Rgto. 1/1997, del Centro de Documentación Judicial, aprobado por Ac. de 7 de mayo de 1997, del Pleno CGPJ e Instruc. 4/2003 sobre remisión de las resoluciones judiciales al CGPJ para su recopilación y tratamiento por el Centro de Documentación Judicial, aprobada por Ac. de 9 de abril de 2003, del Pleno CGPJ

[265] Derogada por disposición derogatoria única apartado 2 de Ley Orgánica 4/2013 de 28 de junio de 2013, con vigencia desde 04/12/2013

[266] Derogado por disposición derogatoria única apartado 2 de Ley Orgánica 4/2013 de 28 de junio de 2013, con vigencia desde 04/12/2013

[267] Véase Rgto. 1/2000, de los Órganos de Gobierno de Tribunales, aprobado por Ac.de 26 de julio de 2000 del Pleno CGPJ

[268] Dada nueva redacción por art. 1 apartado 42 de Ley Orgánica 1/2025 de 2 de enero de 2025, con vigencia desde 23/01/2025

presidirá, por los Presidentes o las Presidentas de las Salas en ellos existentes, por los Presidentes o las Presidentas de las Audiencias Provinciales de la comunidad autónoma, y por un número igual de jueces, juezas, magistrados o magistradas, elegidos por todos los miembros de la Carrera Judicial destinados en ella. Uno o una, al menos, de los componentes de la Sala será de la categoría de juez o jueza, salvo que no hubiera candidatos o candidatas de dicha categoría.

Además de éstos o éstas se integrarán también, con la consideración de miembros electos a todos los efectos, las personas que ostenten la Presidencia de Tribunales de Instancia que de conformidad con lo establecido en el artículo 166.2 hayan sido liberadas totalmente del trabajo que les corresponda realizar en el orden jurisdiccional respectivo.

3. Las Salas de Gobierno de los Tribunales Superiores de Justicia, cuando el número de miembros exceda de diez, se constituirán en Pleno o en Comisión.

La Comisión estará integrada por seis miembros, tres natos y tres electos. La designación de sus componentes corresponderá al Pleno, y de producirse vacantes, la de sus sustitutos. No obstante, formará parte de la misma la persona que ostente la Presidencia del Tribunal de Instancia liberada totalmente de tareas jurisdiccionales, o una de ellas de existir varias. La Comisión se renovará anualmente en la misma proporción y la presidirá quien ejerza la Presidencia del Tribunal Superior de Justicia.

4. El Secretario o la Secretaria de Gobierno del Tribunal Supremo, de la Audiencia Nacional y de los respectivos Tribunales Superiores de Justicia ejercerá las funciones de Secretario o Secretaria de la Sala de Gobierno, sin perjuicio de todas aquellas que expresamente esta ley le atribuya.

150. Los miembros electivos de las Salas de gobierno se renovarán en su totalidad cada 5 años, computados desde la fecha de constitución de aquéllas. Transcurrido dicho plazo, la Sala de Gobierno continuará en el ejercicio de sus funciones hasta la fecha de constitución de la nueva.

151. 1. La elección de miembros de las Salas de gobierno se llevará a cabo conforme a las siguientes reglas:

1ª) La elección se llevará a cabo mediante voto personal, libre, igual, directo y secreto, admitiéndose el voto por correo. Deberá convocarse con dos meses de antelación a la terminación del mandato de los anteriores miembros electivos.

2ª) Las candidaturas podrán incluir uno o varios candidatos, junto con su correspondiente sustituto, hasta un número igual al de puestos a cubrir, y bastará para que puedan ser presentadas que conste el consentimiento de quienes las integren, aunque también podrán ser avaladas por un grupo de electores o por una asociación profesional legalmente constituida. Las candidaturas serán abiertas, y los electores podrán votar a tantos candidatos y a otros tantos suplentes como plazas a cubrir.

3ª) Resultarán elegidos los candidatos que hubieren obtenido mayor número de votos. Si por aplicación estricta de esta regla no resultare elegido para la Sala de Gobierno de un Tribunal Superior de Justicia ningún Juez, el Magistrado que hubiere resultado elegido con menor número de votos cederá su puesto en la misma al Juez que hubiere obtenido mayor número de votos entre los que fueren candidatos, salvo que no se hubieran presentado a elección candidatos de dicha categoría.

2. A los efectos de lo dispuesto en este artículo, existirá en cada Tribunal una Junta Electoral, presidida por su Presidente e integrada, además, por el Magistrado más antiguo y el más moderno del Tribunal Supremo, de la Audiencia Nacional o del Tribunal Superior de Justicia correspondiente.

3. Corresponde al Consejo General del Poder Judicial convocar las elecciones y dictar las instrucciones necesarias para su organización y, en general, para la correcta realización del proceso electoral.

4. A cada Junta Electoral corresponde proclamar las candidaturas, actuar como mesa electoral en el acto de la elección, proceder al escrutinio y proclamar los resultados, que se comunicarán al Consejo y, en general, la dirección y ordenación de todo el proceso electoral. Contra los acuerdos de la Junta Electoral podrá interponerse recurso contencioso-administrativo electoral.

5. En los supuestos de cese anticipado, por cualquier causa, de alguno de los miembros elegidos de la Sala de Gobierno, su puesto será cubierto por el correspondiente sustituto.

6. Si se tratase de un miembro electo y el sustituto también cesare, el puesto será cubierto por el candidato no elegido que hubiera obtenido

mayor número de votos. Si no restaren candidatos electos, se convocarán elecciones parciales para cubrir el puesto o puestos vacantes.

SECCIÓN SEGUNDA
De las atribuciones de las Salas de gobierno

152. [269] 1. Las Salas de Gobierno, también las constituidas en régimen de Comisión, desempeñarán la función de gobierno de sus respectivos Tribunales, y en particular les compete:

1º Aprobar las normas de reparto de asuntos entre las distintas Secciones de cada Sala [270].

2º Establecer anualmente con criterios objetivos los turnos precisos para la composición y funcionamiento de las Salas y Secciones del Tribunal y de las Audiencias Provinciales del territorio, así como de modo vinculante las normas de asignación de las Ponencias que deban turnar los Magistrados [271].

3º Adoptar, con respeto a la inamovilidad judicial, las medidas necesarias en los casos de disidencia entre Magistrados que puedan influir en el buen orden de los Tribunales o en la Administración de Justicia.

4º Completar provisionalmente la composición de las Salas en los casos en que, por circunstancias sobrevenidas, fuera necesario para el funcionamiento del servicio, siempre sin perjuicio de respetar el destino específico de los Magistrados de cada Sala .

Asimismo, tomar conocimiento, aprobar provisionalmente y remitir al Consejo General del Poder Judicial para su aprobación definitiva, en los términos y, en su caso, con las correcciones que procedan, la relación de jueces y magistrados propuestos de conformidad con lo

---

[269] Dada nueva redacción por art. único apartado 22 de Ley Orgánica 19/2003 de 23 de diciembre de 2003, con vigencia desde 15/01/2004

[270] Véanse arts. 68 a 70 LEC, 159.2, 160.9 y 167.1 y 2 de la presente Ley

[271] Véanse arts. 198 y 203 de la presente Ley

previsto en los tres primeros apartados del artículo 200 de la presente Ley, así como velar por su cumplimiento [272] . [273]

5º Proponer motivadamente al Consejo General del Poder Judicial a los Magistrados suplentes expresando las circunstancias personales y profesionales que en ellos concurran, su idoneidad para el ejercicio del cargo y para su actuación en uno o varios órdenes jurisdiccionales, las garantías de un desempeño eficaz de la función y la aptitud demostrada por quienes ya hubieran actuado en el ejercicio de funciones judiciales o de sustitución en la Carrera Fiscal, con razonada exposición del orden de preferencia propuesto y de las exclusiones de solicitantes. Las propuestas de adscripción de Magistrados suplentes como medida de refuerzo estarán sujetas a idénticos requisitos de motivación de los nombres y del orden de preferencia propuestos y de las exclusiones de solicitantes.

6º Ejercer las facultades disciplinarias sobre Magistrados en los términos establecidos en esta Ley [274] .

7º Proponer al Presidente la realización de las visitas de inspección e información que considere procedentes.

8º Promover los expedientes de jubilación por causa de incapacidad de los Magistrados, e informarlos [275] .

9º Elaborar los informes que le solicite el Consejo General del Poder Judicial y la memoria anual expositiva sobre el funcionamiento del Tribunal, con expresión detallada del número y clase de asuntos iniciados y terminados por cada Sala, así como de los que se hallaren pendientes, precisando el año de su iniciación, todo ello referido al 31 de diciembre. La memoria deberá contener, en todo caso, la indicación de las medidas que se consideren necesarias para la corrección de las deficiencias advertidas [276] .

10º Proponer al Consejo General del Poder Judicial la adopción de las medidas que juzgue pertinentes para mejorar la Administración de Justicia en cuanto a los respectivos órganos jurisdiccionales.

---

[272] Véanse arts. 55 LDPJ y 199 de la presente Ley

[273] Añadido apartado 1 número 4 párrafo 2 por art. único apartado 2 de Ley Orgánica 8/2012 de 27 de diciembre de 2012, con vigencia desde 29/12/2012

[274] Véanse arts. 421.2, 423 y 424 de la presente Ley

[275] Véanse arts. 379.1, 385, 387 y 388 de la presente Ley

[276] Véase art. 136 de la presente Ley

11º Recibir el juramento o promesa legalmente prevenidos de los Magistrados que integran los respectivos Tribunales y darles posesión [277].

12º Recibir informes del Secretario de Gobierno, por iniciativa de éste o de la propia Sala, en todos aquellos asuntos que, por afectar a las Oficinas Judiciales o Letrados de la Administración de Justicia que de él dependan, exijan de algún tipo de actuación. En este caso, el Secretario de Gobierno tendrá voto en el acuerdo que pueda llegar a adoptarse. [278]

13º Promover ante el órgano competente la exigencia de las responsabilidades disciplinarias que procedan de Letrados de la Administración de Justicia, del personal al servicio de la Administración de Justicia o de cualquier otro que, sin ostentar esta condición, preste sus servicios de forma permanente u ocasional en ésta. [279]

14º En general, cumplir las demás funciones que las leyes atribuyan a los órganos de gobierno interno de los Tribunales y que no estén atribuidas expresamente a los Presidentes.

2. A las Salas de Gobierno de los Tribunales Superiores de Justicia, en Pleno o en Comisión, compete, además:

1.º Aprobar las normas de reparto de asuntos entre las Salas del Tribunal y entre las Secciones de las Audiencias Provinciales del mismo orden jurisdiccional, y las de jueces, juezas, magistrados y magistradas de la misma Sección de los Tribunales de Instancia, con sede en la comunidad autónoma correspondiente.

Excepcionalmente, de forma motivada y cuando las necesidades del servicio así lo exigieren, la Sala de Gobierno podrá ordenar que se libere del reparto de asuntos, total o parcialmente, por tiempo limitado, a una Sección o a un juez o jueza determinado. En el caso de los Tribunales de Instancia, la liberación se referirá exclusivamente a jueces o juezas y magistrados o magistradas determinados [280].

2.º Ejercer las facultades de los números quinto al decimocuarto del apartado anterior, pero referidas también a los órganos jurisdiccionales

---

[277] Véanse arts. 318, 320 y 321 de la presente Ley

[278] Dada nueva redacción apartado 1 número 12 por disposición adicional 1 de Ley Orgánica 7/2015 de 21 de julio de 2015, con vigencia desde 01/10/2015

[279] Dada nueva redacción apartado 1 número 13 por disposición adicional 1 de Ley Orgánica 7/2015 de 21 de julio de 2015, con vigencia desde 01/10/2015

[280] Véanse arts. 68 a 70 LEC, 159.2, 160.9 y 167.1 y 2 de la presente Ley

con sede en la comunidad autónoma correspondiente a los jueces, juezas, magistrados y magistradas en ellos destinados.

3.º Expedir los nombramientos de los jueces y las juezas de paz [281].

4.º Tomar conocimiento de los planes anuales de sustitución elaborados por las Juntas de Jueces y Juezas, aprobarlos provisionalmente en los términos y, en su caso, con las correcciones que procedan y remitirlos al Consejo General del Poder Judicial para su aprobación definitiva. Además, velarán por su cumplimiento. [282]

SECCIÓN TERCERA
Del funcionamiento de las Salas de gobierno y del régimen de sus actos

153. [283] 1. Las Salas de Gobierno se reunirán, al menos, dos veces por mes, a no ser que no hubiere asuntos pendientes, y cuantas veces, además, tengan que tratar de asuntos urgentes de interés para la Administración de Justicia, cuando lo considere necesario el Presidente del Tribunal Superior de Justicia, cuando lo solicite la tercera parte de sus miembros mediante propuesta razonada y con expresión de lo que deba ser objeto de deliberación y decisión, o cuando lo solicite el Secretario de Gobierno a fin de tratar cuestiones que afecten a Oficinas Judiciales o Letrados de la Administración de Justicia que de él dependan. La convocatoria se hará por el Presidente, con expresión de los asuntos a tratar. [284]

2. Las Salas de Gobierno de los Tribunales Superiores de Justicia, constituidas en Comisión, se reunirán semanalmente. La Comisión trimestralmente, pondrá en conocimiento del Pleno, previamente convocado, todos aquellos asuntos que han sido tratados y resueltos. Podrá reunirse, asimismo, el Pleno cuando, a juicio del Presidente o de la

---

[281] Véase art. 101 de la presente Ley

[282] Dada nueva redacción apartado 2 por art. 1 apartado 43 de Ley Orgánica 1/2025 de 2 de enero de 2025, con vigencia desde 23/01/2025

[283] Dada nueva redacción por art. único apartado 21 de Ley Orgánica 19/2003 de 23 de diciembre de 2003, con vigencia desde 15/01/2004

[284] Dada nueva redacción apartado 1 por disposición adicional 1 de Ley Orgánica 7/2015 de 21 de julio de 2015, con vigencia desde 01/10/2015

Comisión, la trascendencia, importancia o interés para la Administración de Justicia de los asuntos a tratar así lo aconsejen, cuando lo solicite la mayoría de sus miembros mediante propuesta razonada y con expresión de lo que debe ser objeto de deliberación y decisión o cuando lo solicite el Secretario de Gobierno a fin de tratar cuestiones que afecten a Oficinas Judiciales o a Letrados de la Administración de Justicia que de él dependan. La convocatoria del Pleno o de la Comisión se hará por el Presidente, con expresión de los asuntos a tratar. [285]

3. La Sala podrá constituirse por el Presidente y dos miembros para las actuaciones no decisorias de carácter formal, tales como la recepción de juramento o promesa o la toma de posesión de Jueces y Magistrados u otras de carácter análogo.

4. En los demás casos, para su válida constitución, se requerirá la presencia, al menos, de la mayoría de sus miembros, que deberán ser citados personalmente con 24 horas de anticipación como mínimo.

154. No podrán estar presentes en las discusiones y votaciones los que tuvieren interés directo o indirecto en el asunto de que se trate, siendo de aplicación en este caso lo dispuesto en la Ley para la abstención y recusación [286].

155. El Presidente designará un ponente para cada asunto a tratar, que informará a la Sala y presentará, en su caso, la propuesta de acuerdo o resolución, salvo que, por razones de urgencia, no sea posible, o por la escasa importancia del asunto, a juicio del Presidente, no lo requiera.

156. El Presidente, por propia iniciativa, a petición del ponente o por acuerdo de la Sala, pasará a dictamen del Ministerio Fiscal aquellos asuntos en los que deba intervenir o en los que la índole de los mismos lo haga conveniente. El Ponente, a la vista del dictamen

---

[285] Dada nueva redacción apartado 2 por disposición adicional 1 de Ley Orgánica 7/2015 de 21 de julio de 2015, con vigencia desde 01/10/2015

[286] Véanse arts. 217 a 228 de la presente Ley

del Fiscal, del que dará cuenta a la Sala, formulará la correspondiente propuesta [287] .

157. 1. Concluida la discusión de cada asunto, se procederá a la votación, que comenzará por el Juez o Magistrado más moderno y seguirá por orden de menor antigüedad, hasta el que presidiere. La votación será secreta si lo solicitase cualquiera de los miembros.

2. El Juez o Magistrado que disintiere de la mayoría podrá pedir que conste su voto en el acta. Si lo desea, podrá formular voto particular, escrito y fundado, que se insertará en el acta, si la Sala lo estimare procedente por razón de su naturaleza o de las circunstancias concurrentes, siempre que lo presente dentro del plazo que fije la Sala, que no será superior a tres días.

3. El Presidente tendrá voto de calidad en caso de empate.

158. 1. El Secretario de Gobierno dará cuenta de los asuntos que se lleven a la Sala; estará presente en su discusión y votación; redactará las actas, en que se hará mención de todos los acuerdos, refiriéndolos a los expedientes en que se insertare; anotará al margen los apellidos de los que estén presentes en la sesión; custodiará el libro de actas y dará, en su caso, las certificaciones correspondientes [288] .

2. Los actos de las Salas de gobierno gozarán de ejecutoriedad, serán recurribles en alzada ante el Consejo General del Poder Judicial y les serán de aplicación supletoria las normas de la Ley de Procedimiento Administrativo [289] .

159. 1. Los acuerdos de las Salas de gobierno se llevarán a un libro de actas, que estará a cargo del Secretario de Gobierno y que no tendrá otra publicidad que la que se efectúe a instancia del que tenga un interés directo, legítimo y personal.

---

[287] Véanse arts. 1, 3 y 4 EOMF
[288] Véanse arts. 178, 464 y 465 de la presente Ley
[289] Véanse arts. 127.4 y 140 de la presente Ley

2. No obstante, a los acuerdos sobre normas de reparto entre Secciones y entre los jueces, las juezas, los magistrados y las magistradas de una misma Sección se les dará publicidad suficiente [290] . [291]

CAPÍTULO II
De los Presidentes y las Presidentas del Tribunal Supremo, de los Tribunales Superiores de Justicia y de las Audiencias [292]

160. Los Presidentes tendrán las siguientes funciones:

1. Convocar, presidir y dirigir las deliberaciones de la Sala de Gobierno.

2. Fijar el orden del día de las sesiones de la Sala de Gobierno, en el que deberán incluirse los asuntos que propongan al menos dos de sus componentes.

3. Someter cuantas propuestas considere oportunas en materia de competencia de la Sala de Gobierno.

4. Autorizar con su firma los acuerdos de la Sala de Gobierno y velar por su cumplimiento.

5. Cuidar del cumplimiento de las medidas adoptadas por la Sala de Gobierno para corregir los defectos que existieren en la administración de Justicia, si estuvieren dentro de sus atribuciones, y, en otro caso, proponer al Consejo, de acuerdo con la Sala, lo que considere conveniente.

6. Despachar los informes que le pida el Consejo General del Poder Judicial.

7. Adoptar las medidas necesarias, cuando surjan situaciones que por su urgencia lo requieran, dando cuenta en la primera reunión de la Sala de Gobierno.

8. Dirigir la inspección de los Juzgados y Tribunales en los términos establecidos en esta Ley.

---

[290] Véanse arts. 68 a 70 LEC, 152.1 y 2, 160.9 y 167.1 y 2 de la presente Ley

[291] Dada nueva redacción apartado 2 por art. 1 apartado 44 de Ley Orgánica 1/2025 de 2 de enero de 2025, con vigencia desde 23/01/2025

[292] Dada nueva redacción por art. 1 apartado 45 de Ley Orgánica 1/2025 de 2 de enero de 2025, con vigencia desde 23/01/2025

9. Determinar el reparto de asuntos entre las Salas del Tribunal del mismo orden jurisdiccional y entre las Secciones de éstas de acuerdo con las normas aprobadas por la Sala de Gobierno [293] . [294]

10. Presidir diariamente la reunión de los Presidentes de Salas y Magistrados y cuidar de la composición de las Salas y Secciones conforme al artículo 198 de esta Ley.

11. Ejercer todos los poderes dirigidos al buen orden del Tribunal o Audiencia respectivo, así como al cumplimiento de sus deberes por el personal de los mismos.

12. Comunicar al Consejo General las vacantes judiciales y las plazas vacantes de personal auxiliar del respectivo Tribunal o Audiencia.

13. Oír las quejas que les hagan los interesados en causas o pleitos, adoptando las prevenciones necesarias.

14. Las demás previstas en la Ley [295] .

161. 1. El Presidente del Tribunal Superior de Justicia ostenta la representación del Poder Judicial en la Comunidad Autónoma correspondiente, siempre que no concurra el Presidente del Tribunal Supremo.

2. El Presidente de Sala a que se refiere el artículo 78 de esta Ley representa al Poder Judicial en las provincias a que se extiende la jurisdicción de aquélla, salvo cuando concurra el del Tribunal Superior de Justicia o el del Tribunal Supremo. En el caso de que existan, conforme a dicho artículo, Salas de lo Contencioso-administrativo y de lo Social, tal representación corresponde al Presidente de Sala que designe el Consejo General del Poder Judicial.

3. El Presidente del Tribunal Superior de Justicia podrá delegar en el de Sala a que se refiere el artículo anterior las funciones gubernativas que tenga por conveniente, referidas a la Sala o Salas correspondientes

---

[293] Véanse arts. 68 a 70 LEC, 152.1 y 2, 159.2 y 167.1 y 2 de la presente Ley

[294] Dada nueva redacción apartado 9 por art. único de Ley Orgánica 6/1998 de 13 de julio de 1998, con vigencia desde 14/12/1998

[295] Véanse arts. 162, 188, 199 y 421.1 de la presente Ley

y a los órganos jurisdiccionales con sede en las provincias a los que aquélla o aquéllas extiendan su jurisdicción [296] .

162. Podrán los Presidentes del Tribunal Supremo, de la Audiencia Nacional, Tribunales Superiores de Justicia y de las Audiencias y, en su caso, las Salas de Gobierno, por conducto de aquéllos, dirigir a los Juzgados y Tribunales a ellos inferiores, que estén comprendidos en su respectiva circunscripción, dentro del ámbito de sus competencias gubernativas, las prevenciones que estimen oportunas para el mejor funcionamiento de los Juzgados y Tribunales, dando cuenta sin dilación al Tribunal Supremo, en su caso, y directamente al Consejo General del Poder Judicial [297] .

163. [298] (Derogado)

164. [299] Los Presidentes de las Audiencias Provinciales presiden las mismas, adoptan las medidas precisas para su funcionamiento y ejercen las demás funciones que les atribuye la Ley, sin perjuicio, en todo caso, de las facultades de los órganos de gobierno del Tribunal Superior de Justicia [300] .

---

[296] Véanse RD 2099/1983, de 4 de agosto, por el que se Aprueba el Ordenamiento General de Precedencias en el Estado, arts. 152.1 CE, 70, 72, 73, 78, 105, 127.1, 324, 337 y 341 de la presente Ley

[297] Véanse arts. 12.3 y 264.2 de la presente Ley

[298] Derogado por art. único apartado 27 de Ley Orgánica 7/2015 de 21 de julio de 2015, con vigencia desde 01/10/2015

[299] Dada nueva redacción por art. único de Ley Orgánica 19/2003 de 23 de diciembre de 2003, con vigencia desde 15/01/2004

[300] Véanse arts. 152 y 160 de la presente Ley

CAPÍTULO III
De los Presidentes y las Presidentas de las Salas y de los jueces, juezas, magistrados y magistradas [301]

165. [302] 1. Los Presidentes y las Presidentas de las Salas de Justicia tendrán, en sus respectivos órganos jurisdiccionales, la dirección e inspección de todos los asuntos y adoptarán, en su ámbito competencial, las resoluciones que la buena marcha de la Administración de Justicia aconseje. Las mismas facultades tendrán los jueces, juezas, magistrados y magistradas integrados en los Tribunales de Instancia respecto de los asuntos que les correspondan por reparto, sin perjuicio de las que correspondan a la Presidencia del Tribunal [303].

En todo caso, los Presidentes y las Presidentas de Sala, jueces, juezas, magistrados y magistradas darán cuenta a los Presidentes o a las Presidentas de los respectivos Tribunales y Audiencias de las anomalías o faltas que observen y ejercerán las funciones disciplinarias que les reconozcan las leyes procesales sobre los profesionales que se relacionen con el tribunal

2. Con respecto al personal al servicio de la Administración de Justicia se estará a lo previsto en su respectivo régimen disciplinario [304].

---

[301] Dada nueva redacción por art. 1 apartado 46 de Ley Orgánica 1/2025 de 2 de enero de 2025, con vigencia desde 23/01/2025

[302] Dada nueva redacción por art. 1 apartado 47 de Ley Orgánica 1/2025 de 2 de enero de 2025, con vigencia desde 23/01/2025

[303] Véase la Instruc. 2/2025, de 23 de junio, del Pleno del Consejo General del Poder Judicial, sobre el ejercicio de las facultades de dirección e inspección

[304] Véanse arts. 174, 190, 191, 194, 198, 244 y 552 a 557 de la presente Ley

CAPÍTULO IV
De la Presidencia de los Tribunales de Instancia y de sus Secciones, de la Presidencia del Tribunal Central de Instancia y de sus Secciones, y de las Juntas de Jueces y Juezas [305]

166. [306] 1. Quienes ostenten la Presidencia de los Tribunales de Instancia serán nombrados por el Consejo General del Poder Judicial, por un período de cuatro años conforme a la propuesta motivada de la Sala de Gobierno del Tribunal Superior de Justicia correspondiente, renovándose transcurrido este período o cuando el elegido cesare por cualquier causa.

La Sala de Gobierno propondrá el nombramiento de la persona que se determine conforme a las siguientes reglas:

Quienes integren el Tribunal de Instancia elegirán por mayoría de tres quintos a uno o una de ellos para su propuesta. De no obtenerse dicha mayoría en la primera votación, bastará la mayoría simple en la segunda, resolviéndose los empates a favor de quien ocupe el mejor puesto en el escalafón. En caso de que no hubiera candidato o candidata, se propondrá al juez, jueza, magistrado o magistrada que ocupare el mejor puesto en el escalafón [307].

2. Excepcionalmente, y cuando las circunstancias lo justifiquen, el Consejo General del Poder Judicial, oídas la Junta de Jueces y Juezas y la Sala de Gobierno, podrá liberar a quien ostente la Presidencia total o parcialmente del trabajo que le corresponda realizar en su orden jurisdiccional.

3. Cuando concurran las circunstancias previstas en el artículo 84.3, el nombramiento de quien deba ostentar la Presidencia de Sección se realizará por la Presidencia del Tribunal de Instancia y recaerá en la persona determinada conforme a las reglas previstas en el apartado 1 de este artículo.

4. Los magistrados y las magistradas del Tribunal Central de Instancia elegirán por mayoría de tres quintos a quien, de entre ellos y ellas, deba ejercer la Presidencia. De no obtenerse dicha mayoría en la pri-

---

[305] Dada nueva redacción por art. 1 apartado 48 de Ley Orgánica 1/2025 de 2 de enero de 2025, con vigencia desde 23/01/2025

[306] Dada nueva redacción por art. 1 apartado 49 de Ley Orgánica 1/2025 de 2 de enero de 2025, con vigencia desde 23/01/2025

[307] Véase art. 300 de la presente Ley

mera votación, bastará la mayoría simple en la segunda, resolviéndose los empates a favor de quien ocupe mejor puesto en el escalafón. En caso de que no hubiese candidato o candidata, se propondrá a quien ocupare el mejor puesto en el escalafón. El cargo deberá renovarse cada cuatro años o cuando la persona elegida cesare por cualquier otra causa.

5. La misma regla descrita en el apartado 3 regirá en relación con la Presidencia de las Secciones existentes en el Tribunal Central de Instancia.

167. [308] 1. En los Tribunales de Instancia los asuntos se distribuirán entre los jueces y las juezas, por razón de las plazas en que se integren conforme a normas de reparto predeterminadas y públicas. Las normas de reparto se aprobarán por la Sala de Gobierno del Tribunal Superior de Justicia, a propuesta de la Junta de Jueces y Juezas de la respectiva Sección del Tribunal de Instancia. En el caso del Tribunal Central de Instancia, las normas de reparto se aprobarán por la Sala de Gobierno de la Audiencia Nacional, a propuesta de la Junta de Jueces y Juezas de la respectiva Sección.

2. A solicitud del interesado, la Junta de Jueces y Juezas de la Sección respectiva podrá proponer que se libere, total o parcialmente, a un juez, jueza, magistrado o magistrada del reparto de asuntos, por tiempo limitado, cuando la buena administración de justicia lo haga necesario. El acuerdo se trasladará por la Presidencia del Tribunal de Instancia a la Sala de Gobierno para que ésta, si lo entiende pertinente, proceda a su aprobación y publicación. En el caso del Tribunal Central de Instancia, la propuesta de liberación deberá hacerse por la Junta de Jueces y Juezas de la respectiva Sección. Las modificaciones que se adopten en las normas de reparto no podrán afectar a los procedimientos en trámite.

3. La Sala de Gobierno podrá acordar las modificaciones precisas en las normas de reparto de jueces, juezas, magistrados y magistradas de las Secciones de lo Mercantil, de lo Penal, de Menores, de Vigilancia Penitenciaria, de lo Contencioso-administrativo o de lo Social de los Tribunales de Instancia, para equilibrar la distribución de asuntos que por materia les corresponde a cada uno de ellos según su clase, aun

---

[308] Dada nueva redacción por art. 1 apartado 50 de Ley Orgánica 1/2025 de 2 de enero de 2025, con vigencia desde 23/01/2025

cuando alguno tuviese atribuido, por disposición legal o por acuerdo del Pleno del propio Consejo General del Poder Judicial, el despacho de asuntos de su competencia a una circunscripción de ámbito inferior a la provincia.

4. La Presidencia del Tribunal de Instancia, valoradas las circunstancias concurrentes, podrá proponer el nombramiento de los jueces, las juezas, los magistrados y las magistradas a que se refiere el apartado 6 del artículo 84. El acuerdo se trasladará a la Sala de Gobierno para que ésta, si lo estima pertinente, lo remita al Consejo General del Poder Judicial para su aprobación.

5. El reparto se realizará por el letrado o la letrada de la Administración de Justicia bajo la supervisión de la Presidencia del Tribunal de Instancia y le corresponderá a ésta resolver con carácter gubernativo interno las cuestiones que se planteen y corregir las irregularidades que puedan producirse, adoptando las medidas necesarias y promoviendo, en su caso, la exigencia de las responsabilidades que procedan. En el caso del Tribunal Central de Instancia, estas funciones corresponderán a su Presidencia [309].

168. [310] 1. Quienes ejerzan las Presidencias de los Tribunales de Instancia velarán por la buena utilización de los locales judiciales y de los medios materiales en tanto se refiera o afecte a la función jurisdiccional; cuidarán de que el servicio de guardia se preste continuadamente; adoptarán las medidas urgentes en los asuntos no repartidos cuando, de no hacerlo, pudiera quebrantarse algún derecho o producirse algún perjuicio grave e irreparable; oirán las quejas que les hagan las personas interesadas en causas o pleitos, adoptando las prevenciones necesarias, y ejercerán las restantes funciones que les atribuya la ley.

2. En todo caso, corresponde a quienes ejerzan las Presidencias de los Tribunales de Instancia:

---

[309] Véanse arts. 68 a 70 LEC, y 152.1 y 2, 159.2 y 160.9 de la presente Ley

[310] Dada nueva redacción por art. 1 apartado 51 de Ley Orgánica 1/2025 de 2 de enero de 2025, con vigencia desde 23/01/2025

a) Coordinar el funcionamiento del Tribunal adoptando las resoluciones precisas que, desde el punto de vista organizativo y en su ámbito competencial, sean necesarias para la buena marcha del mismo [311].

b) Resolver en única instancia los recursos gubernativos que quepa interponer contra las decisiones de los letrados y las letradas de la Administración de Justicia en materia de reparto.

c) Poner en conocimiento de la Sala de Gobierno toda posible anomalía en el funcionamiento de los servicios comunes procesales de su territorio.

d) Resolver cuantos recursos les atribuyan las leyes procesales.

e) Promover la unificación de criterios y prácticas entre los distintos jueces, juezas, magistrados o magistradas del Tribunal de Instancia.

f) Asumir las funciones propias de la Presidencia de Sección en aquellas Secciones que cuenten con un número de jueces, juezas, magistrados o magistradas inferior a ocho.

g) Velar por la correcta ejecución de las sustituciones y de los planes anuales de sustitución en los términos previstos en esta ley, resolver con carácter gubernativo interno las cuestiones que se planteen y corregir las irregularidades que puedan producirse adoptando las medidas necesarias y promoviendo, en su caso, la exigencia de las responsabilidades que procedan.

3. Corresponderá a quienes ejerzan las Presidencias de Sección de los Tribunales de Instancia:

a) Coordinar, bajo la dirección de la Presidencia del Tribunal de Instancia, el funcionamiento de su Sección adoptando las resoluciones precisas para la buena marcha de la misma.

b) Sustituir a quien ostente la Presidencia del Tribunal de Instancia en los supuestos de vacante, ausencia, enfermedad o por otra causa justificada. Cuando existieran varias Presidencias de Sección esta sustitución corresponderá a quien ocupe mejor puesto en el escalafón.

c) Ejercer aquellas funciones que le delegue la Presidencia del Tribunal de Instancia con relación a su Sección.

d) Convocar a la Junta de Sección a la que se refiere el artículo 170.

e) Dar cuenta a la Presidencia del Tribunal de Instancia de la convocatoria de las Juntas de Sección y de los acuerdos adoptados en ellas.

4. Las funciones descritas en los apartados anteriores, en cuanto sean de aplicación, corresponderán a la Presidencia del Tribunal Cen-

---

[311] Véase la Instruc. 1/2025, de 23 de junio, del Pleno del Consejo General del Poder Judicial, sobre la coordinación y funcionamiento de los tribunales de instancia

tral de Instancia o en su caso, a las de la Sección del Tribunal Central de Instancia que corresponda, dentro del ámbito de su respectiva competencia.

169. [312] 1. La Presidencia del Tribunal de Instancia ostentará ante los poderes públicos la representación del Tribunal y presidirá la Junta de Jueces y Juezas del Tribunal de Instancia para tratar asuntos de interés común relativos a la actividad jurisdiccional. Esta Junta se convocará por la Presidencia del Tribunal de Instancia siempre que lo estime necesario o cuando lo solicite la cuarta parte de los jueces, juezas, magistrados y magistradas que formen parte de dicho Tribunal.

2. Las mismas funciones serán ejercidas por la Presidencia del Tribunal Central de Instancia dentro del ámbito de su competencia. La convocatoria de la Junta de Jueces y Juezas del Tribunal Central de Instancia se regirá por las normas previstas en el apartado anterior.

3. También podrán reunirse los jueces, juezas, magistrados y magistradas de una misma provincia o comunidad autónoma, presididos por el más antiguo o la más antigua en el destino, para tratar aquellos problemas que les sean comunes.

4. La Junta se considerará válidamente constituida para tomar acuerdos cuando asistan la mitad más uno de sus miembros, adoptándose los acuerdos por mayoría simple.

5. La Junta elegirá como Secretario o Secretaria a uno o una de sus miembros, que será el encargado o la encargada de redactar las actas de los acuerdos de las Juntas, así como de conservarlas y de expedir las certificaciones de las mismas.

6. Corresponde a la Junta de Jueces y Juezas del Tribunal de Instancia elaborar los planes anuales de sustitución entre jueces y juezas titulares a que se refiere el artículo 211 para su remisión a la Sala de Gobierno.

7. Las normas previstas en este artículo se aplicarán a la Junta de Jueces y Juezas del Tribunal Central de Instancia, en cuanto resulte compatible con su régimen jurídico.

---

[312] Dada nueva redacción por art. 1 apartado 52 de Ley Orgánica 1/2025 de 2 de enero de 2025, con vigencia desde 23/01/2025

170. [313] 1. Podrán reunirse en Junta de Sección del Tribunal de Instancia los jueces, juezas, magistrados y magistradas que pertenezcan a la misma Sección de un Tribunal de Instancia.

Esta Junta, presidida por quien ejerza la Presidencia de la Sección respectiva, se reunirá para proponer las normas de reparto entre los jueces, juezas, magistrados y magistradas, unificar criterios y prácticas, y para tratar asuntos comunes o sobre los que estimaren conveniente elevar exposición a la Sala de Gobierno correspondiente o al Consejo General del Poder Judicial por conducto del Presidente del Tribunal Superior de Justicia o aquél les solicitare informe.

2. La Presidencia de Sección del Tribunal de Instancia convocará la Junta prevista en el apartado anterior siempre que lo estime necesario, o cuando lo solicite, al menos, la cuarta parte de los miembros de derecho de la misma y, en todo caso, una vez al año, sin perjuicio de lo dispuesto en el apartado 4 del artículo 264.

Cuando la Sección careciere de Presidencia, las funciones previstas en este artículo serán ejercidas por la Presidencia del Tribunal de Instancia. Ésta, además, podrá convocar en Junta a los jueces, juezas, magistrados y magistradas pertenecientes a diferentes Secciones de un mismo orden jurisdiccional en la forma y en los mismos supuestos que los previstos en los apartados anteriores.

3. Los requisitos para la válida constitución de esta Junta, su régimen de organización y funcionamiento, así como para la adopción de acuerdos, serán los mismos previstos en los apartados 4 y 5 del artículo anterior.

CAPÍTULO V
De la inspección de los Juzgados y Tribunales

171. 1. El Consejo General del Poder Judicial ejerce la superior inspección y vigilancia sobre todos los Juzgados y Tribunales para la

---

[313] Dada nueva redacción por art. 1 apartado 53 de Ley Orgánica 1/2025 de 2 de enero de 2025, con vigencia desde 23/01/2025

comprobación y control del funcionamiento de la Administración de Justicia [314].

2. El Presidente del Consejo y los Vocales del mismo, por acuerdo del Pleno, podrán realizar visitas de información a dichos órganos.

3. El Consejo o su Presidente, cuando lo consideren necesario, podrán ordenar que el Servicio de Inspección dependiente de aquél, o los Presidentes, Magistrados o Jueces de cualquier Tribunal o Juzgado, realicen inspecciones a Juzgados o Tribunales o recaben información sobre el funcionamiento y el cumplimiento de los deberes del personal judicial.

4. El Ministerio de Justicia, cuando lo considere necesario, podrá instar del Consejo que ordene la inspección de cualquier Juzgado o Tribunal. En este caso, el Consejo notificará al Ministerio de Justicia la resolución que adopte y, en su caso, las medidas adoptadas. Todo ello sin perjuicio de las facultades que la presente Ley concede al Ministerio Fiscal.

172. 1. El Presidente del Tribunal Supremo dirige la inspección ordinaria y vigila el funcionamiento de las Salas y Secciones de este Tribunal.

2. Los Presidentes de los Tribunales Superiores de Justicia ejercen las mismas funciones en sus respectivos ámbitos territoriales.

3. El Presidente de la Audiencia Nacional tiene las facultades de los apartados anteriores, respecto a las Salas de la misma y al Tribunal Central de Instancia [315] . [316]

4. Los Presidentes de las Audiencias Provinciales podrán ejercer por delegación la inspección sobre los Juzgados y Tribunales en su respectivo ámbito y aquellas otras funciones de carácter administrativo que se les encomienden. [317]

---

[314] Véanse arts. 3.1, 4.2 EOMF, 117 a 126 Rgto. Organización y Funcionamiento CGPJ, 122.2 CE, 104, 106, 107.3, 125.9, 127.12, 148, 152.1 y 2 y 160 a 165 de la presente Ley

[315] Véase art. 123 Rgto. Organización y Funcionamiento CGPJ

[316] Dada nueva redacción apartado 3 por art. 1 apartado 54 de Ley Orgánica 1/2025 de 2 de enero de 2025, con vigencia desde 23/01/2025

[317] Añadido apartado 4 por art. único de Ley Orgánica 19/2003 de 23 de diciembre de 2003, con vigencia desde 15/01/2004

173. Se encomendará la inspección a Juez o Magistrado de igual o superior categoría a la del titular del órgano inspeccionado.

174. 1. Los Jueces y Presidentes de Secciones y Salas ejercerán su inspección en los asuntos de que conozcan.

2. Cuando a su juicio conviniere, para evitar abusos, adoptar alguna medida que no sea de su competencia o despachar visitas a algún Juzgado o Tribunal, lo manifestarán al Presidente del Tribunal Supremo, de la Audiencia Nacional o del Tribunal Superior de Justicia, para que éste decida lo que corresponda.

175. 1. Los Jueces y Magistrados y el personal al servicio de la Administración de Justicia deben prestar la colaboración necesaria para el buen fin de la inspección.

2. Las facultades inspectoras se ejercerán sin merma de la autoridad del Juez, Magistrado o Presidente.

3. El expediente de inspección se completará con los informes sobre el órgano inspeccionado, que podrán presentar los respectivos Colegios de Abogados, Procuradores o, en el caso de la jurisdicción social, graduados sociales en todo aquello que les afecte. A tal fin, serán notificados, con la suficiente antelación, respecto a las circunstancias en que se lleve a cabo la actividad inspectora. [318]

176. 1. La inspección comprenderá el examen de cuanto resulte necesario para conocer el funcionamiento del Juzgado o Tribunal y el cumplimiento de los deberes del personal judicial, atendiendo especialmente a las exigencias de una pronta y eficaz tramitación de todos los asuntos.

2. La interpretación y aplicación de las leyes hechas por los Jueces o Tribunales, cuando administran justicia, no podrá ser objeto de aprobación, censura o corrección, con ocasión o a consecuencia de actos de inspección.

177. 1. El Juez o Magistrado que realice la inspección redactará un informe que elevará a quien la hubiere decretado.

---

[318] Dada nueva redacción apartado 3 por disposición final 1 de Ley Orgánica 4/2013 de 28 de junio de 2013, con vigencia desde 04/12/2013

2. De las visitas de inspección se levantará acta, en que se detallará el resultado de aquélla, y de la que se entregará copia al Juez o Presidente del órgano jurisdiccional inspeccionado. Estos, con respecto a dicha acta, podrán formular las correspondientes observaciones o precisiones y remitirlas a la Autoridad que hubiere ordenado la práctica de la inspección, dentro de los diez días siguientes.

3. El Presidente de la Sala de Gobierno, a la que, en su caso, se dará cuenta, adoptará, a la vista del informe, cuando proceda, las medidas que estime convenientes dentro de sus atribuciones, y, cuando no tuviere competencia para resolver, propondrá al Consejo General del Poder Judicial lo que considere procedente. La comunicación al Consejo General se hará por conducto de su Presidente. El Consejo General adoptará por sí mismo las medidas que procedan, cuando hubiere ordenado la inspección.

CAPÍTULO VI
De las secretarías de gobierno

178. [319] 1. En el Tribunal Supremo, Audiencia Nacional y Tribunales Superiores de Justicia existirá una Secretaría de Gobierno, dependiente del Secretario de Gobierno respectivo, que estará auxiliado por el personal al servicio de la Administración de Justicia que determine la correspondiente relación de puestos de trabajo.

2. En estos Tribunales podrá existir, además, un Vicesecretario de Gobierno [320].

---

[319] Dada nueva redacción por art. único de Ley Orgánica 19/2003 de 23 de diciembre de 2003, con vigencia desde 15/01/2004

[320] Véanse arts. 158,159 y 464 a 467 de la presente Ley

LIBRO III
DEL RÉGIMEN DE LOS JUZGADOS Y TRIBUNALES [321]

TÍTULO PRIMERO
Del tiempo de las actuaciones judiciales

CAPÍTULO PRIMERO
Del período ordinario de actividad de los Tribunales

179. El año judicial, período ordinario de actividad de los Tribunales, se extenderá desde el 1 de septiembre, o el siguiente día hábil, hasta el 31 de julio de cada año natural [322].

180. 1. Durante el período en que los Tribunales interrumpan su actividad ordinaria, se formará en los mismos una Sala compuesta por su Presidente y el número de Magistrados que determine el Consejo General del Poder Judicial, la cual asumirá las atribuciones de las Salas de Gobierno y de Justicia, procurando que haya Magistrados de las diversas Salas.

2. Los Magistrados que no formen parte de esta Sala podrán ausentarse, a partir del fin del período ordinario de actividad, una vez ultimados los asuntos señalados [323].

181. 1. Al inicio del año judicial se celebrará un acto solemne en el Tribunal Supremo.

2. El Presidente del Consejo General del Poder Judicial y del Tribunal Supremo presentará en dicho acto la Memoria anual sobre el

---

[321] Véase Rgto. 1/2005, de los aspectos accesorios de las actuaciones judiciales, aprobado por Ac. de 15 de septiembre de 2005, del Pleno CGPJ

[322] Véanse arts. 183, 242, 371.2 y 376 de la presente Ley

[323] Véase art. 371.2 de la presente Ley

estado, funcionamiento y actividades de los Juzgados y Tribunales de Justicia [324].

3. El Fiscal General del Estado leerá también en este acto la Memoria anual sobre su actividad, la evolución de la criminalidad, la prevención del delito y las reformas convenientes para una mayor eficacia de la justicia [325].

CAPÍTULO II
Del tiempo hábil para las actuaciones judiciales

182. [326] 1. Son inhábiles a efectos procesales los sábados y domingos, los días de fiesta nacional y los festivos a efectos laborales en la respectiva Comunidad Autónoma o localidad.

El Consejo General del Poder Judicial, mediante reglamento, podrá habilitar estos días a efectos de actuaciones judiciales en aquellos casos no previstos expresamente por las leyes [327]. [328]

2. Son horas hábiles desde las ocho de la mañana a las ocho de la tarde, salvo que la Ley disponga lo contrario [329].

183. [330] Serán inhábiles los días del mes de agosto, así como todos los días desde el 24 de diciembre hasta el 6 de enero del año siguiente, ambos inclusive, para todas las actuaciones judiciales, excepto las que se declaren urgentes por las leyes procesales. No obstante,

[324] Véanse arts. 109 y 127.9 de la presente Ley

[325] Véase art. 9 EOMF

[326] Dada nueva redacción por art. único de Ley Orgánica 19/2003 de 23 de diciembre de 2003, con vigencia desde 15/01/2004

[327] Véanse arts. 130.2 LEC y 201 LECrim

[328] Dada nueva redacción apartado 1 por disposición final 1 apartado 2 de Ley Orgánica 14/2022 de 22 de diciembre de 2022, con vigencia desde 23/12/2022

[329] Véase art. 130.3 LEC

[330] Dada nueva redacción por disposición final 1 apartado 3 de Ley Orgánica 14/2022 de 22 de diciembre de 2022, con vigencia desde 23/12/2022

el Consejo General del Poder Judicial, mediante reglamento, podrá habilitarlos a efectos de otras actuaciones [331].

184. 1. Sin perjuicio de lo dispuesto en los artículos. anteriores, todos los días del año y todas las horas serán hábiles para la instrucción de las causas criminales, sin necesidad de habilitación especial.

2. Los días y horas inhábiles podrán habilitarse con sujeción a lo dispuesto en las leyes procesales. [332] [333]

185. 1. Los plazos procesales se computarán con arreglo a lo dispuesto en el Código Civil. En los señalados por días quedarán excluidos los inhábiles.

2. Si el último día de plazo fuere inhábil, se entenderá prorrogado al primer día hábil siguiente [334].

TÍTULO II
Del modo de constituirse los Juzgados y Tribunales

CAPÍTULO PRIMERO
De la audiencia pública

186. Los Juzgados y Tribunales celebrarán audiencia pública todos los días hábiles para la práctica de pruebas, las vistas de los pleitos y causas, la publicación de las sentencias dictadas y demás actos que señale la Ley [335].

187. 1. En audiencia pública, reuniones del Tribunal y actos solemnes judiciales, los Jueces, Magistrados, Fiscales, Secretarios, Abo-

---

[331] Véanse arts. 130.2 LEC y 201 LECrim

[332] Véase art.131 LEC

[333] Dada nueva redacción apartado 2 por art. 1 apartado 3 de Ley Orgánica 1/2009 de 3 de noviembre de 2009, con vigencia desde 05/11/2009

[334] Véanse arts. 5 CC y 132 a 136 LEC

[335] Véanse arts. 120.1 CE, 138, 289.1 LEC, 147.5 y 680 LECrim

gados y Procuradores usarán toga y, en su caso, placa y medalla de acuerdo con su rango.

2. Asimismo, todos ellos, en estrados, se sentarán a la misma altura [336].

188. 1. Los Jueces y los Presidentes de las Audiencias y Tribunales, dentro de los límites fijados por el Consejo General del Poder Judicial, señalarán las horas de audiencia pública que sean necesarias para garantizar que la tramitación de los procesos se produzca sin indebidas dilaciones. Se darán a conocer a través de un edicto fijado ostensiblemente en la parte exterior de las salas de los Juzgados y Tribunales. [337]

2. Los Jueces y Magistrados que formen Sala asistirán a la audiencia, de no mediar causa justificada.

189. [338] Los Jueces y Magistrados, Presidentes, Letrados de la Administración de Justicia, y demás personal al servicio de la Administración de Justicia deberán ejercer su actividad respectiva en los términos que exijan las necesidades del servicio, sin perjuicio de respetar el horario establecido [339].

190. [340] 1. Corresponde al Presidente del Tribunal o al Juez mantener el orden en la Sala, a cuyo efecto acordará lo que proceda [341].

2. Asimismo ampararán en sus derechos a los presentes.

---

[336] Véanse arts. 33 EOMF, 97 Rgto. Orgánico del Cuerpo de Secretarios Judiciales, 40.d Estatuto General de los Procuradores de los Tribunales de España, 37, 38 y 39 EGAE

[337] Dada nueva redacción apartado 1 por art. 24 de Ley Orgánica 16/1994 de 8 de noviembre de 1994, con vigencia desde 09/12/1994

[338] Dada nueva redacción por disposición adicional 1 de Ley Orgánica 7/2015 de 21 de julio de 2015, con vigencia desde 01/10/2015

[339] Véase Ac. CGPJ de 9 de septiembre de 1987, por el que se regula el Horario de trabajo en la Administración de Justicia

[340] Dada nueva redacción por art. único de Ley Orgánica 19/2003 de 23 de diciembre de 2003, con vigencia desde 15/01/2004

[341] Véanse art. 186 LEC

3. Estas mismas obligaciones recaerán sobre el Secretario en todas aquellas actuaciones que se celebren únicamente ante él en las dependencias de la Oficina Judicial.

191. [342] A los efectos de lo dispuesto en el artículo anterior, los que perturbaren la vista de algún proceso, causa u otro acto judicial, dando señales ostensibles de aprobación o desaprobación, faltando al respeto y consideraciones debidas a los Jueces, Tribunales, Ministerio Fiscal, Abogados, Procuradores, Letrados de la Administración de Justicia, Médicos Forenses o resto del personal al servicio de la Administración de Justicia, serán amonestados en el acto por quien presida y expulsados de la Sala o de las dependencias de la Oficina Judicial, si no obedecieren a la primera advertencia, sin perjuicio de la responsabilidad penal en que incurran [343].

192. Los que se resistieren a cumplir la orden de expulsión serán, además, sancionados con multa, cuyo máximo será la cuantía de la multa más elevada prevista en el Código Penal como pena correspondiente a las faltas [344].

193. [345] 1. Con la misma multa serán sancionados los testigos, peritos o cualquiera otro que, como parte o representándola, faltaran en las vistas y actos judiciales de palabra, obra o por escrito a la consideración, respeto y obediencia debidos a Jueces, Fiscales, Letrados de la Administración de Justicia y resto del personal al servicio de la Administración de Justicia, cuando sus actos no constituyan delito. [346]

---

[342] Dada nueva redacción por disposición adicional 1 de Ley Orgánica 7/2015 de 21 de julio de 2015, con vigencia desde 01/10/2015

[343] Véanse arts. 186 LEC y 258 LECrim

[344] Véanse arts. 50 a 53 CP

[345] Dada nueva redacción por art. único de Ley Orgánica 19/2003 de 23 de diciembre de 2003, con vigencia desde 15/01/2004

[346] Dada nueva redacción apartado 1 por disposición adicional 1 de Ley Orgánica 7/2015 de 21 de julio de 2015, con vigencia desde 01/10/2015

2. No están comprendidos en esta disposición los Abogados y Procuradores de las partes, respecto de los cuales se observará lo dispuesto en el Título V del Libro VII [347].

194. [348] 1. Se hará constar en el acta el hecho que motiva la sanción, la explicación que, en su caso, dé el sancionado y el acuerdo que se adopte por quien presida el acto.

2. Contra el acuerdo de imposición de sanción podrá interponerse en el plazo de tres días recurso de audiencia en justicia ante el propio Juez, Presidente o Letrado de la Administración de Justicia, que lo resolverá en el siguiente día. Contra el acuerdo resolviendo la audiencia en justicia o contra el de imposición de la sanción, si no se hubiese utilizado aquel recurso, cabrá recurso de alzada, en el plazo de cinco días, ante la Sala de Gobierno, que lo resolverá, previo informe del Juez, Presidente o Letrado de la Administración de Justicia que impuso la sanción, en la primera reunión que se celebre. [349]

195. Cuando los hechos de que tratan los artículos anteriores llegaren a constituir delito, sus autores serán detenidos en el acto y puestos a disposición del Juez competente [350].

CAPÍTULO II
De la formación de las salas y de los Magistrados suplentes

196. En los casos en que la Ley no disponga otra cosa bastarán tres Magistrados para formar Sala [351].

---

[347] Véanse arts. 80 a 82 EGAE, 59 Estatuto General de los Procuradores de los Tribunales de España, 552 a 557 de la presente Ley

[348] Dada nueva redacción por art. único de Ley Orgánica 19/2003 de 23 de diciembre de 2003, con vigencia desde 15/01/2004

[349] Dada nueva redacción apartado 2 por disposición adicional 1 de Ley Orgánica 7/2015 de 21 de julio de 2015, con vigencia desde 01/10/2015

[350] Véanse arts. 550 a 556 CP

[351] Véase art. 82.2 de la presente Ley

197. Ello no obstante, podrán ser llamados, para formar Sala, todos los Magistrados que la componen, aunque la Ley no lo exija, cuando el Presidente, o la mayoría de aquéllos, lo estime necesario para la administración de justicia.

198. 1. La composición de las Secciones se determinará por el Presidente según los criterios aprobados anualmente por la Sala de Gobierno, a propuesta de aquél.

2. Serán presididas por el Presidente de la Sala, por el Presidente de Sección o, en su defecto, por el Magistrado más antiguo de los que la integren [352].

199. [353] 1. Cuando no asistieren magistrados en número suficiente para constituir Sala en las Audiencias Provinciales o Tribunales Superiores de Justicia, concurrirán para completarla aquellos miembros de la carrera judicial que designe el Presidente del órgano colegiado respectivo, por el orden y de conformidad con las reglas siguientes:

En primer lugar, se llamará a los magistrados del mismo órgano que obren en la relación de suplentes profesionales a los que se refiere el artículo siguiente, comenzando por los de la misma Sección, si los hubiere, llamando a continuación al resto siempre que se encuentren libres de señalamiento.

En segundo, a los jueces y magistrados ajenos al órgano que obren en la relación de miembros de la carrera judicial a los que se refiere el artículo siguiente, por el orden que allí se establezca.

En tercero, el Presidente del Tribunal Superior de Justicia, por iniciativa propia, o a propuesta del Presidente de la Audiencia Provincial respectiva en la que no pueda constituirse Sala, llamará a los jueces de adscripción territorial a que se refiere el artículo 347 bis.

En cuarto, el Presidente de Tribunal Superior o, en su caso, el Presidente de la Audiencia Provincial respectiva, llamará a los miembros de la carrera judicial del orden correspondiente que tengan menor carga de trabajo en el respectivo territorio, de conformidad con los

---

[352] Véase art. 53.3 LDPJ

[353] Dada nueva redacción por art. único apartado 6 de Ley Orgánica 8/2012 de 27 de diciembre de 2012, con vigencia desde 29/12/2012

datos que obren en el Servicio de Inspección, siempre que no exista incompatibilidad de señalamientos.

En quinto lugar, los del mismo órgano en el turno que se establezca, en el que serán preferidos los que se hallaren libres de señalamiento y, entre estos, los más modernos.

En último término y excepcionalmente, cuando no resulte posible la formación de Sala con un miembro de la carrera judicial de conformidad con lo anterior y exista disponibilidad presupuestaria, se llamará a un magistrado suplente no profesional conforme a lo previsto en la presente Ley [354] .

2. En la Audiencia Nacional, cuando no asistieren Magistrados en número suficiente para constituir Sala, concurrirán para completarla otros Magistrados que designe el Presidente de la Sala o, en su caso, del Tribunal, con arreglo a un turno en el que serán preferidos los que se hallaren libres de señalamiento y, entre éstos, los más modernos. En su defecto, se llamará a un Magistrado suplente de conformidad con lo previsto en el apartado 2 del artículo siguiente. [355]

3. Cuantas dudas puedan surgir en la aplicación de las anteriores reglas se resolverán dando preferencia en todo caso a la sustitución profesional entre miembros de la carrera judicial y atendiendo al criterio de máximo aprovechamiento de los recursos públicos.

4. Los llamamientos que tengan lugar conforme a lo establecido en este precepto serán retribuidos en los casos y cuantía que se determinen reglamentariamente. En ningún caso lo serán cuando la carga de trabajo asumida por el llamado, computada junto con la de su órgano de procedencia, no alcance el mínimo fijado según los criterios técnicos establecidos por el Consejo General del Poder Judicial.

5. El coste total de los llamamientos anuales no podrá sobrepasar el límite fijado anualmente en los Presupuestos del Ministerio de Justicia. A tal efecto, dicho Ministerio, tras la aprobación de la correspondiente Ley de Presupuestos Generales del Estado, comunicará al Consejo General del Poder Judicial dicho límite, quien velará por su estricto cumplimiento.

6. El Consejo General del Poder Judicial antes del día uno de enero deberá haber aprobado las relaciones a las que se refieren los apartados

---

[354] Véase art. 55 LDPJ

[355] Dada nueva redacción apartado 2 por art. único apartado 29 de Ley Orgánica 7/2015 de 21 de julio de 2015, con vigencia desde 01/10/2015

anteriores, que le fueran remitidas por las Salas de Gobierno correspondientes con arreglo a lo dispuesto en el artículo 152 de la presente Ley.

7. Dentro de los límites del llamamiento o adscripción, los magistrados designados actuarán, como miembros de la Sala que sean llamados a formar, con los mismos derechos y deberes que los magistrados titulares.

200. [356] 1. En los Tribunales Superiores de Justicia y Audiencias Provinciales se elaborará anualmente una relación de miembros de la carrera judicial que voluntariamente quieran participar para ser llamados a completar Sala. La relación comprenderá, para cada orden jurisdiccional, la prelación con la que deban hacerse los llamamientos.

En todo caso, los solicitantes de integrar dicha relación deberán justificar, en el momento de la solicitud, el estado de la agenda de señalamientos y pendencia de asuntos del órgano de que son titulares, así como el número y razón de las resoluciones pendientes de dictar que les corresponden.

2. A los efectos de lo previsto en el artículo anterior podrá haber en la Audiencia Nacional, en los Tribunales Superiores de Justicia y en las Audiencias Provinciales una relación de Magistrados suplentes no integrantes de la Carrera judicial, que serán llamados a formar Sala según la prelación que se establezca dentro de cada orden u órdenes jurisdiccionales para el que hubieren sido nombrados.

Para su llamamiento habrá de respetarse la disponibilidad presupuestaria y la prioridad establecida en el artículo anterior, sin que nunca pueda concurrir a formar Sala más de un Magistrado suplente. [357]

3. Corresponde a los Presidentes de las Audiencias Provinciales y Tribunales Superiores de Justicia elaborar ambas relaciones, tanto de titulares como de suplentes no profesionales, que contemplarán la prelación de llamamientos y las remitirá a la Sala de Gobierno respectiva para su aprobación provisional. Verificada ésta se elevarán al Consejo General del Poder Judicial para su aprobación definitiva en los términos que procedan.

---

[356] Dada nueva redacción por art. único apartado 7 de Ley Orgánica 8/2012 de 27 de diciembre de 2012, con vigencia desde 29/12/2012

[357] Dada nueva redacción apartado 2 por art. único apartado 30 de Ley Orgánica 7/2015 de 21 de julio de 2015, con vigencia desde 01/10/2015

Apartado 4 (Derogado) [358]
Apartado 5 (Derogado) [359]

201. [360] 1. El cargo de Magistrado suplente será remunerado en la forma que reglamentariamente se determine por el Gobierno, dentro de las previsiones presupuestarias.

2. Sólo podrá recaer en quienes reúnan las condiciones necesarias para el ingreso en la Carrera Judicial, excepto las derivadas de la jubilación por edad. No podrá ser propuesto ni actuar como suplente quien haya alcanzado la edad de 70 años y, para el Tribunal Supremo, quien no tenga, como mínimo, 15 años de experiencia jurídica. [361]

3. Tendrán preferencia los que hayan desempeñado funciones judiciales o de Letrados de la Administración de Justicia o de sustitución en la Carrera Fiscal, con aptitud demostrada o ejercido profesiones jurídicas o docentes, siempre que estas circunstancias no resulten desvirtuadas por otras que comporten su falta de idoneidad. En ningún caso recaerá el nombramiento en quienes ejerzan las profesiones de Abogado o Procurador. [362]

4. El cargo de Magistrado suplente será sujeto al régimen de incompatibilidades y prohibiciones regulado en los artículos 389 a 397 de esta Ley. Se exceptúa:

a) Lo dispuesto en el artículo 394, sin perjuicio de lo previsto en el apartado 5, letra d), del presente artículo.

b) La causa de incompatibilidad relativa a la docencia o investigación jurídica, que en ningún caso será aplicable, cualquiera que sea la situación administrativa de quienes las ejerzan.

5. Los Magistrados suplentes estarán sujetos a las mismas causas de remoción que los Jueces y Magistrados, en cuanto les fueren aplicables. Cesarán, además:

---

[358] Derogado apartado 4 por art. único apartado 30 de Ley Orgánica 7/2015 de 21 de julio de 2015, con vigencia desde 01/10/2015

[359] Derogado apartado 5 por art. único apartado 30 de Ley Orgánica 7/2015 de 21 de julio de 2015, con vigencia desde 01/10/2015

[360] Dada nueva redacción por art. 4 de Ley Orgánica 16/1994 de 8 de noviembre de 1994, con vigencia desde 09/12/1994

[361] Dada nueva redacción apartado 2 por art. único de Ley Orgánica 19/2003 de 23 de diciembre de 2003, con vigencia desde 15/01/2004

[362] Dada nueva redacción apartado 3 por disposición adicional 1 de Ley Orgánica 7/2015 de 21 de julio de 2015, con vigencia desde 01/10/2015

a) Por el transcurso del plazo para el que fueron nombrados.

b) Por renuncia, aceptada por el Consejo General del Poder Judicial.

c) Por cumplir la edad de setenta y dos años.

d) Por acuerdo del Consejo General del Poder Judicial, previa una sumaria información con audiencia del interesado y del Ministerio Fiscal, cuando se advirtiere en ellos falta de aptitud o idoneidad para el ejercicio de cargo, incurrieren en causa de incapacidad o de incompatibilidad o en la infracción de una prohibición, o dejaren de atender diligentemente los deberes del cargo.

202. La designación de los Magistrados que no constituyan plantilla de la Sala se hará saber inmediatamente a los mismos a las partes, a efectos de su posible abstención o recusación [363].

CAPÍTULO III
Del Magistrado ponente

203. 1. En cada pleito o causa que se tramite ante un Tribunal o Audiencia habrá un Magistrado ponente, designado según el turno establecido para la Sala o Sección al principio del año judicial, exclusivamente sobre la base de criterios objetivos.

2. La designación se hará en la primera resolución que se dicte en el proceso y se notificará a las partes el nombre del Magistrado ponente y, en su caso, del que con arreglo al turno ya establecido le sustituya, con expresión de las causas que motiven la sustitución [364].

204. En la designación de ponente turnarán todos los Magistrados de la Sala o Sección, incluidos los Presidentes [365].

205. Corresponderá al ponente, en los pleitos o causas que le hayan sido turnadas:

---

[363] Véanse arts. 217 a 228 de la presente Ley

[364] Véase art. 180 LEC

[365] Véase art. 180 LEC

1. El despacho ordinario y el cuidado de su tramitación.

2. Examinar los interrogatorios, pliegos de posiciones y proposición de pruebas presentadas por las partes e informar sobre su pertinencia.

3. Presidir la práctica de las pruebas declaradas pertinentes, siempre que no deban practicarse ante el Tribunal.

4. Informar los recursos interpuestos contra las decisiones de la Sala o Sección.

5. Proponer los autos decisorios de incidentes, las sentencias y las demás resoluciones que hayan de someterse a discusión de la Sala o Sección, y redactarlos definitivamente, si se conformase con lo acordado.

6. Pronunciar en audiencia pública las sentencias [366].

206. 1. Cuando el ponente no se conformare con el voto de la mayoría, declinará la redacción de la resolución, debiendo formular motivadamente su voto particular [367].

2. En este caso, el Presidente encomendará la redacción a otro Magistrado y dispondrá la rectificación necesaria en el turno de ponencias para restablecer la igualdad en el mismo [368].

CAPÍTULO IV
De las sustituciones

207. Procederá la sustitución de los Jueces y Magistrados en los casos de vacante, licencia, servicios especiales y otras causas que lo justifiquen. Las sustituciones se harán en la forma establecida en el presente Capítulo, sin perjuicio de lo dispuesto en esta Ley para la composición de las Salas y Secciones de los Tribunales [369].

---

[366] Véase art. 181 LEC
[367] Véanse arts. 223, 260 y 265 de la presente Ley
[368] Véase art. 203 LEC
[369] Véanse arts. 196 a 200 de la presente Ley

208. 1. El Presidente del Tribunal Supremo, el Presidente de la Audiencia Nacional y los Presidentes de los Tribunales Superiores de Justicia serán sustituidos por el Presidente de la Sala de la misma sede más antiguo en el cargo. No obstante, la Sala de Gobierno será convocada y presidida por el Presidente de Sala más antiguo en el cargo, aunque sea de distinta sede. [370]

2. Los Presidentes de las Audiencias Provinciales, serán sustituidos por el Presidente de Sección más antiguo o, si no las hubiere, por el Magistrado con mejor puesto en el escalafón.

3. Cuando la plantilla de la Audiencia no comprenda otra plaza que la de su Presidente, le sustituirá el Magistrado titular que se hallare en turno para acudir a completar la Audiencia.

209. 1. Los Presidentes de las Salas y de las Secciones serán sustituidos por el Magistrado con mejor puesto en el escalafón de la Sala o Sección de que se trate.

2. En caso de vacante, asumirá la Presidencia de la Sala el Presidente de la Audiencia o Tribunal, si lo estimare procedente.

210. [371] 1. Las sustituciones de jueces, juezas, magistrados y magistradas en los Tribunales de Instancia se regirán por las siguientes reglas y orden de prelación:

a) Por su orden, quienes participen voluntariamente en los planes anuales de sustitución. En todo caso, los o las solicitantes de integrar dicha relación deberán justificar, en el momento de la solicitud, el estado de la agenda de señalamientos, la pendencia de asuntos y el número y razón de las resoluciones pendientes de dictar que les corresponden.

b) De existir compatibilidad en los señalamientos, será llamado o llamada el correspondiente sustituto o sustituta ordinario o natural del sustituido o de la sustituida, según lo propuesto por la Junta de Jueces y Juezas y aprobado por la Sala de Gobierno respectiva.

c) A continuación, serán llamados por el siguiente orden: los jueces y juezas de adscripción territorial a quienes se refiere el artículo 347

---

[370] Dada nueva redacción apartado 1 por art. 4 de Ley Orgánica 16/1994 de 8 de noviembre de 1994, con vigencia desde 09/12/1994

[371] Dada nueva redacción por art. 1 apartado 55 de Ley Orgánica 1/2025 de 2 de enero de 2025, con vigencia desde 23/01/2025

bis que se encontrasen disponibles, comenzando por el más antiguo en el escalafón; los jueces y juezas en expectativa de destino que regula el artículo 308.2 por idéntica prelación; y los jueces y juezas que estén desarrollando prácticas conforme al artículo 307.2 por el orden que al efecto haya establecido la Escuela Judicial.

d) En cuarto lugar, se estará al régimen de sustituciones previsto en el artículo siguiente con respecto al resto de miembros de la carrera judicial del mismo partido judicial.

e) En todo caso y sin sujeción al orden referido en los anteriores apartados de este número, podrá prorrogarse la jurisdicción de un juez, jueza, magistrado o magistrada a distinta Sección o Tribunal de Instancia conforme a lo previsto en esta ley.

f) En último término y agotadas las anteriores posibilidades, se procederá al llamamiento de un sustituto no profesional de conformidad con lo previsto en el artículo 213 de esta ley.

2. Los planes anuales de sustitución a los que se refiere el apartado anterior consistirán en la elaboración de calendarios en los que se fijarán turnos rotatorios de sustitución y se coordinarán los señalamientos y las funciones de guardia, de forma que quede asegurada la disponibilidad de aquellos jueces, juezas, magistrados y magistradas titulares que voluntariamente participen en los mismos para cubrir de forma inmediata las ausencias que puedan producirse. La previsión de las sustituciones se hará, en todo caso, conforme a las preferencias que establece el artículo siguiente.

3. Los planes anuales de sustitución se elaborarán a propuesta de las correspondientes Juntas de Jueces y Juezas y serán remitidos a la respectiva Sala de Gobierno para su aprobación provisional, que se llevará a cabo, en su caso, previa audiencia de la Fiscalía correspondiente a fin de coordinar en lo posible los señalamientos que afecten a procedimientos en los que las leyes prevean su intervención. Verificada tal aprobación provisional, se elevarán al Consejo General del Poder Judicial para su aprobación definitiva en los términos que procedan.

4. Las Presidencias de los Tribunales de Instancia, de Audiencias Provinciales, Tribunales Superiores de Justicia y Audiencia Nacional velarán, en el ámbito de sus respectivas competencias, por la exacta ejecución del régimen de sustituciones previsto en este precepto y, especialmente, de los planes anuales de sustitución.

5. El Consejo General del Poder Judicial, de oficio o a instancia de cualquiera de los anteriores, procederá a adoptar las medidas corres-

pondientes en caso de incumplimiento del régimen de sustituciones previsto en este precepto. También adoptará las medidas que sean precisas para corregir cualquier disfunción que pudiera acaecer en la ejecución de los planes anuales de sustitución.

6. Las mismas reglas previstas en este artículo para las sustituciones de jueces, juezas, magistrados y magistradas en los Tribunales de Instancia se extenderán también, en cuanto les fuere de aplicación, a las sustituciones entre jueces, juezas, magistrados y magistradas del Tribunal Central de Instancia, correspondiendo a su Presidencia la vigilancia en la observancia del régimen de sustitución y planes anuales de sustitución.

211. [372] A los efectos de lo previsto en los apartados 1.b) y 1.d) del artículo anterior, se observarán las siguientes reglas:

1.ª Los jueces, juezas, magistrados y magistradas integrados en Secciones del mismo orden jurisdiccional se sustituirán entre sí en la forma que acuerde la Sala de Gobierno del Tribunal Superior de Justicia, a propuesta de la Junta de Jueces y Juezas del Tribunal de Instancia.

2.ª Cuando en una población no hubiere otro juez o jueza de la misma clase la sustitución corresponderá a un juez o jueza de clase distinta.

3.ª También sustituirán los de distinto orden jurisdiccional, aun existiendo varios jueces y juezas o magistrados y magistradas pertenecientes al mismo, cuando se agotaren las posibilidades de sustitución entre ellos.

4.ª Corresponderá a los jueces y juezas o magistrados y magistradas destinados en la Sección Civil y de Instrucción que constituya una Sección Única la sustitución de los jueces y juezas o magistrados y magistradas de los demás órdenes jurisdiccionales y de la Sección de Menores, cuando no haya posibilidad de que la sustitución se efectúe entre los del mismo orden.

5.ª La sustitución de los jueces y juezas o magistrados y magistradas destinados en una Sección de lo Penal corresponderá, cuando no exista una Sección Única de Civil e Instrucción, a los de la Sección Civil. En los demás casos, los jueces y juezas o los magistrados y magistradas

---

[372] Dada nueva redacción por art. 1 apartado 56 de Ley Orgánica 1/2025 de 2 de enero de 2025, con vigencia desde 23/01/2025

destinados en una Sección de miento Penal e igualmente los de la Sección Única serán sustituidos por los destinados en las Secciones de lo Mercantil, de Familia, Infancia y Capacidad, de Menores, de lo Contencioso-Administrativo y de lo Social, según el orden que establezca la Sala de Gobierno del Tribunal Superior de Justicia.

6.ª Los jueces y juezas o los magistrados y magistradas con competencia en materia de violencia sobre la mujer, así como quienes la tuvieren en materia de violencia contra la infancia y la adolescencia serán sustituidos por los destinados en la Sección de Instrucción o en la Sección Única, según el orden que establezca la Sala de Gobierno del Tribunal Superior de Justicia respectivo.

212. [373] 1. Cuando resultare aconsejable para un mejor despacho de los asuntos, atendida la escasa carga de trabajo de un juez, jueza, magistrado o magistrada del mismo orden del que deba ser sustituido o sustituida, el Presidente o la Presidenta del Tribunal Superior de Justicia prorrogará, previa audiencia, la jurisdicción de aquél o aquélla, quien desempeñará ambos cargos con derecho a la retribución correspondiente dentro de las previsiones presupuestarias en los términos que se establezcan reglamentariamente.

En todo caso, cualquier juez, jueza, magistrado o magistrada del mismo orden del que deba ser sustituido podrá interesar del Presidente o la Presidenta del Tribunal Superior de Justicia que se le prorrogue su jurisdicción a fin de desempeñar ambos cargos, con idéntico derecho a la retribución prevista en el párrafo anterior. [374]

2. Las prórrogas de jurisdicción se comunicarán, por conducto de la Sala de Gobierno respectiva, al Consejo General del Poder Judicial para su aprobación, sin perjuicio de empezar a desempeñarlas, si así lo acordase motivadamente el Presidente. [375]

---

[373] Dada nueva redacción por art. único apartado 10 de Ley Orgánica 8/2012 de 27 de diciembre de 2012, con vigencia desde 29/12/2012

[374] Dada nueva redacción apartado 1 por art. 1 apartado 57 de Ley Orgánica 1/2025 de 2 de enero de 2025, con vigencia desde 23/01/2025

[375] Véanse arts. 200 y 201 de la presente Ley

213. [376] 1. Solo en casos excepcionales, cuando no resulte posible la sustitución por un miembro de la carrera judicial o por un juez en prácticas conforme a lo previsto en los artículos precedentes, ejercerá la jurisdicción con idéntica amplitud que si fuese titular del órgano un juez sustituto.

2. Los jueces sustitutos serán nombrados en la misma forma que los magistrados suplentes y sometidos a su mismo régimen jurídico.

3. En el caso de ser varios los sustitutos nombrados para la localidad y orden jurisdiccional correspondiente, serán llamados por el orden de prelación establecido en el nombramiento.

4. En ningún caso procederá efectuar llamamiento a jueces sustitutos sin constatar previamente la existencia de disponibilidad presupuestaria.

5. Reglamentariamente se determinará por el Gobierno la remuneración de los jueces sustitutos dentro de las previsiones presupuestarias.

214. [377] Los jueces desempeñarán las funciones inherentes a su juzgado, tanto en calidad de titulares como en expectativa de destino o de apoyo, y al cargo que sustituyan.

Las sustituciones profesionales, cuando se produzcan, serán retribuidas en los casos y cuantía que se determinen reglamentariamente.

215. [378] Los jueces de paz serán sustituidos por los respectivos jueces sustitutos.

216. 1. No podrán conferirse comisiones de servicios para Juzgados o Tribunales si no es por tiempo determinado, concurriendo circunstancias de especial necesidad y previa conformidad del interesado.

2. Las comisiones se otorgarán por el Consejo General del Poder Judicial, oídas las Salas de Gobierno correspondientes.

---

[376] Dada nueva redacción por art. único apartado 11 de Ley Orgánica 8/2012 de 27 de diciembre de 2012, con vigencia desde 29/12/2012

[377] Dada nueva redacción por art. único apartado 12 de Ley Orgánica 8/2012 de 27 de diciembre de 2012, con vigencia desde 29/12/2012

[378] Dada nueva redacción por art. único apartado 13 de Ley Orgánica 8/2012 de 27 de diciembre de 2012, con vigencia desde 29/12/2012

3. No se conferirán comisiones para los cargos de Presidente y Presidentes de Sala de la Audiencia Nacional y Tribunales Superiores de Justicia, ni para el Presidente de Audiencia Provincial.

CAPÍTULO IV BIS
De las medidas de refuerzo en la titularidad de los órganos judiciales [379]

216 bis.1. [380] 1. Cuando el excepcional retraso o la acumulación de asuntos en un determinado tribunal no puedan ser corregidos mediante el reforzamiento de la plantilla de la Oficina judicial o la exención temporal de reparto prevista en el artículo 167.2, el Consejo General del Poder Judicial podrá acordar excepcionales medidas de apoyo judicial consistentes en la adscripción de jueces y magistrados titulares de otros órganos judiciales mediante el otorgamiento de comisiones de servicio. [381]

2. Los Presidentes de los Tribunales Superiores de Justicia podrán proponer como medida de apoyo la adscripción obligatoria, en régimen de comisión sin relevación de funciones, de aquellos jueces y magistrados titulares de órganos que tuviesen escasa carga de trabajo de conformidad con los criterios técnicos establecidos por el Consejo General del Poder Judicial. Dicha comisión no será retribuida, aún siendo aprobada, si la carga de trabajo asumida por el adscrito, computada junto con la de su órgano de procedencia, no alcanza el mínimo establecido en los referidos criterios técnicos.

3. También se podrá acordar la adscripción en calidad de jueces de apoyo, por este orden, a los jueces en expectativa de destino conforme al artículo 308.2, a los jueces que estén desarrollando prácticas conforme al artículo 307.2, a los jueces de adscripción territorial a que

[379] Añadido por art. 8 de Ley Orgánica 16/1994 de 8 de noviembre de 1994, con vigencia desde 09/12/1994

[380] Dada nueva redacción por art. único apartado 14 de Ley Orgánica 8/2012 de 27 de diciembre de 2012, con vigencia desde 29/12/2012

[381] Dada nueva redacción apartado 1 por art. 1 apartado 58 de Ley Orgánica 1/2025 de 2 de enero de 2025, con vigencia desde 23/01/2025

se refiere el artículo 347 bis y excepcionalmente a jueces sustitutos y magistrados suplentes. [382]

4. Quien participase en una medida de apoyo en régimen de comisión de servicio sin relevación de funciones quedarán exentos, salvo petición voluntaria, de realizar las sustituciones que le pudiesen corresponder en el órgano del que sea titular, conforme al plan anual de sustitución.

5. La aprobación por parte del Consejo General del Poder Judicial de cualquier medida de apoyo precisará la previa aprobación del Ministerio de Justicia quien únicamente podrá oponerse por razones de disponibilidad presupuestaria, todo ello dentro del marco que establezca el Protocolo que anualmente suscribirán ambos a los efectos de planificar las medidas de este tipo que sea posible adoptar.

6. Si la causa del retraso tuviera carácter estructural, el Consejo General del Poder Judicial, junto con la adopción de las referidas medidas provisionales, formulará las oportunas propuestas al Ministerio de Justicia o a las Comunidades Autónomas con competencias en la materia, en orden a la adecuación de la plantilla del juzgado o tribunal afectado o a la corrección de la demarcación o planta que proceda.

216 bis.2. [383] Las propuestas de medidas de apoyo judicial, que han de elevarse al Consejo General del Poder Judicial a través de las correspondientes Salas de Gobierno, deberán contener:

1º) Explicación sucinta de la situación por la que atraviesa el órgano jurisdiccional de que se trate.

2º) Expresión razonada de las causas que hayan originado el retraso o la acumulación de asuntos.

3º) Reseña del volumen de trabajo del órgano jurisdiccional y del número y clase de asuntos pendientes.

4º) Plan de actualización del Juzgado o Tribunal con indicación de su extensión temporal y del proyecto de ordenación de la concreta función del Juez o equipo de apoyo, cuyo cometido, con plena jurisdicción, se proyectará en el trámite y resolución de los asuntos de nuevo ingreso o pendientes de señalamiento, quedando reservados al titular

---

[382] Dada nueva redacción apartado 3 por art. único apartado 3 de Ley Orgánica 4/2018 de 28 de diciembre de 2018, con vigencia desde 18/01/2019

[383] Añadido por art. 8 de Ley Orgánica 16/1994 de 8 de noviembre de 1994, con vigencia desde 09/12/1994

o titulares del órgano los asuntos en tramitación que no hubieren alcanzado aquel estado procesal.

216 bis.3. [384] 1. Las Salas de Gobierno que proyecten el establecimiento de medidas de apoyo mediante comisión de servicio habrán de dar adecuada publicidad a su propósito para que los Jueces y Magistrados que pudieran estar interesados en el nombramiento tengan oportunidad de deducir la correspondiente petición.

2. En el supuesto de que existan varios peticionarios para el otorgamiento de la misma comisión de servicio, la Sala de Gobierno correspondiente, al proponer con preferencia a aquel que estime más idóneo, habrá de valorar las siguientes circunstancias:

a) Pertenencia del Juez o Magistrado solicitante al mismo orden jurisdiccional en que esté integrado el Juzgado o Tribunal a reforzar.

b) El lugar y distancia del destino del peticionario.

c) La situación del órgano el que es titular.

d) El conocimiento del derecho o de la lengua y el derecho sustantivo propios de la Comunidad Autónoma en que vaya a tener lugar la comisión.

En todos los casos en que la comisión vaya a proponerse con relevación de funciones, será requisito previo para su otorgamiento que, a juicio del Consejo General del Poder Judicial, previo informe de la Sala de Gobierno del Tribunal Superior de Justicia bajo cuya jurisdicción se encuentre el órgano de procedencia, la ausencia del Juez o Magistrado a quien afecte vaya a cubrirse, al tiempo de producirse, de forma satisfactoria mediante sustitución o cualquiera otra de las fórmulas previstas en esta Ley.

De dichas apreciaciones se hará la oportuna mención en la propuesta de la Sala de Gobierno que, además, habrá de reflejar la aceptación del Juez o Magistrado cuya comisión se propone y expresar si éste ha de quedar o no relevado de sus funciones, en su propio destino.

3. Toda propuesta de comisión de servicio habrá de expresar si su concesión debe acordarse o no con derecho al percibo de dietas y gastos de desplazamiento, así como el régimen retributivo correspondiente.

---

[384] Añadido por art. 8 de Ley Orgánica 16/1994 de 8 de noviembre de 1994, con vigencia desde 09/12/1994

4. Excepcionalmente, cuando las peculiaridades del refuerzo impidan que la comisión de servicio pueda ser atendida por un único Juez durante toda su extensión temporal, el Consejo General del Poder Judicial podrá autorizar que su desempeño se realice por quienes participen voluntariamente en los planes de sustitución del órgano judicial que haya de ser reforzado, con sujeción a la secuencia de llamamiento entre ellos que el propio Consejo General del Poder Judicial establezca. [385]

216 bis.4. [386] Las comisiones de servicio y las adscripciones en régimen de apoyo de Jueces y Magistrados suplentes se solicitarán y se otorgarán por un plazo máximo de seis meses, que comenzará a correr desde el momento de la incorporación de los designados a los Juzgados o Tribunales objeto de refuerzo.

No obstante, si durante dicho plazo no se hubiere logrado la actualización pretendida, podrá proponerse la nueva aplicación de la medida por otro plazo igual o inferior si ello bastase a los fines de la normalización perseguida.

Las propuestas de renovación se sujetarán a las mismas exigencias que las previstas para las medidas de apoyo judicial originarias.

CAPÍTULO V
De la abstención y recusación [387]

217. [388] El Juez o Magistrado en quien concurra alguna de las causas establecidas legalmente se abstendrá del conocimiento del asunto sin esperar a que se le recuse [389].

---

[385] Añadido apartado 4 por art. único apartado 31 de Ley Orgánica 7/2015 de 21 de julio de 2015, con vigencia desde 01/10/2015

[386] Añadido por art. 8 de Ley Orgánica 16/1994 de 8 de noviembre de 1994, con vigencia desde 09/12/1994

[387] Véanse Libro I Título 4 y disposición final 17 LEC

[388] Dada nueva redacción por art. único de Ley Orgánica 19/2003 de 23 de diciembre de 2003, con vigencia desde 15/01/2004

[389] Véase art. 100.1 LEC

218. [390] Únicamente podrán recusar:

1º En los asuntos civiles, sociales y contencioso-administrativos, las partes; también podrá hacerlo el Ministerio Fiscal siempre que se trate de un proceso en el que, por la naturaleza de los derechos en conflicto, pueda o deba intervenir [391].

2º En los asuntos penales, el Ministerio Fiscal, el acusador popular, particular o privado, el actor civil, el procesado o inculpado, el querellado o denunciado y el tercero responsable civil.

219. [392] Son causas de abstención y, en su caso, de recusación:

1ª El vínculo matrimonial o situación de hecho asimilable y el parentesco por consanguinidad o afinidad dentro del cuarto grado con las partes o el representante del Ministerio Fiscal.

2ª El vínculo matrimonial o situación de hecho asimilable y el parentesco por consanguinidad o afinidad dentro del segundo grado con el Letrado o el Procurador de cualquiera de las partes que intervengan en el pleito o causa.

3ª Ser o haber sido defensor judicial o integrante de los organismos tutelares de cualquiera de las partes, o haber estado bajo el cuidado o tutela de alguna de éstas.

4ª Estar o haber sido denunciado o acusado por alguna de las partes como responsable de algún delito o falta, siempre que la denuncia o acusación hubieran dado lugar a la incoación de procedimiento penal y éste no hubiera terminado por sentencia absolutoria o auto de sobreseimiento.

5ª Haber sido sancionado disciplinariamente en virtud de expediente incoado por denuncia o a iniciativa de alguna de las partes.

6ª Haber sido defensor o representante de alguna de las partes, emitido dictamen sobre el pleito o causa como Letrado, o intervenido en él como Fiscal, perito o testigo.

7ª Ser o haber sido denunciante o acusador de cualquiera de las partes.

8ª Tener pleito pendiente con alguna de éstas.

---

[390] Dada nueva redacción por art. único de Ley Orgánica 19/2003 de 23 de diciembre de 2003, con vigencia desde 15/01/2004

[391] Véase art. 101 LEC

[392] Dada nueva redacción por art. único de Ley Orgánica 19/2003 de 23 de diciembre de 2003, con vigencia desde 15/01/2004

9ª Amistad íntima o enemistad manifiesta con cualquiera de las partes.

10ª Tener interés directo o indirecto en el pleito o causa.

11ª Haber participado en la instrucción de la causa penal o haber resuelto el pleito o causa en anterior instancia.

12ª Ser o haber sido una de las partes subordinado del Juez que deba resolver la contienda litigiosa.

13ª Haber ocupado cargo público, desempeñado empleo o ejercido profesión con ocasión de los cuales haya participado directa o indirectamente en el asunto objeto del pleito o causa o en otro relacionado con el mismo.

14ª En los procesos en que sea parte la Administración pública, encontrarse el Juez o Magistrado con la autoridad o funcionario que hubiese dictado el acto o informado respecto del mismo o realizado el hecho por razón de los cuales se sigue el proceso en alguna de las circunstancias mencionadas en las causas 1ª a 9ª, 12ª, 13ª y 15ª de este artículo.

15ª El vínculo matrimonial o situación de hecho asimilable, o el parentesco dentro del segundo grado de consanguinidad o afinidad, con el Juez o Magistrado que hubiera dictado resolución o practicado actuación a valorar por vía de recurso o en cualquier fase ulterior del proceso.

16ª Haber ocupado el Juez o Magistrado cargo público o administrativo con ocasión del cual haya podido tener conocimiento del objeto del litigio y formar criterio en detrimento de la debida imparcialidad.

220. [393] (Derogado)

221. [394] 1. El Magistrado o Juez comunicará la abstención, respectivamente, a la Sección o Sala de la que forme parte o al órgano judicial al que corresponda la competencia funcional para conocer de los recursos contra las sentencias que el Juez dicte. La comunicación

---

[393] Derogado por disposición derogatoria única letra a de Ley Orgánica 19/2003 de 23 de diciembre de 2003, con vigencia desde 15/01/2004

[394] Dada nueva redacción por art. único de Ley Orgánica 19/2003 de 23 de diciembre de 2003, con vigencia desde 15/01/2004

de la abstención se hará por escrito razonado tan pronto como sea advertida la causa que la motive.

El órgano competente para resolver sobre la abstención resolverá en el plazo de 10 días.

2. La abstención suspenderá el curso del proceso hasta que se resuelva sobre ella o transcurra el plazo previsto para su resolución.

3. Si la Sección o Sala o el órgano judicial a que se refiere el apartado 1 de este artículo no estimare justificada la abstención, ordenará al Juez o Magistrado que continúe el conocimiento del asunto, sin perjuicio del derecho de las partes a hacer valer la recusación. Recibida la orden, el Juez o Magistrado dictará la providencia poniendo fin a la suspensión del proceso.

4. Si se estimare justificada la abstención por el órgano competente según el apartado 1, el abstenido dictará auto apartándose definitivamente del asunto y ordenando remitir las actuaciones al que deba sustituirle. Cuando el que se abstenga forme parte de un órgano colegiado, el auto lo dictará la Sala o Sección a que aquél pertenezca. El auto que se pronuncie sobre la abstención no será susceptible de recurso alguno.

5. En todo caso, la suspensión del proceso terminará cuando el sustituto reciba las actuaciones o se integre en la Sala o Sección a que pertenecía el abstenido [395].

222. [396] La abstención y la sustitución del Juez o Magistrado que se ha abstenido serán comunicadas a las partes, incluyendo el nombre del sustituto [397].

223. [398] 1. La recusación deberá proponerse tan pronto como se tenga conocimiento de la causa en que se funde, pues, en otro caso, no se admitirá a trámite [399].

---

[395] Véase art. 102 LEC

[396] Dada nueva redacción por art. único de Ley Orgánica 19/2003 de 23 de diciembre de 2003, con vigencia desde 15/01/2004

[397] Véase art. 102.5 LEC

[398] Dada nueva redacción por art. único de Ley Orgánica 19/2003 de 23 de diciembre de 2003, con vigencia desde 15/01/2004

[399] Véase art. 107 LEC

Concretamente, se inadmitirán las recusaciones:

1º Cuando no se propongan en el plazo de 10 días desde la notifica-ción de la primera resolución por la que se conozca la identidad del Juez o Magistrado a recusar, si el conocimiento de la concurrencia de la causa de recusación fuese anterior a aquél.

2º Cuando se propusieren, pendiente ya un proceso, si la causa de recusación se conociese con anterioridad al momento procesal en que la recusación se proponga.

2. La recusación se propondrá por escrito que deberá expresar concreta y claramente la causa legal y los motivos en que se funde, acompañando un principio de prueba sobre los mismos. Este escrito estará firmado por el Abogado y por Procurador si intervinieran en el pleito, y por el recusante, o por alguien a su ruego, si no supiera firmar. En todo caso, el Procurador deberá acompañar poder especial para la recusación de que se trate. Si no intervinieren Procurador y Abogado, el recusante habrá de ratificar la recusación ante el secretario del Tribunal de que se trate.

3. Formulada la recusación, se dará traslado a las demás partes del proceso para que, en el plazo común de tres días, manifiesten si se adhieren o se oponen a la causa de recusación propuesta o si, en aquel momento, conocen alguna otra causa de recusación. La parte que no proponga recusación en dicho plazo, no podrá hacerlo con posteriori-dad, salvo que acredite cumplidamente que, en aquel momento, no conocía la nueva causa de recusación.

El día hábil siguiente a la finalización del plazo previsto en el párra-fo anterior, el recusado habrá de pronunciarse sobre si admite o no la causa o causas de recusación formuladas [400] .

224. [401] 1. Instruirán los incidentes de recusación:

1.º Cuando el recusado o la recusada sea la persona que ostente la Presidencia o un magistrado o magistrada del Tribunal Supremo, de la Audiencia Nacional o de un Tribunal Superior de Justicia, un magistrado o magistrada de la Sala a la que pertenezca la persona recusada designado o designada en virtud de un turno establecido por orden de antigüedad.

---

[400] Véase art. 109.1 LEC

[401] Dada nueva redacción por art. único de Ley Orgánica 19/2003 de 23 de diciembre de 2003, con vigencia desde 15/01/2004

2.º Cuando el recusado o la recusada sea un Presidente o una Presidenta de Audiencia Provincial, un magistrado o una magistrada de la Sala de lo Civil y Penal del Tribunal Superior de Justicia correspondiente designado en virtud de un turno establecido por orden de antigüedad.

3.º Cuando el recusado o la recusada sea un magistrado o una magistrada de una Audiencia, un magistrado o una magistrada de esa misma Audiencia designado o designada en virtud de un turno establecido por orden de antigüedad, siempre que no pertenezca a la misma Sección que la persona recusada.

4.º Cuando se recusare a todos los magistrados y magistradas de una Sala de Justicia, un magistrado o magistrada de los que integren el tribunal correspondiente designado o designada en virtud de un turno establecido por orden de antigüedad, siempre que no estuviere afectado o afectada por la recusación.

5.º Cuando el recusado o la recusada sea un juez, jueza, magistrado o magistrada destinado o destinada en un Tribunal de Instancia o en el Tribunal Central de Instancia, un juez, jueza, magistrado o magistrada del órgano colegiado que conozca de sus recursos, designado o designada en virtud de un turno establecido por orden de antigüedad.

6.º Cuando el recusado fuere un juez o jueza de paz, el juez de instancia del partido correspondiente o, si hubiere varios, el designado en virtud de un turno establecido por orden de antigüedad.

La antigüedad se regirá por el orden de escalafón en la carrera judicial. [402]

2. En los casos en que no fuere posible cumplir lo prevenido en el apartado anterior, la Sala de Gobierno del Tribunal correspondiente designará al instructor, procurando que sea de mayor categoría o, al menos, de mayor antigüedad que el recusado o recusados [403].

225. [404] 1. Dentro del mismo día en que finalice el plazo a que se refiere el apartado 3 del artículo 223, o en el siguiente día hábil, pasará el pleito o causa al conocimiento del sustituto, debiendo remitirse

---

[402] Dada nueva redacción apartado 1 por art. 1 apartado 59 de Ley Orgánica 1/2025 de 2 de enero de 2025, con vigencia desde 23/01/2025

[403] Véase art. 108 LEC

[404] Dada nueva redacción por art. único de Ley Orgánica 19/2003 de 23 de diciembre de 2003, con vigencia desde 15/01/2004

al Tribunal al que corresponda instruir el incidente el escrito y los documentos de la recusación.

También deberá acompañarse un informe del recusado relativo a si admite o no la causa de recusación [405].

2. No se admitirán a trámite las recusaciones en las que no se expresaren los motivos en que se funden, o a las que no se acompañen los documentos a que se refiere el apartado 2 del artículo 223 [406].

3. Si el recusado aceptare como cierta la causa de recusación, se resolverá el incidente sin más trámites.

En caso contrario, el instructor, si admitiere a trámite la recusación propuesta, ordenará la práctica, en el plazo de 10 días, de la prueba solicitada que sea pertinente y la que estime necesaria y, acto seguido, remitirá lo actuado al Tribunal competente para decidir el incidente.

Recibidas las actuaciones por el Tribunal competente para decidir la recusación, se dará traslado de las mismas al Ministerio Fiscal para informe por plazo de tres días. Transcurrido ese plazo, con o sin informe del Ministerio Fiscal, se decidirá el incidente dentro de los cinco días siguientes. Contra dicha resolución no cabrá recurso alguno [407].

4. La recusación suspenderá el curso del pleito hasta que se decida el incidente de recusación salvo en el orden jurisdiccional penal, en el que el Juez de Instrucción que legalmente sustituya al recusado continuará con la tramitación de la causa [408].

226. [409] 1. En los procesos que se sustancien por los cauces del juicio verbal cualquiera que sea el orden jurisdiccional, y en los de faltas, si el Juez recusado no aceptare en el acto como cierta la causa de recusación, pasarán las actuaciones al que corresponda instruir el incidente, quedando entretanto en suspenso el asunto principal. El instructor acordará que comparezcan las partes a su presencia el día y hora que fije, dentro de los cinco siguientes, y, oídas las partes y prac-

---

[405] Véase art. 109.1 LEC

[406] Véase art. 109.2 LEC

[407] Véase art. 109.3 LEC

[408] Véanse arts. 109.4 LEC, 226 y 228.1 de la presente Ley

[409] Dada nueva redacción por art. único de Ley Orgánica 19/2003 de 23 de diciembre de 2003, con vigencia desde 15/01/2004

ticada la prueba declarada pertinente, resolverá mediante providencia en el mismo acto sobre si ha o no lugar a la recusación [410].

2. Para la recusación de Jueces o Magistrados posterior al señalamiento de vistas, se estará a lo dispuesto en los artículos 190 a 192 de la Ley de Enjuiciamiento Civil.

227. [411] Decidirán los incidentes de recusación:

1º La Sala prevista en el artículo 61 de esta Ley cuando el recusado sea el Presidente del Tribunal Supremo, Presidente de la Sala o dos o más Magistrados de una misma Sala.

2º La Sala del Tribunal Supremo de que se trate, cuando se recuse a uno de los Magistrados que la integran. A estos efectos, el recusado no formará parte de la Sala.

3º La Sala prevista en el artículo 69 cuando el recusado sea el Presidente de la Audiencia Nacional, Presidentes de Sala o más de dos Magistrados de una Sala.

4º La Sala de la Audiencia Nacional de que se trate, cuando se recuse a los Magistrados que la integran, de conformidad con lo previsto en el artículo 68 de esta Ley.

5º La Sala a que se refiere el artículo 77 de esta Ley, cuando se hubiera recusado al Presidente del Tribunal Superior de Justicia, al Presidente de cualquiera de sus Salas, al Presidente de la Audiencia Provincial con sede en la Comunidad Autónoma correspondiente o a dos o más Magistrados de una misma Sala de los Tribunales Superiores de Justicia o a dos o más Magistrados de una misma Sección de una Audiencia Provincial. El recusado no podrá formar parte de la Sala, produciéndose, en su caso, su sustitución con arreglo a lo previsto en esta Ley.

6º La Sala de los Tribunales Superiores de Justicia de que se trate, cuando se recusara a uno de los Magistrados que la integran. A estos efectos, el recusado no formará parte de la Sala.

7º Cuando el recusado sea Magistrado de una Audiencia Provincial, la Audiencia Provincial, sin que forme parte de ella el recusado; si ésta se compusiere de dos o más Secciones, la Sección en la que no

---

[410] Véase art. 111 LEC

[411] Dada nueva redacción por art. único de Ley Orgánica 19/2003 de 23 de diciembre de 2003, con vigencia desde 15/01/2004

se encuentre integrado el recusado o la Sección que siga en orden numérico a aquella de la que el recusado forme parte.

8º Cuando el recusado o la recusada sea un juez, jueza, magistrado o magistrada de un Tribunal de Instancia o del Tribunal Central de Instancia, la Sección de la Audiencia Provincial o Sala del Tribunal Superior de Justicia o de la Audiencia Nacional respectiva que conozca de los recursos contra sus resoluciones, y, si fueren varias, se establecerá un turno comenzando por la Sección o Sala de número más bajo. [412]

9º Cuando el recusado sea un juez o una jueza de paz, resolverá el mismo juez instructor del incidente de recusación [413] . [414]

228. [415] 1. El auto que desestime la recusación acordará devolver al recusado el conocimiento del pleito o causa, en el estado en que se hallare y condenará en las costas al recusante, salvo que concurrieren circunstancias excepcionales que justifiquen otro pronunciamiento. Cuando la resolución que decida el incidente declare expresamente la existencia de mala fe en el recusante, se podrá imponer a éste una multa de 180 a 6.000 euros.

2. El auto que estime la recusación apartará definitivamente al recusado del conocimiento del pleito o causa. Continuará conociendo de él, hasta su terminación, aquel a quien corresponda sustituirle.

3. Contra la decisión del incidente de recusación no se dará recurso alguno, sin perjuicio de hacer valer, al recurrir contra la resolución que decida el pleito o causa, la posible nulidad de ésta por concurrir en el Juez o Magistrado que dictó la resolución recurrida, o que integró la Sala o Sección correspondiente, la causa de recusación alegada [416] .

---

[412] Dada nueva redacción apartado 8 por art. 1 apartado 60 de Ley Orgánica 1/2025 de 2 de enero de 2025, con vigencia desde 23/01/2025

[413] Véase art. 110 LEC

[414] Dada nueva redacción apartado 9 por art. 1 apartado 60 de Ley Orgánica 1/2025 de 2 de enero de 2025, con vigencia desde 23/01/2025

[415] Dada nueva redacción por art. único de Ley Orgánica 19/2003 de 23 de diciembre de 2003, con vigencia desde 15/01/2004

[416] Véase art. 112 LEC

TÍTULO III
De las actuaciones judiciales

CAPÍTULO PRIMERO
De la oralidad, publicidad y lengua oficial

229. 1. Las actuaciones judiciales serán predominantemente orales, sobre todo en materia criminal, sin perjuicio de su documentación [417].

2. Las declaraciones, interrogatorios, testimonios, careos, exploraciones, informes, ratificación de los periciales y vistas, se llevarán a efecto ante Juez o Tribunal con presencia o intervención, en su caso, de las partes y en audiencia pública, salvo lo dispuesto en la Ley [418]. [419]

3. Estas actuaciones podrán realizarse a través de videoconferencia u otro sistema similar que permita la comunicación bidireccional y simultánea de la imagen y el sonido y la interacción visual, auditiva y verbal entre dos personas o grupos de personas geográficamente distantes, asegurando en todo caso la posibilidad de contradicción de las partes y la salvaguarda del derecho de defensa, de conformidad con lo que dispongan las leyes procesales y la ley que regule el uso de las tecnologías en la Administración de Justicia. En estos casos, la identidad de las personas que intervengan a través de la videoconferencia podrá acreditarse por los medios de identificación y firma electrónica que se determinen por la ley que regule el uso de las tecnologías en la Administración de Justicia, respetándose lo establecido en las leyes procesales. [420]

---

[417] Véanse arts. 120.1 CE, 433 y 443 LEC

[418] Véanse arts. 137 LEC y 186 a 194 de la presente Ley

[419] Dada nueva redacción apartado 2 por art. único de Ley Orgánica 19/2003 de 23 de diciembre de 2003, con vigencia desde 15/01/2004

[420] Dada nueva redacción apartado 3 por art. 1 apartado 61 de Ley Orgánica 1/2025 de 2 de enero de 2025, con vigencia desde 23/01/2025

230. [421] 1. Los juzgados y tribunales y las fiscalías están obligados a utilizar cualesquiera medios técnicos, electrónicos, informáticos y telemáticos, puestos a su disposición para el desarrollo de su actividad y ejercicio de sus funciones, con las limitaciones que a la utilización de tales medios establecen el capítulo I bis de este título y la normativa orgánica de protección de datos personales.

Las instrucciones generales o singulares de uso de las nuevas tecnologías que el Consejo General del Poder Judicial o la Fiscalía General del Estado dirijan a los jueces y magistrados o a los fiscales, respectivamente, determinando su utilización, serán de obligado cumplimiento.

2. Los documentos emitidos por los medios anteriores, cualquiera que sea su soporte, gozarán de la validez y eficacia de un documento original siempre que quede garantizada su autenticidad e integridad y el cumplimiento de los requisitos exigidos por las leyes procesales. [422]

3. Las actuaciones orales y vistas grabadas y documentadas en soporte digital no podrán transcribirse, salvo en los casos expresamente previstos en la ley.

4. Los procesos que se tramiten con soporte informático garantizarán la identificación y el ejercicio de la función jurisdiccional por el órgano que la ejerce, así como la confidencialidad, privacidad y seguridad de los datos de carácter personal que contengan en los términos que establezca la ley.

5. Las personas que demanden la tutela judicial de sus derechos e intereses se relacionarán obligatoriamente con la Administración de Justicia, cuando así se establezca en las normas procesales, a través de los medios técnicos a que se refiere el apartado 1 cuando sean compatibles con los que dispongan los juzgados y tribunales y se respeten las garantías y requisitos previstos en el procedimiento que se trate. [423]

6. Los sistemas informáticos que se utilicen en la Administración de Justicia deberán ser compatibles entre sí para facilitar su comunicación e integración, en los términos que determine el Comité Técnico Estatal de la Administración de Justicia Electrónica.

---

[421] Dada nueva redacción por art. único apartado 4 de Ley Orgánica 4/2018 de 28 de diciembre de 2018, con vigencia desde 18/01/2019

[422] Véanse arts. 147, 162 y 175 LEC

[423] Véase art. 135.5 LEC

La definición y validación funcional de los programas y aplicaciones se efectuará por el Comité Técnico Estatal de la Administración de Justicia Electrónica.

231. 1. En todas las actuaciones judiciales, los Jueces, Magistrados, Fiscales, Secretarios y demás funcionarios de Juzgados y Tribunales usarán el castellano, lengua oficial del Estado.

2. Los Jueces, Magistrados, Fiscales, Secretarios y demás funcionarios de Juzgados y Tribunales podrán usar también la lengua oficial propia de la Comunidad Autónoma, si ninguna de las partes se opusiere, alegando desconocimiento de ella, que pudiere producir indefensión.

3. Las partes, sus representantes y quienes les dirijan, así como los testigos y peritos, podrán utilizar la lengua que sea también oficial en la Comunidad Autónoma en cuyo territorio tengan lugar las actuaciones judiciales, tanto en manifestaciones orales como escritas.

4. Las actuaciones judiciales realizadas y los documentos presentados en el idioma oficial de una Comunidad Autónoma tendrán, sin necesidad de traducción al castellano, plena validez y eficacia. De oficio se procederá a su traducción cuando deban surtir efecto fuera de la jurisdicción de los órganos judiciales sitos en la Comunidad Autónoma, salvo si se trata de Comunidades Autónomas con lengua oficial propia coincidente. También se procederá a su traducción cuando así lo dispongan las leyes o a instancia de parte que alegue indefensión. [424]

5. La habilitación como intérprete en las actuaciones orales o en lengua de signos se realizará de conformidad con lo dispuesto en la ley procesal aplicable. [425] [426]

---

[424] Dada nueva redacción apartado 4 por art. 8 de Ley Orgánica 16/1994 de 8 de noviembre de 1994, con vigencia desde 09/12/1994

[425] Véanse RD 724/2020, de 4 de agosto, por el que se aprueba el Rgto. de la Oficina de Interpretación de Lenguas del Ministerio de Asuntos Exteriores, Unión Europea y Cooperación; RD 489/1997, de 14 de abril, sobre publicación de las Leyes en las Lenguas Cooficiales de las Comunidades Autónomas; arts. 4 Estatuto Autonomía Asturias, 4 Estatuto Autonomía Illes Balears, 5 Estatuto Autonomía Galicia, 6 Estatuto Autonomía Comunidad Valenciana, 6 Estatuto Autonomía Cataluña, 6 Estatuto Autonomía País Vasco, 7 Estatuto Autonomía Aragón, 9 Estatuto Autonomía Navarra, 31.1 y 2 CE, 142 y 143 LEC, 440 a 442 y 762.8ª LECrim

[426] Dada nueva redacción apartado 5 por art. 3 de Ley Orgánica 5/2015 de 27 de abril de 2015, con vigencia desde 28/10/2015

232. 1. Las actuaciones judiciales serán públicas, con las excepciones que prevean las leyes de procedimiento.

2. La relación de señalamientos del órgano judicial deberá hacerse pública. Los Letrados de la Administración de Justicia velarán por que los funcionarios competentes de la Oficina judicial publiquen en un lugar visible al público, el primer día hábil de cada semana, la relación de señalamientos correspondientes a su respectivo órgano judicial, con indicación de la fecha y hora de su celebración, tipo de actuación y número de procedimiento. [427]

3. Excepcionalmente, por razones de orden público y de protección de los derechos y libertades, los Jueces y Tribunales, mediante resolución motivada, podrán limitar el ámbito de la publicidad y acordar el carácter secreto de todas o parte de las actuaciones [428] . [429]

233. Las deliberaciones de los Tribunales son secretas. También lo será el resultado de las votaciones, sin perjuicio de lo dispuesto en esta Ley sobre la publicación de los votos particulares [430] .

234. [431] [432]

1. Los Letrados de la Administración de Justicia y funcionarios competentes de la oficina judicial y de la oficina fiscal facilitarán a los interesados cuanta información soliciten sobre el estado de las actuaciones procesales, que podrán examinar y conocer, salvo que sean o hubieren sido declaradas secretas o reservadas conforme a la ley.

2. Las partes y cualquier persona que acredite un interés legítimo y directo tendrán derecho a acceder a la información existente en los procedimientos judiciales y a consultar, en la forma dispuesta en las leyes procesales y, en su caso, en la ley que regule el uso de las tecnolo-

---

[427] Dada nueva redacción apartado 2 por art. único apartado 33 de Ley Orgánica 7/2015 de 21 de julio de 2015, con vigencia desde 01/10/2015

[428] Véanse arts. 120.1 CE y 138 LEC

[429] Añadido apartado 3 por art. único apartado 33 de Ley Orgánica 7/2015 de 21 de julio de 2015, con vigencia desde 01/10/2015

[430] Véanse arts. 139 LEC, 206, 253 y 260 de la presente Ley

[431] Dada nueva redacción por disposición final 3 apartado 1 de Ley Orgánica 7/2021 de 26 de mayo de 2021, con vigencia desde 16/06/2021

[432] Véase art. 140 LEC

gías en la Administración de Justicia, los escritos y documentos que consten en los autos, no declarados secretos ni reservados. También tendrán derecho a que se les expidan los testimonios y certificados en los casos y a través del cauce establecido en las leyes procesales. [433]

235. [434] [435]

El acceso a las resoluciones judiciales, o a determinados extremos de las mismas, o a otras actuaciones procesales, por quienes no son parte en el procedimiento y acrediten un interés legítimo y directo, podrá llevarse a cabo previa disociación, anonimización u otra medida de protección de los datos de carácter personal que las mismos contuvieren y con pleno respeto al derecho a la intimidad, a los derechos de las personas que requieran un especial deber de tutela o a la garantía del anonimato de las víctimas o perjudicados, cuando proceda.

235 bis. [436] 1. Es público el acceso a los datos personales contenidos en los fallos de las sentencias firmes condenatorias, cuando se hubieren dictado en virtud de los delitos previstos en los siguientes artículos:

a) Los artículos 305, 305 bis y 306 de la Ley Orgánica 10/1995, de 23 de noviembre, del Código Penal.

b) Los artículos 257 y 258 de la Ley Orgánica 10/1995, de 23 de noviembre, del Código Penal, cuando el acreedor defraudado hubiese sido la Hacienda Pública.

c) El artículo 2 de la Ley Orgánica 12/1995, de 12 de diciembre, de Represión del Contrabando, siempre que exista un perjuicio para la Hacienda Pública estatal o de la Unión Europea.

---

[433] Dada nueva redacción apartado 2 por art. 1 apartado 62 de Ley Orgánica 1/2025 de 2 de enero de 2025, con vigencia desde 23/01/2025

[434] Dada nueva redacción por disposición final 3 apartado 2 de Ley Orgánica 7/2021 de 26 de mayo de 2021, con vigencia desde 16/06/2021

[435] Véanse arts. 5.b, 11. d RD 1608/2005, de 30 dediciembre, por el que se aprueba el Rgto. Orgánico del Cuerpo de Secretarios Judiciales, 4 y 5 Ac. de 15 de septiembre de 2005, del Pleno CGPJ, por el que se aprueba el Rgto. 1/2005, de los aspectos accesorios de las actuaciones judiciales

[436] Dada nueva redacción por disposición final 3 apartado 3 de Ley Orgánica 7/2021 de 26 de mayo de 2021, con vigencia desde 16/06/2021

2. En los casos previstos en el apartado anterior, el Letrado de la Administración de Justicia emitirá certificado en el que se harán constar los siguientes datos:

a) Los que permitan la identificación del proceso judicial.

b) Nombre y apellidos o denominación social del condenado y, en su caso, del responsable civil.

c) Delito por el que se le hubiera condenado.

d) Las penas impuestas.

e) La cuantía correspondiente al perjuicio causado a la Hacienda Pública por todos los conceptos, según lo establecido en la sentencia.

Mediante diligencia de ordenación el Letrado de la Administración de Justicia ordenará su publicación en el «Boletín Oficial del Estado».

3. Lo dispuesto en este artículo no será de aplicación en el caso de que el condenado o, en su caso, el responsable civil, hubiera satisfecho o consignado en la cuenta de depósitos y consignaciones del órgano judicial competente la totalidad de la cuantía correspondiente al perjuicio causado a la Hacienda Pública por todos los conceptos, con anterioridad a la firmeza de la sentencia.

235 ter. [437] 1. Es público el acceso a los datos personales contenidos en los fallos de las sentencias firmes condenatorias, cuando se hubieren dictado en virtud de los delitos previstos en los siguientes artículos:

a) Los artículos 305, 305 bis y 306 de la Ley Orgánica 10/1995, de 23 de noviembre, del Código Penal.

b) Los artículos 257 y 258 de la Ley Orgánica 10/1995, de 23 de noviembre, del Código Penal, cuando el acreedor defraudado hubiese sido la Hacienda Pública.

c) El artículo 2 de la Ley Orgánica 12/1995, de 12 de diciembre, de Represión del Contrabando, siempre que exista un perjuicio para la Hacienda Pública estatal o de la Unión Europea.

2. En los casos previstos en el apartado anterior, el Secretario Judicial, emitirá certificado en el que se harán constar los siguientes datos:

a) Los que permitan la identificación del proceso judicial.

b) Nombre y apellidos o denominación social del condenado y, en su caso, del responsable civil.

---

[437] Añadido por art. único de Ley Orgánica 10/2015 de 10 de septiembre de 2015, con vigencia desde 11/11/2015

c) Delito por el que se le hubiera condenado.

d) Las penas impuestas.

e) La cuantía correspondiente al perjuicio causado a la Hacienda Pública por todos los conceptos, según lo establecido en la sentencia.

Mediante diligencia de ordenación el Secretario Judicial ordenará su publicación en el «Boletín Oficial del Estado» [438].

3. Lo dispuesto en este artículo no será de aplicación en el caso de que el condenado o, en su caso, el responsable civil, hubiera satisfecho o consignado en la cuenta de depósitos y consignaciones del órgano judicial competente la totalidad de la cuantía correspondiente al perjuicio causado a la Hacienda Pública por todos los conceptos, con anterioridad a la firmeza de la sentencia.

236. [439] La publicidad de los edictos se realizará a través del Tablón Edictal Judicial Único, en la forma en que se disponga reglamentariamente, incluyendo los datos estrictamente necesarios para cumplir con su finalidad. [440]

CAPÍTULO PRIMERO BIS
Protección de datos de carácter personal en el ámbito de la Administración de Justicia [441]

236 bis. [442] 1. El tratamiento de los datos personales podrá realizarse con fines jurisdiccionales o no jurisdiccionales. Tendrá fines jurisdiccionales el tratamiento de los datos que se encuentren incorporados a los procesos que tengan por finalidad el ejercicio de la actividad jurisdiccional.

---

[438] Téngase en cuenta que las referencias al «Secretario Judicial» que figuran en este apartado 2 deberán entenderse realizadas al «Letrado de la Administración de Justicia» conforme a la disp. adic. 1ª LO 7/2015 de 21 julio

[439] Dada nueva redacción por disposición final 3 apartado 4 de Ley Orgánica 7/2021 de 26 de mayo de 2021, con vigencia desde 16/06/2021

[440] Véase art. 164 LEC

[441] Añadido por art. único apartado 36 de Ley Orgánica 7/2015 de 21 de julio de 2015, con vigencia desde 01/10/2015

[442] Dada nueva redacción por disposición final 3 apartado 5 de Ley Orgánica 7/2021 de 26 de mayo de 2021, con vigencia desde 16/06/2021

2. El tratamiento de los datos personales en la Administración de Justicia se llevará cabo por el órgano competente y, dentro de él, por quien tenga la competencia atribuida por la normativa vigente.

236 ter. [443] 1. El tratamiento de los datos personales llevado a cabo con ocasión de la tramitación por los órganos judiciales y fiscalías de los procesos de los que sean competentes, así como el realizado dentro de la gestión de la Oficina judicial y fiscal, se regirá por lo dispuesto en el Reglamento (UE) 2016/679, la Ley Orgánica 3/2018 y su normativa de desarrollo, sin perjuicio de las especialidades establecidas en el presente Capítulo y en las leyes procesales.

2. En el ámbito de la jurisdicción penal, el tratamiento de los datos personales llevado a cabo con ocasión de la tramitación por los órganos judiciales y fiscalías de los procesos, diligencias o expedientes de los que sean competentes, así como el realizado dentro de la gestión de la Oficina judicial y fiscal, se regirá por lo dispuesto en la Ley Orgánica de protección de datos personales tratados con fines de prevención, detección, investigación o enjuiciamiento de infracciones penales y de ejecución de sanciones penales, sin perjuicio de las especialidades establecidas en el presente Capítulo y en las leyes procesales y, en su caso, en la Ley 50/1981, de 30 de diciembre, por la que se regula el Estatuto Orgánico del Ministerio Fiscal.

3. No será necesario el consentimiento del interesado para que se proceda al tratamiento de los datos personales en el ejercicio de la actividad jurisdiccional, ya sean éstos facilitados por las partes o recabados a solicitud de los órganos competentes, sin perjuicio de lo dispuesto en las normas procesales para la validez de la prueba.

236 quater. [444] Cuando se proceda al tratamiento con fines no jurisdiccionales se estará a lo dispuesto en el Reglamento (UE) 2016/679, la Ley Orgánica 3/2018 y su normativa de desarrollo.

---

[443] Dada nueva redacción por disposición final 3 apartado 6 de Ley Orgánica 7/2021 de 26 de mayo de 2021, con vigencia desde 16/06/2021

[444] Dada nueva redacción por disposición final 3 apartado 7 de Ley Orgánica 7/2021 de 26 de mayo de 2021, con vigencia desde 16/06/2021

236 quinquies. [445] 1. Las resoluciones y actuaciones procesales deberán contener los datos personales que sean adecuados, pertinentes y limitados a lo necesario en relación con los fines para los que son tratados, en especial para garantizar el derecho a la tutela judicial efectiva, sin que, en ningún caso, pueda producirse indefensión.

2. Los Jueces y Magistrados, los Fiscales y los Letrados de la Administración de Justicia, conforme a sus competencias, podrán adoptar las medidas que sean necesarias para la supresión de los datos personales de las resoluciones y de los documentos a los que puedan acceder las partes durante la tramitación del proceso siempre que no sean necesarios para garantizar el derecho a la tutela judicial efectiva, sin que, en ningún caso, pueda producirse indefensión.

3. Los datos personales que las partes conocen a través del proceso deberán ser tratados por éstas de conformidad con la normativa general de protección de datos. Esta obligación también incumbe a los profesionales que representan y asisten a las partes, así como a cualquier otro que intervenga en el procedimiento.

4. Se deberán comunicar a los órganos competentes dependientes del Consejo General del Poder Judicial, de la Fiscalía General del Estado y del Ministerio de Justicia, en lo que proceda, los datos tratados con fines jurisdiccionales que sean estrictamente necesarios para el ejercicio de las funciones de inspección y control establecidas en esta Ley, y su normativa de desarrollo. También se deberán facilitar los datos tratados con fines no jurisdiccionales cuando ello esté justificado por la interposición de un recurso o sea necesario para el ejercicio de las competencias que tengan legalmente atribuidas.

5. Las Oficinas de Comunicación establecidas en esta Ley, en el ejercicio de sus funciones de comunicación institucional, deberán velar por el respeto del derecho fundamental a la protección de datos personales de aquellos que hubieran intervenido en el procedimiento de que se trate. Para cumplir con su finalidad, podrán recabar los datos necesarios de las autoridades competentes.

6. Los Letrados de la Administración de Justicia deberán facilitar a la Abogacía del Estado los datos personales, la información y los documentos que sean requeridos para el desempeño de la representación y defensa del Reino de España ante el Tribunal Europeo de Derechos

---

[445] Dada nueva redacción por disposición final 3 apartado 8 de Ley Orgánica 7/2021 de 26 de mayo de 2021, con vigencia desde 16/06/2021

Humanos y otros órganos internacionales en materia de protección de derechos Humanos, en particular ante el Comité de Naciones Unidas. A tales efectos, se establecerán igualmente los mecanismos de comunicación con la Fiscalía General del Estado, a través de sus unidades competentes.

236 sexies. [446] 1. La Administración competente deberá suministrar los medios tecnológicos adecuados para que se proceda al tratamiento de los datos personales conforme a las disposiciones legales y reglamentarias.

2. La Administración competente deberá cumplir con las responsabilidades que en materia de tratamiento y protección de datos personales se le atribuya como administración prestacional.

3. Se deberán adoptar las medidas organizativas adecuadas para que la Oficina judicial y fiscal realice un adecuado tratamiento de los datos personales. Previo informe del Consejo General del Poder judicial, y, en su caso, de la Fiscalía General del Estado, el Ministerio de Justicia deberá elaborar y actualizar los códigos de conducta destinados a contribuir a la correcta aplicación de la normativa de protección de datos personales en la Oficina judicial y fiscal, adecuando los principios de la normativa general a los propios de la regulación procesal y organización de la Oficina judicial y fiscal.

4. El Ministerio de Justicia y las Comunidades Autónomas con competencias en la materia, dentro de las políticas de apoyo a la Administración de Justicia y desarrollo de la gestión electrónica de los procedimientos, podrán realizar el tratamiento de datos no personales para el ejercicio de sus competencias de gestión pública, incluyendo el desarrollo e implementación de sistemas automáticos de clasificación documental orientados a la tramitación procesal, con cumplimiento de la normativa de interoperabilidad, seguridad y protección de datos que resulte aplicable.

---

[446] Dada nueva redacción por disposición final 3 apartado 9 de Ley Orgánica 7/2021 de 26 de mayo de 2021, con vigencia desde 16/06/2021

236 septies. [447] 1. En relación con el tratamiento de los datos personales con fines jurisdiccionales, los derechos de información, acceso, rectificación, supresión, oposición y limitación se tramitarán conforme a las normas que resulten de aplicación al proceso en que los datos fueron recabados. Estos derechos deberán ejercitarse ante los órganos judiciales, fiscalías u Oficina judicial en los que se tramita el procedimiento, y las peticiones deberán resolverse por quien tenga la competencia atribuida en la normativa orgánica y procesal.

2. En todo caso se denegará el acceso a los datos objeto de tratamiento con fines jurisdiccionales cuando las diligencias procesales en que se haya recabado la información sean o hayan sido declaradas secretas o reservadas.

3. En relación con el tratamiento de los datos personales con fines no jurisdiccionales, los interesados podrán ejercitar los derechos de información, acceso, rectificación, supresión, oposición y limitación en los términos establecidos en la normativa general de protección de datos.

236 octies. [448] 1. Respecto a las operaciones de tratamiento efectuadas con fines jurisdiccionales por los Juzgados, Tribunales, Fiscalías, y las Oficinas judicial y fiscal, corresponderán al Consejo General del Poder Judicial y a la Fiscalía General del Estado, en el ámbito de sus respectivas competencias, las siguientes funciones:

a) Supervisar el cumplimiento de la normativa de protección de datos personales mediante el ejercicio de la labor inspectora otorgada en la presente Ley y el Estatuto Orgánico del Ministerio Fiscal.

b) Promover la sensibilización de los profesionales de la Administración de Justicia y su comprensión de los riesgos, normas, garantías, derechos y obligaciones en relación con el tratamiento.

c) Emitir informe sobre los códigos de conducta destinados a contribuir a la correcta aplicación de la normativa de protección de datos personales en la Oficina judicial y fiscal.

---

[447] Dada nueva redacción por disposición final 3 apartado 10 de Ley Orgánica 7/2021 de 26 de mayo de 2021, con vigencia desde 16/06/2021

[448] Dada nueva redacción por disposición final 3 apartado 11 de Ley Orgánica 7/2021 de 26 de mayo de 2021, con vigencia desde 16/06/2021

d) Previa solicitud, facilitar información a cualquier interesado en relación con el ejercicio de sus derechos en materia de protección de datos.

e) Tramitar y responder las reclamaciones presentadas por un interesado o por asociaciones, organizaciones y entidades que tengan capacidad procesal o legitimación para defender intereses colectivos, en los términos que determinen las leyes de aplicación al proceso en que los datos fueron recabados. Se informará al reclamante sobre el curso y resultado de la reclamación en un plazo razonable, previa realización de la investigación oportuna si se considera necesario.

2. Los tratamientos de datos con fines no jurisdiccionales estarán sometidos a la competencia de la Agencia Española de Protección de Datos, que también supervisará el cumplimiento de aquellos tratamientos que no sean competencia de las autoridades indicadas en el apartado anterior.

3. El Consejo General del Poder Judicial, la Fiscalía General del Estado y la Agencia Española de Protección de Datos colaborarán en aras del adecuado ejercicio de las respectivas competencias que la presente Ley Orgánica les atribuye en materia de protección de datos personales en el ámbito de la Administración de Justicia.

4. Cuando con ocasión de la realización de actuaciones de investigación relacionadas con la posible comisión de una infracción de la normativa de protección de datos, las autoridades competentes a las que se refieran los apartados anteriores apreciasen la existencia de indicios que supongan la competencia de otra autoridad, darán inmediatamente traslado a esta última a fin de que prosiga con la tramitación del procedimiento.

236 nonies. [449] [450]

Las competencias que corresponden al Consejo General del Poder Judicial como autoridad de protección de datos respecto del tratamiento de los mismos con fines jurisdiccionales por los tribunales se ejercerán por la Comisión de Supervisión y Control de Protección de Datos prevista en

---

[449] Dada nueva redacción por art. 1 apartado 63 de Ley Orgánica 1/2025 de 2 de enero de 2025, con vigencia desde 23/01/2025

[450] Téngase en cuenta que la presente redacción de este artículo no será de aplicación hasta la constitución del primer Consejo General del Poder Judicial que lo haga tras la entrada en vigor de la LO 1/2025 de 2 enero, conforme a su disp. trans. 15.ª

el artículo 610 ter. En el ejercicio de sus funciones la Comisión contará con el apoyo y la asistencia de la Dirección de Supervisión y Control de Protección de Datos, de acuerdo con lo previsto en el artículo 620 bis.

236 decies. [451] 1. Los tratamientos de datos llevados a cabo por el Consejo General del Poder judicial y la Fiscalía General del Estado en el ejercicio de sus competencias quedarán sometidos a lo dispuesto en la legislación vigente en materia de protección de datos personales. Dichos tratamientos no serán considerados en ningún caso realizados con fines jurisdiccionales.

2. Las operaciones de tratamiento de datos personales del Consejo General del Poder Judicial y de los órganos integrantes del mismo serán autorizados por acuerdo del Consejo General del Poder Judicial, a propuesta de la Secretaría General, que ostentará la condición de responsable del tratamiento respecto de los mismos.

3. Las operaciones de tratamiento de datos personales de la Fiscalía General del Estado serán autorizadas según determine el Estatuto Orgánico del Ministerio Fiscal y las Instrucciones que se dicten al respecto.

CAPÍTULO II
Del impulso procesal

237. [452] Salvo que la Ley disponga otra cosa, se dará de oficio al proceso el curso que corresponda, dictándose al efecto las resoluciones necesarias [453].

---

[451] Dada nueva redacción por disposición final 3 apartado 13 de Ley Orgánica 7/2021 de 26 de mayo de 2021, con vigencia desde 16/06/2021

[452] Dada nueva redacción por art. único de Ley Orgánica 19/2003 de 23 de diciembre de 2003, con vigencia desde 15/01/2004

[453] Véase art. 179.1 LEC

CAPÍTULO III
De la nulidad de los actos judiciales

238. [454] Los actos procesales serán nulos de pleno derecho en los casos siguientes:

1º Cuando se produzcan por o ante Tribunal con falta de jurisdicción o de competencia objetiva o funcional.

2º Cuando se realicen bajo violencia o intimidación.

3º Cuando se prescinda de normas esenciales del procedimiento, siempre que, por esa causa, haya podido producirse indefensión.

4º Cuando se realicen sin intervención de Abogado, en los casos en que la Ley la establezca como preceptiva.

5º Cuando se celebren vistas sin la preceptiva intervención del Letrado de la Administración de Justicia. [455]

6º En los demás casos en los que las leyes procesales así lo establezcan [456].

239. [457] 1. Los Tribunales cuya actuación se hubiere producido con intimidación o violencia, tan luego como se vean libres de ella, declararán nulo todo lo practicado y promoverán la formación de causa contra los culpables, poniendo los hechos en conocimiento del Ministerio Fiscal.

2. También se declararán nulos los actos de las partes o de personas que intervengan en el proceso si se acredita que se produjeron bajo intimidación o violencia.

La nulidad de estos actos entrañará la de todos los demás relacionados con él o que pudieren haberse visto condicionados o influidos sustancialmente por el acto nulo [458].

---

[454] Dada nueva redacción por art. único de Ley Orgánica 19/2003 de 23 de diciembre de 2003, con vigencia desde 15/01/2004

[455] Dada nueva redacción apartado 5 por disposición adicional 1 de Ley Orgánica 7/2015 de 21 de julio de 2015, con vigencia desde 01/10/2015

[456] Véase art. 225 LEC

[457] Dada nueva redacción por art. único de Ley Orgánica 19/2003 de 23 de diciembre de 2003, con vigencia desde 15/01/2004

[458] Véase art. 226 LEC

240. [459] 1. La nulidad de pleno derecho, en todo caso, y los defectos de forma en los actos procesales que impliquen ausencia de los requisitos indispensables para alcanzar su fin o determinen efectiva indefensión, se harán valer por medio de los recursos legalmente establecidos contra la resolución de que se trate, o por los demás medios que establezcan las leyes procesales.

2. Sin perjuicio de ello, el Juzgado o Tribunal podrá, de oficio o a instancia de parte, antes de que hubiere recaído resolución que ponga fin al proceso, y siempre que no proceda la subsanación, declarar, previa audiencia de las partes, la nulidad de todas las actuaciones o de alguna en particular.

En ningún caso podrá el Juzgado o Tribunal, con ocasión de un recurso, decretar de oficio una nulidad de las actuaciones que no haya sido solicitada en dicho recurso, salvo que apreciare falta de jurisdicción o de competencia objetiva o funcional o se hubiese producido violencia o intimidación que afectare a ese Tribunal [460].

241. [461] 1. No se admitirán con carácter general incidentes de nulidad de actuaciones. Sin embargo, excepcionalmente, quienes sean parte legítima o hubieran debido serlo podrán pedir por escrito que se declare la nulidad de actuaciones fundada en cualquier vulneración de un derecho fundamental de los referidos en el artículo 53.2 de la Constitución, siempre que no haya podido denunciarse antes de recaer resolución que ponga fin al proceso y siempre que dicha resolución no sea susceptible de recurso ordinario ni extraordinario. [462]

Será competente para conocer de este incidente el mismo Juzgado o Tribunal que dictó la resolución que hubiere adquirido firmeza. El plazo para pedir la nulidad será de 20 días, desde la notificación de la resolución o, en todo caso, desde que se tuvo conocimiento del defecto causante de indefensión, sin que, en este último caso, pueda solicitarse

---

[459] Dada nueva redacción por art. único de Ley Orgánica 19/2003 de 23 de diciembre de 2003, con vigencia desde 15/01/2004

[460] Véase art. 227 LEC

[461] Dada nueva redacción por art. único de Ley Orgánica 19/2003 de 23 de diciembre de 2003, con vigencia desde 15/01/2004

[462] Dada nueva redacción apartado 1 párrafo 1 por disposición final 1 apartado 1 de Ley Orgánica 6/2007 de 24 de mayo de 2007, con vigencia desde 26/05/2007

la nulidad de actuaciones después de transcurridos cinco años desde la notificación de la resolución.

El Juzgado o Tribunal inadmitirá a trámite, mediante providencia sucintamente motivada, cualquier incidente en el que se pretenda suscitar otras cuestiones. Contra la resolución por la que se inadmita a trámite el incidente no cabrá recurso alguno.

2. Admitido a trámite el escrito en que se pida la nulidad fundada en los vicios a que se refiere el apartado anterior de este artículo, no quedará en suspenso la ejecución y eficacia de la sentencia o resolución irrecurribles, salvo que se acuerde de forma expresa la suspensión para evitar que el incidente pudiera perder su finalidad, y se dará traslado de dicho escrito, junto con copia de los documentos que se acompañasen, en su caso, para acreditar el vicio o defecto en que la petición se funde, a las demás partes, que en el plazo común de cinco días podrán formular por escrito sus alegaciones, a las que acompañarán los documentos que se estimen pertinentes.

Si se estimara la nulidad, se repondrán las actuaciones al estado inmediatamente anterior al defecto que la haya originado y se seguirá el procedimiento legalmente establecido. Si se desestimara la solicitud de nulidad, se condenará, por medio de auto, al solicitante en todas las costas del incidente y, en caso de que el Juzgado o Tribunal entienda que se promovió con temeridad, le impondrá, además, una multa de 90 a 600 euros.

Contra la resolución que resuelva el incidente no cabrá recurso alguno [463].

242. [464] Las actuaciones judiciales realizadas fuera del tiempo establecido sólo podrán anularse si lo impusiere la naturaleza del término o plazo [465].

---

[463] Véase art. 228 LEC

[464] Dada nueva redacción por art. único de Ley Orgánica 19/2003 de 23 de diciembre de 2003, con vigencia desde 15/01/2004

[465] Véase art. 229 LEC

243. [466] 1. La nulidad de un acto no implicará la de los sucesivos que fueren independientes de aquél ni la de aquéllos cuyo contenido hubiese permanecido invariado aun sin haberse cometido la infracción que dio lugar a la nulidad [467].

2. La nulidad parcial de un acto no implicará la de las partes del mismo independientes de la declarada nula [468].

3. El Juzgado o Tribunal cuidará de que puedan ser subsanados los defectos en que incurran los actos procesales de las partes, siempre que en dichos actos se hubiese manifestado la voluntad de cumplir los requisitos exigidos por la Ley [469].

4. Los actos de las partes que carezcan de los requisitos exigidos por la Ley serán subsanables en los casos, condiciones y plazos previstos en las leyes procesales.

CAPÍTULO IV
De las resoluciones judiciales

244. 1. Las resoluciones de los Tribunales cuando no estén constituidos en Sala de Justicia, las de las Salas de Gobierno y las de los Jueces y Presidentes cuando tuvieren carácter gubernativo, se llamarán acuerdos [470].

2. La misma denominación se dará a las advertencias y correcciones que por recaer en personas que estén sujetas a la jurisdicción disciplinaria se impongan en las sentencias o en otros actos judiciales [471].

245. 1. Las resoluciones de los Jueces y Tribunales que tengan carácter jurisdiccional se denominarán:

---

[466] Dada nueva redacción por art. único de Ley Orgánica 19/2003 de 23 de diciembre de 2003, con vigencia desde 15/01/2004

[467] Véase art. 230.1 LEC

[468] Véase art. 230.2 LEC

[469] Véase art. 231 LEC

[470] Véanse arts. 153 a 165 de la presente Ley

[471] Véanse arts. 59 a 63 Estatuto General de los Procuradores de los Tribunales de España, 80 a 82 EGAE , 546.2 y 3 y 552 a 557 de la presente Ley

a) Providencias, cuando tengan por objeto la ordenación material del proceso.

b) Autos, cuando decidan recursos contra providencias, cuestiones incidentales, presupuestos procesales, nulidad del procedimiento o cuando, a tenor de las leyes de enjuiciamiento, deban revestir esta forma.

c) Sentencias, cuando decidan definitivamente el pleito o causa en cualquier instancia o recurso, o cuando, según las leyes procesales, deban revestir esta forma [472].

2. Las sentencias podrán dictarse de viva voz cuando lo autorice la Ley [473].

3. Son sentencias firmes aquellas contra las que no quepa recurso alguno, salvo el de revisión u otros extraordinarios que establezca la Ley [474].

4. Llámase ejecutoria el documento público y solemne en que se consigna una sentencia firme. Las ejecutorias se encabezarán en nombre del Rey.

246. [475] (Derogado)

247. Las resoluciones judiciales que se dicten oralmente y deban ser documentadas en acta en los juicios verbales, vistas de los pleitos o causas y demás actos solemnes incluirán la fundamentación que proceda [476].

248. [477] 1. En todas las resoluciones judiciales habrá de indicarse el Tribunal que las dicte, con expresión de los jueces, juezas, magistrados o magistradas que lo integren y, en su caso, indicación del nombre del o de la ponente cuando el Tribunal sea colegiado.

---

[472] Véase art. 206 LEC

[473] Véanse arts. 120.3 CE, 210.3 LEC y 247 de la presente Ley

[474] Véase art. 207 LEC

[475] Derogado por art. único apartado 6 de Ley Orgánica 4/2018 de 28 de diciembre de 2018, con vigencia desde 18/01/2019

[476] Véanse arts. 120.3 CE y 210 LEC

[477] Dada nueva redacción por art. 1 apartado 64 de Ley Orgánica 1/2025 de 2 de enero de 2025, con vigencia desde 23/01/2025

2. La fórmula de las providencias se limitará a la determinación de lo mandado y del juez, jueza o Tribunal que las disponga, sin más fundamento ni adiciones que la fecha en que se acuerden. No obstante, podrán ser sucintamente motivadas cuando así lo disponga la ley o quien haya de dictarlas lo estime conveniente [478].

3. Los autos serán siempre motivados y contendrán en párrafos separados y numerados los antecedentes de hecho y los fundamentos de derecho en los que se base la subsiguiente parte dispositiva o fallo [479].

4. Las sentencias se formularán expresando, tras un encabezamiento, en párrafos separados y numerados, los antecedentes de hecho, hechos probados, en su caso, los fundamentos de derecho y, por último, el fallo [480].

5. Todas las resoluciones judiciales serán firmadas por el juez, jueza, magistrado o magistrada que las dicten. En el caso de providencias dictadas por Salas de Justicia, bastará con la firma del o de la ponente.

6. Toda resolución incluirá, además de la mención del lugar y fecha en que se adopte, si la misma es firme o si cabe algún recurso contra ella, con expresión, en este último caso, del recurso que proceda, del órgano ante el que debe interponerse y del plazo para recurrir y, cuando proceda, de la necesidad de constitución de depósito para la presentación de recursos. Al notificarse la resolución a las partes se indicará si la misma es o no firme y, en su caso, las oportunas indicaciones sobre los recursos que procedan [481].

CAPÍTULO V
De la vista, votación y fallo

249. Las vistas de los asuntos se señalarán por el orden de su conclusión, salvo que en la Ley se disponga otra cosa [482].

---

[478] Véase art. 208.1 y 3 LEC
[479] Véase art. 208.2 y 3 LEC
[480] Véanse arts. 208 y 209 LEC
[481] Véase art. 208.4 LEC
[482] Véase art. 182.2 LEC

250. Corresponderá a los Presidentes de Sala y a los de Sección el señalamiento de las vistas o trámite equivalente y el del comienzo de las sesiones del juicio oral [483].

251. 1. El Juez o el ponente tendrán a su disposición los autos para dictar sentencia o resolución decisoria de incidentes o de recursos.

2. El Presidente y los Magistrados podrán examinar los autos en cualquier tiempo [484].

252. 1. Concluida la vista de los autos, pleitos o causas o desde el día señalado para la votación y fallo, podrá cualquiera de los Magistrados pedirlos para su estudio.

2. Cuando los pidieren varios, fijará el que presida el plazo que haya de tenerlos cada uno, de modo que puedan dictarse las sentencias dentro del tiempo señalado para ello [485].

253. Los autos y sentencias se deliberarán y votarán inmediatamente después de las vistas y, cuando así no pudiera hacerse, señalará el Presidente el día en que deban votarse, dentro del plazo señalado para dictar la resolución [486].

254. 1. La votación, a juicio del Presidente, podrá tener lugar separadamente sobre los distintos pronunciamientos de hecho o de derecho que hayan de hacerse, o parte de la decisión que haya de dictarse.

2. Votará primero el ponente y después los demás Magistrados por orden inverso de su antigüedad. El que presida votará el último.

3. Empezada la votación, no podrá interrumpirse sino en caso de fuerza mayor [487].

---

[483] Véase art. 182.1 LEC
[484] Véase art. 195 LEC
[485] Véase art. 195 LEC
[486] Véase art. 196 LEC
[487] Véase art. 198 LEC

255. 1. Los autos y sentencias se dictarán por mayoría absoluta de votos, salvo que expresamente la Ley señale una mayor proporción.

2. En ningún caso podrá exigirse un número determinado de votos conformes que altere la regla de la mayoría [488].

256. [489] Cuando fuere trasladado o jubilado algún Juez o Magistrado deliberará, votará, redactará y firmará las sentencias, según proceda, en los pleitos a cuya vista hubiere asistido y que aún no se hubieren fallado, salvo que concurriera causa de incompatibilidad o proceda la anulación de aquélla por otro motivo [490].

257. 1. Si después de la vista y antes de la votación algún Magistrado se imposibilitare y no pudiere asistir al acto, dará un voto fundado y firmado y lo remitirá directamente al Presidente.

2. Si no pudiere escribir ni firmar, lo extenderá ante un Secretario de la Sala.

3. El voto así emitido se unirá a los demás y se conservará, rubricado por el que presida, con el libro de sentencias.

4. Cuando el impedido no pudiere votar ni aun de este modo, se votará el pleito o la causa por los no impedidos que hubieren asistido a la vista y, si hubiere los necesarios para formar mayoría, éstos dictarán sentencia [491].

258. Cuando no hubiere votos bastantes para constituir la mayoría que exige el artículo 255, se verá de nuevo el asunto, sustituyéndose el impedido, separado o suspenso en la forma establecida en esta Ley [492].

---

[488] Véase art. 201 LEC

[489] Dada nueva redacción por art. 4 de Ley Orgánica 16/1994 de 8 de noviembre de 1994, con vigencia desde 09/12/1994

[490] Véase art. 194 LEC

[491] Véase art. 199 LEC

[492] Véase art. 200 LEC

259. Las sentencias se firmarán por el Juez o por todos los Magistrados no impedidos dentro del plazo establecido para dictarlas [493].

260. 1. Todo el que tome parte en la votación de una sentencia o auto definitivo firmará lo acordado, aunque hubiere disentido de la mayoría; pero podrá, en este caso, anunciándolo en el momento de la votación o en el de la firma, formular voto particular, en forma de sentencia, en la que podrán aceptarse, por remisión, los puntos de hecho y fundamentos de derecho de la dictada por el Tribunal con los que estuviere conforme.

2. El voto particular, con la firma del autor, se incorporará al libro de sentencias y se notificará a las partes junto con la sentencia aprobada por mayoría. Cuando, de acuerdo con la Ley, sea preceptiva la publicación de la sentencia, el voto particular, si lo hubiere, habrá de publicarse junto a ella.

3. También podrá formularse voto particular, con sujeción a lo dispuesto en el párrafo anterior, en lo que resulte aplicable, respecto de los autos decisorios de incidentes [494].

261. Cuando, después de fallado un pleito por un Tribunal, se imposibilite algún Magistrado de los que votaron y no pudiere firmar, el que hubiere presidido el Tribunal lo hará por él, expresando el nombre de aquel por quien firme y después las palabras "votó en Sala y no pudo firmar" [495].

262. 1. Cuando en la votación de una sentencia o auto no resultare mayoría de votos sobre cualquiera de los pronunciamientos de hecho o de derecho que deban hacerse, volverán a discutirse y a votarse los puntos en que hayan disentido los votantes.

2. Si no se obtuviere acuerdo, la discordia se resolverá mediante celebración de nueva vista concurriendo los Magistrados que hubieran asistido a la primera, aumentándose dos más, si hubiese sido impar el

---

[493] Véase art. 204 LEC
[494] Véanse arts. 205 LEC, 206, 233 y 265 de la presente Ley
[495] Véase art. 199 LEC

número de los discordantes, y tres en el caso de haber sido par. Concurrirá para ello, en primer lugar, el Presidente de Sala, si no hubiere ya asistido; en segundo lugar, los Magistrados de la misma Sala que no hayan visto el pleito; en tercer lugar, el Presidente de la Audiencia, y, finalmente, los Magistrados de las demás Salas, con preferencia de los del mismo orden jurisdiccional [496] .

263. 1. El que deba presidir la Sala de Discordia hará el señalamiento de las vistas de discordia y designaciones oportunas.

2. Cuando en la votación de una sentencia o auto por la Sala de Discordia o, en su caso, por el Pleno de la Sala no se reuniere tampoco mayoría sobre los puntos discordados, se procederá a nueva votación, sometiendo sólo a ésta los dos pareceres que hayan obtenido mayor número de votos en la precedente [497] .

264. [498] 1. Los Magistrados de las diversas Secciones de una misma Sala se reunirán para la unificación de criterios y la coordinación de prácticas procesales, especialmente en los casos en que los Magistrados de las diversas Secciones de una misma Sala o Tribunal sostuvieren en sus resoluciones diversidad de criterios interpretativos en la aplicación de la ley en asuntos sustancialmente iguales. A esos efectos, el Presidente de la Sala o Tribunal respectivo, por sí o a petición mayoritaria de sus miembros, convocará Pleno jurisdiccional para que conozca de uno o varios de dichos asuntos al objeto de unificar el criterio.

2. Formarán parte de este Pleno todos los Magistrados de la Sala correspondiente que por reparto conozcan de la materia en la que la discrepancia se hubiera puesto de manifiesto.

3. En todo caso, quedará a salvo la independencia de las Secciones para el enjuiciamiento y resolución de los distintos procesos de que

---

[496] Véase art. 202.1 y 2 LEC
[497] Véase art. 202.3 y 4 LEC
[498] Dada nueva redacción por art. único apartado 37 de Ley Orgánica 7/2015 de 21 de julio de 2015, con vigencia desde 01/10/2015

conozcan, si bien deberán motivar las razones por las que se aparten del criterio acordado [499].

4. La Junta de Jueces y Juezas de Sección de un Tribunal de Instancia podrá reunirse para el examen y valoración de criterios cuando los jueces, las juezas, los magistrados y las magistradas que la integren sostuvieren en sus resoluciones diversidad de criterios interpretativos en la aplicación de la ley en asuntos sustancialmente iguales.

En todo caso, quedará a salvo la independencia de los jueces, juezas, magistrados y magistradas para el enjuiciamiento y resolución de los distintos procesos de que conozcan. [500]

265. [501] En cada juzgado o tribunal se llevará, bajo la custodia del letrado de la Administración de Justicia respectivo, un libro de sentencias, en el que se incluirán firmadas todas las definitivas, autos de igual carácter, así como los votos particulares que se hubieren formulado, que serán ordenados correlativamente según su fecha. Cuando la tramitación de los procedimientos se realice a través de un sistema de gestión procesal electrónico, el mismo deberá generar automáticamente, sin necesidad de la intervención del letrado de la Administración de Justicia, un fichero en el que se incluyan las sentencias y autos numerados por el orden en el que han sido firmados. [502]

266. [503] 1. Las sentencias, una vez extendidas y firmadas por el Juez o por todos los Magistrados que las hubieren dictado, serán depositadas en la Oficina Judicial y se permitirá a cualquier interesado el acceso al texto de las mismas.

El acceso al texto de las sentencias, o a determinados extremos de las mismas, podrá quedar restringido cuando el mismo pudiera afectar al derecho a la intimidad, a los derechos de las personas que

---

[499] Véanse arts. 117 CE, 1 y 12 de la presente Ley

[500] Añadido apartado 4 por art. 1 apartado 65 de Ley Orgánica 1/2025 de 2 de enero de 2025, con vigencia desde 23/01/2025

[501] Dada nueva redacción por art. único apartado 7 de Ley Orgánica 4/2018 de 28 de diciembre de 2018, con vigencia desde 18/01/2019

[502] Véanse arts. 6 Rgto. Orgánico del Cuerpo de Secretarios Judiciales, aprobado por RD 1608/2005, de 30 de diciembre, 213 LEC y 458 de la presente Ley

[503] Dada nueva redacción por art. único de Ley Orgánica 19/2003 de 23 de diciembre de 2003, con vigencia desde 15/01/2004

requieran un especial deber de tutela o a la garantía del anonimato de las víctimas o perjudicados, cuando proceda, así como, con carácter general, para evitar que las sentencias puedan ser usadas con fines contrarios a las leyes.

2. Los Secretarios pondrán en los autos certificación literal de la sentencia [504].

267. [505] 1. Los Tribunales no podrán variar las resoluciones que pronuncien después de firmadas, pero sí aclarar algún concepto oscuro y rectificar cualquier error material de que adolezcan.

2. Las aclaraciones a que se refiere el apartado anterior podrán hacerse de oficio dentro de los dos días hábiles siguientes al de la publicación de la resolución, o a petición de parte o del Ministerio Fiscal formulada dentro del mismo plazo, siendo en este caso resuelta por el Tribunal dentro de los tres días siguientes al de la presentación del escrito en que se solicite la aclaración.

3. Los errores materiales manifiestos y los aritméticos en que incurran las resoluciones judiciales podrán ser rectificados en cualquier momento.

4. Las omisiones o defectos de que pudieren adolecer sentencias y autos y que fuere necesario remediar para llevarlas plenamente a efecto podrán ser subsanadas, mediante auto, en los mismos plazos y por el mismo procedimiento establecido en el apartado anterior.

5. Si se tratase de sentencias o autos que hubieren omitido manifiestamente pronunciamientos relativos a pretensiones oportunamente deducidas y sustanciadas en el proceso, el Tribunal, a solicitud escrita de parte en el plazo de cinco días a contar desde la notificación de la resolución, previo traslado de dicha solicitud a las demás partes, para alegaciones escritas por otros cinco días, dictará auto por el que resolverá completar la resolución con el pronunciamiento omitido o no haber lugar a completarla.

6. Si el Tribunal advirtiese, en las sentencias o autos que dictara, las omisiones a que se refiere el apartado anterior, podrá, en el plazo de cinco días a contar desde la fecha en que se dicten, proceder de

---

[504] Véanse arts. 212 LEC y 235 de la presente Ley

[505] Dada nueva redacción por art. único de Ley Orgánica 19/2003 de 23 de diciembre de 2003, con vigencia desde 15/01/2004

oficio, mediante auto, a completar su resolución, pero sin modificar ni rectificar lo que hubiere acordado.

7. Del mismo modo al establecido en los apartados anteriores se procederá por el Letrado de la Administración de Justicia cuando se precise aclarar, rectificar, subsanar o completar los decretos que hubiere dictado. [506]

8. No cabrá recurso alguno contra los autos o decretos en que se resuelva acerca de la aclaración, rectificación, subsanación o complemento a que se refieren los anteriores apartados de este artículo, sin perjuicio de los recursos que procedan, en su caso, contra la sentencia, auto o decreto a que se refiera la solicitud o actuación de oficio del Tribunal o del Letrado de la Administración de Justicia. [507]

9. Los plazos para los recursos que procedan contra la resolución de que se trate se interrumpirán desde que se solicite su aclaración, rectificación, subsanación o complemento y, en todo caso, comenzarán a computarse desde el día siguiente a la notificación del auto o decreto que reconociera o negase la omisión del pronunciamiento y acordase o denegara remediarla. [508] [509]

CAPÍTULO VI
Del lugar en que deben practicarse las actuaciones

268. 1. Las actuaciones judiciales deberán practicarse en la sede del órgano jurisdiccional.

2. No obstante lo dispuesto en el apartado anterior, los Juzgados y Tribunales podrán constituirse en cualquier lugar del territorio de

---

[506] Dada nueva redacción apartado 7 por disposición adicional 1 de Ley Orgánica 7/2015 de 21 de julio de 2015, con vigencia desde 01/10/2015

[507] Dada nueva redacción apartado 8 por disposición adicional 1 de Ley Orgánica 7/2015 de 21 de julio de 2015, con vigencia desde 01/10/2015

[508] Véanse arts. 214 y 215 LEC

[509] Añadido apartado 9 por art. 1 apartado 5 de Ley Orgánica 1/2009 de 3 de noviembre de 2009, con vigencia desde 05/11/2009

su jurisdicción para la práctica de aquéllas, cuando fuere necesario o conveniente para la buena Administración de Justicia [510].

269. [511] 1. Los Juzgados y Tribunales sólo podrán celebrar juicios o vistas de asuntos fuera de la población de su sede cuando así lo autorice la ley.

2. Sin embargo, el Consejo General del Poder Judicial, cuando las circunstancias o el buen servicio de la administración de justicia lo aconsejen, y a petición de las Salas de Gobierno de los Tribunales Superiores de Justicia, podrá disponer que los Juzgados y las Secciones o Salas de los Tribunales o Audiencias se constituyan en población distinta de su sede para despachar los asuntos correspondientes a un determinado ámbito territorial comprendido en la circunscripción de aquéllos.

3. Igualmente, las Salas de Gobierno de los Tribunales Superiores de Justicia, previa determinación del número de causas que justifican los traslados de los Tribunales fuera de su sede y siempre que su desplazamiento venga justificado por una mejor administración de justicia, dispondrán que los Jueces de lo Penal, asistidos del Letrado de la Administración de Justicia, se constituyan para celebrar juicios orales en las ciudades donde tengan sede los Juzgados que hayan instruido las causas de las que les corresponde conocer. Los Juzgados de Instrucción y los funcionarios que en ellos sirvieren prestarán en estos casos cuanta colaboración sea precisa [512].

---

[510] Véanse arts. 6 a 10 LDPJ, 129 LEC, 53, 62, 71, 80.1, 84, 89, 99 y 273 a 278 de la presente Ley

[511] Dada nueva redacción por art. único apartado 38 de Ley Orgánica 7/2015 de 21 de julio de 2015, con vigencia desde 01/10/2015

[512] Véase RD 462/2002, de 24 de mayo, sobre indemnizaciones por razón del servicio del personal al servicio de la Administración de Justicia

CAPÍTULO VII
De las notificaciones

270. [513] Las resoluciones dictadas por Jueces y Tribunales, así como las que lo sean por Letrados de la Administración de Justicia en el ejercicio de las funciones que le son propias, se notificarán a todos los que sean parte en el pleito, causa o expediente, y también a quienes se refieran o puedan parar perjuicios, cuando así se disponga expresamente en aquellas resoluciones, de conformidad con la Ley .

271. [514] [515]

Los actos de comunicación se practicarán por medios electrónicos cuando los sujetos intervinientes en un proceso estén obligados al empleo de los sistemas telemáticos o electrónicos existentes en la Administración de Justicia conforme a lo establecido en las leyes procesales y en la forma que estas determinen.

Cuando los sujetos intervinientes en un proceso no se hallen obligados al empleo de medios electrónicos, o cuando la utilización de los mismos no fuese posible, los actos de comunicación podrán practicarse por cualquier otro medio que permita la constancia de su práctica y de las circunstancias esenciales de la misma según determinen las leyes procesales.

272. [516] Podrá establecerse un local de notificaciones común a los varios Juzgados y Tribunales de una misma población, aunque sean de distinto orden jurisdiccional. En este supuesto, el Colegio de Procuradores organizará un servicio para recibir las notificaciones que no hayan podido hacerse en aquel local común por incomparecencia

---

[513] Dada nueva redacción por disposición adicional 1 de Ley Orgánica 7/2015 de 21 de julio de 2015, con vigencia desde 01/10/2015

[514] Dada nueva redacción por art. único apartado 8 de Ley Orgánica 4/2018 de 28 de diciembre de 2018, con vigencia desde 18/01/2019

[515] Véanse arts. 149, 152 y 160 LEC

[516] Dada nueva redacción por art. único de Ley Orgánica 19/2003 de 23 de diciembre de 2003, con vigencia desde 15/01/2004

del Procurador que deba ser notificado. La recepción de la notificación por este servicio producirá plenos efectos [517].

CAPÍTULO VIII
De la cooperación jurisdiccional

273. Los Jueces y Tribunales cooperarán y se auxiliarán entre sí en el ejercicio de la función jurisdiccional [518].

274. 1. Se recabará la cooperación judicial cuando debiere practicarse una diligencia fuera de la circunscripción del Juzgado o Tribunal que la hubiere ordenado o ésta fuere de la específica competencia de otro Juzgado o Tribunal [519].

2. La petición de cooperación, cualquiera que sea el Juzgado o Tribunal a quien se dirija, se efectuará siempre directamente, sin dar lugar a traslados ni reproducciones a través de órganos intermedios [520].

275. No obstante, podrán los Jueces realizar cualesquiera diligencias de instrucción penal en lugar no comprendido en el territorio de su jurisdicción, cuando el mismo se hallare próximo y ello resultare conveniente, dando inmediata noticia al Juez competente. Los Jueces y Tribunales de otros órdenes jurisdiccionales podrán también practicar diligencias de instrucción o prueba fuera del territorio de su jurisdicción cuando no se perjudique la competencia del Juez correspondiente y venga justificado por razones de economía procesal [521].

---

[517] Véanse arts. 28.3, 151.2 y 154 LEC
[518] Véanse arts. 118 CE, 165 LEC y 17 de la presente Ley
[519] Véase art. 169 LEC
[520] Véanse arts. 170 a 176 LEC
[521] Véanse arts. 6 a 10 LDPJ, 129 LEC, 53, 62, 71, 80.1, 84, 89, 99, 268 y 273 a 278 de la presente Ley

276. [522] Las peticiones de cooperación internacional se tramitarán de conformidad con lo previsto en los tratados internacionales, las normas de la Unión Europea y las leyes españolas que resulten de aplicación [523].

277. [524] Los Juzgados y Tribunales españoles prestarán a las autoridades judiciales extranjeras la cooperación que les soliciten para el desempeño de su función jurisdiccional, de conformidad con lo establecido en los tratados y convenios internacionales en los que España sea parte, las normas de la Unión Europea y las leyes españolas sobre esta materia [525].

278. [526] La prestación de cooperación internacional sólo será denegada por los Juzgados y Tribunales españoles:

1º Cuando el objeto o finalidad de la cooperación solicitada sea manifiestamente contrario al orden público [527].

2º Cuando el proceso de que dimane la solicitud de cooperación sea de la exclusiva competencia de la jurisdicción española.

3º Cuando el contenido del acto a realizar no corresponda a las atribuciones propias de la autoridad judicial española requerida. En tal caso, ésta remitirá la solicitud a la autoridad judicial competente, informando de ello a la autoridad judicial requirente.

4º Cuando la solicitud de cooperación internacional no reúna el contenido y requisitos mínimos exigidos por las leyes para su tramitación.

---

[522] Dada nueva redacción por art. único apartado 39 de Ley Orgánica 7/2015 de 21 de julio de 2015, con vigencia desde 01/10/2015

[523] Véanse Ley 4/1985, de 21 de marzo, de Extradición Pasiva, 13.3, 93 a 96CE, 277 LEC, 951 a 958 LEC 1881 y 65.2 y 4 de la presente Ley

[524] Dada nueva redacción por art. único apartado 40 de Ley Orgánica 7/2015 de 21 de julio de 2015, con vigencia desde 01/10/2015

[525] Véanse Ley 4/1985, de 21 de marzo, de Extradición Pasiva, 13.3, 93 a 96CE, 277 LEC, 951 a 958 LEC 1881 y 65.2 y 4 de la presente Ley

[526] Dada nueva redacción por art. único apartado 41 de Ley Orgánica 7/2015 de 21 de julio de 2015, con vigencia desde 01/10/2015

[527] Véanse Ley 4/1985, de 21 de marzo, de Extradición Pasiva, 13.3, 93 a 96 CE, 277 LEC, 951 a 958 LEC 1881 y 65.2 y 4 de la presente Ley

TÍTULO IV
De la fe pública judicial y de la documentación (Derogado) [528]

CAPÍTULO PRIMERO
De las funciones atribuidas a los Secretarios (Derogado) [529]

279 a 282. [530] (Derogados)

CAPÍTULO II
De la dación de cuenta y de la conservación y custodia de los autos (Derogado) [531]

283 a 287. [532] (Derogados)

CAPÍTULO III
De las diligencias de ordenación y de las propuestas de resolución (Derogado) [533]

288 a 291. [534] (Derogados)

---

[528] Derogado por disposición derogatoria única letra b de Ley Orgánica 19/2003 de 23 de diciembre de 2003, con vigencia desde 15/01/2004

[529] Derogado por disposición derogatoria única letra b de Ley Orgánica 19/2003 de 23 de diciembre de 2003, con vigencia desde 15/01/2004

[530] Derogado por disposición derogatoria única letra b de Ley Orgánica 19/2003 de 23 de diciembre de 2003, con vigencia desde 15/01/2004

[531] Derogado por disposición derogatoria única letra b de Ley Orgánica 19/2003 de 23 de diciembre de 2003, con vigencia desde 15/01/2004

[532] Derogado por disposición derogatoria única letra b de Ley Orgánica 19/2003 de 23 de diciembre de 2003, con vigencia desde 15/01/2004

[533] Derogado por disposición derogatoria única letra b de Ley Orgánica 19/2003 de 23 de diciembre de 2003, con vigencia desde 15/01/2004

[534] Derogado por disposición derogatoria única letra b de Ley Orgánica 19/2003 de 23 de diciembre de 2003, con vigencia desde 15/01/2004

TÍTULO V
De la responsabilidad patrimonial del Estado por el funcionamiento
de la Administración de Justicia

292. 1. Los daños causados en cualesquiera bienes o derechos por error judicial, así como los que sean consecuencia del funcionamiento anormal de la Administración de Justicia darán a todos los perjudicados derecho a una indemnización a cargo del Estado, salvo en los casos de fuerza mayor, con arreglo a lo dispuesto en este Título.

2. En todo caso, el daño alegado habrá de ser efectivo, evaluable económicamente e individualizado con relación a una persona o grupo de personas.

3. La mera revocación o anulación de las resoluciones judiciales no presupone por sí sola derecho a indemnización [535].

293. 1. La reclamación de indemnización por causa de error deberá ir precedida de una decisión judicial que expresamente lo reconozca. Esta previa decisión podrá resultar directamente de una sentencia dictada en virtud de recurso de revisión. En cualquier otro caso distinto de éste se aplicarán las reglas siguientes:

a) La acción judicial para el reconocimiento del error deberá instarse inexcusablemente en el plazo de tres meses a partir del día en que pudo ejercitarse.

b) La pretensión de declaración del error se deducirá ante la Sala del Tribunal Supremo correspondiente al mismo orden jurisdiccional que el órgano a quien se imputa el error y si éste se atribuyese a una Sala o Sección del Tribunal Supremo la competencia corresponderá a la Sala que se establece en el artículo 61. Cuando se trate de órganos de la jurisdicción militar, la competencia corresponderá a la Sala Quinta de lo Militar del Tribunal Supremo. [536]

c) El procedimiento para sustanciar la pretensión será el propio del recurso de revisión en materia civil, siendo partes, en todo caso, el Ministerio Fiscal y la Administración del Estado.

---

[535] Véanse arts. 9.3, 106.2, 121 CE, 140 a 144 LRJPAC y 292 a 297 de la presente Ley

[536] Dada nueva redacción apartado 1 letra b por disposición adicional 7 de Ley Orgánica 4/1987 de 15 de julio de 1987, con vigencia desde 01/05/1988

d) El Tribunal, dictará sentencia definitiva, sin ulterior recurso, en el plazo de quince días con informe previo del órgano jurisdiccional a quien se atribuye el error.

e) Si el error no fuera apreciado se impondrán las costas al peticionario.

f) No procederá la declaración de error contra la resolución judicial a la que se impute mientras no se hubieren agotado previamente los recursos previstos en el ordenamiento.

g) La mera solicitud de declaración del error no impedirá la ejecución de la resolución judicial a la que aquél se impute [537].

2. Tanto en el supuesto de error judicial declarado como en el de daño causado por el anormal funcionamiento de la Administración de Justicia, el interesado dirigirá su petición indemnizatoria directamente al Ministerio de Justicia, tramitándose la misma con arreglo a las normas reguladoras de la responsabilidad patrimonial del Estado. Contra la resolución cabrá recurso contencioso-administrativo. El derecho a reclamar la indemnización prescribirá al año, a partir del día en que pudo ejercitarse [538].

294. 1. *Tendrán derecho a indemnización quienes, después de haber sufrido prisión preventiva, sean absueltos o haya sido dictado auto de sobreseimiento libre, siempre que se le hayan irrogado perjuicios.* [539] [540]

2. La cuantía de la indemnización se fijará en función del tiempo de privación de libertad y de las consecuencias personales y familiares que se hayan producido.

3. La petición indemnizatoria se tramitará de acuerdo con lo establecido en el apartado 2 del artículo anterior.

---

[537] Véanse arts. 509 a 516 LEC

[538] Véanse arts. 139 a 144 LRJPAC y 2.5 LO 3/1980, de 22 de abril, del Consejo de Estado

[539] Véase el cuarto párrafo del f.j. 13.º STC Pleno 85/2019, de 19 de junio

[540] Anulado, con los efectos indicados en el f.j. 13.º , los incisos «por inexistencia del hecho imputado» y «por esta misma causa» apartado 1 por sentencia 85/2019 del Tribunal Constitucional de 19 de junio de 2019, con vigencia desde 25/07/2019

295. En ningún caso habrá lugar a la indemnización cuando el error judicial o el anormal funcionamiento de los servicios tuviera por causa la conducta dolosa o culposa del perjudicado.

296. [541] 1. Los daños y perjuicios causados por los Jueces y Magistrados en el ejercicio de sus funciones darán lugar, en su caso, a responsabilidad del Estado por error judicial o por funcionamiento anormal de la Administración de Justicia sin que, en ningún caso, puedan los perjudicados dirigirse directamente contra aquéllos.

2. Si los daños y perjuicios provinieren de dolo o culpa grave del Juez o Magistrado, la Administración General del Estado, una vez satisfecha la indemnización al perjudicado, podrá exigir, por vía administrativa a través del procedimiento reglamentariamente establecido, al Juez o Magistrado responsable el reembolso de lo pagado sin perjuicio de la responsabilidad disciplinaria en que éste pudiera incurrir, de acuerdo con lo dispuesto en esta Ley.

El dolo o culpa grave del Juez o Magistrado se podrá reconocer en sentencia o en resolución dictada por el Consejo General del Poder Judicial conforme al procedimiento que éste determine. Para la exigencia de dicha responsabilidad se ponderarán, entre otros, los siguientes criterios: el resultado dañoso producido y la existencia o no de intencionalidad.

297. [542] (Derogado)

---

[541] Dada nueva redacción por art. único apartado 42 de Ley Orgánica 7/2015 de 21 de julio de 2015, con vigencia desde 01/10/2015

[542] Derogado por art. único apartado 43 de Ley Orgánica 7/2015 de 21 de julio de 2015, con vigencia desde 01/10/2015

LIBRO IV
DE LOS JUECES Y MAGISTRADOS

TÍTULO PRIMERO
De la Carrera Judicial y de la provisión de destinos [543]

CAPÍTULO PRIMERO
De la Carrera Judicial

298. [544] 1. Las funciones jurisdiccionales en los órganos judiciales de todo orden regulados en esta ley se ejercerán únicamente por jueces, juezas, magistrados y magistradas profesionales, que forman la Carrera Judicial [545].

2. También ejercen funciones jurisdiccionales sin pertenecer a la Carrera Judicial, con sujeción al régimen establecido en esta ley y con inamovilidad temporal, los magistrados y las magistradas suplentes, quienes sirven plazas como jueces sustitutos y juezas sustitutas, así como los jueces de paz y sus sustitutos [546].

299. 1. La Carrera Judicial consta de tres categorías:
- Magistrado del Tribunal Supremo.
- Magistrado.
- Juez [547]. [548]

---

[543] Véanse Reglamento 2/2011, de la Carrera Judicial, Ac. de 9 de junio de 1998, de la Comisión Permanente CGPJ, por el que se dispone el cumplimiento de la sentencia dictada por la Secc. Séptima de la Sala Tercera del TS de fecha 15 de octubre de 1998 y Reglamento 1/2010, que regula la provisión de plazas de nombramiento discrecional en los órganos judiciales

[544] Dada nueva redacción por art. 1 apartado 66 de Ley Orgánica 1/2025 de 2 de enero de 2025, con vigencia desde 23/01/2025

[545] Véanse arts. 117.1 y 3, 122.1 CE, 1.2, 3.1 y 26 de la presente Ley

[546] Véanse arts. 99 a 103, 200 a 202, 212.2 y 428 a 433 de la presente Ley

[547] Véanse art. 122.1 CE y disposición transitoria 5 de la presente Ley

[548] Renumerado por art. 5 de Ley Orgánica 5/1997 de 4 de diciembre de 1997 como apartado 1, con vigencia desde 06/12/1997

2. Los Magistrados del Tribunal Supremo, sin perjuicio de su pertenencia a la Carrera Judicial, tendrán el estatuto especial regulado en la presente Ley Orgánica. [549]

3. Sólo adquirirán la categoría de Magistrado del Tribunal Supremo quienes efectivamente pasen a ejercer funciones jurisdiccionales como miembros de este Tribunal. [550]

300. El Consejo General del Poder Judicial aprobará cada 3 años, como máximo, y por períodos menores cuando fuere necesario, el escalafón de la Carrera Judicial, que será publicado en el Boletín Oficial del Estado, y comprenderá los datos personales y profesionales que se establezcan reglamentariamente [551].

CAPÍTULO II
Del ingreso y ascenso en la Carrera Judicial

301. [552] 1. El ingreso en la Carrera Judicial estará basado en los principios de mérito y capacidad para el ejercicio de la función jurisdiccional.

2. El proceso de selección para el ingreso en la Carrera Judicial garantizará, con objetividad y transparencia, la igualdad en el acceso a la misma de todos los ciudadanos que reúnan las condiciones y aptitudes necesarias, así como la idoneidad y suficiencia profesional de las personas seleccionadas para el ejercicio de la función jurisdiccional.

---

[549] Añadido apartado 2 por art. 5 de Ley Orgánica 5/1997 de 4 de diciembre de 1997, con vigencia desde 06/12/1997

[550] Añadido apartado 3 por art. 5 de Ley Orgánica 5/1997 de 4 de diciembre de 1997, con vigencia desde 06/12/1997

[551] Véanse arts. 55 Rgto. Organización y Funcionamiento CGPJ y 131.5 de la presente Ley

[552] Dada nueva redacción por art. único de Ley Orgánica 19/2003 de 23 de diciembre de 2003, con vigencia desde 15/01/2004

3. El ingreso en la Carrera Judicial por la categoría de Juez se producirá mediante la superación de oposición libre y de un curso teórico y práctico de selección realizado en la Escuela Judicial [553].

4. La convocatoria para el ingreso en la Carrera Judicial, que se realizará conjuntamente con la de ingreso en la Carrera Fiscal, comprenderá todas las plazas vacantes existentes en el momento de la misma y un número adicional que permita cubrir las que previsiblemente puedan producirse hasta la siguiente convocatoria.

Los candidatos aprobados, de acuerdo con las plazas convocadas, optarán, según el orden de la puntuación obtenida, por una u otra Carrera en el plazo que se fije por la Comisión de Selección.

5. También ingresarán en la Carrera Judicial por la categoría de Magistrado del Tribunal Supremo, o de Magistrado, juristas de reconocida competencia en los casos, forma y proporción respectivamente establecidos en la Ley. Quienes pretendan el ingreso en la Carrera Judicial en la categoría de Magistrado precisarán también superar un curso de formación en la Escuela Judicial [554].

6. En todos los casos se exigirá no estar incurso en ninguna de las causas de incapacidad e incompatibilidad que establece esta Ley y no tener la edad de jubilación en la Carrera Judicial ni alcanzarla durante el tiempo máximo previsto legal y reglamentariamente para la duración del proceso selectivo, hasta la toma de posesión incluido, si es el caso, el curso de selección en la Escuela Judicial [555].

7. El Ministerio de Justicia, en colaboración, en su caso, con las Comunidades Autónomas competentes, podrá instar del Consejo General del Poder Judicial la convocatoria de las oposiciones, concursos y pruebas selectivas de promoción y de especialización necesarios para la cobertura de las vacantes existentes en la plantilla de la Carrera Judicial.

Iguales facultades que el Ministerio de Justicia, ostentarán las Comunidades Autónomas con competencias en la materia.

8. También se reservará en la convocatoria un cupo no inferior al cinco por ciento de las vacantes para ser cubiertas entre personas con discapacidad en grado igual o superior al 33 por ciento, siempre

---

[553] Véanse Ac. de 7 de junio de 1995, del Pleno CGPJ, por el que se ordena la publicación del Rgto. 2/1995, de la Escuela Judicial y art. 110.2 de la presente Ley

[554] Véanse arts. 311, 313, 330.4, 331, 343, 345 y 347 de la presente Ley

[555] Véanse arts. 303 y 389 a 397 de la presente Ley

que superen las pruebas selectivas y que acrediten el grado de discapacidad y la compatibilidad para el desempeño de las funciones y tareas correspondientes en la forma que se determine reglamentariamente. El ingreso de las personas con discapacidad en las Carreras judicial y fiscal se inspirará en los principios de igualdad de oportunidades, no discriminación y compensación de desventajas, procediéndose, en su caso, a la adaptación de los procesos selectivos a las necesidades especiales y singularidades de estas personas, mediante las adaptaciones y ajustes razonables de tiempos y medios en los procesos selectivos.

Asimismo, una vez superados dichos procesos, se procederá a las adaptaciones y ajustes razonables para las necesidades de las personas con discapacidad de cualquier tipo en los puestos de trabajo y en el entorno laboral del centro o dependencia pública donde desarrollen su actividad. [556]

302. [557] Para concurrir a la oposición libre de acceso a la Escuela Judicial se requiere ser español, mayor de edad y Licenciado en Derecho, así como no estar incurso en alguna de las causas de incapacidad que establece la Ley [558].

303. Están incapacitados para el ingreso en la Carrera Judicial los impedidos física o psíquicamente para la función judicial; los condenados por delito doloso mientras no hayan obtenido la rehabilitación; los procesados o inculpados por delito doloso en tanto no sean absueltos o se dicte auto de sobreseimiento, y los que no estén en el pleno ejercicio de sus derechos civiles [559].

---

[556] Dada nueva redacción apartado 8 por art. único apartado 44 de Ley Orgánica 7/2015 de 21 de julio de 2015, con vigencia desde 01/10/2015

[557] Dada nueva redacción por art. único de Ley Orgánica 19/2003 de 23 de diciembre de 2003, con vigencia desde 15/01/2004

[558] Véanse arts. 11, 12, 13.2, 14, 23.2, 35.2 CE, 17 a 27 y 315 CC

[559] Véanse arts. 5, 10, 136, 137 CP, 384, 637, 641 LEcrim., 199 a 201, 215 a 304 CC y 56 a 763 LEC

304. [560] 1. El tribunal que evaluará las pruebas de ingreso en las Carreras Judicial y Fiscal, por las categorías de juez y de abogado fiscal respectivamente, estará presidido por un magistrado del Tribunal Supremo o de un Tribunal Superior de Justicia o un fiscal de Sala o fiscal del Tribunal Supremo o de una Fiscalía de Tribunal Superior de Justicia, y serán vocales dos magistrados, dos fiscales, un catedrático de universidad de disciplina jurídica en que consistan las pruebas de acceso, un abogado del Estado, un abogado con más de diez años de ejercicio profesional y un letrado de la Administración de Justicia de la categoría primera o segunda, que actuará como secretario.

2. Los miembros del tribunal a que se refiere el apartado anterior serán designados de la siguiente manera: el Presidente, de forma conjunta por el Presidente del Consejo General del Poder Judicial y el Fiscal General del Estado; los dos magistrados, por el Consejo General del Poder Judicial; los dos fiscales, por el Fiscal General del Estado; el catedrático, a propuesta del Consejo de Universidades; el abogado del Estado y el letrado de la Administración de Justicia, por el Ministerio de Justicia; y el abogado, a propuesta del Consejo General de la Abogacía. El Consejo de Universidades y el Consejo General de la Abogacía elaborarán ternas, que remitirán a la Comisión de Selección para la designación por esta de los respectivos integrantes del tribunal, salvo que existan causas que justifiquen proponer solo a una o dos personas.

305. [561] 1. La Comisión de Selección, a la que se refiere el artículo anterior, estará compuesta por un vocal del Consejo General del Poder Judicial y un Fiscal de Sala, que la presidirán anualmente con carácter alternativo, por un Magistrado, un Fiscal, el Director de la Escuela Judicial, el Director del Centro de Estudios Jurídicos de la Administración de Justicia y un miembro de los órganos técnicos del Consejo General del Poder Judicial, así como un funcionario del Ministerio de Justicia con nivel mínimo de Subdirector general, ambos licenciados en Derecho, que actuarán alternativamente como Secretarios de la Comisión.

---

[560] Dada nueva redacción por art. único apartado 9 de Ley Orgánica 4/2018 de 28 de diciembre de 2018, con vigencia desde 18/01/2019

[561] Dada nueva redacción por art. 1 de Ley Orgánica 9/2000 de 22 de diciembre de 2000, con vigencia desde 24/12/2000

2. La composición de la Comisión de Selección se publicará en el «Boletín Oficial del Estado», mediante Orden del Ministro de Justicia. Los miembros de la misma serán designados por un período de cuatro años, de acuerdo con las siguientes reglas:

a) El vocal del Consejo General del Poder Judicial, el Magistrado y el miembro de los órganos técnicos del Consejo General del Poder Judicial, por el Pleno del Consejo General del Poder Judicial.

b) Los Fiscales, por el Fiscal General del Estado.

c) El funcionario del Ministerio de Justicia, por el Ministro de Justicia.

3. Los acuerdos de la Comisión de Selección serán adoptados por mayoría de sus miembros. En caso de empate, decidirá el voto de su Presidente.

4. La Comisión de Selección, además de lo dispuesto en el artículo anterior, será competente para:

a) Proponer el temario, el contenido de los ejercicios y las normas complementarias que han de regir la oposición para el acceso a las Carreras Judicial y Fiscal, sometiéndolos a la aprobación del Ministerio de Justicia y del Pleno del Consejo General del Poder Judicial.

b) Realizar los trámites administrativos precisos para la distribución de los aprobados a las respectivas Escuelas según la opción que hayan realizado, conforme se dispone en el artículo 301.2.

5. Las resoluciones previstas en el presente artículo y en el apartado 2 del artículo anterior agotarán la vía administrativa y serán susceptibles de recurso contencioso-administrativo ante la Sala de lo Contencioso-administrativo del Tribunal Supremo [562].

306. [563] 1. La oposición para el ingreso en las Carreras Judicial y Fiscal por la categoría de Juez y de Abogado Fiscal se convocará al menos cada dos años, realizándose la convocatoria por la Comisión de Selección prevista en el apartado 1 del artículo 305, previa propuesta del Consejo General del Poder Judicial y del Ministerio de Justicia, atendiendo al número máximo de plazas que corresponda ofrecer de acuerdo con lo dispuesto en el apartado 4 del artículo 301 y en atención a las disponibilidades presupuestarias.

---

[562] Véase art. 127.8 de la presente Ley

[563] Dada nueva redacción por art. único de Ley Orgánica 19/2003 de 23 de diciembre de 2003, con vigencia desde 15/01/2004

2. En ningún caso podrá el Tribunal seleccionar en las pruebas previstas en el artículo 301 a un número de candidatos superior al de las plazas que hubieran sido convocadas según lo dispuesto en dicho artículo.

3. Los que hubiesen superado la oposición como aspirantes al ingreso en la Carrera Judicial, tendrán la consideración de funcionarios en prácticas.

307. [564] 1. La Escuela Judicial, configurada como centro de selección y formación de jueces y magistrados dependiente del Consejo General del Poder Judicial, tendrá como objeto proporcionar una preparación integral, especializada y de alta calidad a los miembros de la Carrera Judicial, así como a los aspirantes a ingresar en ella.

La Escuela Judicial llevará a cabo la coordinación e impartición de la enseñanza inicial, así como de la formación continua, en los términos establecidos en el artículo 433 bis [565].

2. El curso de selección incluirá necesariamente: un programa teórico de formación multidisciplinar, un período de prácticas tuteladas en diferentes órganos de todos los órdenes jurisdiccionales y un período en el que los jueces y juezas en prácticas desempeñarán funciones de sustitución y refuerzo. Solamente la superación de cada uno de ellos posibilitará el acceso al siguiente.

En la fase teórica de formación multidisciplinar se incluirá el estudio en profundidad de las materias que integran el principio de no discriminación y la igualdad entre hombres y mujeres, y en particular de la legislación especial para la lucha contra la violencia sobre la mujer en todas sus formas. Asimismo, incluirá el estudio en profundidad de la legislación nacional e internacional sobre los derechos de la infancia y la adolescencia, con especial atención a la Convención sobre los Derechos del Niño y sus observaciones generales. [566]

3. Superada la fase teórica de formación multidisciplinar, se iniciará el período de prácticas. En su primera fase, los jueces en prácticas

---

[564] Dada nueva redacción por art. único apartado 15 de Ley Orgánica 8/2012 de 27 de diciembre de 2012, con vigencia desde 29/12/2012

[565] Véase Ac. de 7 de junio de 1995, del Pleno CGPJ, por el que se ordena la publicación del Rgto. 2/1995, de la Escuela Judicial

[566] Dada nueva redacción apartado 2 por disposición final 4 apartado 1 de Ley Orgánica 8/2021 de 4 de junio de 2021, con vigencia desde 25/06/2021

tuteladas, que se denominarán jueces adjuntos, ejercerán funciones de auxilio y colaboración con sus titulares. En este período sus funciones no podrán exceder de la redacción de borradores o proyectos de resolución que el juez o ponente podrá, en su caso, asumir con las modificaciones que estime pertinentes. También podrán dirigir vistas o actuaciones bajo la supervisión y dirección del juez titular.

4. Superada asimismo esta fase de prácticas tuteladas, existirá un periodo obligatorio en el que los jueces en prácticas desempeñarán labores de sustitución y refuerzo conforme a lo previsto en los artículos 210 y 216 bis, teniendo preferencia sobre los jueces sustitutos en cualquier llamamiento para el ejercicio de tales funciones.

En esta última fase ejercerán la jurisdicción con idéntica amplitud a la de los titulares del órgano judicial y quedarán a disposición del Presidente del Tribunal Superior de Justicia correspondiente, quien deberá elaborar un informe sobre la dedicación y rendimiento en el desempeño de sus funciones, para su valoración por la Escuela Judicial.

El Consejo General del Poder Judicial y los Presidentes de los Tribunales Superiores de Justicia velarán porque el desempeño de tales labores tenga lugar, preferentemente, en órganos judiciales de similares características a los que los jueces en prácticas puedan luego ser destinados.

5. La duración del período de prácticas, sus circunstancias, el destino y las funciones de los jueces en prácticas serán regulados por el Consejo General del Poder Judicial a la vista del programa elaborado por la Escuela Judicial.

En ningún caso la duración del curso teórico de formación será inferior a nueve meses. Las prácticas tuteladas tendrán una duración mínima de cuatro meses; idéntica duración mínima tendrá la destinada a realizar funciones de sustitución o apoyo.

6. Los que superen el curso teórico y práctico serán nombrados jueces por el orden de la propuesta hecha por la Escuela Judicial [567].

---

[567] Véanse arts. 107.5 y 131.3 de la presente Ley

7. El nombramiento se extenderá por el Consejo General del Poder Judicial, mediante orden, y con la toma de posesión quedarán investidos de la condición de juez [568].

308. [569] 1. La Escuela Judicial elaborará una relación con los aspirantes que aprueben el curso teórico y práctico, según su orden de calificación, que se elevará al Consejo General del Poder Judicial.

2. Sin perjuicio de lo establecido en el artículo 301.4, aquellos aspirantes aprobados que no pudieran ser nombrados jueces titulares de órganos judiciales ingresarán en la Carrera Judicial en calidad de jueces en expectativa de destino, tomando posesión ante el Presidente del Consejo General del Poder Judicial, al que quedarán adscritos a los efectos previstos en los artículos 210.1, 216, 216 bis, 216 bis 2, 216 bis 3 y 216 bis 4.

Los jueces en expectativa de destino tendrán preferencia sobre los jueces sustitutos en cualquier llamamiento para el ejercicio de las funciones a las que se refieren los artículos indicados en el párrafo anterior y cesarán en su cometido en el momento en el que sean nombrados jueces titulares y destinados a las vacantes que se vayan produciendo, según el orden numérico que ocupen en la lista de aspirantes aprobados. [570]

309. 1. Los que no superen el curso podrán repetirlo en el siguiente, al que se incorporarán con la nueva promoción.

2. Si tampoco superaren este curso, quedarán definitivamente excluidos y decaídos en la expectativa de ingreso en la Carrera Judicial derivada de las pruebas de acceso que hubiesen aprobado [571].

---

[568] Este precepto será de aplicación a quienes, a 29 de diciembre de 2012, se encuentren realizando el preceptivo curso de selección en la Escuela Judicial, conforme disp. trans. 4ª LO 8/2012, de 27 diciembre Véanse arts. 316.1, 318, 319, 321 y 322 de la presente Ley

[569] Dada nueva redacción por art. único de Ley Orgánica 19/2003 de 23 de diciembre de 2003, con vigencia desde 15/01/2004

[570] Dada nueva redacción apartado 2 por art. único apartado 16 de Ley Orgánica 8/2012 de 27 de diciembre de 2012, con vigencia desde 29/12/2012

[571] Véanse Ac. de 7 de junio de 1995, del Pleno CGPJ, por el que se ordena la publicación del Rgto. 2/1995, de la Escuela Judicial y art. 308 de la presente Ley

310. [572] Todas las pruebas selectivas para el ingreso y la promoción en las Carreras Judicial y Fiscal contemplarán el estudio del principio de igualdad entre mujeres y hombres, incluyendo las medidas contra la violencia de género, y su aplicación con carácter transversal en el ámbito de la función jurisdiccional.

El temario deberá garantizar la adquisición de conocimientos sobre el principio de no discriminación y especialmente de igualdad entre mujeres y hombres y, en particular, de la normativa específica dictada para combatir la violencia sobre la mujer, incluyendo la de la Unión Europea y la de tratados e instrumentos internacionales en materia de igualdad, discriminación y violencia contra las mujeres ratificados por España.

Asimismo, las pruebas selectivas contemplarán el estudio de la tutela judicial de los derechos de la infancia y la adolescencia, su protección y la aplicación del principio del interés superior de la persona menor de edad. El temario deberá garantizar la adquisición de conocimientos sobre normativa interna, europea e internacional, con especial atención a la Convención sobre los Derechos del Niño y sus observaciones generales.

311. [573] 1. De cada cuatro vacantes que se produzcan en la categoría de Magistrado, dos darán lugar al ascenso de los Jueces que ocupen el primer lugar en el escalafón dentro de esta categoría.

El Magistrado así ascendido podrá optar por continuar en la plaza que venía ocupando o por ocupar la vacante que en el momento del ascenso le sea ofertada, comunicándolo al Consejo General del Poder Judicial en la forma y plazo que éste determine. En el primer supuesto no podrá participar en los concursos ordinarios de traslado durante tres años si la plaza que venía ocupando es de categoría de Juez y un año si es de categoría de Magistrado.

La tercera vacante se proveerá, entre jueces, por medio de pruebas selectivas en los órdenes jurisdiccionales civil y penal, y de especializa-

---

[572] Dada nueva redacción por disposición final 4 apartado 2 de Ley Orgánica 8/2021 de 4 de junio de 2021, con vigencia desde 25/06/2021

[573] Dada nueva redacción por art. único de Ley Orgánica 19/2003 de 23 de diciembre de 2003, con vigencia desde 15/01/2004

ción en los órdenes contencioso-administrativo y social, y en materia mercantil y de violencia sobre la mujer. [574]

La cuarta vacante se proveerá por concurso entre juristas de reconocida competencia y con más de diez años de ejercicio profesional que superen el curso de formación al que se refiere el apartado 5 del artículo 301. A su vez, una tercera parte de estas vacantes se reservará a miembros del Cuerpo de Letrados de la Administración de Justicia de primera o segunda categoría. [575]

Por este procedimiento sólo podrá convocarse un número de plazas que no supere el total de las efectivamente vacantes más las previsibles que vayan a producirse durante el tiempo en que se prolongue la resolución del concurso. [576]

En las Comunidades Autónomas en las que exista más de una lengua oficial o tengan Derecho Civil propio se aplicarán, para la provisión de estas plazas, las previsiones establecidas a tal efecto en la presente Ley. [577]

2. Para el ascenso por escalafón será necesario que hayan prestado tres años de servicios efectivos como jueces. Para presentarse a las pruebas selectivas o de especialización bastará, sin embargo, con dos años de servicios efectivos, cualquiera que fuere la situación administrativa del candidato. Podrán presentarse también a las pruebas selectivas o de especialización en los órdenes contencioso-administrativo, social, civil y penal y en las materias mercantil y de violencia sobre la mujer, los miembros de la Carrera Judicial con categoría de magistrado y, como forma de acceso a la Carrera Judicial, los de la Carrera Fiscal; en ambos casos, será necesario haber prestado al menos dos años de servicios efectivos en sus respectivas carreras. Igual exigencia se requerirá a quienes se presenten a las pruebas selectivas a las que se refiere el apartado 4 del artículo 329. [578]

---

[574] Dada nueva redacción apartado 1 párrafo 3 por art. único apartado 6 de Ley Orgánica 5/2018 de 28 de diciembre de 2018, con vigencia desde 18/01/2019

[575] Dada nueva redacción apartado 1 párrafo 4 por disposición adicional 1 de Ley Orgánica 7/2015 de 21 de julio de 2015, con vigencia desde 01/10/2015

[576] Véase Reglamento 2/2011, de la Carrera Judicial

[577] Dada nueva redacción apartado 1 por art. 1 apartado 6 de Ley Orgánica 1/2009 de 3 de noviembre de 2009, con vigencia desde 05/11/2009

[578] Dada nueva redacción apartado 2 por art. único apartado 6 de Ley Orgánica 5/2018 de 28 de diciembre de 2018, con vigencia desde 18/01/2019

3. El Consejo General del Poder Judicial podrá realizar por especialidades todas o algunas de las convocatorias de concurso para el acceso a la Carrera Judicial por la categoría de Magistrado de juristas de reconocida competencia, limitando aquéllas a la valoración de méritos relativos a la materia correspondiente y reservando al efecto plazas de características adecuadas dentro de la proporción general establecida en el apartado 1.

4. Quienes accedieran a la categoría de Magistrado sin pertenecer con anterioridad a la Carrera Judicial se incorporarán al escalafón inmediatamente a continuación del último Magistrado que hubiese accedido a la categoría. No podrán obtener la situación de excedencia voluntaria, salvo en los casos previstos en el artículo 356 d) y e), hasta haber completado el tiempo de servicios efectivos en la Carrera Judicial que establece el párrafo c) del citado artículo.

5. A quienes superen las pruebas de especialización en los órdenes contencioso-administrativo y social perteneciendo con anterioridad a la Carrera Fiscal, se les computará en la Carrera Judicial el tiempo de servicios prestados en aquélla cuando participen en concursos que tengan por objeto la provisión de plazas y cargos de nombramiento discrecional.

6. Quienes, de acuerdo con las previsiones del apartado 4, en lo sucesivo ingresen en la carrera judicial en concurso limitado conforme al apartado 3, no podrán ocupar plazas correspondientes a un orden jurisdiccional o una especialidad distinta, salvo que superen las pruebas selectivas o de especialización previstas en esta Ley en materia contencioso-administrativa, social, civil, mercantil, penal y de violencia sobre la mujer. [579]

7. Las vacantes que no resultaren cubiertas por este procedimiento acrecerán al turno de pruebas selectivas y de especialización, si estuvieren convocadas, o, en otro caso, al de antigüedad.

8. En los órdenes contencioso-administrativo y social, el número de plazas de Magistrado especialista que se convoquen no podrá ser superior al del número de vacantes a la fecha de la convocatoria.

---

[579] Dada nueva redacción apartado 6 por art. único apartado 6 de Ley Orgánica 5/2018 de 28 de diciembre de 2018, con vigencia desde 18/01/2019

312. 1. Las pruebas selectivas para la promoción de la categoría de Juez a la de Magistrado en los órdenes jurisdiccionales civil y penal se celebrarán en la Escuela Judicial, y tenderán a apreciar el grado de capacidad y la formación jurídica de los candidatos, así como sus conocimientos en las distintas ramas del derecho. Podrán consistir en la realización de estudios, superación de cursos, elaboración de dictámenes o resoluciones y su defensa ante el Tribunal, exposición de temas y contestación a las observaciones que el Tribunal formule o en otros ejercicios similares [580]. [581]

2. Las pruebas de especialización en los órdenes contencioso–administrativo y de lo social y en materia mercantil y de violencia sobre la mujer tenderán además a apreciar, en particular, aquellos conocimientos que sean propios de cada especialidad. [582]

3. Sin perjuicio de lo establecido en el artículo 310, para acceder a las pruebas selectivas o de especialización será preciso acreditar haber participado en actividades de formación continua con perspectiva de género. [583]

4. Las normas por las que han de regirse estas pruebas, los ejercicios y, en su caso, los programas se aprobarán por el Consejo General del Poder Judicial. [584]

313. [585] 1. El Consejo General del Poder Judicial, al tiempo de convocar los concursos de méritos a que se refiere el artículo 311, aprobará las bases a que deba sujetarse la celebración de los mismos,

---

[580] Véase Reglamento 2/2011, de la Carrera Judicial

[581] Dada nueva redacción apartado 1 por art. único de Ley Orgánica 19/2003 de 23 de diciembre de 2003, con vigencia desde 15/01/2004

[582] Dada nueva redacción apartado 2 por art. único apartado 7 de Ley Orgánica 5/2018 de 28 de diciembre de 2018, con vigencia desde 18/01/2019

[583] Dada nueva redacción apartado 3 por art. único apartado 7 de Ley Orgánica 5/2018 de 28 de diciembre de 2018, con vigencia desde 18/01/2019

[584] Añadido apartado 4 por art. único apartado 7 de Ley Orgánica 5/2018 de 28 de diciembre de 2018, con vigencia desde 18/01/2019

[585] Dada nueva redacción por art. único de Ley Orgánica 19/2003 de 23 de diciembre de 2003, con vigencia desde 15/01/2004

en las que graduará la puntuación máxima con arreglo al baremo que se establece en el siguiente apartado [586].

2. El baremo establecerá la valoración de los siguientes méritos:

a) Título de Licenciado en Derecho con calificación superior a aprobado, incluido el expediente académico.

b) Título de Doctor en Derecho y calificación alcanzada en su obtención, incluido el expediente académico.

c) Años de ejercicio efectivo de la abogacía ante los Juzgados y Tribunales, dictámenes emitidos y asesoramientos prestados.

d) Años de servicio efectivo como catedráticos o como profesores titulares de disciplinas jurídicas en universidades públicas o en categorías similares en universidades privadas, con dedicación a tiempo completo.

e) Años de servicio como funcionario de carrera en cualesquiera otros cuerpos de las Administraciones públicas para cuyo ingreso se exija expresamente estar en posesión del título de Doctor o Licenciado en Derecho e impliquen intervención ante los Tribunales de Justicia, en la Carrera Fiscal o en el Cuerpo de Letrados de la Administración de Justicia, destinos servidos y funciones desempeñadas en los mismos. [587]

f) Años de ejercicio efectivo de funciones judiciales sin pertenecer a la Carrera Judicial y número de resoluciones dictadas, valorándose además la calidad de las mismas.

g) Publicaciones científico-jurídicas.

h) Ponencias y comunicaciones en congresos y cursos de relevante interés jurídico.

i) Realización de cursos de especialización jurídica de duración no inferior a trescientas horas, así como la obtención de la suficiencia investigadora acreditada por la Agencia Nacional de la Calidad y Acreditación.

j) Haber aprobado alguno de los ejercicios que integren las pruebas de acceso por el turno libre a la Carrera Judicial.

3. También se incluirán en las bases la realización de pruebas prácticas relativas a la elaboración de un dictamen que permita al Tribunal valorar la aptitud del candidato.

---

[586] Véase Reglamento 2/2011, de la Carrera Judicial

[587] Dada nueva redacción apartado 2 letra e por disposición adicional 1 de Ley Orgánica 7/2015 de 21 de julio de 2015, con vigencia desde 01/10/2015

4. El Consejo General del Poder Judicial, al tiempo de convocarse el concurso, determinará la puntuación máxima de los méritos comprendidos en cada una de las letras del apartado 2 anterior, de modo que no supere la máxima que se atribuya a la suma de otros dos. La puntuación de los méritos comprendidos en los párrafos c), d), e) y f) de dicho apartado, no podrá ser inferior a la máxima que se atribuya a cualesquiera otros méritos de las restantes letras del mismo.

5. Sólo podrán apreciarse por el Tribunal calificador los méritos que, estando comprendidos en el baremo, guarden relación con las materias propias del orden jurisdiccional a que se refiere la convocatoria del concurso, siempre que hubieran sido debidamente acreditados por el interesado.

6. En las bases se establecerán las previsiones necesarias para que el Tribunal calificador pueda tener conocimiento de cuantas incidencias hayan podido afectar a los concursantes durante su vida profesional y que pudieran tener importancia para valorar su aptitud en el desempeño de la función judicial.

7. Para valorar los méritos a que se refiere el apartado 2 de este artículo, que hubiesen sido aducidos por los solicitantes, las bases de las convocatorias establecerán la facultad del Tribunal de convocar a los candidatos o a aquellos que alcancen inicialmente una determinada puntuación a una entrevista, de una duración máxima de una hora, en la que se debatirán los méritos aducidos por el candidato y su «currículum» profesional. La entrevista tendrá como exclusivo objeto el acreditar la realidad de la formación jurídica y capacidad para ingresar en la Carrera Judicial, aducida a través de los méritos alegados, y no podrá convertirse en un examen general de conocimientos jurídicos.

8. En las bases se fijará la forma de valoración de los méritos profesionales que se pongan de manifiesto con ocasión de la entrevista.

Dicha valoración tendrá como límite el aumento o disminución de la puntuación inicial de aquéllos en la proporción máxima que se fije, sin perjuicio de lo dispuesto en el apartado 10 de este artículo.

9. El Tribunal levantará acta suficientemente expresiva del contenido y del resultado de la entrevista, en la que se expresarán los criterios aplicados para la calificación definitiva del candidato.

10. En las bases se establecerá el procedimiento a que se ajustará el Tribunal para excluir a un candidato por no concurrir en él la cualidad de jurista de reconocida competencia, ya por insuficiencia o falta de aptitud deducible de los datos objetivos del expediente, ya por existir

circunstancias que supongan un demérito incompatible con aquella condición, aun cuando hubiese superado, a tenor del baremo fijado, la puntuación mínima exigida. En este caso, el acuerdo del Tribunal se motivará por separado de la propuesta, a la que se acompañará, y se notificará al interesado por el Consejo General del Poder Judicial.

11. El Consejo podrá de forma motivada rechazar a un candidato, previa audiencia, pese a la propuesta favorable del Tribunal calificador, siempre que, con posterioridad a la misma, se haya tenido conocimiento de alguna circunstancia que suponga un demérito insuperable.

314. [588] El Tribunal de las pruebas selectivas previstas en el artículo 312 de esta Ley será nombrado por el Consejo General del Poder Judicial, estará presidido por el Presidente del Tribunal Supremo o Magistrado del Tribunal Supremo o del Tribunal Superior de Justicia en quien delegue, y serán vocales: dos Magistrados, un Fiscal, dos catedráticos de universidad designados por razón de la materia, un Abogado con más de diez años de ejercicio profesional, un Abogado del Estado, un Letrado de la Administración de Justicia de primera categoría y un miembro de los órganos técnicos del Consejo General del Poder Judicial, Licenciado en Derecho, que actuará como Secretario. Cuando no sea posible designar los catedráticos de universidad, podrán nombrarse, excepcionalmente, profesores titulares.

315. Las oposiciones y concursos para cubrir las vacantes de la Carrera Judicial, del Secretariado y del resto del personal al servicio de la Administración de Justicia serán convocadas, a instancia de la Comunidad Autónoma en cuyo ámbito territorial se produzcan las vacantes, por el órgano competente y de acuerdo con lo dispuesto en esta Ley [589].

---

[588] Dada nueva redacción por disposición adicional 1 de Ley Orgánica 7/2015 de 21 de julio de 2015, con vigencia desde 01/10/2015

[589] Véanse arts. 35.2 y 3 Estatuto Autonomía País Vasco, 101 Estatuto Autonomía Cataluña, 24.1 Estatuto Autonomía Galicia, 146 Estatuto Autonomía Andalucía, 39 Estatuto Autonomía Asturias, 37 Estatuto Autonomía Murcia, 97.1 Estatuto Autonomía Comunidad Valenciana y 48 Estatuto Autonomía Comunidad de Madrid

CAPÍTULO III
Del nombramiento y posesión de los Jueces y Magistrados

316. 1. Los Jueces serán nombrados, mediante Orden, por el Consejo General del Poder Judicial.

2. Los Magistrados y los Presidentes serán nombrados por Real Decreto, a propuesta de dicho Consejo.

3. La presentación a Real Decreto se hará por el Ministro de Justicia, que refrendará el nombramiento [590].

317. 1. Los nombramientos se remitirán al Presidente del Tribunal o Audiencia a quien corresponda dar o mandar dar posesión a los nombrados.

2. También se comunicará a éstos y a los Presidentes del Tribunal o Audiencia de su destino anterior.

3. Cuando los Presidentes de la Sala y Sección o Jueces cesen en su destino, por ser nombrados para otro cargo, elaborarán un alarde o relación de los asuntos que queden pendientes en el respectivo órgano, consignando la fecha de su iniciación y el estado en que se hallen, remitiendo copia al Presidente del Tribunal o de la Audiencia [591].

4. Al tomar posesión, el nuevo titular del órgano, examinará el alarde elaborado por el anterior, suscribiéndolo en caso de conformidad.

318. 1. Los miembros de la Carrera Judicial prestarán, antes de posesionarse del primer destino, el siguiente juramento o promesa: "Juro o prometo guardar y hacer guardar fielmente y en todo tiempo la Constitución y el resto del ordenamiento jurídico, lealtad a la Corona, administrar recta e imparcial justicia y cumplir mis deberes judiciales frente a todos".

---

[590] Véanse arts. 64 CE, 107.5, 125.5 y 6, 127.1, 131.2, 135, 139.1 y 307.4 de la presente Ley
[591] Véase art. 418.13 de la presente Ley

2. El mismo juramento o promesa se prestará cuando se ascienda de categoría en la carrera. [592] [593]

319. 1. Los Presidentes, Magistrados y Jueces se presentarán a tomar posesión de sus respectivos cargos dentro de los veinte días naturales siguientes al de la fecha de la publicación de su nombramiento en el Boletín Oficial del Estado. Para los destinados a la misma población en que hubieran servido el cargo, el plazo será de ocho días. Los que hayan de jurar o prometer el cargo tomarán posesión dentro de los tres días siguientes al del juramento o promesa.

2. El Consejo General del Poder Judicial podrá prorrogar tales plazos, mediando justa causa.

320. 1. La toma de posesión del Presidente, Presidentes de Sala y Magistrados de Tribunales y Audiencias se hará en audiencia pública ante la Sala de Gobierno del Tribunal al que fueren destinados o ante la del Tribunal Superior de Justicia en la Comunidad Autónoma correspondiente.

2. Los Magistrados del Tribunal Supremo y de los Tribunales Superiores de Justicia que fuesen nombrados sin haber pertenecido con anterioridad a la Carrera Judicial, en el mismo acto de su toma de posesión ante las Salas de Gobierno respectivas, prestarán el juramento o promesa en los términos previstos en el artículo 318 [594] .

321. [595] 1. Los jueces y las juezas prestarán el juramento o promesa, cuando proceda, ante la Sala de Gobierno del Tribunal o Audiencia a que pertenezca el órgano judicial para el que hayan sido nombrados o nombradas y, asimismo, en audiencia pública.

2. La posesión será en el órgano judicial al que fueren destinados o destinadas, en audiencia pública y con asistencia del personal de

---

[592] Véanse art. 9.1 CE y disposición transitoria 32 de la presente Ley

[593] Dada nueva redacción apartado 2 por art. 1 apartado 7 de Ley Orgánica 1/2009 de 3 de noviembre de 2009, con vigencia desde 05/11/2009

[594] Véase art. 152.1 de la presente Ley

[595] Dada nueva redacción por art. 1 apartado 67 de Ley Orgánica 1/2025 de 2 de enero de 2025, con vigencia desde 23/01/2025

aquél. Dará la posesión el juez o la jueza que estuviere ejerciendo la jurisdicción [596] .

322. 1. El que se negare a prestar juramento o promesa o sin justa causa dejare de tomar posesión se entenderá que renuncia al cargo y a la Carrera Judicial.

2. El Presidente del Tribunal o Audiencia dará cuenta al Consejo General del juramento o promesa y posesión o, en su caso, del transcurso del tiempo sin hacerlo [597] .

323. 1. Si concurriere justo impedimento en la falta de presentación, podrá ser rehabilitado el renunciante. La rehabilitación se acordará por el Consejo General, a solicitud del interesado.

2. En tal caso, el rehabilitado deberá presentarse a prestar juramento o promesa o posesionarse de su cargo en el plazo que se le señale, que no podrá ser superior a la mitad del plazo normal.

3. Si la plaza a la que fuere destinado hubiere sido cubierta, será destinado a la que elija, de las correspondientes a su categoría y para la que reúna las condiciones legales, que hubiere quedado desierta en concurso. En otro caso, será destinado forzoso [598] .

CAPÍTULO IV
De los honores y tratamientos de los Jueces y Magistrados

324. El Presidente y los Magistrados del Tribunal Supremo, el Presidente de la Audiencia Nacional y los de los Tribunales Superiores de Justicia tienen el tratamiento de excelencia. Los Presidentes de las Audiencias Provinciales y demás Magistrados, de señoría ilustrísima. Los Jueces, el de señoría [599] .

---

[596] Véase art. 152.1 de la presente Ley
[597] Véase art. 379.1 de la presente Ley
[598] Véanse arts. 107, 127.5, 133 y 380 a 383 de la presente Ley
[599] Véanse arts. 103.2, 105 y 187 de la presente Ley

325. En los actos de oficio, los Jueces y Magistrados no podrán recibir mayor tratamiento que el que corresponda a su empleo efectivo en la Carrera Judicial, aunque lo tuvieren superior en diferente carrera o por otros títulos.

CAPÍTULO V
De la provisión de plazas en los Juzgados, en las Audiencias y en los Tribunales Superiores de Justicia [600]

326. [601] 1. El ascenso y promoción profesional de los jueces y magistrados dentro de la carrera judicial estará basado en los principios de mérito y capacidad, así como en la idoneidad y especialización para el ejercicio de las funciones jurisdiccionales correspondientes a los diferentes destinos.

2. La provisión de destinos de la carrera judicial se hará por concurso, en la forma que determina esta Ley, salvo los de Presidentes de las Audiencias, Tribunales Superiores de Justicia y Audiencia Nacional, y Presidentes de Sala y Magistrados del Tribunal Supremo. La provisión de Presidentes de las Audiencias, Tribunales Superiores de Justicia y Audiencia Nacional y Presidentes de Sala y Magistrados del Tribunal Supremo se basará en una convocatoria abierta que se publicará en el "Boletín Oficial del Estado", cuyas bases, aprobadas por el Pleno, establecerán de forma clara y separada cada uno de los méritos que se vayan a tener en consideración, diferenciando las aptitudes de excelencia jurisdiccional de las gubernativas, y los méritos comunes de los específicos para determinado puesto. La convocatoria señalará pormenorizadamente la ponderación de cada uno de los méritos en la valoración global del candidato. La comparecencia de los aspirantes para la explicación y defensa de su propuesta se efectuará en términos que garanticen la igualdad y tendrá lugar en audiencia pública, salvo que por motivos extraordinarios debidamente consignados y documentados en el acta de la sesión, deba quedar restringida al resto de los candidatos a la misma plaza. Toda propuesta que se haya de

---

[600] Véase Reglamento 2/2011, de la Carrera Judicial

[601] Dada nueva redacción por art. único apartado 10 de Ley Orgánica 4/2018 de 28 de diciembre de 2018, con vigencia desde 18/01/2019

elevar al Pleno deberá estar motivada y consignar individualmente la ponderación de cada uno de los méritos de la convocatoria. En todo caso, se formulará una evaluación de conjunto de los méritos, capacidad e idoneidad del candidato. Asimismo, la propuesta contendrá una valoración de su adecuación a lo dispuesto en la Ley Orgánica 3/2007, de 22 de marzo, para la igualdad efectiva de mujeres y hombres.

3. El Consejo General del Poder Judicial, mediante acuerdo motivado, podrá no sacar temporalmente a concurso determinadas vacantes, siempre que estuvieren adecuadamente atendidas mediante magistrados suplentes o jueces sustitutos, cuando las necesidades de la Administración de Justicia aconsejasen dar preferencia a otras de mayor dificultad o carga de trabajo.

4. Los Presidentes de las Audiencias, Tribunales Superiores de Justicia y Audiencia Nacional y Presidentes de Sala y Magistrados del Tribunal Supremo están sujetos al deber de efectuar una declaración de bienes y derechos y al control y gestión de activos financieros de los que sean titulares en los términos previstos en los artículos 17 y 18 de la Ley 3/2015, de 30 de marzo, reguladora del ejercicio del alto cargo de la Administración General del Estado, en las mismas condiciones que las establecidas para el Presidente, los Vocales y el Secretario General del Consejo General del Poder Judicial.

327. [602] 1. No podrán concursar los electos, ni los que se encontraren en una situación de las previstas en esta Ley que se lo impida.

2. Tampoco podrán concursar los Jueces y Magistrados que no lleven en el destino ocupado el tiempo que reglamentariamente se determine por el Consejo General del Poder Judicial, teniendo en cuenta su naturaleza y las necesidades de la Administración de Justicia, sin que en ningún caso aquel plazo pueda ser inferior a un año en destino forzoso y dos en voluntario.

3. No obstante, en los demás casos, el Consejo General del Poder Judicial, por resolución motivada, podrá aplazar la efectividad de la provisión de una plaza de Juez o Magistrado cuando el que hubiere ganado el concurso a dicha plaza debiera dedicar atención preferente al órgano de procedencia atendidos los retrasos producidos por causa

---

[602] Dada nueva redacción por art. único de Ley Orgánica 19/2003 de 23 de diciembre de 2003, con vigencia desde 15/01/2004

imputable al mismo. Dicho aplazamiento tendrá una duración máxima de tres meses, transcurridos los cuales si la situación de pendencia no hubiere sido resuelta en los términos fijados por la resolución motivada de aplazamiento, el Juez o Magistrado perderá su derecho al nuevo destino [603] .

328. [604] La ley que fije la planta determinará los criterios para clasificar las plazas de los Tribunales de Instancia y establecer la categoría de quienes deban servirlas [605] .

329. [606] 1. Los concursos para la provisión de las plazas en las Secciones Civil, de Instrucción o Civil y de Instrucción de los Tribunales de Instancia se resolverán en favor de quienes, ostentando la categoría necesaria, tengan mejor puesto en el escalafón.

2. Los concursos para la provisión de las plazas en Secciones de lo Contencioso-Administrativo o de lo Social de los Tribunales de Instancia se resolverán en favor de quienes, ostentando la categoría de magistrado o magistrada especialista en los respectivos órdenes jurisdiccionales o habiendo pertenecido al extinguido Cuerpo de Magistrados de Trabajo, para los de lo Social, tengan mejor puesto en su escalafón. En su defecto, se cubrirán con magistrados o magistradas que hayan prestado al menos tres años de servicio, dentro de los cinco anteriores a la fecha de la convocatoria, en los órdenes contencioso-administrativo o social, respectivamente. A falta de éstos o éstas se cubrirán por el orden de antigüedad establecido en el apartado 1. Quienes obtuvieran plaza deberán participar antes de tomar posesión en su nuevo destino en las actividades específicas de formación que el Consejo General del Poder Judicial establezca reglamentariamente para los supuestos de cambio de orden jurisdiccional. En el caso de que las vacantes hubieran de cubrirse por ascenso, el Consejo General del Poder Judicial establecerá igualmente actividades específicas y

---

[603] Véanse arts. 120, 348 a 369 y disposición adicional 1 de la presente Ley

[604] Dada nueva redacción por art. 1 apartado 68 de Ley Orgánica 1/2025 de 2 de enero de 2025, con vigencia desde 23/01/2025

[605] Véase art. 21.2 LDJP

[606] Dada nueva redacción por art. 1 apartado 69 de Ley Orgánica 1/2025 de 2 de enero de 2025, con vigencia desde 23/01/2025

obligatorias de formación que deberán realizarse antes de la toma de posesión de dichos destinos por aquellos jueces o juezas a quienes corresponda ascender [607].

3. Los concursos para la provisión de las plazas en las Secciones de Menores de los Tribunales de Instancia se resolverán en favor de quienes, ostentando la categoría de magistrado o magistrada y acreditando la correspondiente especialización en materia de menores en la Escuela Judicial, tengan mejor puesto en su escalafón. En su defecto, se cubrirán por magistrados o magistradas que hayan prestado al menos tres años de servicio, dentro de los cinco anteriores a la fecha de la convocatoria, en la jurisdicción de menores. A falta de éstos se cubrirán por el orden de antigüedad establecido en el apartado 1.

Quienes obtuvieran plaza, así como quienes la obtuvieran cuando las vacantes tuvieran que cubrirse por ascenso, deberán participar antes de tomar posesión de su nuevo destino en las actividades de especialización en materia de menores y en materia de violencia de género que establezca el Consejo General del Poder Judicial.

4. Los concursos para la provisión de las plazas en las Secciones de lo Mercantil de los Tribunales de Instancia se resolverán en favor de quienes, acreditando la especialización en los asuntos propios de dicha materia jurisdiccional, obtenida mediante la superación de las pruebas de especialización que reglamentariamente determine el Consejo General del Poder Judicial, tengan mejor puesto en su escalafón. En su defecto, se cubrirán con los magistrados o las magistradas que acrediten haber permanecido más años en el orden jurisdiccional civil. A falta de éstos, por el orden de antigüedad establecido en el apartado 1.

Quienes obtuvieran plaza deberán participar antes de tomar posesión en su nuevo destino en las actividades específicas de formación que el Consejo General del Poder Judicial establezca reglamentariamente.

En el caso de que las vacantes hubieran de cubrirse por ascenso, el Consejo General del Poder Judicial establecerá igualmente actividades específicas y obligatorias de formación que deberán realizarse antes de la toma de posesión de dichos destinos por aquellos jueces o juezas a quienes corresponda ascender.

---

[607] Véanse disposición transitoria 15.3, disposición transitoria 17.4 y disposición transitoria 19 de la presente Ley

5. Los concursos para la provisión de plazas del Tribunal Central de Instancia en las Secciones de Instrucción, de lo Penal, de Menores y de Vigilancia Penitenciaria se resolverán a favor de quienes hayan prestado servicios en el orden jurisdiccional penal durante ocho años dentro de los doce años inmediatamente anteriores a la fecha de la convocatoria; en defecto de este criterio, en favor de quien ostente mejor puesto en el escalafón.

Los concursos para la provisión de plazas en la Sección de lo Contencioso-Administrativo del Tribunal Central de Instancia se resolverán en favor de quienes ostenten la especialidad en dicho orden jurisdiccional; en su defecto, por quienes hayan prestado servicios en dicho orden durante ocho años dentro de los doce años inmediatamente anteriores a la fecha de la convocatoria; y en defecto de estos criterios, por quien ostente mejor puesto en el escalafón. En ese último caso quienes obtuvieren plaza deberán participar antes de tomar posesión en su nuevo destino en las actividades específicas de formación que el Consejo General del Poder Judicial establezca reglamentariamente para los supuestos de cambio de orden jurisdiccional.

6. Los miembros de la carrera judicial que, destinados en Secciones de lo Contencioso-administrativo, de lo Social, de lo Mercantil, de Violencia sobre la Mujer o Civil con competencias en materias mercantiles de los Tribunales de Instancia, adquieran condición de especialista en sus respectivos órdenes, podrán continuar en su destino.

7. Los concursos para la provisión de plazas en las Secciones de Violencia sobre la Mujer y de lo Penal especializados en Violencia sobre la Mujer de los Tribunales de Instancia se resolverán en favor de quienes, acreditando la especialización en los asuntos propios de dicha materia jurisdiccional, obtenida mediante la superación de las pruebas selectivas que reglamentariamente determine el Consejo General del Poder Judicial, tengan mejor puesto en su escalafón.

En su defecto, se cubrirán con los magistrados o las magistradas que acrediten haber permanecido más años ocupando plaza en el orden jurisdiccional penal. A falta de estos o estas, se cubrirán por el orden de antigüedad establecido en el apartado 1. Quienes obtuvieran plaza de estas dos últimas formas deberán participar antes de tomar posesión en su nuevo destino en las actividades específicas de formación que el Consejo General del Poder Judicial establezca reglamentariamente.

En el caso de que las vacantes hubieran de cubrirse por ascenso, el Consejo General del Poder Judicial establecerá igualmente actividades específicas y obligatorias de formación que deberán realizarse antes de la toma de posesión de dichos destinos por aquellos jueces o juezas a quienes corresponda ascender.

8. Los concursos para la provisión de las plazas en las Secciones de Familia, Infancia y Capacidad y de las Secciones de Violencia contra la Infancia y la Adolescencia de los Tribunales de Instancia se resolverán en favor de quienes, acreditando la correspondiente formación especializada en esta materia en la Escuela Judicial, tengan mejor puesto en su escalafón. A estos solos efectos se les asignará el puesto del escalafón que les hubiese correspondido si se añadiesen tres años de antigüedad. En su defecto, las plazas de las Secciones de Familia, Infancia y Capacidad se cubrirán por jueces o juezas que hayan prestado al menos tres años de servicio, dentro de los cinco anteriores a la fecha de la convocatoria, en órganos judiciales con competencias en materia de familia, infancia y capacidad y las plazas judiciales de las Secciones de Violencia contra la Infancia y la Adolescencia se cubrirán con jueces o juezas que hayan prestado al menos tres años de servicio, dentro de los cinco anteriores a la fecha de la convocatoria, en órganos judiciales con competencias en materia de violencia contra la infancia y la adolescencia. A falta de éstos se cubrirán por el orden de antigüedad establecido en el apartado 1.

Quienes obtuvieran plaza, así como quienes la obtuvieran cuando las vacantes tuvieran que cubrirse por ascenso, si no han seguido y superado previamente el curso de formación especializada deberán participar antes de tomar posesión de su nuevo destino en las actividades de formación, en cada caso, en materia de familia, infancia y capacidad o bien en materia de violencia contra la infancia y la adolescencia y, en todo caso, en materia de violencia de género que establezca el Consejo General del Poder Judicial.

9. Ningún juez o jueza, magistrado o magistrada de cada una de las secciones de un Tribunal de Instancia o del Tribunal Central de Instancia podrá solicitar en concurso o en cualquier otra forma de provisión una plaza judicial perteneciente a la misma sección en la que ya estuviera destinado o destinada, con la salvedad de las previstas en el artículo 96.2.

330. [608] 1. Los concursos para la provisión de las plazas de Magistrados de las Salas o Secciones de la Audiencia Nacional, de los Tribunales Superiores de Justicia y de las Audiencias se resolverán en favor de quienes, ostentando la categoría necesaria, tengan mejor puesto en el escalafón, sin perjuicio de las excepciones que establecen los apartados siguientes.

2. En cada Sala o Sección de lo Contencioso-Administrativo de los Tribunales Superiores de Justicia, una de las plazas se reservará a Magistrado especialista en dicho orden jurisdiccional, con preferencia del que ocupe mejor puesto en su escalafón. Si la Sala o Sección se compusiera de cinco o más Magistrados, el número de plazas cubiertas por este sistema será de dos, manteniéndose idéntica proporción en los incrementos sucesivos.

No obstante, si un miembro de la Sala o Sección adquiriese la condición de especialista en este orden, podrá continuar en su destino hasta que se le adjudique la primera vacante de especialista que se produzca. En los concursos para la provisión del resto de plazas tendrán preferencia aquellos Magistrados que hayan prestado sus servicios en dicho orden jurisdiccional durante ocho años dentro de los doce años inmediatamente anteriores a la fecha de la convocatoria. [609] [610]

3. En cada Sala o Sección de lo Social de los Tribunales Superiores de Justicia, una de las plazas se reservará a Magistrado especialista en dicho orden jurisdiccional o que haya pertenecido al extinguido Cuerpo de Magistrados de Trabajo, con preferencia del que ocupe el mejor puesto en su escalafón. Si la Sala o Sección se compusiera de cinco o más Magistrados, el número de plazas cubiertas por este sistema será de dos, manteniéndose idéntica proporción en los incrementos sucesivos.

No obstante, si un miembro de la Sala o Sección adquiriese la condición de especialista en este orden, podrá continuar en su destino hasta que se le adjudique la primera vacante de especialista que se produzca. En los concursos para la provisión del resto de plazas tendrán

---

[608] Dada nueva redacción por art. único apartado 78 de Ley Orgánica 19/2003 de 23 de diciembre de 2003, con vigencia desde 15/01/2004

[609] Véanse Reglamento 2/2011 de la Carrera Judicial y disposición transitoria 15.3 y disposición transitoria 17.4 de la presente Ley

[610] Dada nueva redacción apartado 2 por art. 1 apartado 9 de Ley Orgánica 1/2009 de 3 de noviembre de 2009, con vigencia desde 05/11/2009

preferencia aquellos Magistrados que hayan prestado sus servicios en dicho orden jurisdiccional durante ocho años dentro de los doce años inmediatamente anteriores a la fecha de la convocatoria. [611]

4. En las Salas de lo Civil y Penal de los Tribunales Superiores de Justicia, una de cada tres plazas se cubrirá por un jurista de reconocido prestigio con más de 10 años de ejercicio profesional en la Comunidad Autónoma, nombrado a propuesta del Consejo General del Poder Judicial sobre una terna presentada por la Asamblea legislativa; las restantes plazas serán cubiertas por Magistrados nombrados a propuesta del Consejo General del Poder Judicial entre los que lleven 10 años en la categoría y en el orden jurisdiccional civil o penal y tengan especiales conocimientos en derecho civil, foral o especial, propio de la Comunidad Autónoma.

En el caso de existir las secciones de apelación a las que se refiere el artículo 73.6, una de ellas conocerá de manera exclusiva de las causas de violencia contra la mujer en sus diversas formas, y las plazas de dicha sección se cubrirán por magistrados o magistradas que ostenten la condición de especialistas en violencia sobre la mujer. A falta de estos, los nombramientos se realizarán con arreglo a lo establecido en el apartado 5; los que obtuvieran plaza de esta forma deberán participar antes de tomar posesión en su nuevo destino en las actividades específicas de formación que el Consejo General del Poder Judicial establezca reglamentariamente. [612]

Cuando la sensible y continuada diferencia en el volumen de trabajo de las distintas Salas de los Tribunales Superiores de Justicia lo aconseje, los Magistrados de cualquiera de ellas, con el acuerdo favorable de la Sala de Gobierno previa propuesta del Presidente del Tribunal, podrán ser adscritos por el Consejo General del Poder Judicial, total o parcialmente, y sin que ello signifique incremento retributivo alguno, a otra Sala del mismo Tribunal Superior de Justicia. Para la adscripción se valorarán la antigüedad en el escalafón y la especialidad o experiencia de los Magistrados afectados y, a ser posible, sus preferencias.

5. Los concursos para la provisión de plazas de Audiencias Provinciales se ajustarán a las siguientes reglas:

---

[611] Dada nueva redacción apartado 3 por art. 1 apartado 9 de Ley Orgánica 1/2009 de 3 de noviembre de 2009, con vigencia desde 05/11/2009

[612] Dada nueva redacción apartado 4 párrafo 2 por art. único apartado 9 de Ley Orgánica 5/2018 de 28 de diciembre de 2018, con vigencia desde 18/01/2019

a) Si hubiera varias secciones y éstas estuvieren divididas por órdenes jurisdiccionales, tendrán preferencia en el concurso aquellos Magistrados que hayan prestado sus servicios en el orden jurisdiccional correspondiente durante seis años dentro de los diez años inmediatamente anteriores a fecha de la convocatoria. La antigüedad en órganos mixtos se computará por igual para ambos órdenes jurisdiccionales.

b) Si hubiera varias secciones y éstas no estuvieren divididas por órdenes jurisdiccionales, tendrán preferencia en el concurso aquellos Magistrados que hayan prestado sus servicios en el orden jurisdiccional correspondiente durante seis años dentro de los diez años inmediatamente anteriores a fecha de la convocatoria. La antigüedad en órganos mixtos se computará por igual para ambos órdenes jurisdiccionales. [613]

c) Si hubiere una o varias secciones de las Audiencias Provinciales que conozcan en segunda instancia de los recursos interpuestos contra todo tipo de resoluciones dictadas por las Secciones de lo Mercantil de los Tribunales de Instancia, una de las plazas se reservará a magistrado o magistrada que, acreditando la especialización en los asuntos propios de dicha materia jurisdiccional, obtenida mediante la superación de las pruebas selectivas que reglamentariamente determine el Consejo General del Poder Judicial, tengan mejor puesto en su escalafón. Si la Sección se compusiera de cinco o más magistrados o magistradas, el número de plazas cubiertas por este sistema será de dos, manteniéndose idéntica proporción en los incrementos sucesivos. No obstante, si un miembro de la Sala o Sección adquiriese la condición de especialista en este orden, podrá continuar en su destino hasta que se le adjudique la primera vacante de especialista que se produzca. En los concursos para la provisión del resto de plazas tendrán preferencia aquellos magistrados o magistradas que acrediten haber permanecido más tiempo en el orden jurisdiccional civil. A falta de éstos o éstas, por los magistrados o las magistradas que acrediten haber permanecido más tiempo en órganos jurisdiccionales mixtos. [614]

d) En la Sección o Secciones a las que en virtud del artículo 80.3 se les atribuya única y exclusivamente el conocimiento en segunda

[613] Dada nueva redacción apartado 5 por art. 1 apartado 9 de Ley Orgánica 1/2009 de 3 de noviembre de 2009, con vigencia desde 05/11/2009

[614] Dada nueva redacción apartado 5 letra c por art. 1 apartado 70 de Ley Orgánica 1/2025 de 2 de enero de 2025, con vigencia desde 23/01/2025

instancia de los recursos interpuestos contra todo tipo de resoluciones dictadas por las Secciones de lo Mercantil de los Tribunales de Instancia, tendrán preferencia en el concurso para la provisión de sus plazas aquellos magistrados o magistradas que, acreditando la especialización en los asuntos propios de dicha materia jurisdiccional, obtenida mediante la superación de las pruebas selectivas que reglamentariamente determine el Consejo General del Poder Judicial, tengan mejor puesto en su escalafón. En su defecto, se cubrirán con los magistrados o las magistradas que acrediten haber permanecido más tiempo en el orden jurisdiccional civil. A falta de éstos, por los magistrados o las magistradas que acrediten haber permanecido más tiempo en órganos jurisdiccionales mixtos. [615]

e) Los concursos para la provisión de plazas de magistrados o magistradas de las Secciones de las Audiencias Provinciales especializadas en materia de violencia sobre la mujer, en virtud de lo dispuesto en los artículos 80.3, 82.1.3.º y 82 bis.2, se resolverán en favor de quienes, acreditando la especialización en los asuntos propios de dicha materia jurisdiccional, obtenida mediante la superación de las pruebas selectivas que reglamentariamente determine el Consejo General del Poder Judicial, tengan mejor puesto en su escalafón. En su defecto, por los magistrados o magistradas que acrediten haber permanecido más tiempo en el orden jurisdiccional penal. A falta de estos, por los magistrados o magistradas que acrediten haber permanecido más tiempo en órganos mixtos. [616]

f) Los concursos para la provisión de plazas de magistrados o magistradas de las Secciones de las Audiencias Provinciales especializadas en materia de familia, infancia, y capacidad, en virtud de lo dispuesto en los artículos 80.3, 82.2.2.º y 82 bis.2, se resolverán en favor de quienes, acreditando la formación especializada en esta materia en la Escuela Judicial, tengan mejor puesto en su escalafón. A estos solos efectos se les asignará el puesto del escalafón que les hubiese correspondido si se añadiesen tres años de antigüedad.

En su defecto, por jueces o juezas que hayan prestado al menos tres años de servicio, dentro de los cinco anteriores a la fecha de la

[615] Dada nueva redacción apartado 5 letra d por art. 1 apartado 70 de Ley Orgánica 1/2025 de 2 de enero de 2025, con vigencia desde 23/01/2025

[616] Dada nueva redacción apartado 5 letra e por art. 1 apartado 70 de Ley Orgánica 1/2025 de 2 de enero de 2025, con vigencia desde 23/01/2025

convocatoria, en órganos judiciales con competencias en materia de familia, infancia y capacidad.

En su defecto, por los magistrados o magistradas que acrediten haber permanecido más tiempo en el orden jurisdiccional civil.

A falta de estos, por los magistrados o magistradas que acrediten haber permanecido más tiempo en órganos mixtos. [617]

g) Los concursos para la provisión de plazas de magistrados o magistradas de las Secciones de las Audiencias Provinciales especializadas en materia de violencia contra la infancia y la adolescencia, en virtud de lo dispuesto en los artículos 80.3, 82.1.3.º y 82 bis.2, se resolverán en favor de quienes, acreditando la formación especializada en esta materia en la Escuela Judicial, tengan mejor puesto en su escalafón. A estos solos efectos se les asignará el puesto del escalafón que les hubiese correspondido si se añadiesen tres años de antigüedad.

En su defecto, por jueces o juezas que hayan prestado al menos tres años de servicio, dentro de los cinco anteriores a la fecha de la convocatoria, en órganos judiciales con competencias en materia de violencia contra la infancia y la adolescencia.

En su defecto, por los magistrados o magistradas que acrediten haber permanecido más tiempo en el orden jurisdiccional penal.

A falta de estos, por los magistrados o magistradas que acrediten haber permanecido más tiempo en órganos mixtos. [618]

6. En defecto de los criterios previstos en los apartados 2 a 5, la provisión de plazas se resolverá de conformidad con lo previsto en el apartado 1 de este artículo.

7. Los concursos para la provisión de plazas de las salas de la Audiencia Nacional se resolverán a favor de quienes ostenten la correspondiente especialización en el orden respectivo; en su defecto por quienes hayan prestado servicios en el orden jurisdiccional correspondiente durante ocho años dentro de los doce años inmediatamente anteriores a la fecha de la convocatoria; y en defecto de todos estos criterios, por quien ostente mejor puesto en el escalafón.

La provisión de plazas de la Sala de Apelación de la Audiencia Nacional se resolverá a favor de quienes, con más de quince años de

---

[617] Añadida apartado 5 letra f por art. 1 apartado 70 de Ley Orgánica 1/2025 de 2 de enero de 2025, con vigencia desde 23/01/2025

[618] Añadida apartado 5 letra g por art. 1 apartado 70 de Ley Orgánica 1/2025 de 2 de enero de 2025, con vigencia desde 23/01/2025

antigüedad en la carrera, hayan prestado servicios al menos durante diez años en el orden jurisdiccional penal, prefiriéndose entre ellos a quienes ostenten la condición de especialista. [619]

8. En los órdenes contencioso-administrativo y social, el número de plazas de Magistrado especialista que se convoquen no podrá ser superior al del número de vacantes a la fecha de la convocatoria.

331. 1. Quienes accedieren a un Tribunal Superior de Justicia sin pertenecer con anterioridad a la Carrera Judicial, lo harán a los solos efectos de prestar servicios en el mismo, sin que puedan optar ni ser nombrados para destino distinto, salvo su posible promoción al Tribunal Supremo, por el turno de Abogados y otros juristas de reconocida competencia a que se refiere el artículo 343.

2. A todos los demás efectos serán considerados miembros de la Carrera Judicial.

332. Los que asciendan a la categoría de Magistrado mediante prueba selectiva con especialización en el orden contencioso-administrativo o social, conservarán los derechos a concursar a plazas de otros órdenes jurisdiccionales, de acuerdo con su antigüedad en el escalafón común. Para ocupar plaza de su especialidad sólo se les computará el tiempo desempeñado en ésta [620] .

333. [621] 1. Las plazas de Presidente de Sala de la Audiencia Nacional, así como las de Presidente de Sala de los Tribunales Superiores de Justicia, se proveerán, por un período de cinco años renovable por un único mandato de otros cinco años, a propuesta del Consejo General del Poder Judicial, entre magistrados que hubieren prestado diez años de servicios en esta categoría y ocho en el orden jurisdiccional de que se trate. No obstante, la Presidencia de la Sala de Apelación de la Audiencia Nacional se proveerá entre magistrados con más de

---

[619] Dada nueva redacción apartado 7 por art. 1 apartado 9 de Ley Orgánica 1/2009 de 3 de noviembre de 2009, con vigencia desde 05/11/2009

[620] Véanse arts. 311 y 312.2 de la presente Ley

[621] Dada nueva redacción por art. único de Ley Orgánica 19/2003 de 23 de diciembre de 2003, con vigencia desde 15/01/2004

quince años de antigüedad en la carrera que hayan prestado servicios al menos durante diez años en el orden jurisdiccional penal, prefiriéndose entre ellos a quien ostente la condición de especialista. Las de Presidente de Sección de la Audiencia Nacional, Tribunales Superiores de Justicia y Audiencias Provinciales se cubrirán por concurso, que se resolverá de conformidad con las reglas establecidas en el artículo 330. [622]

2. No podrán acceder a tales Presidencias quienes se encuentren sancionados disciplinariamente por comisión de falta grave o muy grave, cuya anotación en el expediente no hubiere sido cancelada [623].

334. [624] Las plazas que quedaren vacantes por falta de solicitantes se proveerán por los que sean promovidos o asciendan a la categoría necesaria, con arreglo al turno que corresponda.

Aquellas vacantes que con arreglo a lo previsto en el párrafo segundo del apartado 1 del artículo 311 no fueran cubiertas por los jueces y juezas ascendidos a la categoría de magistrado o magistrada serán ofrecidas mediante concurso ordinario de traslado a los miembros de la carrera con categoría de juez o jueza; de no ser cubiertas, se ofertarán a los jueces o juezas egresados de la Escuela Judicial, pudiendo solicitar únicamente como primer destino las plazas vacantes en los Tribunales de Instancia.

335. [625] 1. Las plazas de Presidente de Sala de la Audiencia Nacional se proveerán en la forma prevista en el artículo 333. [626]

2. La Presidencia de la Audiencia Nacional se proveerá por el Consejo General del Poder Judicial, por un período de cinco años renovable por un único mandato de otros cinco años, entre magistrados

---

[622] Dada nueva redacción apartado 1 por art. único apartado 11 de Ley Orgánica 4/2018 de 28 de diciembre de 2018, con vigencia desde 18/01/2019

[623] Véanse arts. 63, 64, 72, 81, 131.5, 300, 417, 418 y 427 de la presente Ley

[624] Dada nueva redacción por art. 1 apartado 71 de Ley Orgánica 1/2025 de 2 de enero de 2025, con vigencia desde 23/01/2025

[625] Dada nueva redacción por art. 5 de Ley Orgánica 5/1997 de 4 de diciembre de 1997, con vigencia desde 06/12/1997

[626] Dada nueva redacción apartado 1 por art. único de Ley Orgánica 19/2003 de 23 de diciembre de 2003, con vigencia desde 15/01/2004

con quince años de servicios prestados en la categoría, que reúnan las condiciones idóneas para el cargo, en los términos previstos en esta Ley para los Presidentes de los Tribunales Superiores de Justicia. [627]

3. La plaza de Jefe del Servicio de Inspección del Consejo General del Poder Judicial se proveerá por un Magistrado del Tribunal Supremo con una antigüedad en la categoría de dos años o por un Magistrado con diez años de servicios en la categoría. En este último caso, mientras desempeñe el cargo, tendrá la consideración de Magistrado del Tribunal Supremo. [628]

336. 1. Los Presidentes de los Tribunales Superiores de Justicia se nombrarán por un período de cinco años renovable por un único mandato de otros cinco años, a propuesta del Consejo General del Poder Judicial entre magistrados que hubieren prestado diez años de servicios en la categoría, lo hubieren solicitado y lleven, al menos, quince años perteneciendo a la Carrera Judicial. [629]

2. El nombramiento de Presidente de un Tribunal Superior de Justicia tendrá efectos desde su publicación en el Boletín Oficial del Estado, sin perjuicio de la preceptiva publicación en el Boletín Oficial de la Comunidad Autónoma [630].

337. [631] Los Presidentes de las Audiencias Provinciales serán nombrados por un período de cinco años renovable por un único mandato de otros cinco años, a propuesta del Consejo General del Poder Judicial, entre los magistrados que lo soliciten, de entre los que lleven diez años de servicios en la carrera. [632]

---

[627] Dada nueva redacción apartado 2 por art. único apartado 12 de Ley Orgánica 4/2018 de 28 de diciembre de 2018, con vigencia desde 18/01/2019

[628] Dada nueva redacción apartado 3 por art. único apartado 3 de Ley Orgánica 2/2004 de 28 de diciembre de 2004, con vigencia desde 30/12/2004

[629] Dada nueva redacción apartado 1 por art. único apartado 13 de Ley Orgánica 4/2018 de 28 de diciembre de 2018, con vigencia desde 18/01/2019

[630] Véanse arts. 72, 107.5, 127.1, 161, 340 y 341 de la presente Ley

[631] Dada nueva redacción por art. único apartado 14 de Ley Orgánica 4/2018 de 28 de diciembre de 2018, con vigencia desde 18/01/2019

[632] Véanse arts. 107.5, 164 y 340 de la presente Ley

338. [633] Los Presidentes de la Audiencia Nacional, de los Tribunales Superiores de Justicia, de las Audiencias, de Sala de la Audiencia Nacional y de Sala de los Tribunales Superiores de Justicia, cesarán por alguna de las causas siguientes:

1.º Por expiración de su mandato, salvo que sean confirmados por un único mandato de otros cinco años.

2.º Por dimisión, aceptada por el Consejo General.

3.º Por resolución acordada en expediente disciplinario.

339. [634] El Presidente de la Audiencia Nacional y los Presidentes de los Tribunales Superiores de Justicia, cuando cesen en el cargo, quedarán adscritos, a su elección, al Tribunal o Audiencia en que cesen o a aquél del que provinieran en su último destino, hasta la adjudicación de la plaza correspondiente del que hubieren elegido. Si hubieren agotado la totalidad del primer período para el que fueron nombrados, tendrán preferencia, además, durante los tres años siguientes al cese, a cualquier plaza de su categoría de las que deben proveerse por concurso voluntario y para las que no se reconozca especial preferencia o reserva a especialista [635].

340. [636] Los Presidentes de Sala de la Audiencia Nacional, los Presidentes de Sala de los Tribunales Superiores de Justicia y los Presidentes de las Audiencias Provinciales que cesaren en su cargo quedarán adscritos, a su elección, al Tribunal o Audiencia en que cesen o a aquél del que provinieran en su último destino, hasta la adjudicación de la plaza correspondiente del que hubieren elegido. Si hubieren agotado la totalidad del primer período para el que fueron nombrados, tendrán preferencia, además, durante los dos años siguientes al cese, a cualquier plaza de su categoría de las que deben proveerse por con-

---

[633] Dada nueva redacción por art. único apartado 15 de Ley Orgánica 4/2018 de 28 de diciembre de 2018, con vigencia desde 18/01/2019

[634] Dada nueva redacción por art. único apartado 46 de Ley Orgánica 7/2015 de 21 de julio de 2015, con vigencia desde 01/10/2015

[635] Véase art. 63.2 de la presente Ley

[636] Dada nueva redacción por art. único apartado 47 de Ley Orgánica 7/2015 de 21 de julio de 2015, con vigencia desde 01/10/2015

curso voluntario y para las que no se reconozca especial preferencia o reserva a especialista.

341. 1. Para la provisión de las plazas de Presidente de los Tribunales Superiores de Justicia y de las Audiencias, en aquellas Comunidades Autónomas que gocen de Derecho Civil Especial o Foral, así como de idioma oficial propio, el Consejo General del Poder Judicial valorará como mérito la especialización de estos Derechos Civil Especial o Foral y el conocimiento del idioma propio de la Comunidad.

2. Reglamentariamente se determinarán los criterios de valoración sobre el conocimiento del idioma y del Derecho Civil Especial o Foral de las referidas Comunidades Autónomas, como mérito preferente en los concursos para Organos jurisdiccionales de su territorio [637] .

CAPÍTULO VI
De la provisión de plazas en el Tribunal Supremo

342. [638] Los Presidentes de Sala del Tribunal Supremo se nombrarán, por un período de 5 años, a propuesta del Consejo General del Poder Judicial, entre Magistrados de dicho Tribunal que cuenten con 3 años de servicios en la categoría [639] .

342 bis. [640] El Magistrado del Tribunal Supremo competente para conocer de la autorización de las actividades del Centro Nacional de Inteligencia que afecten a los derechos fundamentales reconocidos en el artículo 18.2 y 3 de la Constitución se nombrará por un período de cinco años, a propuesta del Consejo General del Poder Judicial, entre Magistrados de dicho Tribunal que cuenten con tres años de servicios en la categoría.

---

[637] Véanse Reglamento 2/2011, de la Carrera Judicial y art. 321 de la presente Ley

[638] Dada nueva redacción por art. 5 de Ley Orgánica 5/1997 de 4 de diciembre de 1997, con vigencia desde 06/12/1997

[639] Véanse arts. 107.5, 127.1 y 299 de la presente Ley

[640] Añadido por disposición adicional única apartado 4 de Ley Orgánica 2/2002 de 6 de mayo de 2002, con vigencia desde 07/05/2002

343. [641] [642]

En las distintas Salas del Tribunal, de cada cinco plazas de sus Magistrados, cuatro se proveerán entre miembros de la Carrera Judicial con diez años, al menos, en la categoría de Magistrado y no menos de veinte en la Carrera. En cualquier caso, será requisito el haber prestado servicio efectivo en un órgano colegiado del orden jurisdiccional correspondiente a la plaza a la que se aspire, o que conozca de materias propias de ese orden jurisdiccional. La quinta plaza se proveerá entre Abogados y otros juristas, todos ellos de reconocida competencia.

344. [643] De cada cuatro plazas reservadas a la Carrera Judicial, corresponderán:

a) Dos a magistrados que hubieren accedido a la categoría mediante las correspondientes pruebas de selección en el orden jurisdiccional civil y penal o que las superen ostentando esa categoría, o, en función del orden jurisdiccional, dos a magistrados especialistas en el orden jurisdiccional contencioso-administrativo y social o que pertenezca en este último caso al extinguido Cuerpo de Magistrados de Trabajo. En este turno se exigirán veinte años en la Carrera y sólo cinco en la categoría.

A los efectos de la reserva de plazas en el orden jurisdiccional civil, los magistrados que hubiesen superado las pruebas de especialización en materia mercantil se equipararán a los que hubiesen superado las pruebas de selección en el orden jurisdiccional civil. [644]

b) Dos a Magistrados que reunieren las condiciones generales para el acceso al Tribunal Supremo señaladas en el artículo anterior [645] .

---

[641] Dada nueva redacción por art. 1 apartado 1 de Ley Orgánica 3/2024 de 2 de agosto de 2024, con vigencia desde 06/08/2024

[642] Véanse arts. 301.3, 320.2 y 345 de la presente Ley

[643] Dada nueva redacción por art. único de Ley Orgánica 19/2003 de 23 de diciembre de 2003, con vigencia desde 15/01/2004

[644] Dada nueva redacción letra a por art. 1 apartado 2 de Ley Orgánica 3/2024 de 2 de agosto de 2024, con vigencia desde 06/08/2024

[645] Véase art. 311 de la presente Ley

344 bis. [646] 1. Los Magistrados procedentes del Cuerpo Jurídico Militar serán nombrados para ocupar plazas en la Sala de lo Militar del Tribunal Supremo por real decreto, refrendado por el Ministro de Justicia y a propuesta del Consejo General del Poder Judicial, entre Generales Consejeros Togados y Generales Auditores con aptitud para el ascenso en situación de servicio activo.

2. A efectos de motivación de la propuesta de nombramiento, el Consejo General del Poder Judicial solicitará con carácter previo a los aspirantes una exposición de sus méritos en los términos de esta Ley, así como al Ministerio de Defensa la documentación que en su caso considere necesaria.

345. [647] Podrán ser nombrados Magistrados del Tribunal Supremo los Abogados y juristas de prestigio que, cumpliendo los requisitos establecidos para ello, reúnan méritos suficientes a juicio del Consejo General del Poder Judicial y hayan desempeñado su actividad profesional por tiempo superior a 15 años preferentemente en la rama del Derecho correspondiente al orden jurisdiccional de la Sala para la que hubieran de ser designados [648].

346. Cuando el número de Magistrados de una Sala no sea múltiplo de cinco, se adjudicará una plaza más al grupo b) del artículo 344; al grupo a) del mismo artículo; o al grupo de juristas de prestigio, sucesivamente y por este orden.

347. [649] Quienes tuvieran acceso al Tribunal Supremo sin pertenecer con anterioridad a la Carrera Judicial, se incorporarán al escalafón de la misma ocupando el último puesto en la categoría

---

[646] Añadido por art. único apartado 48 de Ley Orgánica 7/2015 de 21 de julio de 2015, con vigencia desde 01/10/2015

[647] Dada nueva redacción por art. 3 de Ley Orgánica 16/1994 de 8 de noviembre de 1994, con vigencia desde 09/12/1994

[648] Véanse arts. 107.5, 127.1, 301.3 y 320.2 de la presente Ley

[649] Dada nueva redacción por art. 3 de Ley Orgánica 16/1994 de 8 de noviembre de 1994, con vigencia desde 09/12/1994

de Magistrados del Tribunal Supremo. Se les reconocerá a todos los efectos 15 años de servicios.

CAPÍTULO VI BIS
De los Jueces de adscripción territorial [650]

347 bis. [651] 1. En cada Tribunal Superior de Justicia, y para el ámbito territorial de la provincia, se crearán las plazas de jueces de adscripción territorial que determine la Ley de demarcación y de planta judicial. Dichas plazas de jueces de adscripción territorial no podrán ser objeto de sustitución.

2. Los jueces de adscripción territorial ejercerán sus funciones jurisdiccionales en las plazas que se encuentren vacantes o en aquellas plazas cuyo titular esté ausente por cualquier circunstancia. Excepcionalmente, podrán ser llamados a realizar funciones de refuerzo, en los términos establecidos en el apartado 5. La designación para estas funciones corresponderá al Presidente del Tribunal Superior de Justicia del que dependan, que posteriormente dará cuenta a la respectiva Sala de Gobierno. La Sala de Gobierno del Tribunal Superior de Justicia informará al Consejo General del Poder Judicial y al Ministerio de Justicia de la situación y destinos de los jueces de adscripción territorial de su respectivo territorio.

3. En las Comunidades Autónomas pluriprovinciales y cuando las razones del servicio lo requieran, el Presidente del Tribunal Superior de Justicia podrá realizar llamamientos para órganos judiciales de otra provincia perteneciente al ámbito territorial de dicho Tribunal.

4. Cuando el juez de adscripción territorial desempeñe funciones de sustitución, lo hará con plenitud de jurisdicción en el órgano correspondiente. También le corresponderá asistir a las Juntas de Jueces y demás actos de representación del órgano judicial en el que sustituya, en ausencia de su titular.

---

[650] Añadido por art. 1 apartado 11 de Ley Orgánica 1/2009 de 3 de noviembre de 2009, con vigencia desde 05/11/2009

[651] Dada nueva redacción por art. único apartado 16 de Ley Orgánica 4/2018 de 28 de diciembre de 2018, con vigencia desde 18/01/2019

5. Excepcionalmente, los jueces de adscripción territorial podrán realizar funciones de refuerzo, cuando concurran las siguientes circunstancias:

a) cuando todas las plazas del ámbito territorial del Tribunal Superior de Justicia estén cubiertas y, por tanto, no pueda el juez de adscripción territorial desempeñar funciones de sustitución, cesando el refuerzo automáticamente cuando concurra cualquiera de las situaciones del apartado 2 y el juez de adscripción territorial deba ser llamado a sustituir en dicho órgano judicial;

b) previa aprobación por el Ministerio de Justicia, que se podrá oponer por razones de disponibilidad presupuestaria.

En este caso, corresponderá a la Sala de Gobierno fijar los objetivos de dicho refuerzo y el adecuado reparto de asuntos, previa audiencia del juez de adscripción y del titular o titulares del órgano judicial reforzado, sin que la dotación del refuerzo pueda conllevar además la asignación de medios materiales o personales distintos de aquellos con los que cuente el juzgado al que se adscriba.

Cuando esté realizando funciones de sustitución podrá ser llamado a reforzar simultáneamente otro órgano judicial, conforme al procedimiento ordinario establecido en los artículos 216 bis a 216 bis.4, cesando el refuerzo automáticamente cuando finalice su sustitución.

6. Los desplazamientos del juez de adscripción territorial darán lugar a las indemnizaciones que por razón del servicio se determinen reglamentariamente.

7. En las Comunidades Autónomas en las que exista más de una lengua oficial o tengan Derecho civil propio se aplicarán, para la provisión de estas plazas, las previsiones establecidas a tal efecto en la presente Ley.

CAPÍTULO VII
De la situación de los Jueces y Magistrados

348. [652] Los Jueces y Magistrados pueden hallarse en alguna de las situaciones siguientes:

---

[652] Dada nueva redacción por art. único de Ley Orgánica 19/2003 de 23 de diciembre de 2003, con vigencia desde 15/01/2004

a) Servicio activo
b) Servicios especiales
c) Excedencia voluntaria
d) Suspensión de funciones [653] .
e) Excedencia por razón de violencia sobre la mujer. [654]

348 bis. [655] Se pasará de la categoría de Magistrado del Tribunal Supremo a la de Magistrado al desempeñar cualesquiera otras actividades públicas o privadas con las únicas excepciones que a continuación se señalan:

1. Vocal del Consejo General del Poder Judicial.
2. Magistrado del Tribunal Constitucional.
3. Miembro de Altos Tribunales de Justicia internacionales.
4. Fiscal General del Estado. [656]
5. Jefe del Servicio de Inspección del Consejo General del Poder Judicial. [657]
6. Fiscal de la Fiscalía Europea. [658]

349. [659] 1. Los Jueces y Magistrados estarán en situación de servicio activo cuando ocupen plaza correspondiente a la Carrera Judicial, cuando se encuentren adscritos provisionalmente, cuando hayan sido nombrados Jueces adjuntos, o cuando les haya sido conferida comisión de servicio con carácter temporal.

2. Cuando se produzca la supresión o reconversión con cambio de orden jurisdiccional de una plaza de la que sea titular un Juez o Magis-

---

[653] Véanse arts. 122.1 CE y 131.3 de la presente Ley

[654] Añadida letra e por disposición adicional 3 apartado 7 de Ley Orgánica 3/2007 de 22 de marzo de 2007, con vigencia desde 24/03/2007

[655] Añadido por art. 5 de Ley Orgánica 5/1997 de 4 de diciembre de 1997, con vigencia desde 06/12/1997

[656] Añadido apartado 4 por art. único apartado 4 de Ley Orgánica 2/2004 de 28 de diciembre de 2004, con vigencia desde 30/12/2004

[657] Añadido apartado 5 por art. único apartado 4 de Ley Orgánica 2/2004 de 28 de diciembre de 2004, con vigencia desde 30/12/2004

[658] Añadido apartado 6 por disposición final 2 apartado 7 de Ley Orgánica 9/2021 de 1 de julio de 2021, con vigencia desde 03/07/2021

[659] Dada nueva redacción por art. único de Ley Orgánica 19/2003 de 23 de diciembre de 2003, con vigencia desde 15/01/2004

trado, éste quedará adscrito a disposición del Presidente del Tribunal Superior de Justicia, en los términos establecidos en el artículo 118.2 y 3.

350. [660] 1. El Consejo General del Poder Judicial podrá conferir comisión de servicio a los jueces y magistrados, que no podrá exceder de un año, prorrogable por otro:

a) para prestar servicios en otro juzgado o tribunal, con o sin relevación de funciones;

b) para participar en misiones de cooperación jurídica internacional, cuando no proceda la declaración de servicios especiales. [661]

2. Las comisiones de servicio requieren la conformidad del interesado, así como el informe de su superior jerárquico y el del Servicio de Inspección del Consejo General del Poder Judicial. Sólo podrán conferirse, en resolución motivada, si el prevalente interés del servicio y las necesidades de la Administración de Justicia lo permiten [662].

3. A los jueces y magistrados en comisión de servicio se les computará el tiempo que permanezcan en tal situación a efectos de ascensos, antigüedad y derechos pasivos. Tendrán derecho a la reserva de la plaza que ocupasen al pasar a esa situación o la que pudieren obtener durante su permanencia en la misma, a cuyo efecto el tiempo de permanencia en comisión tendrá la consideración de servicios prestados en el destino reservado. [663]

351. [664] Los jueces y magistrados serán declarados en la situación de servicios especiales [665]:

---

[660] Dada nueva redacción por art. único de Ley Orgánica 19/2003 de 23 de diciembre de 2003, con vigencia desde 15/01/2004

[661] Dada nueva redacción apartado 1 por art. 1 apartado 72 de Ley Orgánica 1/2025 de 2 de enero de 2025, con vigencia desde 23/01/2025

[662] Véase art. 216 de la presente Ley

[663] Añadido apartado 3 por art. único apartado 17 de Ley Orgánica 4/2018 de 28 de diciembre de 2018, con vigencia desde 18/01/2019

[664] Dada nueva redacción por art. único apartado 18 de Ley Orgánica 4/2018 de 28 de diciembre de 2018, con vigencia desde 18/01/2019

[665] Véase Reglamento 2/2011, de la Carrera Judicial

a) Cuando sean nombrados Presidente del Tribunal Supremo, Fiscal General del Estado, Vocal del Consejo General del Poder Judicial, Magistrado del Tribunal Constitucional, Defensor del Pueblo o sus Adjuntos, Consejero del Tribunal de Cuentas, Consejero de Estado, Presidente o Consejero de la Comisión Nacional de los Mercados y la Competencia, Director de la Agencia de Protección de Datos, Fiscal Europeo o miembro de Altos Tribunales Internacionales de Justicia, o titulares o miembros de los órganos equivalentes de las Comunidades Autónomas. [666]

b) Cuando sean autorizados por el Consejo General del Poder Judicial para realizar una misión internacional por período determinado, superior a seis meses, en organismos internacionales, gobiernos o entidades públicas extranjeras o en programas de cooperación internacional, previa declaración de interés por el Ministerio de Asuntos Exteriores.

c) Cuando adquieran la condición de funcionarios al servicio de organizaciones internacionales o de carácter supranacional o cuando sean nombrados Fiscales europeos delegados de conformidad con el Reglamento (UE) 2017/1939 del Consejo, de 12 de octubre de 2017, por el que se establece una cooperación reforzada para la creación de la Fiscalía Europea, y la Ley Orgánica de aplicación del citado Reglamento. Durante el tiempo de su mandato actuarán de conformidad con los principios rectores de la Fiscalía Europea, dejando de tener atribuidas las facultades inherentes al ejercicio de la potestad jurisdiccional. [667]

d) Cuando sean nombrados o adscritos como letrados al servicio del Tribunal de Justicia de la Unión Europea, del Tribunal Constitucional, del Consejo General del Poder Judicial o del Tribunal Supremo, o magistrados del Gabinete Técnico del Tribunal Supremo, o al servicio del Ministerio de Justicia, del Defensor del Pueblo u órgano equivalente de las Comunidades Autónomas. [668]

---

[666] Dada nueva redacción letra a por disposición final 2 apartado 8 de Ley Orgánica 9/2021 de 1 de julio de 2021, con vigencia desde 03/07/2021

[667] Dada nueva redacción letra c por disposición final 2 apartado 8 de Ley Orgánica 9/2021 de 1 de julio de 2021, con vigencia desde 03/07/2021

[668] Dada nueva redacción letra d por art. 1 apartado 73 de Ley Orgánica 1/2025 de 2 de enero de 2025, con vigencia desde 23/01/2025

e) Cuando presten servicio, en virtud de nombramiento por Real Decreto, o por Decreto en las Comunidades Autónomas, en cargos que no tengan rango superior a director general.

f) Cuando sean nombrados para cargo político o de confianza en virtud de Real Decreto, Decreto autonómico o acuerdo de Pleno de entidad local con rango de director general o inferior [669] . [670]

352. [671] Los Magistrados del Tribunal Supremo serán declarados en la situación de servicios especiales si fueran designados para desempeñar alguno de los cargos siguientes:

a) Vocal del Consejo General del Poder Judicial.

b) Magistrado del Tribunal Constitucional.

c) Miembro de Altos Tribunales Internacionales de Justicia.

d) Fiscal General del Estado.

e) Jefe del Servicio de Inspección del Consejo General del Poder Judicial. [672]

353. [673] La situación de servicios especiales se declarará de oficio por el Consejo General del Poder Judicial, o a instancia del interesado, una vez se verifique el supuesto que la determina, y con efectos desde el momento en que se produjo el nombramiento correspondiente.

354. [674] 1. Los Jueces y Magistrados en situación de servicios especiales percibirán la retribución del puesto o cargo que desempeñen, sin perjuicio del derecho a la remuneración por su antigüedad en la Carrera Judicial.

---

[669] Téngase en cuenta la disposición transitoria LO 3/2024 de 2 agosto, para quienes a 6 agosto 2024 se encuentren en situación de servicios especiales en virtud de esta letra f)

[670] Dada nueva redacción letra f por art. 1 apartado 3 de Ley Orgánica 3/2024 de 2 de agosto de 2024, con vigencia desde 06/08/2024

[671] Dada nueva redacción por art. único de Ley Orgánica 19/2003 de 23 de diciembre de 2003, con vigencia desde 15/01/2004

[672] Añadida letra e por art. único apartado 5 de Ley Orgánica 2/2004 de 28 de diciembre de 2004, con vigencia desde 30/12/2004

[673] Dada nueva redacción por art. único de Ley Orgánica 19/2003 de 23 de diciembre de 2003, con vigencia desde 15/01/2004

[674] Dada nueva redacción por art. único de Ley Orgánica 19/2003 de 23 de diciembre de 2003, con vigencia desde 15/01/2004

2. A los jueces y magistrados en situación de servicios especiales se les computará el tiempo que permanezcan en tal situación a efectos de ascensos, antigüedad y derechos pasivos. Tendrán derecho a la reserva de la plaza que ocupasen al pasar a esa situación o la que pudieren obtener durante su permanencia en la misma y se les tendrán en cuenta los servicios prestados en los mismos, a efectos de promoción y de provisión de plazas, como si hubieran sido efectivamente prestados en el orden jurisdiccional de la plaza que ocupasen al pasar a esa situación o la que pudieren obtener durante su permanencia en la misma. [675]

3. A los jueces y magistrados en situación de servicios especiales por el desempeño en régimen de adscripción temporal del puesto de Letrado del Tribunal Constitucional, del Tribunal Europeo de Derechos Humanos o del Tribunal de Justicia de la Unión Europea, se les tendrán en cuenta los servicios prestados en los mismos, a efectos de promoción y de provisión de plazas, como si hubieran sido efectivamente prestados en el orden jurisdiccional de la plaza que ocupasen al pasar a esa situación o la que pudieren obtener durante su permanencia en la misma. [676]

355. [677] Al cesar en el puesto o cargo determinante de la situación de servicios especiales deberán solicitar el reingreso al servicio activo en el plazo máximo de 10 días a contar desde el siguiente al cese e incorporarse a su destino dentro de los 20 días inmediatamente siguientes; de no hacerlo, serán declarados en situación de excedencia voluntaria con efectos desde el día en que cesaron en el puesto o cargo desempeñados. El reingreso tendrá efectos económicos y administrativos desde la fecha de la solicitud.

---

[675] Dada nueva redacción apartado 2 por art. único apartado 19 de Ley Orgánica 4/2018 de 28 de diciembre de 2018, con vigencia desde 18/01/2019

[676] Añadido apartado 3 por art. único apartado 19 de Ley Orgánica 4/2018 de 28 de diciembre de 2018, con vigencia desde 18/01/2019

[677] Dada nueva redacción por art. único de Ley Orgánica 19/2003 de 23 de diciembre de 2003, con vigencia desde 15/01/2004

355 bis. [678] 1. Los destinos cuyos titulares se encuentren en situación de servicios especiales, excedencia con reserva de plaza o en comisiones de servicio por tiempo superior a seis meses se podrán cubrir por los mecanismos ordinarios de sustitución, mediante comisiones de servicio con o sin relevación de funciones o a través de los mecanismos ordinarios de provisión, incluso con las promociones pertinentes, para el tiempo que permanezcan los titulares en la referida situación. [679]

2. Si la vacante se cubre mediante los mecanismos ordinarios de provisión, quienes ocupen los referidos destinos quedarán, cuando se reintegre a la plaza su titular, adscritos al Tribunal colegiado en que se hubiera producido la reserva, o, si se tratase de un Tribunal de Instancia, quedarán a disposición del Presidente del Tribunal Superior de Justicia correspondiente y sin merma de las retribuciones que vinieren percibiendo. Mientras permanezcan en esta situación prestarán sus servicios en los puestos que determinen las respectivas Salas de Gobierno, devengando las indemnizaciones correspondientes por razón del servicio cuando éstos se prestaren en lugar distinto del de su residencia, que permanecerá en el de la plaza reservada que hubiere ocupado.

Mientras desempeñan la plaza reservada, una vez transcurrido un año desde que accedieran a la misma, o en cualquier momento cuando se encuentren en situación de adscripción, podrán acceder en propiedad a cualesquiera destinos por los mecanismos ordinarios de provisión y promoción. Ocuparán definitivamente la plaza reservada que sirvieren cuando vaque por cualquier causa. Cuando queden en situación de adscritos, serán destinados a la primera vacante que se produzca en el Tribunal colegiado de que se trate o en la Sección del Tribunal de Instancia del mismo orden jurisdiccional del lugar de la plaza reservada, a no ser que se trate de las plazas de Presidente o legalmente reservadas a magistrados o magistradas procedentes de pruebas selectivas, si no reunieren esta condición. [680]

---

[678] Añadido por art. único apartado 2 de Ley Orgánica 4/2014 de 11 de julio de 2014, con vigencia desde 13/07/2014

[679] Dada nueva redacción apartado 1 por art. 1 apartado 74 de Ley Orgánica 1/2025 de 2 de enero de 2025, con vigencia desde 23/01/2025

[680] Dada nueva redacción apartado 2 por art. 1 apartado 74 de Ley Orgánica 1/2025 de 2 de enero de 2025, con vigencia desde 23/01/2025

3. Quienes hallándose en una situación administrativa distinta del servicio activo obtuvieran mediante concurso una plaza ofertada al amparo de lo dispuesto en este artículo, necesariamente deberán reincorporarse al servicio activo para proceder al desempeño efectivo de funciones judiciales en dicha plaza.

356. [681] Procederá declarar en la situación de excedencia voluntaria, a petición del Juez o Magistrado, en los siguientes casos:

a) Cuando se encuentre en situación de servicio activo en un cuerpo o escala de las Administraciones públicas o en la Carrera Fiscal.

b) Cuando pase a desempeñar cargos o prestar servicios en organismos o entidades del sector público, y no le corresponda quedar en otra situación. En este supuesto, producido el cese en el cargo o servicio, deberá solicitar el reingreso en el servicio activo en el plazo máximo de 10 días a contar desde el siguiente al cese. De no hacerlo así se le declarará en situación de excedencia voluntaria por interés particular.

c) Por interés particular, siempre que haya prestado servicios en la Carrera Judicial durante los cinco años inmediatamente anteriores, sin que en esta situación se pueda permanecer menos de dos años.

La declaración de esta situación quedará subordinada a las necesidades de la Administración de Justicia. No podrá declararse cuando al Juez o Magistrado se le instruya expediente disciplinario.

d) Para el cuidado de los hijos, por un período no superior a tres años para atender a cada hijo, tanto cuando lo sea por naturaleza, por adopción, por acogimiento permanente o preadoptivo, a contar desde la fecha de nacimiento o desde la fecha de la resolución judicial o administrativa que lo acuerde, respectivamente. Los sucesivos hijos darán derecho a un nuevo período de excedencia que, en su caso, pondrá fin al que se viniera disfrutando. Cuando el padre y la madre trabajen, sólo uno podrá ejercer este derecho.

e) También tendrán derecho a un período de excedencia, de duración no superior a tres años, para atender al cuidado de un familiar que se encuentre a su cargo, hasta el segundo grado inclusive de consanguinidad o afinidad que, por razones de edad, accidente o en-

---

[681] Dada nueva redacción por art. único apartado 93 de Ley Orgánica 19/2003 de 23 de diciembre de 2003, con vigencia desde 15/01/2004

fermedad, no pueda valerse por sí mismo y no desempeñe actividad retribuida. [682]

El período de excedencia será único por cada sujeto causante. Cuando un nuevo sujeto causante diera origen a una nueva excedencia, el inicio del período de la misma pondrá fin al que se viniera disfrutando.

Esta excedencia y la regulada en el apartado anterior constituyen un derecho individual de los miembros de la Carrera Judicial. En caso de que dos de sus miembros generasen el derecho a disfrutarlas por el mismo sujeto causante, el Consejo General del Poder Judicial podrá limitar su ejercicio simultáneo por razones justificadas relacionadas con las necesidades y el funcionamiento de los servicios.

f) Cuando se presente como candidato en elecciones para acceder a cargos públicos representativos en el Parlamento Europeo, Congreso de los Diputados, Senado, Asambleas legislativas de las Comunidades Autónomas o Corporaciones locales [683]. [684]

g) Cuando sean nombrados para cargo político o de confianza en virtud de Real Decreto, Decreto autonómico o acuerdo de Pleno de entidad local, con rango superior a director general, o elegidos para cargos públicos representativos en el Parlamento Europeo, Congreso de los Diputados, Senado, Asambleas legislativas de las Comunidades Autónomas o Juntas Generales de los Territorios Históricos, o titular de la Presidencia de una Corporación local.

En este caso, así como en el supuesto previsto en la letra f), los jueces y magistrados, y los funcionarios de otros cuerpos, que reingresen en la Carrera correspondiente deberán abstenerse, y en su caso podrán ser recusados, de intervenir en cualesquiera asuntos en los que sean parte partidos o agrupaciones políticas, o aquellos de sus integrantes que ostenten o hayan ostentado cargo público. [685]

---

[682] Dada nueva redacción letra e párrafo 1 por disposición adicional 3 apartado 6 de Ley Orgánica 3/2007 de 22 de marzo de 2007, con vigencia desde 24/03/2007

[683] Véanse art. 70.1 CE, 6.1 y 7.3 y 4 LO 5/1985, de 19 de junio, del Régimen Electoral General

[684] Dada nueva redacción letra f por art. 1 apartado 4 de Ley Orgánica 3/2024 de 2 de agosto de 2024, con vigencia desde 06/08/2024

[685] Añadida letra g por art. 1 apartado 5 de Ley Orgánica 3/2024 de 2 de agosto de 2024, con vigencia desde 06/08/2024

357. [686] Cuando un Magistrado del Tribunal Supremo solicitara la excedencia voluntaria y le fuere concedida, perderá su condición de tal, salvo en el supuesto previsto en las letras d) y e) del artículo anterior y en el artículo 360 bis. En los demás casos quedará integrado en situación de excedencia voluntaria, dentro de la categoría de Magistrado.

358. [687] 1. La excedencia voluntaria, en sus distintas modalidades, no produce reserva de plaza. El Juez o Magistrado, mientras se encuentre en ella, no devengará retribuciones ni le será computado el tiempo que haya permanecido en tal situación a efectos de ascensos, antigüedad y derechos pasivos, salvo lo dispuesto en el apartado 2 de este artículo y lo que establece la normativa de clases pasivas.

2. Se exceptúan de lo previsto en el apartado anterior las excedencias voluntarias para el cuidado de hijos y para atender al cuidado de un familiar a que se refieren los apartados d) y e) del artículo 356, en las que el período de permanencia en dichas situaciones será computable a efectos de trienios y derechos pasivos. En este mismo período se permitirá participar en cursos de formación. Durante los dos primeros años se tendrá derecho a la reserva de la plaza en la que se ejerciesen sus funciones y al cómputo de la antigüedad, así como a participar en los concursos de traslado. Transcurrido este periodo, dicha reserva lo será a un puesto en la misma provincia y de igual categoría, debiendo solicitar, en el mes anterior a la finalización del período máximo de permanencia en la misma, el reingreso al servicio activo; de no hacerlo, será declarado de oficio en la situación de excedencia voluntaria por interés particular. [688]

3. Los que se encuentren en la situación de excedencia a la que se refieren las letras f) y g) del artículo 356, en caso de que soliciten el reingreso al servicio activo, quedarán en situación de servicios especiales a todos los efectos durante los dos años siguientes a su cese, sin ejercer funciones jurisdiccionales, sin merma en los derechos y en la

---

[686] Dada nueva redacción por disposición adicional 3 apartado 8 de Ley Orgánica 3/2007 de 22 de marzo de 2007, con vigencia desde 24/03/2007

[687] Dada nueva redacción por art. único de Ley Orgánica 19/2003 de 23 de diciembre de 2003, con vigencia desde 15/01/2004

[688] Dada nueva redacción apartado 2 por art. 1 apartado 13 de Ley Orgánica 1/2009 de 3 de noviembre de 2009, con vigencia desde 05/11/2009

retribución que tuvieran antes de la excedencia y pudiendo concursar a otros destinos.

Durante este período, los que provengan de un cargo político o de confianza o de cargos públicos representativos de ámbito europeo o estatal, quedarán adscritos orgánicamente al Presidente del Tribunal Supremo. Por su parte, los que provengan de un cargo político o de confianza o de un cargo público de ámbito autonómico o local, quedarán adscritos orgánicamente al Presidente del Tribunal Superior de Justicia de la comunidad autónoma de su último destino.

Una vez transcurrido el plazo, tendrán derecho a reintegrarse en su plaza de origen o en la plaza que se les haya adjudicado por concurso o, si así lo eligen, a ser destinados a una vacante de su categoría en la provincia o comunidad autónoma donde prestaran servicios antes de su excedencia. [689]

359. [690] 1. El reingreso en el servicio activo del Juez o Magistrado en situación de excedencia voluntaria por interés particular de duración superior a 10 años exigirá la previa declaración de aptitud por el Consejo General del Poder Judicial, quien recabará los informes y practicará las actuaciones necesarias para su comprobación.

2. Los Jueces y Magistrados en situación administrativa de excedencia voluntaria que soliciten el reingreso al servicio activo y, en su caso, obtengan la correspondiente declaración de aptitud, vendrán obligados a participar en todos los concursos que se anuncien para cubrir plazas de su categoría hasta obtener destino. De no hacerlo así, se les declarará en situación de excedencia voluntaria por interés particular, quedando sin efecto la declaración de aptitud de haberse producido.

360. [691] Una vez reincorporado al servicio activo el Juez o Magistrado en situación de excedencia voluntaria por la causa prevista en el párrafo f) del artículo 356, no podrá acceder, durante los cinco

---

[689] Dada nueva redacción apartado 3 por art. 1 apartado 6 de Ley Orgánica 3/2024 de 2 de agosto de 2024, con vigencia desde 06/08/2024

[690] Dada nueva redacción por art. único de Ley Orgánica 19/2003 de 23 de diciembre de 2003, con vigencia desde 15/01/2004

[691] Dada nueva redacción por art. único de Ley Orgánica 19/2003 de 23 de diciembre de 2003, con vigencia desde 15/01/2004

años siguientes, a puesto de la Carrera Judicial que no sea de los que se proveen por estricta antigüedad.

360 bis. [692] 1. Las juezas y magistradas víctimas de violencia de género tendrán derecho a solicitar la situación de excedencia por razón de violencia sobre la mujer sin necesidad de haber prestado un tiempo mínimo de servicios previos. En esta situación administrativa se podrá permanecer un plazo máximo de tres años.

2. Durante los seis primeros meses tendrán derecho a la reserva del puesto de trabajo que desempeñaran, siendo computable dicho periodo a efectos de ascensos, trienios y derechos pasivos.

Esto no obstante, cuando de las actuaciones de tutela judicial resultase que la efectividad del derecho de protección de la víctima lo exigiere, se podrá prorrogar por periodos de tres meses, con un máximo de dieciocho, el periodo en el que, de acuerdo con el párrafo anterior, se tendrá derecho a la reserva del puesto de trabajo, con idénticos efectos a los señalados en dicho párrafo.

3. Las juezas y magistradas en situación de excedencia por razón de violencia sobre la mujer percibirán, durante los dos primeros meses de esta excedencia, las retribuciones íntegras y, en su caso, las prestaciones familiares por hijo a cargo.

4. El reingreso en el servicio activo de las juezas y magistradas en situación administrativa de excedencia por razón de violencia sobre la mujer de duración no superior a seis meses se producirá en el mismo órgano jurisdiccional respecto del que tenga reserva del puesto de trabajo que desempeñaran con anterioridad; si el periodo de duración de la excedencia es superior a 6 meses el reingreso exigirá que las juezas y magistradas participen en todos los concursos que se anuncien para cubrir plazas de su categoría hasta obtener destino. De no hacerlo así, se les declarará en situación de excedencia voluntaria por interés particular.

---

[692] Añadido por disposición adicional 3 apartado 10 de Ley Orgánica 3/2007 de 22 de marzo de 2007, con vigencia desde 24/03/2007

361. [693] 1. El Juez o Magistrado será declarado en situación de suspensión de funciones, provisional o definitiva, en los casos y en la forma establecidos en esta Ley [694].

2. El Juez o Magistrado declarado suspenso quedará privado del ejercicio de sus funciones durante el tiempo que dure la suspensión.

362. [695] 1. La suspensión provisional podrá acordarse durante la tramitación de un procedimiento judicial o disciplinario.

2. La suspensión provisional durante la tramitación de un procedimiento disciplinario no podrá exceder de seis meses, salvo en caso de paralización del procedimiento por causa imputable al interesado [696].

363. [697] El suspenso provisional tendrá derecho a percibir sus retribuciones básicas, excepto en el caso de paralización del procedimiento disciplinario por causa imputable al mismo, que comportará la pérdida de toda retribución mientras se mantenga dicha paralización. Asimismo, no se acreditará haber alguno en caso de incomparecencia o de rebeldía [698].

364. [699] Cuando la suspensión no sea declarada definitiva ni se acuerde la separación, el tiempo de duración de aquélla se computará como de servicio activo y se acordará la inmediata incorporación del suspenso a su plaza, con reconocimiento de todos los derechos económicos y demás que procedan desde la fecha en que la suspensión produjo efectos.

---

[693] Dada nueva redacción por art. único de Ley Orgánica 19/2003 de 23 de diciembre de 2003, con vigencia desde 15/01/2004

[694] Véanse arts. 117.1 y 2 CE, 15, 16, 133, 152.1, 365, 383, 384, 420, 421.3 y 422 a 427 de la presente Ley

[695] Dada nueva redacción por art. único de Ley Orgánica 19/2003 de 23 de diciembre de 2003, con vigencia desde 15/01/2004

[696] Véanse arts. 383.3 y 424 de la presente Ley

[697] Dada nueva redacción por art. único de Ley Orgánica 19/2003 de 23 de diciembre de 2003, con vigencia desde 15/01/2004

[698] Véase art. 424 de la presente Ley

[699] Dada nueva redacción por art. único de Ley Orgánica 19/2003 de 23 de diciembre de 2003, con vigencia desde 15/01/2004

365. [700] 1. La suspensión tendrá carácter definitivo cuando se imponga en virtud de condena o como sanción disciplinaria, computándose el tiempo de suspensión provisional.

2. La suspensión definitiva superior a seis meses implicará la pérdida del destino. La vacante producida se cubrirá en forma ordinaria.

3. La suspensión definitiva supondrá la privación de todos los derechos inherentes a la condición de Juez o Magistrado hasta, en su caso, su reingreso al servicio activo.

4. En tanto no transcurra el plazo de suspensión no procederá cambio alguno de situación administrativa.

366. [701] 1. El Juez o Magistrado suspenso definitivamente deberá solicitar el reingreso al servicio activo con un mes de antelación a la finalización del período de suspensión. El reingreso producirá efectos económicos y administrativos desde la fecha de extinción de la responsabilidad penal o disciplinaria.

2. Si no fuera solicitado el reingreso en el tiempo señalado en el apartado anterior, se le declarará en situación de excedencia voluntaria por interés particular, con efectos desde la fecha en que finalizare el período de suspensión.

367. [702] *Apartado 1 (Derogado)* [703]

2. El Juez o Magistrado vendrá obligado a participar en todos los concursos que se anuncien para cubrir plazas de su categoría hasta obtener destino. De no hacerlo así, se le declarará en situación de excedencia voluntaria por interés particular. [704]

---

[700] Dada nueva redacción por art. único de Ley Orgánica 19/2003 de 23 de diciembre de 2003, con vigencia desde 15/01/2004

[701] Dada nueva redacción por art. único de Ley Orgánica 19/2003 de 23 de diciembre de 2003, con vigencia desde 15/01/2004

[702] Dada nueva redacción por art. único de Ley Orgánica 19/2003 de 23 de diciembre de 2003, con vigencia desde 15/01/2004

[703] Anulado apartado 1 por sentencia 135/2018 del Tribunal Constitucional de 13 de diciembre de 2018, con vigencia desde 15/01/2019

[704] Anulado los incisos "tras la declaración de aptitud" y "quedando sin efecto la declaración de aptitud" apartado 2 por sentencia 135/2018 del Tribunal Constitucional de 13 de diciembre de 2018, con vigencia desde 15/01/2019

368. [705] La concurrencia de peticiones para la adjudicación de vacantes entre quienes deban reingresar al servicio activo, se regirá por el siguiente orden:
a) Suspensos.
b) Rehabilitados.
c) Excedentes voluntarios.

369. [706] El cambio de la situación administrativa en que se hallen los Jueces o Magistrados podrá tener lugar siempre que se reúnan los requisitos exigidos en cada caso sin necesidad de reingreso al servicio activo.

CAPÍTULO VIII
De las licencias y permisos

370. [707] (Derogado)

371. [708] 1. Los jueces y magistrados tendrán derecho a disfrutar, durante cada año natural, de unas vacaciones retribuidas de veintidós días hábiles, o de los días que correspondan proporcionalmente si el tiempo de servicio durante el año fue menor. A los efectos previstos en este artículo no se considerarán como hábiles los sábados. Asimismo, tendrán derecho a un día hábil adicional al cumplir quince años de servicio, añadiéndose un día hábil más al cumplir los veinte, veinticinco y treinta años de servicio, respectivamente, hasta un total de veintiséis días hábiles por año natural. [709]

---

[705] Dada nueva redacción por art. único de Ley Orgánica 19/2003 de 23 de diciembre de 2003, con vigencia desde 15/01/2004

[706] Dada nueva redacción por art. único de Ley Orgánica 19/2003 de 23 de diciembre de 2003, con vigencia desde 15/01/2004

[707] Suprimido por disposición adicional 3 apartado 11 de Ley Orgánica 3/2007 de 22 de marzo de 2007, con vigencia desde 24/03/2007

[708] Dada nueva redacción por art. 1 apartado 14 de Ley Orgánica 1/2009 de 3 de noviembre de 2009, con vigencia desde 05/11/2009

[709] Dada nueva redacción apartado 1 por art. único apartado 20 de Ley Orgánica 4/2018 de 28 de diciembre de 2018, con vigencia desde 30/12/2018

2. Los Presidentes de Sala y Magistrados del Tribunal Supremo y del resto de los Tribunales disfrutarán del permiso de vacaciones durante el mes de agosto; se exceptúan aquellos a quienes corresponda formar la Sala prevista en los artículos 61 y 180 de esta Ley. [710]

372. El permiso anual de vacaciones podrá denegarse para el tiempo en que se solicite cuando por los asuntos pendientes en un Juzgado o Tribunal, por la acumulación de peticiones de licencias en el territorio o por otras circunstancias excepcionales, pudiera perjudicarse el regular funcionamiento de la Administración de Justicia.

373. [711] 1. Los Jueces y Magistrados tendrán derecho a licencias por razón de matrimonio de 15 días de duración.

2. También tendrán derecho a una licencia en caso de parto, guarda con fines de adopción, acogimiento o adopción, cuya duración y condiciones se regularán por la legislación general en esta materia. El Consejo General del Poder Judicial, mediante reglamento, adaptará dicha normativa a las particularidades de la carrera judicial. En los supuestos de adopción internacional, cuando sea necesario el desplazamiento previo de los padres al país de origen del adoptado, el permiso previsto en este artículo podrá iniciarse hasta cuatro semanas antes de la resolución por la que se constituya la adopción. [712]

3. Tendrán también derecho a licencia para realizar estudios relacionados con la función judicial, previo informe favorable del Presidente del Tribunal correspondiente, que tendrá en cuenta las necesidades del servicio.

Finalizada la licencia, se elevará al Consejo General del Poder Judicial memoria de los trabajos realizados, y si su contenido no fuera bastante para justificarla, se compensará la licencia con el tiempo que se determine de las vacaciones del interesado. [713]

---

[710] Véanse arts. 179, 180, 183 y 207 a 216 de la presente Ley

[711] Dada nueva redacción por art. único de Ley Orgánica 19/2003 de 23 de diciembre de 2003, con vigencia desde 15/01/2004

[712] Dada nueva redacción apartado 2 por art. único apartado 21 de Ley Orgánica 4/2018 de 28 de diciembre de 2018, con vigencia desde 30/12/2018

[713] Dada nueva redacción apartado 3 por art. único apartado 19 de Ley Orgánica 8/2012 de 27 de diciembre de 2012, con vigencia desde 29/12/2012

4. También podrán disfrutar de permisos de tres días, sin que puedan exceder de seis permisos en el año natural, ni de uno al mes. Los tres días podrán disfrutarse, separada o acumuladamente, siempre dentro del mismo mes.

Para su concesión, el peticionario deberá justificar la necesidad a los superiores respectivos, de quienes habrá de obtener autorización, que podrán denegar cuando coincidan con señalamientos, vistas o deliberaciones salvo que se justifique que la petición obedece a una causa imprevista o de urgencia. [714]

5. Por el fallecimiento, accidente o enfermedad graves del cónyuge, de persona a la que estuviese unido por análoga relación de afectividad o de un familiar dentro del primer grado de consanguinidad o afinidad, los Jueces o Magistrados podrán disponer de un permiso de tres días hábiles, que podrá ser de hasta cinco días hábiles cuando a tal efecto sea preciso un desplazamiento a otra localidad, en cuyo caso será de cinco días hábiles.

Estos permisos quedarán reducidos a dos y cuatro días hábiles, respectivamente, cuando el fallecimiento y las otras circunstancias señaladas afecten a familiares en segundo grado de afinidad o consanguinidad [715] . [716]

6. Por el nacimiento, guarda con fines de adopción, acogimiento o adopción, los jueces y magistrados tendrán derecho a un permiso de paternidad de cuatro semanas de duración, a disfrutar por el padre o el otro progenitor a partir de la fecha del nacimiento, de la decisión administrativa de guarda con fines de adopción o acogimiento, o de la resolución judicial por la que se constituya la adopción.

Este permiso es independiente del disfrute compartido de la licencia en caso de parto, guarda con fines de adopción, acogimiento o adopción prevista en el apartado 2. [717]

7. Los jueces y magistrados dispondrán, al menos, de todos los derechos establecidos para los miembros de la Administración General

---

[714] Dada nueva redacción apartado 4 por art. único apartado 21 de Ley Orgánica 4/2018 de 28 de diciembre de 2018, con vigencia desde 30/12/2018

[715] Véanse arts. 131.4 y 207 de la presente Ley

[716] Dada nueva redacción apartado 5 por disposición adicional 3 apartado 12 de Ley Orgánica 3/2007 de 22 de marzo de 2007, con vigencia desde 24/03/2007

[717] Dada nueva redacción apartado 6 por art. único apartado 21 de Ley Orgánica 4/2018 de 28 de diciembre de 2018, con vigencia desde 30/12/2018

del Estado y que supongan una mejora en materia de conciliación, permisos, licencias y cualquier otro derecho reconocido en dicho ámbito. El Consejo General del Poder Judicial tendrá la obligación de adaptar de manera inmediata, mediante acuerdo del Pleno, cualquier modificación que, cumpliendo esos requisitos, se produzca en dicho régimen. Todo ello, sin perjuicio e independientemente de las particularidades propias del estatuto profesional de jueces y magistrados, así como de la promoción de mejoras propias por los cauces correspondientes. [718]

Apartado 8 (Derogado) [719]

374. [720] El que por hallarse enfermo no pudiera asistir al despacho, lo comunicará al Presidente del que inmediatamente dependa y solicitará la licencia acreditando la enfermedad y la previsión médica sobre el tiempo preciso para su restablecimiento.

375. 1. Las licencias por enfermedad, transcurrido el sexto mes, sólo darán derecho al percibo de las retribuciones básicas y por razón de familia, sin perjuicio de su complemento, en lo que corresponda, con arreglo al Régimen de Seguridad Social aplicable.

2. Las licencias para realizar estudios en general darán derecho a percibir las retribuciones básicas y por razón de familia. Las licencias para realizar estudios relacionados con la función jurisdiccional lo serán sin limitación de haberes.

No obstante lo anterior, los días de licencia para realizar estudios, relacionados o no con la función jurisdiccional, por tiempo superior a 20 días anuales no darán derecho a retribución alguna, salvo aquellas que tengan por objeto actividades formativas obligatorias por cambio de orden o especialidad, que lo serán sin limitación de haberes en todo caso. [721]

---

[718] Dada nueva redacción apartado 7 por art. único apartado 21 de Ley Orgánica 4/2018 de 28 de diciembre de 2018, con vigencia desde 30/12/2018

[719] Derogado apartado 8 por art. único apartado 21 de Ley Orgánica 4/2018 de 28 de diciembre de 2018, con vigencia desde 18/01/2019

[720] Dada nueva redacción por art. único apartado 22 de Ley Orgánica 8/2012 de 27 de diciembre de 2012, con vigencia desde 29/12/2012

[721] Dada nueva redacción apartado 2 por art. único apartado 23 de Ley Orgánica 8/2012 de 27 de diciembre de 2012, con vigencia desde 29/12/2012

3. Las demás licencias y permisos no afectarán al régimen retributivo de quien los disfrute, sin perjuicio de lo dispuesto en esta Ley. En el caso de las licencias por enfermedad, los integrantes de la Carrera Judicial, en situación de incapacidad temporal por contingencias comunes, percibirán el cincuenta por ciento de las retribuciones tanto básicas como complementarias, como, en su caso, la prestación por hijo a cargo, desde el primer al tercer día de la situación de incapacidad temporal, tomando como referencia aquéllas que percibían en el mes inmediato anterior al de causarse la situación de incapacidad temporal. Desde el día cuarto al vigésimo día, ambos inclusive, percibirán el setenta y cinco por ciento de las retribuciones tanto básicas como complementarias, como de la prestación por hijo a cargo, en su caso. A partir del día vigésimo primero y hasta el día ciento ochenta, ambos inclusive, percibirán la totalidad de las retribuciones básicas, de la prestación por hijo a cargo, en su caso, y de las retribuciones complementarias. Cuando la situación de incapacidad temporal derive de contingencias profesionales, la retribución a percibir podrá ser complementada desde el primer día, hasta alcanzar como máximo las retribuciones que vinieran correspondiendo a dicho personal en el mes anterior al de causarse la incapacidad.

A partir del día ciento ochenta y uno será de aplicación el subsidio establecido en el apartado 1.B) del artículo 20 del Real Decreto Legislativo 3/2000, de 23 de junio, por el que se aprueba el texto refundido de las disposiciones legales vigentes sobre el Régimen especial de Seguridad Social del personal al servicio de la Administración de Justicia.

Por el órgano competente se determinarán los supuestos en los que con carácter excepcional y debidamente justificados se pueda establecer un complemento hasta alcanzar, como máximo, el cien por cien de las retribuciones que vinieran disfrutando en cada momento. A estos efectos, se considerarán en todo caso debidamente justificados los supuestos de hospitalización e intervención quirúrgica [722].

En ningún caso los funcionarios adscritos a los regímenes especiales de seguridad social gestionados por el mutualismo administrativo

---

[722] Véanse la Instrucción 1/2013 sobre retribuciones en supuestos de incapacidad temporal por contingencias comunes de los miembros de la Carrera Judicial y la Res. de 25 junio 2013, de la Dirección General de Relaciones con la Administración de Justicia, sobre prestación económica en la situación de incapacidad temporal por contingencias comunes de los miembros de la Carrera Fiscal. Véase el Ac. de 28 de noviembre de 2018, de la Comisión Permanente del Consejo General del Poder Judicial

podrán percibir una cantidad inferior en situación de incapacidad temporal por contingencias comunes a la que corresponda a los funcionarios adscritos al régimen general de la seguridad social, incluidos, en su caso, los complementos que les resulten de aplicación a estos últimos.

Las referencias a días incluidas en el presente número se entenderán realizadas a días naturales [723] . [724]

376. Cuando circunstancias excepcionales lo impongan, podrá suspenderse o revocarse el disfrute de las licencias o de los permisos, ordenándose a los Jueces y Magistrados la incorporación al Juzgado o Tribunal.

377. Reglamentariamente se desarrollará el régimen jurídico de las licencias y permisos, determinando la autoridad a quien corresponde otorgarlos y su duración, y cuanto no se halle establecido en la presente Ley [725] .

---

[723] Lo dispuesto en esta apartado 3 entrará en vigor cuando por el órgano competente se determinen los supuestos en los que con carácter excepcional y debidamente justificados se pueda establecer un complemento hasta alcanzar, como máximo, el cien por cien de las retribuciones que vinieran disfrutando en cada momento y, en todo caso, en el plazo máximo de seis meses, conforme disp. trans. 5ª LO 8/2012, de 27 diciembre

[724] Dada nueva redacción apartado 3 por art. único apartado 24 de Ley Orgánica 8/2012 de 27 de diciembre de 2012, con vigencia desde 29/12/2012

[725] Véase Reglamento 2/2011, de la Carrera Judicial

TÍTULO II
De la independencia judicial

CAPÍTULO PRIMERO
De la inamovilidad de los Jueces y Magistrados

378. 1. Gozarán de inamovilidad los Jueces y Magistrados que desempeñen cargos judiciales [726].

2. Los que hayan sido nombrados por plazo determinado gozarán de inamovilidad sólo por ese tiempo [727].

3. Los casos de renuncia, excedencia, traslado y promoción se regirán por sus normas específicas establecidas en esta Ley [728].

379. 1. La condición de Jueces o Magistrados se perderá por las siguientes causas:

a) Por renuncia a la Carrera Judicial. Se entenderán incursos en este supuesto los previstos en los 322 y 357.3.

b) Por pérdida de la nacionalidad española.

c) En virtud de sanción disciplinaria de separación de la Carrera Judicial.

d) Por la condena a pena privativa de libertad por razón de delito doloso. En los casos en que la pena no fuera superior a seis meses, el Consejo General del Poder Judicial, de forma motivada y atendiendo a la entidad del delito cometido, podrá sustituir la pérdida de la condición de Magistrado o Juez por la sanción prevista en el artículo 420.1, d). [729]

e) Por haber incurrido en alguna de las causas de incapacidad, salvo que proceda su jubilación.

---

[726] Véanse arts. 117.1 y 2 CE, 15 y 152.1 de la presente Ley

[727] Véanse arts. 101.1, 103.2, 200.2, 212.2, 432.2 y 433 de la presente Ley

[728] Véanse arts. 322.1, 356, 357, 379 y 390.2 de la presente Ley

[729] Dada nueva redacción apartado 1 letra d por art. 6 apartado 1 de Ley Orgánica 16/1994 de 8 de noviembre de 1994, con vigencia desde 09/12/1994

f) Por jubilación [730].

2. La separación en los casos previstos en las letras b), c), d) y e) del apartado anterior se acordará previo expediente, con intervención del Ministerio Fiscal.

380. [731] Quienes hubieren perdido la condición de Juez o Magistrado por cualquiera de las causas previstas en los apartados a), b), c) y d) del artículo anterior, podrán solicitar del Consejo General del Poder Judicial su rehabilitación, una vez obtenida la establecida en el Código Penal, si procediere [732].

381. 1. La rehabilitación se concederá por el Consejo General del Poder Judicial, cuando se acredite el cese definitivo o la inexistencia, en su caso, de la causa que dio lugar a la separación, valorando las circunstancias de todo orden.

2. Si la rehabilitación se denegare, no podrá iniciarse nuevo procedimiento para obtenerla en los 3 años siguientes, plazo que se computará a partir de la resolución denegatoria inicial del Consejo General del Poder Judicial [733].

382. El Juez o Magistrado que hubiere sido rehabilitado será destinado con arreglo a lo dispuesto en esta Ley [734].

383. La suspensión de los Jueces y Magistrados sólo tendrá lugar en los casos siguientes:

1º) Cuando se hubiere declarado haber lugar a proceder contra ellos por delitos cometidos en el ejercicio de sus funciones.

2º) Cuando por cualquier otro delito doloso se hubiere dictado contra ellos auto de prisión, de libertad bajo fianza o de procesamiento.

---

[730] Véanse arts. 24 a 26 CC, 32 a 34 CP, 303, 322, 323, 357.3, 385, 386, 417, 420 y 423 a 427 de la presente Ley

[731] Dada nueva redacción por art. 6 apartado 2 de Ley Orgánica 16/1994 de 8 de noviembre de 1994, con vigencia desde 09/12/1994

[732] Véanse arts. 107.4, 127.5, 132 y 387.3 de la presente Ley

[733] Véase art. 127.5 de la presente Ley

[734] Véanse arts. 368 y 369 de la presente Ley

3º) Cuando se decretare en expediente disciplinario o de incapacidad, ya con carácter provisional, ya definitivo.

4º) Por sentencia firme condenatoria en que se imponga como pena principal o accesoria la de suspensión, cuando no procediere la separación.

384. 1. En los supuestos de los dos primeros apartados del artículo anterior, el Juez o Tribunal que conociera de la causa lo comunicará al Consejo General del Poder Judicial, quien hará efectiva la suspensión, previa audiencia del Ministerio Fiscal.

2. En el caso del apartado 4º, el Tribunal remitirá testimonio de la sentencia al Consejo General del Poder Judicial.

3. La suspensión durará, en los casos de los apartados 1º y 2º del artículo anterior, hasta que recaiga en la causa sentencia absolutoria o auto de sobreseimiento. En los demás casos, por todo el tiempo a que se extienda la pena, sanción o medida cautelar [735].

385. Los Jueces y Magistrados sólo podrán ser jubilados:

1º) Por edad.

2º) Por incapacidad permanente para el ejercicio de sus funciones.

386. [736] 1. La jubilación por edad de los Jueces y Magistrados es forzosa y se decretará con la antelación suficiente para que el cese en la función se produzca efectivamente al cumplir la edad de setenta años.

No obstante, podrán solicitar con dos meses de antelación a dicho momento la prolongación de la permanencia en el servicio activo hasta que cumplan como máximo setenta y dos años de edad. Dicha solicitud vinculará al Consejo General del Poder Judicial quien solo podrá denegarla cuando el solicitante no cumpla el requisito de edad o cuando presentase la solicitud fuera del plazo indicado. [737]

2. También podrán jubilarse a partir de los 65 años siempre que así lo hubieren manifestado al Consejo General del Poder Judicial con seis

---

[735] Véanse arts. 361 y 424 de la presente Ley

[736] Dada nueva redacción por art. 2 de Ley Orgánica 7/1992 de 20 de noviembre de 1992, con vigencia desde 22/11/1992

[737] Dada nueva redacción apartado 1 por art. único apartado 50 de Ley Orgánica 7/2015 de 21 de julio de 2015, con vigencia desde 01/10/2015

meses de antelación, todo ello sin perjuicio de los demás supuestos de jubilación voluntaria legalmente previstos.

3. Los Jueces y Magistrados conservarán los honores y tratamientos correspondientes a la categoría alcanzada en el momento de la jubilación. [738]

387. 1. Cuando en un Juez o Magistrado se apreciare incapacidad permanente la Sala de Gobierno respectiva, por sí, a instancia del Ministerio Fiscal o del interesado, formulará propuesta de jubilación al Consejo General del Poder Judicial.

2. El expediente de jubilación por incapacidad permanente podrá ser iniciado, asimismo, por el Consejo General de oficio o a instancia del Ministerio Fiscal.

3. Los jubilados por incapacidad permanente podrán ser rehabilitados y volver al servicio activo si acreditaren haber desaparecido la causa que hubiere motivado la jubilación.

388. Los procedimientos de separación, traslado, jubilación por incapacidad permanente y rehabilitación se formarán con audiencia del interesado e informe del Ministerio Fiscal y de la Sala de Gobierno respectiva, sin perjuicio de las demás justificaciones que procedan, y se resolverán por el Consejo General del Poder Judicial [739].

CAPÍTULO II
De las incompatibilidades y prohibiciones

389. El cargo de Juez o Magistrado es incompatible:

1º) Con el ejercicio de cualquier otra jurisdicción ajena a la del Poder Judicial.

2º) Con cualquier cargo de elección popular o designación política del Estado, Comunidades Autónomas, Provincias y demás entidades locales y organismos dependientes de cualquiera de ellos.

---

[738] Añadido apartado 3 por art. único apartado 50 de Ley Orgánica 7/2015 de 21 de julio de 2015, con vigencia desde 01/10/2015

[739] Véanse arts. 127.5, 152.1, 379.2 y 541 de la presente Ley

3º) Con los empleos o cargos dotados o retribuidos por la Administración del Estado, las Cortes Generales, la Casa Real, Comunidades Autónomas, Provincias, Municipios y cualesquiera entidades, organismos o empresas dependientes de unos u otras.

4º) Con los empleos de todas clases en los Tribunales y Juzgados de cualquier orden jurisdiccional.

5º) Con todo empleo, cargo o profesión retribuida, salvo la docencia o investigación jurídica, así como la producción y creación literaria, artística, científica y técnica y las publicaciones derivadas de aquélla, de conformidad con lo dispuesto en la legislación sobre incompatibilidades del personal al servicio de las Administraciones Públicas.

6º) Con el ejercicio de la Abogacía y de la Procuraduría.

7º) Con todo tipo de asesoramiento jurídico, sea o no retribuido.

8º) Con el ejercicio de toda actividad mercantil, por sí o por otro.

9º) Con las funciones de Director, Gerente, Administrador, Consejero, socio colectivo o cualquier otra que implique intervención directa, administrativa o económica en sociedades o empresas mercantiles, públicas o privadas, de cualquier género [740].

390. 1. Los que ejerciendo cualquier empleo, cargo o profesión de los expresados en el artículo anterior fueren nombrados Jueces o Magistrados, deberán optar, en el plazo de ocho días, por uno u otro cargo, o cesar en el ejercicio de la actividad incompatible.

2. Quienes no hicieren uso de dicha opción en el indicado plazo se entenderá que renuncian al nombramiento judicial.

391. [741] No podrán pertenecer a una misma Sala de Justicia o Audiencia Provincial Magistrados que estuvieren unidos por vínculo matrimonial o situación de hecho equivalente, o tuvieren parentesco entre sí dentro del segundo grado de consanguinidad o afinidad, salvo que, por previsión legal o por aplicación de lo dispuesto en los artículos 155 y 198.1 de esta Ley existieren varias secciones, en cuyo caso podrán integrarse en secciones diversas, pero no formar Sala juntos.

Tampoco podrán pertenecer a una misma Sala de Gobierno Jueces o Magistrados unidos entre sí por cualquiera de los vínculos a que se

[740] Véanse arts. 127 CE, 102, 201.3 y 417.6 de la presente Ley

[741] Dada nueva redacción por art. 12 de Ley Orgánica 16/1994 de 8 de noviembre de 1994, con vigencia desde 09/12/1994

refiere el párrafo anterior. Esta disposición es aplicable a los Presidentes.

392. [742] 1. Los Jueces o Magistrados no podrán intervenir en la resolución de recursos relativos a resoluciones dictadas por quienes tengan con ellos alguna de las relaciones a que hace referencia el artículo anterior, ni en fases ulteriores del procedimiento que, por su propia naturaleza, impliquen una valoración de lo actuado anteriormente por ellas.

En virtud de este principio, además de la obligación de abstención, siempre que concurra cualquiera de los vínculos a que se refiere el artículo anterior, son incompatibles:

a) Los Jueces de Instrucción con los Jueces unipersonales de lo Penal que hubieran de conocer en juicio oral de lo instruido por ellos y con los Magistrados de la Sección que se hallen en el mismo caso.

b) Los Magistrados de cualquier Sala de Justicia, constituya o no sección orgánica, a la que se halle atribuido el conocimiento de los recursos respecto de las resoluciones de un órgano jurisdiccional, cualquiera que sea el orden a que pertenezca, con los Jueces o Magistrados de dicho órgano. Se exceptúan de esta incompatibilidad las Salas y Secciones del Tribunal Supremo.

2. Serán incompatibles cuando concurra entre ellas cualquiera de las relaciones a que se refiere el artículo anterior:

a) Los Presidentes y Magistrados de la Sala de lo Penal de la Audiencia Nacional y los de las Audiencias Provinciales, respecto de los miembros del Ministerio Fiscal de la correspondiente Fiscalía, salvo cuando en la Audiencia Provincial hubiere más de tres secciones.

b) Los Presidentes y Magistrados de la Sala de lo Civil y Penal respecto del Fiscal Jefe y Teniente Fiscal de dicho órgano.

c) Los Jueces de Instrucción y los Jueces unipersonales de lo Penal, respecto de los Fiscales destinados en Fiscalías en cuyo ámbito territorial ejerzan su jurisdicción, con excepción de los Partidos donde existan más de cinco órganos de la clase que se trate.

---

[742] Dada nueva redacción por art. 12 de Ley Orgánica 16/1994 de 8 de noviembre de 1994, con vigencia desde 09/12/1994

d) Los Presidentes, Magistrados y Jueces respecto de los Secretarios y demás personal al servicio de la Administración de Justicia que dependan de ellos directamente.

393. [743] No podrán los jueces, juezas, magistrados y magistradas desempeñar su cargo:

1. En los Tribunales donde ejerzan habitualmente, como abogado, abogada, procurador o procuradora, su cónyuge o un pariente dentro del segundo grado de consanguinidad o afinidad. Esta incompatibilidad no será aplicable en las poblaciones donde las Secciones Civiles y de Instrucción de los Tribunales de Instancia que constituyan Secciones Únicas cuenten con diez o más plazas judiciales o donde existan Salas con tres o más Secciones.

2. En una Audiencia Provincial o Tribunal de Instancia que comprenda dentro de su circunscripción territorial una población en la que, por poseer el mismo, su cónyuge o parientes de segundo grado de consanguinidad intereses económicos, tengan arraigo que pueda obstaculizarles el imparcial ejercicio de la función jurisdiccional. Se exceptúan las poblaciones superiores a cien mil habitantes en las que radique la sede del órgano jurisdiccional.

3. En una Audiencia o en la plaza concreta de la Sección del Tribunal de Instancia donde hayan ejercido la abogacía o el cargo de procurador o procuradora en los dos años anteriores a su nombramiento.

394. 1. Cuando un nombramiento dé lugar a una situación de incompatibilidad de las previstas en los artículos anteriores quedará el mismo sin efecto y se destinará con carácter forzoso al Juez o Magistrado, sin perjuicio de la responsabilidad disciplinaria en que hubiera podido incurrirse.

2. Cuando la situación de incompatibilidad apareciere en virtud de circunstancias sobrevenidas, el Consejo General del Poder Judicial procederá al traslado forzoso del Juez o Magistrado, en el caso del número 1 del artículo anterior, o del último nombrado en los restantes. En su caso podrá proponer al Gobierno el traslado del miembro del Ministerio Fiscal incompatible, si fuera de menor antigüedad en el

---

[743] Dada nueva redacción por art. 1 apartado 75 de Ley Orgánica 1/2025 de 2 de enero de 2025, con vigencia desde 23/01/2025

cargo. El destino forzoso será a cargo que no implique cambio de residencia si existiera vacante, y en tal caso ésta no será anunciada a concurso de provisión.

395. No podrán los Jueces o Magistrados pertenecer a partidos políticos o sindicatos o tener empleo al servicio de los mismos, y les estará prohibido:

1º) Dirigir a los poderes, autoridades y funcionarios públicos o Corporaciones oficiales felicitaciones o censuras por sus actos, ni concurrir, en su calidad de miembros del Poder Judicial, a cualesquiera actos o reuniones públicas que no tengan carácter judicial, excepto aquellas que tengan por objeto cumplimentar al Rey o para las que hubieran sido convocados o autorizados a asistir por el Consejo General del Poder Judicial.

2º) Tomar en las elecciones legislativas o locales más parte que la de emitir su voto personal. Esto no obstante, ejercerán las funciones y cumplimentarán los deberes inherentes a sus cargos.

396. Los Jueces y Magistrados no podrán revelar los hechos o noticias referentes a personas físicas o jurídicas de los que hayan tenido conocimiento en el ejercicio de sus funciones.

397. La competencia para la autorización, reconocimiento o denegación de compatibilidades, con arreglo a lo dispuesto en este Capítulo, corresponde al Consejo General del Poder Judicial, previo informe del Presidente del Tribunal o Audiencia respectiva.

CAPÍTULO III
De la inmunidad judicial

398. 1. Los Jueces y Magistrados en servicio activo sólo podrán ser detenidos por orden de Juez competente o en caso de flagrante delito. En este último caso se tomarán las medidas de aseguramiento indispensables y se entregará inmediatamente el detenido al Juez de Instrucción más próximo.

2. De toda detención se dará cuenta, por el medio más rápido, al Presidente del Tribunal o de la Audiencia de quien dependa el Juez o Magistrado. Se tomarán por la Autoridad Judicial que corresponda las prevenciones que procedan para atender a la sustitución del detenido [744].

399. 1. Las Autoridades civiles y militares se abstendrán de intimar a los Jueces y Magistrados y de citarlos para que comparezcan a su presencia.

Cuando una Autoridad civil o militar precise de datos o declaraciones que pueda facilitar un Juez o Magistrado, y que no se refieran a su cargo o función, se solicitarán por escrito o se recibirán en el despacho oficial de aquél, previo aviso.

2. Cuando se trate de auxilio o cooperación por razón del cargo o de la función jurisdiccional, se prestará sin tardanza, salvo que el acto a ejecutar no esté legalmente permitido o se perjudique la competencia propia del Juez o Tribunal. La denegación se comunicará a la Autoridad peticionaria con expresión suficiente de la razón que la justifique.

400. Cuando en la instrucción de una causa penal fuere necesaria la declaración de un Juez o Magistrado, y ésta pudiera prestarse legalmente, no podrá excusarse aquél de hacerlo. Si la Autoridad Judicial que hubiere de recibir la declaración fuere de categoría inferior, acudirá al despacho oficial del Juez o Magistrado, previo aviso, señalándose día y hora.

CAPÍTULO IV
Del régimen de asociación profesional de los Jueces y Magistrados

401. [745] De acuerdo con lo establecido en el artículo 127 de la Constitución, se reconoce el derecho de libre asociación profesional de

---

[744] Véanse arts. 57.2 y 3, 61.4 y 73.3 de la presente Ley

[745] Dada nueva redacción por art. único de Ley Orgánica 19/2003 de 23 de diciembre de 2003, con vigencia desde 15/01/2004

Jueces y Magistrados integrantes de la Carrera Judicial, que se ejercerá de acuerdo con las reglas siguientes: [746]

1ª Las asociaciones de Jueces y Magistrados tendrán personalidad jurídica y plena capacidad para el cumplimiento de sus fines.

2ª Podrán tener como fines lícitos la defensa de los intereses profesionales de sus miembros en todos los aspectos y la realización de actividades encaminadas al servicio de la Justicia en general. No podrán llevar a cabo actividades políticas ni tener vinculaciones con partidos políticos o sindicatos.

3ª Las asociaciones de Jueces y Magistrados deberán tener ámbito nacional, sin perjuicio de la existencia de secciones cuyo ámbito coincida con el de un Tribunal Superior de Justicia.

4ª Los Jueces y Magistrados podrán libremente asociarse o no a asociaciones profesionales.

5ª Sólo podrán formar parte de las mismas quienes ostenten la condición de Jueces y Magistrados en servicio activo. Ningún Juez o Magistrado podrá estar afiliado a más de una asociación profesional.

6ª Las asociaciones profesionales de Jueces y Magistrados integrantes de la Carrera Judicial quedarán válidamente constituidas desde que se inscriban en el registro que será llevado al efecto por el Consejo General del Poder Judicial. La inscripción se practicará a solicitud de cualquiera de los promotores, a la que se acompañará el texto de los estatutos y una relación de afiliados.

Sólo podrá denegarse la inscripción cuando la asociación o sus estatutos no se ajustaren a los requisitos legalmente exigidos.

7ª Los estatutos deberán expresar, como mínimo, las siguientes menciones:

a) Nombre de la asociación.

b) Fines específicos.

c) Organización y representación de la asociación. Su estructura interna y funcionamiento deberán ser democráticos.

d) Régimen de afiliación.

e) Medios económicos y régimen de cuotas.

f) Formas de elegirse los cargos directivos de la asociación.

8ª La suspensión o disolución de las asociaciones profesionales quedará sometida al régimen establecido para el derecho de asociación en general.

---

[746] Véase Rgto. 1/2011 de asociaciones judiciales profesionales

9ª Serán de aplicación supletoria las normas reguladoras del derecho de asociación en general.

CAPÍTULO V
De la independencia económica

402. 1. El Estado garantiza la independencia económica de los Jueces y Magistrados mediante una retribución adecuada a la dignidad de la función jurisdiccional.

2. También garantizará un régimen de Seguridad Social que proteja a los Jueces y Magistrados y a sus familiares durante el servicio activo y la jubilación.

403. [747] 1. El régimen de retribuciones de los Jueces y Magistrados se inspirará en los principios de objetividad, equidad, transparencia y estabilidad, atendiendo para su fijación a la dedicación a la función jurisdiccional, a la categoría y al tiempo de prestación de servicios. Se retribuirá, además, la responsabilidad del cargo y el puesto de trabajo.

2. En todo caso, las retribuciones de los Jueces y Magistrados estarán integradas, con carácter general, por un componente fijo y otro variable por objetivos, que valore específicamente su rendimiento individual.

3. Las retribuciones fijas, que se descompondrán en básicas y complementarias, remunerarán la categoría y antigüedad en la carrera judicial de cada uno de sus miembros, así como las características objetivas de las plazas que ocupen.

Son retribuciones básicas el sueldo y la antigüedad. Son retribuciones complementarias el complemento de destino, el complemento específico y el complemento de carrera profesional. [748]

4. Las retribuciones variables por objetivos estarán vinculadas al rendimiento individual acreditado por cada Juez o Magistrado en el desempeño de sus funciones jurisdiccionales y profesionales.

---

[747] Dada nueva redacción por art. único de Ley Orgánica 19/2003 de 23 de diciembre de 2003, con vigencia desde 15/01/2004

[748] Dada nueva redacción apartado 3 por art. único apartado 22 de Ley Orgánica 4/2018 de 28 de diciembre de 2018, con vigencia desde 18/01/2019

5. Asimismo, los Jueces y Magistrados podrán percibir retribuciones especiales por servicios de guardia, servicios extraordinarios sin relevación de funciones y sustituciones.

6. Una Ley desarrollará, conforme a lo previsto en los apartados anteriores, las retribuciones de los miembros de la Carrera Judicial.

404. [749] Junto a las demás partidas correspondientes a retribuciones de jueces, juezas, magistrados y magistradas los Presupuestos Generales del Estado contendrán una consignación anual para la dotación de los jueces y juezas de paz, otras atenciones de personal judicial a que den lugar los preceptos de esta ley y demás exigencias de la Administración de Justicia.

404 bis. [750] De conformidad con el principio de supremacía jurisdiccional que se recoge en el artículo 123 de la Constitución española y de acuerdo con el carácter de magistratura de ejercicio contemplado en la presente Ley, las remuneraciones de los Magistrados del Tribunal Supremo se establecerán en cuantía similar a las de los titulares de otros altos Organos Constitucionales, atendiendo a la naturaleza de sus funciones [751].

---

[749] Dada nueva redacción por art. 1 apartado 76 de Ley Orgánica 1/2025 de 2 de enero de 2025, con vigencia desde 23/01/2025

[750] Añadido por art. 5 apartado 8 de Ley Orgánica 5/1997 de 4 de diciembre de 1997, con vigencia desde 06/12/1997

[751] Véase RDL 3/1998, de 8 de mayo, por el que se establecen las Retribuciones de los Magistrados del TS

TÍTULO III
De la responsabilidad de los Jueces y Magistrados

CAPÍTULO PRIMERO
De la responsabilidad penal

405. La responsabilidad penal de los Jueces y Magistrados por delitos o faltas cometidos en el ejercicio de las funciones de su cargo se exigirá conforme a lo dispuesto en esta Ley [752].

406. El juicio de responsabilidad penal contra Jueces y Magistrados podrá incoarse por providencia del Tribunal competente o en virtud de querella del Ministerio Fiscal, o del perjudicado u ofendido, o mediante el ejercicio de la acción popular [753].

407. Cuando el Tribunal Supremo, por razón de los pleitos o causas de que conozca o por cualquier otro medio, tuviere noticia de algún acto de Jueces o Magistrados realizado en el ejercicio de su cargo y que pueda calificarse de delito o falta, lo comunicará, oyendo previamente al Ministerio Fiscal, al Tribunal competente, a los efectos de incoación de la causa. Lo mismo harán, en su caso, los Tribunales Superiores de Justicia y Audiencias.

408. Cuando otras Autoridades Judiciales tuvieren conocimiento, a través de las actuaciones en que intervinieren, de la posible comisión de un delito o falta por un Juez o Magistrado en el ejercicio de su cargo, lo comunicarán al Juez o Tribunal competente, oído el Ministerio Fiscal, con remisión de los antecedentes necesarios.

409. Cuando el Consejo General del Poder Judicial, el Gobierno u otro órgano o autoridad del Estado o de una Comunidad Autónoma considere que un Juez o Magistrado ha realizado, en el ejercicio de su

---

[752] Véanse art. 117.1 CE, 16, 57, 61.1 y 73 de la presente Ley
[753] Véanse arts. 16, 57, 61.1 y 73 de la presente Ley

cargo, un hecho que puede ser constitutivo de delito o falta, lo pondrá en conocimiento del Ministerio Fiscal por si procediere el ejercicio de la acción penal, sin perjuicio de lo dispuesto en el artículo 406.

410. [754] En el caso de que alguna de las partes en un proceso, o persona que tuviese interés en él, formulasen querella contra el Juez o Magistrado que deba resolver en dicho proceso, con carácter previo a la admisión de ésta el órgano competente para su instrucción podrá recabar los antecedentes que considere oportunos a fin de determinar su propia competencia así como la relevancia penal de los hechos objeto de la misma o la verosimilitud de la imputación.

CAPÍTULO II
De la responsabilidad civil (Derogado) [755]

411 a 413. [756] (Derogados)

CAPÍTULO III
De la responsabilidad disciplinaria

414. Los Jueces y Magistrados están sujetos a responsabilidad disciplinaria en los casos y con las garantías establecidas en esta Ley [757].

---

[754] Añadido por art. único apartado 112 de Ley Orgánica 19/2003 de 23 de diciembre de 2003, con vigencia desde 15/01/2004

[755] Derogado por art. único apartado 51 de Ley Orgánica 7/2015 de 21 de julio de 2015, con vigencia desde 01/10/2015

[756] Derogado por art. único apartado 51 de Ley Orgánica 7/2015 de 21 de julio de 2015, con vigencia desde 01/10/2015

[757] Véanse arts. 117.1, 122.2 CE, 16, 133 y 190 a 195 de la presente Ley

415. [758] 1. La responsabilidad disciplinaria sólo podrá exigirse por la autoridad competente, mediante el procedimiento establecido en este Capítulo [759].

2. La incoación de un procedimiento penal no será obstáculo para la iniciación de un expediente disciplinario por los mismos hechos, pero no se dictará resolución en éste hasta tanto no haya recaído sentencia o auto de sobreseimiento firmes en la causa penal.

En todo caso, la declaración de hechos probados contenida en la resolución que pone término al procedimiento penal vinculará a la resolución que se dicte en el expediente disciplinario, sin perjuicio de distinta calificación jurídica que puedan merecer en una y otra vía.

3. Sólo podrán recaer sanción penal y disciplinaria sobre los mismos hechos cuando no hubiere identidad de fundamento jurídico y de bien jurídico protegido.

416. [760] 1. Las faltas cometidas por los Jueces y Magistrados en el ejercicio de sus cargos podrán ser muy graves, graves y leves.

2. Las faltas muy graves prescribirán a los dos años, las graves al año y las leves a los seis meses.

El plazo de prescripción comenzará a contarse desde que la falta se hubiera cometido. No obstante, en el supuesto previsto en el artículo 417.5, el plazo de prescripción se iniciará a partir de la firmeza de la sentencia o de la resolución dictada por el Consejo General del Poder Judicial que declare la responsabilidad civil del Juez o Magistrado. [761]

3. La prescripción se interrumpirá desde la fecha de notificación del acuerdo de iniciación del procedimiento disciplinario o, en su caso, de las diligencias informativas relacionadas con la conducta investigada del Juez o Magistrado.

---

[758] Dada nueva redacción por art. 7 de Ley Orgánica 16/1994 de 8 de noviembre de 1994, con vigencia desde 09/12/1994

[759] Véanse arts. 64 a 70 Rgto. Organización y Funcionamiento CGPJ

[760] Dada nueva redacción por art. 7 de Ley Orgánica 16/1994 de 8 de noviembre de 1994, con vigencia desde 09/12/1994

[761] Dada nueva redacción apartado 2 por art. único apartado 52 de Ley Orgánica 7/2015 de 21 de julio de 2015, con vigencia desde 01/10/2015

El plazo de prescripción vuelve a correr si las diligencias o el procedimiento permanecen paralizados durante seis meses por causa no imputable al Juez o Magistrado sujeto al expediente disciplinario.

417. [762] Son faltas muy graves:

1. El incumplimiento consciente del deber de fidelidad a la Constitución establecido en el artículo 5.1 de esta Ley, cuando así se apreciare en sentencia firme.

2. La afiliación a partidos políticos o sindicatos, o el desempeño de empleos o cargos a su servicio.

3. La provocación reiterada de enfrentamientos graves con las autoridades de la circunscripción en que el Juez o Magistrado desempeñe el cargo, por motivos ajenos al ejercicio de la función jurisdiccional.

4. La intromisión, mediante órdenes o presiones de cualquier clase, en el ejercicio de la potestad jurisdiccional de otro Juez o Magistrado.

5. Las acciones y omisiones que hayan dado lugar, en sentencia firme o en resolución firme dictada por el Consejo General del Poder Judicial, a una declaración de responsabilidad civil contraída en el ejercicio de la función por dolo o culpa grave conforme al apartado 2 del artículo 296. [763]

6. El ejercicio de cualquiera de las actividades incompatibles con el cargo de Juez o Magistrado, establecidas en el artículo 389 de esta Ley, salvo las que puedan constituir falta grave con arreglo a lo dispuesto en el artículo 418.14 de la misma.

7. Provocar el propio nombramiento para Juzgados y Tribunales cuando concurra en el nombrado alguna de las situaciones de incompatibilidad o prohibición previstas en los artículos 391 a 393 de esta Ley, o mantenerse en el desempeño del cargo en dichos órganos sin poner en conocimiento del Consejo General del Poder Judicial las circunstancias necesarias para proceder al traslado forzoso previsto en el artículo 394.

8. La inobservancia del deber de abstención a sabiendas de que concurre alguna de las causas legalmente previstas.

---

[762] Dada nueva redacción por art. único de Ley Orgánica 19/2003 de 23 de diciembre de 2003, con vigencia desde 15/01/2004

[763] Dada nueva redacción apartado 5 por art. único apartado 53 de Ley Orgánica 7/2015 de 21 de julio de 2015, con vigencia desde 01/10/2015

9. La desatención o el retraso injustificado y reiterado en la iniciación, tramitación o resolución de procesos y causas o en el ejercicio de cualquiera de las competencias judiciales.

10. El abandono de servicio o la ausencia injustificada y continuada, por siete días naturales o más, de la sede del órgano judicial en que el Juez o Magistrado se halle destinado.

11. Faltar a la verdad en la solicitud de obtención de permisos, autorizaciones, declaraciones de compatibilidad, dietas y ayudas económicas.

12. La revelación por el Juez o Magistrado de hechos o datos conocidos en el ejercicio de su función o con ocasión de éste, cuando se cause algún perjuicio a la tramitación de un proceso o a cualquier persona.

13. El abuso de la condición de Juez para obtener un trato favorable e injustificado de autoridades, funcionarios o profesionales.

14. La ignorancia inexcusable en el cumplimiento de los deberes judiciales.

15. La absoluta y manifiesta falta de motivación de las resoluciones judiciales que la precisen, siempre que dicha falta haya sido apreciada en resolución judicial firme. Si la resolución inmotivada no fuese recurrible, será requisito para proceder la denuncia de quien fue parte en el procedimiento.

16. La comisión de una falta grave cuando el Juez o Magistrado hubiere sido anteriormente sancionado por otras dos graves, que hayan adquirido firmeza, sin que hubieran sido canceladas o procedido la cancelación de las correspondientes anotaciones, conforme a lo establecido en el artículo 427 de esta Ley.

418. [764] Son faltas graves:

1. La falta de respeto a los superiores en el orden jerárquico, en su presencia, en escrito que se les dirija o con publicidad.

2. Interesarse, mediante cualquier clase de recomendación, en el ejercicio de la actividad jurisdiccional de otro Juez o Magistrado.

3. Dirigir a los poderes, autoridades o funcionarios públicos o corporaciones oficiales felicitaciones o censuras por sus actos, invocando la condición de Juez, o sirviéndose de esta condición.

---

[764] Dada nueva redacción por art. único de Ley Orgánica 19/2003 de 23 de diciembre de 2003, con vigencia desde 15/01/2004

4. Corregir la aplicación o interpretación del ordenamiento jurídico hecha por los inferiores en el orden jurisdiccional, salvo cuando actúen en el ejercicio de la jurisdicción.

5. El exceso o abuso de autoridad, o falta grave de consideración respecto de los ciudadanos, instituciones, Secretarios, Médicos Forenses o del resto del personal al servicio de la Administración de Justicia, de los miembros del Ministerio Fiscal, Abogados y Procuradores, Graduados Sociales y funcionarios de la Policía Judicial.

6. La utilización en las resoluciones judiciales de expresiones innecesarias o improcedentes, extravagantes o manifiestamente ofensivas o irrespetuosas desde el punto de vista del razonamiento jurídico. En este caso, el Consejo General del Poder Judicial solo procederá previo testimonio deducido o comunicación remitida por el Tribunal superior respecto de quien dictó la resolución, y que conozca de la misma en vía de recurso.

7. Dejar de promover la exigencia de responsabilidad disciplinaria que proceda a los Secretarios y personal auxiliar subordinado, cuando conocieren o debieren conocer el incumplimiento grave por los mismos de los deberes que les corresponden.

8. Revelar el Juez o Magistrado y fuera de los cauces de información judicial establecidos, hechos o datos de los que conozcan en el ejercicio de su función o con ocasión de ésta cuando no constituya la falta muy grave del apartado 12 del artículo 417 de esta Ley.

9. El abandono del servicio o la ausencia injustificada y continuada por más de tres días naturales y menos de siete de la sede del órgano judicial en que el Juez o Magistrado se halle destinado.

10. El incumplimiento injustificado y reiterado del horario de audiencia pública y la inasistencia injustificada a los actos procesales con audiencia pública que estuvieren señalados, cuando no constituya falta muy grave.

11. El retraso injustificado en la iniciación o en la tramitación de los procesos o causas de que conozca el Juez o Magistrado en el ejercicio de su función, si no constituye falta muy grave.

12. El incumplimiento o desatención reiterada a los requerimientos que en el ejercicio de sus legítimas competencias realizasen el Consejo General del Poder Judicial, el Presidente del Tribunal Supremo, de la Audiencia Nacional y de los Tribunales Superiores de Justicia o Salas de Gobierno, o la obstaculización de sus funciones inspectoras.

13. El incumplimiento de la obligación de elaborar alarde o relación de asuntos pendientes en el supuesto establecido en el apartado 3 del artículo 317 de esta Ley.

14. El ejercicio de cualquier actividad de las consideradas compatibilizables a que se refiere el artículo 389.5º de esta Ley, sin obtener cuando esté prevista la pertinente autorización o habiéndola obtenido con falta de veracidad en los presupuestos alegados.

15. La abstención injustificada, cuando así sea declarada por la Sala de Gobierno, de conformidad con lo dispuesto en el artículo 221.3 de esta Ley.

16. Adoptar decisiones que, con manifiesto abuso procesal, generen ficticios incrementos del volumen de trabajo en relación con los sistemas de medición fijados por el Consejo General del Poder Judicial.

17. Obstaculizar las labores de inspección.

18. La comisión de una falta de carácter leve habiendo sido sancionado anteriormente por resolución firme por otras dos leves sin que hubieran sido canceladas o procedido la cancelación de las correspondientes anotaciones, conforme a lo establecido en el artículo 427.

419. [765] Son faltas leves:

1. La falta de respeto a los superiores jerárquicos cuando no concurran las circunstancias que calificarían la conducta de falta grave.

2. La desatención o desconsideración con iguales o inferiores en el orden jerárquico, con los ciudadanos, los miembros del Ministerio Fiscal, Médicos Forenses, Abogados y Procuradores, Graduados Sociales, con los Secretarios o demás personal que preste servicios en la Oficina Judicial, o con los funcionarios de la Policía Judicial.

3. El incumplimiento injustificado o inmotivado de los plazos legalmente establecidos para dictar resolución en cualquier clase de asunto que conozca el Juez o Magistrado.

4. La ausencia injustificada y continuada por más de un día natural y menos de cuatro de la sede del órgano judicial en que el Juez o Magistrado se halle destinado.

5. La desatención a los requerimientos que en el ejercicio de sus legítimas competencias realizasen el Consejo General del Poder Judicial,

---

[765] Dada nueva redacción por art. único de Ley Orgánica 19/2003 de 23 de diciembre de 2003, con vigencia desde 15/01/2004

el Presidente del Tribunal Supremo, de la Audiencia Nacional y de los Tribunales Superiores de Justicia o Salas de Gobierno.

420. [766] 1. Las sanciones que se pueden imponer a los Jueces y Magistrados por faltas cometidas en el ejercicio de sus cargos son:

a) Advertencia.

b) Multa de hasta 6.000 euros. [767]

c) Traslado forzoso a Juzgado o Tribunal con sede separada, al menos, en cien kilómetros de aquella en que estuviera destinado.

d) Suspensión de hasta tres años.

e) Separación.

El Juez o Magistrado sancionado con traslado forzoso no podrá concursar en el plazo de uno a tres años. La duración de la prohibición de concursar habrá de determinarse necesariamente en la resolución que ponga fin al procedimiento.

2. Las faltas leves sólo podrán sancionarse con advertencia o multa de hasta 500 euros o con ambas; las graves con multa de 501 a 6.000 euros, y las muy graves con suspensión, traslado forzoso o separación. [768]

3. Las sanciones impuestas por faltas muy graves prescribirán a los dos años; las impuestas por faltas graves al año, y por faltas leves en el plazo previsto en el Código Penal para la prescripción de las faltas. Dichos plazos de prescripción comenzarán a computarse desde el día siguiente a aquel en que adquiera firmeza la resolución por la que se impusieron las sanciones. [769]

---

[766] Dada nueva redacción por art. 7 de Ley Orgánica 16/1994 de 8 de noviembre de 1994, con vigencia desde 09/12/1994

[767] Dada nueva redacción apartado 1 letra b por art. único de Ley Orgánica 19/2003 de 23 de diciembre de 2003, con vigencia desde 15/01/2004

[768] Dada nueva redacción apartado 2 por art. único apartado 54 de Ley Orgánica 7/2015 de 21 de julio de 2015, con vigencia desde 01/10/2015

[769] Conforme a la disp. adic. 1ª LO 16/1994 de 8 noviembre las sanciones de traslado forzoso y de separación se sustituyen, en el ámbito de la Jurisdicción Militar, por las de pérdida de destino y separación del servicio, respectivamente, teniendo aquélla como efecto el cese en el cargo que desempeñe el sancionado quien no podrá durante dos años ser destinado a cargos judiciales, fiscales o de Secretaría Relatoría

421. [770] 1. Serán competentes para la imposición de sanciones:

a) Para la sanción de advertencia, el Presidente del Tribunal Supremo, de la Audiencia Nacional y de los Tribunales Superiores de Justicia, a los Jueces y Magistrados dependientes de los mismos.

b) Para la sanción de multa o de advertencia y multa correspondiente a faltas leves, las Salas de Gobierno del Tribunal Supremo, de la Audiencia Nacional y de los Tribunales Superiores de Justicia respecto a los Jueces y Magistrados dependientes de cada una de ellas.

c) Para las sanciones correspondientes a faltas graves, la Comisión Disciplinaria del Consejo General del Poder Judicial.

d) Para las muy graves, el Pleno del Consejo General del Poder Judicial, a propuesta de la Comisión Disciplinaria.

2. No obstante, los órganos a que hacen referencia las anteriores reglas pueden imponer sanciones de menor gravedad que las que tienen ordinariamente atribuidas si, al examinar un expediente que inicialmente está atribuido a su competencia, resulta que los hechos objeto del mismo merecen un inferior reproche disciplinario.

3. En la imposición de sanciones por las autoridades y órganos competentes deberá observarse la debida adecuación o proporcionalidad entre la gravedad del hecho constitutivo de la infracción y la sanción aplicada.

422. [771] 1. La sanción de advertencia se impondrá sin más trámite que la audiencia del interesado, previa una información sumaria.

Contra la resolución que recaiga sobre dicha clase de sanción podrá interponer el sancionado con carácter potestativo, antes de acudir a la vía contencioso-administrativa, recurso administrativo y el denunciante, en su caso, acudir a la vía contencioso-administrativa de acuerdo con las normas de legitimación establecidas en la Ley reguladora de la expresada jurisdicción.

2. Las restantes sanciones deberán ser impuestas por el procedimiento establecido en los artículos siguientes.

3. Las sanciones a que alude el artículo 421.1,d) de esta Ley se impondrán por el Pleno del Consejo General del Poder Judicial, a

---

[770] Dada nueva redacción por art. único de Ley Orgánica 19/2003 de 23 de diciembre de 2003, con vigencia desde 15/01/2004

[771] Dada nueva redacción por art. único de Ley Orgánica 19/2003 de 23 de diciembre de 2003, con vigencia desde 15/01/2004

propuesta de la Comisión Disciplinaria y previa audiencia del Juez o Magistrado contra el que se dirija el expediente, que podrá alegar y presentar los documentos que estime pertinentes en un plazo no inferior a 10 días ni superior a quince si la propuesta se separase de la formulada por el instructor.

423. [772] 1. El procedimiento disciplinario se impulsará de oficio en todos sus trámites, y se iniciará, por acuerdo de la Sala de Gobierno o Presidente que corresponda o, en su caso, de la Comisión Disciplinaria o del Pleno del Consejo General del Poder Judicial, bien por propia iniciativa, como consecuencia de orden o petición razonada de distinto órgano, o de denuncia. También se iniciará a instancia del Ministerio Fiscal.

2. Toda denuncia sobre el funcionamiento de la Administración de Justicia en general y de la actuación de los Jueces y Magistrados en particular será objeto, en el plazo de un mes, de informe del Jefe del Servicio de Inspección del Consejo General del Poder Judicial, en el que se podrá proponer el archivo de plano, la apertura de diligencias informativas o la incoación directa de expediente disciplinario.

3. La resolución motivada que dicte la Sala de Gobierno o la Comisión Disciplinaria sobre la iniciación del expediente se notificará al denunciante, que no podrá impugnarla en vía administrativa, sin perjuicio de la legitimación que ostente como interesado en la vía jurisdiccional.

Si se incoare expediente disciplinario se notificarán al denunciante las resoluciones que recaigan y podrá formular alegaciones, pero no recurrir la decisión del expediente en vía administrativa, sin perjuicio de la legitimación que ostente como interesado en la vía jurisdiccional.

4. En el acuerdo que mande iniciar el procedimiento se designará un instructor delegado de igual categoría, al menos, a la de aquél contra el que se dirija el procedimiento. A propuesta del instructor delegado se designará un secretario.

---

[772] Dada nueva redacción por art. único de Ley Orgánica 19/2003 de 23 de diciembre de 2003, con vigencia desde 15/01/2004

424. [773] 1. La Comisión Disciplinaria del Consejo General del Poder Judicial, por propia iniciativa, oído el instructor delegado o a propuesta de éste, previa audiencia del Juez o Magistrado contra el que se dirija el expediente y del Ministerio Fiscal, en un plazo común no superior a cinco días, podrá acordar cautelarmente la suspensión provisional del expedientado por un período máximo de seis meses, cuando aparezcan indicios racionales de la comisión de una falta muy grave.

2. Contra el acuerdo a que se refiere el número anterior, el interesado podrá interponer recurso de alzada ante el Pleno del Consejo General del Poder Judicial, en los términos establecidos en los artículos 142 y 143 de esta Ley.

425. [774] 1. El instructor delegado practicará cuantas pruebas y actuaciones sean necesarias para la determinación y comprobación de los hechos y responsabilidades susceptibles de sanción, con intervención del Ministerio Fiscal y del interesado, que podrá valerse de Abogado desde el inicio del expediente.

2. A la vista de las pruebas y actuaciones practicadas, el instructor delegado formulará, si procediere, pliego de cargos, en el que se expondrán los hechos impugnados con expresión, en su caso, de la falta presuntamente cometida y de las sanciones que puedan ser de aplicación.

El pliego de cargos se notificará al interesado para que, en el plazo de ocho días, pueda contestarlo y proponer la prueba que precise, cuya pertinencia será calificada por el instructor delegado.

3. Contestado el pliego o transcurrido el plazo sin hacerlo, y practicadas, en su caso, las pruebas propuestas por el interesado, el instructor delegado previa audiencia del Ministerio Fiscal, formulará propuesta de resolución, en la que fijará con precisión los hechos, hará la valoración jurídica de los mismos e indicará la sanción que estime procedente.

Dicha propuesta de resolución se notificará al interesado para que, en el plazo de ocho días, alegue lo que a su derecho convenga.

---

[773] Dada nueva redacción por art. único de Ley Orgánica 19/2003 de 23 de diciembre de 2003, con vigencia desde 15/01/2004

[774] Dada nueva redacción por art. 7 de Ley Orgánica 16/1994 de 8 de noviembre de 1994, con vigencia desde 09/12/1994

4. Evacuado el referido trámite, o transcurrido el plazo para ello, se remitirá lo actuado a la autoridad que hubiere ordenado la iniciación del procedimiento para la decisión que proceda. Cuando esta autoridad entienda procedente una sanción de mayor gravedad que las que están dentro de su competencia, elevará el procedimiento, con su propuesta, a la que sea competente.

5. Podrán las autoridades competentes devolver el expediente al instructor delegado para que comprenda otros hechos en el pliego de cargos, complete la instrucción o someta al interesado una propuesta de resolución que incluya una calificación jurídica de mayor gravedad.

6. La duración del procedimiento sancionador no excederá de un año. [775]

7. La resolución que ponga término al procedimiento disciplinario será motivada y en ella no se podrán contemplar hechos distintos de los que sirvieron de base a la propuesta de resolución, sin perjuicio de su distinta valoración jurídica siempre que no sea de mayor gravedad.

8. La resolución que recaiga deberá ser notificada al interesado y al Ministerio Fiscal, quienes si el acuerdo procede de la Sala de Gobierno o de la Comisión Disciplinaria podrán interponer contra él recurso potestativo en vía administrativa, sin perjuicio de los que legalmente procedan en vía jurisdiccional. Asimismo se notificará al denunciante, si lo hubiere, quien únicamente podrá recurrir en su caso, en vía contencioso-administrativa.

Las asociaciones de Jueces y Magistrados estarán también legitimadas para interponer, en nombre de sus asociados, recurso contencioso-administrativo, siempre que se acredite la expresa autorización de éstos.

9. La resolución sancionadora será ejecutiva cuando agote la vía administrativa, aun cuando se hubiere interpuesto recurso contencioso-administrativo, salvo que el Tribunal acuerde su suspensión. [776]

---

[775] Dada nueva redacción apartado 6 por art. único apartado 23 de Ley Orgánica 4/2018 de 28 de diciembre de 2018, con vigencia desde 18/01/2019

[776] Conforme a la disp. adic. 1ª LO 16/1994 de 8 noviembre el segundo párrafo del apartado 8 no será de aplicación en el ámbito de la Jurisdicción Militar

425 bis. *[777]* 1. Las normas relativas a la abstención y recusación establecidas en los artículos 28 y 29 de la Ley de Régimen Jurídico de las Administraciones públicas y del procedimiento administrativo común serán de aplicación al instructor delegado y al secretario del expediente disciplinario.

2. El derecho de recusación podrá ejercitarse desde el momento en que el interesado tenga conocimiento formal de la identidad del instructor delegado y del secretario.

3. La abstención y recusación se plantearán ante el órgano que acordó el nombramiento, el cual, tras oír al instructor delegado o al secretario, resolverá en el término de tres días.

4. Contra los acuerdos adoptados en materia de abstención y recusación no procederá recurso alguno, sin perjuicio de que el interesado pueda alegar la recusación en el escrito de interposición del correspondiente recurso que se interponga contra el acuerdo que ponga fin al procedimiento disciplinario.

426. 1. Las sanciones disciplinarias serán anotadas en el expediente personal del interesado, con expresión de los hechos imputados.

2. La Autoridad que las impusiere cuidará de que se cumpla lo anterior.

427. 1. La anotación de la sanción de advertencia quedará cancelada por el transcurso del plazo de seis meses desde que adquirió firmeza, si durante ese tiempo no hubiere dado lugar el sancionado a otro procedimiento disciplinario que termine con la imposición de sanción.

2. La anotación de las restantes sanciones, con excepción de la de separación, podrá cancelarse, a instancia del interesado y oído el Ministerio Fiscal, cuando hayan transcurrido al menos uno, dos o cuatro años desde la imposición firme de la sanción, según que se trate de falta leve, grave o muy grave, y durante este tiempo no hubiere dado lugar el sancionado a nuevo procedimiento disciplinario que termine con la imposición de sanción.

3. La cancelación borrará el antecedente a todos los efectos.

---

[777] Añadido por art. único apartado 121 de Ley Orgánica 19/2003 de 23 de diciembre de 2003, con vigencia desde 15/01/2004

TÍTULO IV
De los Jueces en régimen de provisión temporal [778]

428. 1. Podrán cubrirse en régimen de provisión temporal las vacantes de Jueces que resulten desiertas en los concursos, y hasta tanto se cubran por los procedimientos ordinarios [779].

2. En las convocatorias de oposiciones habrán de incluirse todas las plazas vacantes, incluidas las servidas por Jueces de provisión temporal. Estas últimas deberán anunciarse en los concursos de traslado al menos una vez al año [780].

429. Las Salas de Gobierno de los Tribunales Superiores de Justicia ponderarán si los órganos jurisdiccionales vacantes pueden ser servidos adecuadamente mediante sustitución, prórrogas de jurisdicción o comisiones de servicio, o si éstos son insuficientes para asegurar su regular funcionamiento. En este supuesto, elevarán al Consejo General del Poder Judicial una relación de los Juzgados que exijan su provisión temporal inmediata, en unión de un informe razonado que lo justifique [781].

430. El Consejo General, valorando dicho informe y todos los antecedentes de que disponga o estime necesario recabar, decidirá si procede o no utilizar la aplicación del régimen extraordinario de provisión regulado en este Título, comunicando su decisión a la Sala de Gobierno correspondiente.

431. 1. Cuando se autorizare este régimen de provisión, la Sala de Gobierno del Tribunal Superior de Justicia anunciará concurso de todas las vacantes a cubrir por este medio dentro de la Comunidad Autónoma, en el que sólo podrán tomar parte aquellos licenciados

---

[778] Véase Ac. de 7 de junio de 1995, del Pleno CGPJ, por el que se aprueba el Rgto. Carrera Judicial

[779] Véanse arts. 326 y 329 de la presente Ley

[780] Véanse arts. 301 y 302 de la presente Ley

[781] Véanse arts. 210 a 213 y 214 a 216 de la presente Ley

en Derecho que soliciten una, varias o todas las plazas convocadas y que reúnan los demás requisitos exigidos para el ingreso en la Carrera Judicial, excepto los derivados de la jubilación por edad. No podrá ser propuesto ni actuar como Juez en régimen de provisión temporal quien haya alcanzado la edad de 72 años. [782]

2. Tendrán preferencia aquellos en quienes concurran más méritos de acuerdo al baremo siguiente, siempre que no concurran otras circunstancias que comporten su falta de idoneidad:

a) Los que ostenten el título de Doctor en Derecho.

b) Los que hayan ejercido funciones judiciales, de Letrados de la Administración de Justicia o de sustitución en la Carrera Fiscal con aptitud demostrada o ejercido otras profesiones jurídicas. [783]

c) Los que hubieran aprobado oposiciones para el desempeño de puestos de trabajo en cualquier Administración Pública en las que se exija el título de Licenciado en Derecho.

d) Los que acrediten docencia universitaria de disciplina jurídica.

e) Los que tengan mejor expediente académico.

f) En las Comunidades Autónomas con derecho o con lengua y derecho propios su conocimiento se considerará como mérito.

Los anteriores méritos serán valorados de forma que ninguno de ellos, por sí solo, pueda superar la valoración conjunta de otros dos. [784]

3. De los nombramientos efectuados se dará cuenta al Consejo General, que los dejará sin efecto si no se ajustaren a la Ley [785].

432. 1. Los nombrados Jueces con carácter temporal quedarán sujetos, durante el tiempo en que desempeñaren dichos cargos, al estatuto jurídico de los miembros de la Carrera Judicial y tendrán derecho

---

[782] Dada nueva redacción apartado 1 por art. 4 de Ley Orgánica 16/1994 de 8 de noviembre de 1994, con vigencia desde 09/12/1994

[783] Dada nueva redacción apartado 2 letra b por disposición adicional 1 de Ley Orgánica 7/2015 de 21 de julio de 2015, con vigencia desde 01/10/2015

[784] Dada nueva redacción apartado 2 por art. 4 de Ley Orgánica 16/1994 de 8 de noviembre de 1994, con vigencia desde 09/12/1994

[785] Véanse arts. 212, 302 y 303 de la presente Ley

a percibir las remuneraciones que reglamentariamente se señalen por el Gobierno dentro de las previsiones presupuestarias. [786]

2. Los nombramientos se harán por un año, que podrá prorrogarse por otro más, con arreglo al mismo procedimiento, salvo lo previsto en la letra e) del apartado 1 del artículo siguiente.

433. 1. Quienes ocuparen plazas judiciales en régimen de provisión temporal cesarán:

a) Por transcurso de plazo para el que fueron nombrados.

b) Por dimisión, aceptada por la Sala de Gobierno que los nombró.

c) Por cumplir la edad de 72 años.

d) Por decisión de dicha Sala, cuando incurrieren en alguna de las causas de incapacidad, incompatibilidad o prohibición establecida en esta Ley, previa una sumaria información con audiencia del interesado y del Ministerio Fiscal.

e) Por acuerdo de aquélla, cuando se advirtiere en ellos falta de aptitud o idoneidad para el ejercicio de cargo y cuando dejaren de atender diligentemente los deberes de éste con las mismas garantías en cuanto a procedimiento establecidas en la letra anterior.

f) Cuando fuere nombrado un Juez titular para la plaza servida en régimen de provisión temporal. [787]

2. Los ceses, cualquiera que fuere la causa que los determine, se comunicarán al Consejo General del Poder Judicial.

---

[786] Dada nueva redacción apartado 1 por art. 4 de Ley Orgánica 16/1994 de 8 de noviembre de 1994, con vigencia desde 09/12/1994

[787] Dada nueva redacción apartado 1 por art. 4 de Ley Orgánica 16/1994 de 8 de noviembre de 1994, con vigencia desde 09/12/1994

TÍTULO V

De la formación continua de los Jueces y Magistrados [788]

433 bis. [789] 1. El Consejo General del Poder Judicial garantizará que todos los Jueces y Magistrados reciban una formación continuada, individualizada, especializada y de alta calidad durante toda su carrera profesional.

2. El Consejo General del Poder Judicial establecerá reglamentariamente un Plan de Formación Continuada de la Carrera Judicial en el que se detallarán los objetivos, contenidos, prioridades formativas y la programación plurianual de estas actuaciones.

3. Cada miembro de la Carrera Judicial contará con un Plan Especializado en Formación Continuada mediante el cual se programarán de forma individualizada, en períodos de cinco años, los objetivos formativos, garantizándose la plena adaptación a las innovaciones jurídicas con incidencia en el ejercicio de sus funciones jurisdiccionales.

El cumplimiento de los objetivos del Plan Especializado de Formación de cada uno de los Jueces y Magistrados será evaluado por el Consejo General del Poder Judicial en la forma reglamentariamente establecida, a efectos de ascensos y promoción profesional.

4. La Escuela Judicial desarrollará los programas e impartirá los cursos de formación que integren el Plan de Formación Continuada de la Carrera Judicial, pudiendo, por ello, celebrar actividades formativas de manera descentralizada, en el ámbito autonómico o provincial, y mediante colaboración, en su caso, con entidades y organismos expertos en la impartición de la formación de que se trate.

5. El Plan de Formación Continuada de la Carrera Judicial contendrá cursos específicos de naturaleza multidisciplinar sobre la tutela judicial del principio de igualdad entre mujeres y hombres, la discriminación por cuestión de sexo, la múltiple discriminación y la violencia ejercida sobre las mujeres, así como la trata en todas sus formas y manifestaciones y la capacitación en la aplicación de la perspectiva de género en la interpretación y aplicación del Derecho, además de incluir dicha formación de manera transversal en el resto de cursos.

---

[788] Añadido por art. único apartado 122 de Ley Orgánica 19/2003 de 23 de diciembre de 2003, con vigencia desde 15/01/2004

[789] Añadido por art. único de Ley Orgánica 19/2003 de 23 de diciembre de 2003, con vigencia desde 15/01/2004

Asimismo, el Plan de Formación Continuada contemplará cursos específicos de naturaleza disciplinar sobre la tutela judicial de los derechos de los niños, niñas y adolescentes. En todo caso, en los cursos de formación se introducirá el enfoque de la discapacidad de los niños, niñas y adolescentes. [790]

TÍTULO VI

Del Centro de Estudios Jurídicos de la Administración de Justicia [791]

434. [792] 1. El Centro de Estudios Jurídicos de la Administración de Justicia es una entidad de Derecho público con personalidad jurídica propia dependiente del Ministerio de Justicia.

2. Tendrá como función la colaboración con el Ministerio de Justicia en la selección, formación inicial y continuada de los miembros de la Carrera Fiscal, el Cuerpo de Letrados y demás personal al servicio de la Administración de Justicia.

El Centro de Estudios Jurídicos impartirá anualmente cursos de formación sobre el principio de igualdad entre mujeres y hombres y su aplicación con carácter transversal a quienes integren la Carrera Fiscal, el Cuerpo de Letrados y demás personal al servicio de la Administración de Justicia, así como sobre la detección precoz y el tratamiento de situaciones de violencia de género.

Asimismo, el Centro de Estudios Jurídicos impartirá anualmente cursos específicos de naturaleza multidisciplinar sobre la tutela judicial de los derechos de la infancia y la adolescencia. En todo caso, en los cursos de formación se introducirá el enfoque de la discapacidad de los niños, niñas y adolescentes. [793]

---

[790] Dada nueva redacción apartado 5 por disposición final 4 apartado 3 de Ley Orgánica 8/2021 de 4 de junio de 2021, con vigencia desde 25/06/2021

[791] Renumerado por art. único apartado 122 de Ley Orgánica 19/2003 de 23 de diciembre de 2003 como Título VI, con vigencia desde 15/01/2004

[792] Dada nueva redacción por art. 1 apartado 15 de Ley Orgánica 16/1994 de 8 de noviembre de 1994, con vigencia desde 09/12/1994

[793] Dada nueva redacción apartado 2 por disposición final 4 apartado 4 de Ley Orgánica 8/2021 de 4 de junio de 2021, con vigencia desde 25/06/2021

3. Reglamentariamente se establecerá la organización del Centro y designación del personal directivo. Asimismo, se establecerán las relaciones permanentes del Centro con los órganos competentes de las Comunidades Autónomas [794].

LIBRO V
DE LA COORDINACIÓN ENTRE ADMINISTRACIONES, LA OFICINA JUDICIAL Y LOS LETRADOS Y LETRADAS DE LA ADMINISTRACIÓN DE JUSTICIA [795]

TÍTULO PRIMERO
Régimen de coordinación, organización y funcionamiento de la administración al servicio de jueces y juezas y tribunales [796]

CAPÍTULO PRIMERO
De la coordinación y cooperación entre Administraciones [797]

434 bis. [798] Las Administraciones con competencias en materia de Justicia impulsarán la cooperación para garantizar la mejora continua en la Administración de Justicia fijando estándares de calidad homogéneos en todo el Estado.

A tal fin, y mediante convenios u otros instrumentos de colaboración y cooperación interadministrativa de los contemplados en la

---

[794] Véanse RD 312/2019, de 26 de abril, por el que se aprueba el Estatuto del Organismo Autónomo Centro de Estudios Jurídicos y arts. 304 a 306, 442 y 484 de la presente Ley

[795] Dada nueva redacción por art. 1 apartado 77 de Ley Orgánica 1/2025 de 2 de enero de 2025, con vigencia desde 23/01/2025

[796] Dada nueva redacción por art. 1 apartado 78 de Ley Orgánica 1/2025 de 2 de enero de 2025, con vigencia desde 23/01/2025

[797] Añadido por art. 1 apartado 79 de Ley Orgánica 1/2025 de 2 de enero de 2025, con vigencia desde 23/01/2025

[798] Añadido por art. 1 apartado 79 de Ley Orgánica 1/2025 de 2 de enero de 2025, con vigencia desde 23/01/2025

legislación vigente, se podrán articular estructuras para la definición, ejecución y seguimiento de proyectos compartidos entre las distintas Administraciones.

Con el mismo objetivo se establecerán cauces que permitan la participación de los Consejos Profesionales que desarrollan sus funciones, principalmente, en relación con la Administración de Justicia.

Se establece asimismo como objetivo prioritario de la cooperación establecer los medios materiales que permitan que el conjunto del procedimiento, las comunicaciones y actos de impulso procesal puedan desarrollarse íntegramente en todas las lenguas oficiales del Estado, garantizando así el respeto de los derechos lingüísticos de los ciudadanos.

434 ter. [799] 1. Se crea la Comisión para la Calidad del servicio público de Justicia que se encargará de elaborar con carácter anual un informe sobre la calidad del servicio público basado en datos. Este informe, entre otras cuestiones, valorará la eficiencia, la accesibilidad universal y la satisfacción del usuario o usuaria del sistema de Justicia, proponiendo a las Administraciones competentes aquellas mejoras normativas o de funcionamiento y de acceso a la Justicia para todas las personas, en condiciones de igualdad y no discriminación, que estime pertinentes, así como fijando objetivos anuales y estándares comunes y homogéneos que contribuyan a la mejora de la calidad del servicio público de Justicia. La Comisión desarrollará su trabajo en los ámbitos autonómico y estatal. Podrá desarrollar también su trabajo en el ámbito provincial a instancia de cualquiera de los miembros de la Comisión estatal o autonómica siempre que lo considere de utilidad en razón a los temas a tratar. En este caso, estará integrada por un miembro de cada una de las instituciones presentes en la Comisión autonómica y será convocada y presidida por el Presidente de la Audiencia Provincial.

2. Este órgano, para contribuir a la cogobernanza de la Administración de Justicia se estructura en comisiones autonómicas y en la Comisión estatal para la calidad del servicio público de Justicia; pudiendo funcionar en un ámbito provincial en el supuesto previsto en el apartado anterior.

---

[799] Añadido por art. 1 apartado 79 de Ley Orgánica 1/2025 de 2 de enero de 2025, con vigencia desde 23/01/2025

3. La Comisión estatal estará integrada por una persona que represente a cada uno de los siguientes organismos e instituciones:

– Ministerio de Justicia.

– Consejo General del Poder Judicial.

– Cada una de las Comunidades Autónomas con competencias asumidas en materia de Justicia.

– Fiscalía General del Estado.

– Secretaría General de la Administración de Justicia.

– Consejo General de la Abogacía Española.

– Consejo General de Procuradores de los Tribunales de España.

– Consejo General de Graduados Sociales.

– Secretaría General del Comité técnico estatal de la Administración judicial electrónica.

– Organizaciones sindicales más representativas del personal al servicio de la Administración de Justicia, elegida por decisión mayoritaria entre ellas.

La Comisión estará presidida por el representante del Consejo General del Poder Judicial y por el representante del Ministerio de Justicia, por periodos anuales conforme a un turno rotatorio.

Corresponderá a la Presidencia la convocatoria de las reuniones y dirigir las sesiones.

4. Las Comisiones autonómicas estarán integradas por la Presidencia del Tribunal Superior o persona en quien delegue, que la presidirá, el Consejero o Consejera de Justicia de la Comunidad Autónoma en el caso de comunidades autónomas con competencias asumidas en materia de Administración de Justicia o persona en quien delegue, en otro caso, por un representante del Ministerio de Justicia, el o la Fiscal Jefe Superior o persona en quien delegue, el Secretario o Secretaria de Gobierno, un representante de los colegios de la abogacía del territorio y un representante de las organizaciones sindicales más representativas del personal al servicio de la Administración de Justicia de la comunidad autónoma elegido por decisión mayoritaria entre ellas.

5. Las Comisiones autonómicas se reunirán al menos una vez al trimestre para analizar el funcionamiento de los órganos judiciales de su ámbito territorial y elaborarán un informe al respecto incluyendo las encuestas de satisfacción de las personas usuarias del servicio público, que se elevará a la Comisión estatal.

6. A las sesiones podrán acudir los técnicos que se consideren necesarios en función del orden del día prefijado.

CAPÍTULO II
De la Oficina Judicial [800]

435. [801] [802]

1. La Oficina Judicial es la organización de carácter instrumental que sirve de soporte y apoyo a la actividad jurisdiccional de Jueces y Tribunales.

2. La estructura básica de la Oficina Judicial, que será homogénea en todo el territorio nacional como consecuencia del carácter único del Poder al que sirve, estará basada en los principios de jerarquía, división de funciones y coordinación [803].

3. La Oficina Judicial funcionará con criterios de agilidad, eficacia, eficiencia, racionalización del trabajo, responsabilidad por la gestión, coordinación y cooperación entre Administraciones, de manera que los ciudadanos obtengan un servicio próximo y de calidad, con respeto a los principios recogidos en la Carta de Derechos de los ciudadanos ante la Justicia.

4. Los puestos de trabajo de la Oficina judicial solo podrán ser cubiertos por personal de los cuerpos de funcionarios al servicio de la Administración de Justicia, y se ordenarán de acuerdo con lo establecido en las relaciones de puestos de trabajo. [804]

Los funcionarios que prestan sus servicios en las oficinas judiciales, a excepción de los letrados de la Administración de Justicia, sin perjuicio de su dependencia funcional, dependen orgánicamente del Minis-

---

[800] Renumerado por art. 1 apartado 81 de Ley Orgánica 1/2025 de 2 de enero de 2025 el anterior cap. I como cap. II, con vigencia desde 23/01/2025

[801] Dada nueva redacción por art. único de Ley Orgánica 19/2003 de 23 de diciembre de 2003, con vigencia desde 15/01/2004

[802] Téngase en cuenta la disp. trans. 5.ª LO 1/2025 de 2 enero, que establece la implantación de la Oficina judicial

[803] Véase Orden JUS/52/2007, de 19 de enero, por la que se crea la Comisión de Implantación de la Nueva Oficina Judicial

[804] Véanse arts. 470 a 480 de la presente Ley

terio de Justicia o de las Comunidades Autónomas con competencias asumidas en sus respectivos ámbitos. [805]

5. En los municipios en que no proceda la constitución de una Oficina de Justicia en el municipio por ser sede de un Tribunal de Instancia, la Oficina judicial podrá prestar los servicios administrativos relacionados con la Administración de Justicia previstos en el artículo 439 quater. [806]

436. [807] 1. La actividad de la Oficina judicial, definida por la aplicación de las leyes procesales, se realizará a través de los servicios comunes, que comprenderán a los servicios comunes de tramitación y en su caso, aquellos otros servicios comunes que se determine, donde se integran los puestos de trabajo vinculados funcionalmente por razón de sus cometidos.

2. El diseño de la Oficina judicial será flexible. Su dimensión y organización se determinarán por la Administración Pública competente, en función de la actividad que en la misma se desarrolle.

3. La Oficina judicial podrá prestar su apoyo a órganos de ámbito nacional, de comunidad autónoma, provincial o de partido judicial, extendiéndose su ámbito competencial al de los órganos a los que presta su apoyo. Su ámbito competencial también podrá ser comarcal, de tal forma que pueda servir de apoyo a más de un Tribunal de Instancia.

4. Los servicios comunes de la Oficina judicial podrán desempeñar sus funciones al servicio de órganos de una misma jurisdicción, de varias jurisdicciones o a órganos especializados, sin que, en ningún caso, el ámbito de la Oficina judicial pueda modificar el número y composición de los órganos judiciales que constituyen la planta judicial ni la circunscripción territorial de los mismos establecida por la ley.

---

[805] Dada nueva redacción apartado 4 por art. único apartado 24 de Ley Orgánica 4/2018 de 28 de diciembre de 2018, con vigencia desde 18/01/2019

[806] Añadido apartado 5 por art. 1 apartado 80 de Ley Orgánica 1/2025 de 2 de enero de 2025, con vigencia desde 23/01/2025

[807] Dada nueva redacción por art. 1 apartado 82 de Ley Orgánica 1/2025 de 2 de enero de 2025, con vigencia desde 23/01/2025

5. Los servicios comunes podrán estructurarse en áreas, a las que se dotará de los correspondientes puestos de trabajo y, si el servicio lo requiere, en equipos.

Dentro del mismo partido judicial, podrán dotarse puestos de trabajo de los servicios comunes procesales en localidades distintas a aquella en que se encuentre la Oficina judicial. La actividad de dichos puestos podrá ser compatible con las tareas derivadas de la prestación de servicios de la Oficina de Justicia en el municipio.

6. La dirección de cada servicio común corresponderá a un letrado o una letrada de la Administración de Justicia, de quien dependerán funcionalmente el resto de los letrados y letradas de la Administración de Justicia y el personal destinado en los puestos de trabajo en que aquél se ordene y que, en todo caso, deberá ser suficiente y adecuado a sus funciones.

Cuando así venga previsto en la correspondiente relación de puestos de trabajo, la dirección de un servicio común podrá compatibilizarse con otras funciones reservadas a letrados o letradas de la Administración de Justicia de la misma Oficina judicial.

Quien dirija un servicio común coordinará a las letradas y a los letrados de la Administración de Justicia que lo integren en el ejercicio de las funciones de dirección técnico-procesal y demás previstas en la ley que éstos desempeñan en relación con el personal destinado en el servicio común. Asimismo, el director o la directora que dirija un servicio común deberá hacer cumplir, en el ámbito organizativo y funcional que le es propio, las órdenes y circulares que reciba de sus superiores jerárquicos. En el ámbito jurisdiccional, responderán del estricto cumplimiento de cuantas actuaciones o decisiones adopten jueces, juezas o tribunales en el ejercicio de sus competencias.

7. Las jefaturas de áreas y equipos corresponderán a los funcionarios y funcionarias del Cuerpo de Letrados de la Administración de Justicia y de los Cuerpos Generales, conforme se establezca en las relaciones de puestos de trabajo.

8. Los servicios comunes asistirán a jueces y juezas para el ejercicio de las funciones que les son propias, realizando las actuaciones necesarias para el exacto y eficaz cumplimiento de cuantas resoluciones se dicten. Los jueces y las juezas podrán requerir en todo momento a la Oficina judicial cuanta información consideren necesaria sobre los procedimientos cuyo conocimiento tengan atribuido.

437. [808] 1. A los efectos de esta ley orgánica se entiende por servicio común de tramitación aquella unidad de la Oficina judicial que realiza todas las funciones requeridas para la ordenación del procedimiento.

2. Para el cumplimiento de las funciones previstas en el apartado anterior el Tribunal Supremo, la Audiencia Nacional, cada Tribunal Superior de Justicia, cada Audiencia Provincial y cada Tribunal de Instancia, así como el Tribunal Central de Instancia, serán asistidos por un servicio común de tramitación de la correspondiente Oficina judicial.

3. El Ministerio de Justicia y las comunidades autónomas en sus respectivos territorios serán competentes para el diseño y organización de los servicios comunes de tramitación, en los que podrán crear áreas, cuando estas asistan a órganos de diferentes secciones u órdenes jurisdiccionales.

No obstante, cuando en un Tribunal de Instancia el número de plazas judiciales de una misma sección sea igual o superior a doce, deberá existir al menos un área para la ordenación de los procedimientos de que conozcan, que se podrá extender también a los que correspondan a otras secciones del mismo orden jurisdiccional.

4. Cuando, de conformidad con el artículo 521.3 E), así se determine en las correspondientes relaciones de puestos de trabajo, se podrán compatibilizar la actividad los puestos de dirección del servicio común de tramitación de una Audiencia Provincial y de dirección del servicio común de tramitación del Tribunal de Instancia con sede en la misma localidad.

5. Quien ocupe la dirección del servicio común de tramitación asumirá las facultades de coordinación con la Presidencia del Tribunal, así como con la dirección del resto de servicios comunes para el eficaz funcionamiento de la Oficina judicial [809].

---

[808] Dada nueva redacción por art. 1 apartado 83 de Ley Orgánica 1/2025 de 2 de enero de 2025, con vigencia desde 23/01/2025

[809] Véase la Instruc. 1/2025, de 23 de junio, del Pleno del Consejo General del Poder Judicial, sobre la coordinación y funcionamiento de los tribunales de instancia

438. [810] Sin perjuicio de lo previsto en el artículo anterior, el Ministerio de Justicia y las comunidades autónomas en sus respectivos territorios serán competentes para el diseño, creación y organización de otros servicios comunes que realicen las funciones de registro y reparto, de apoyo, actos de comunicación, auxilio judicial nacional e internacional, de ordenación de procesos de ejecución y jurisdicción voluntaria. Las Salas de Gobierno, las Juntas de Jueces y Juezas y los Secretarios de Gobierno de los Tribunales Superiores de Justicia podrán solicitar al Ministerio y a las comunidades autónomas la creación de servicios comunes, conforme a las específicas necesidades.

Asimismo, podrán crear servicios comunes procesales que asuman otras funciones distintas a las relacionadas en este número, en cuyo caso será preciso el informe favorable del Consejo General del Poder Judicial.

CAPÍTULO III
De las unidades administrativas [811]

439. [812] 1. A los efectos de esta ley, se entiende por unidad administrativa aquélla que, sin estar integrada en la Oficina judicial, se constituye en el ámbito de la organización de la Administración de Justicia para la prestación de servicios que se consideren necesarios o convenientes para el funcionamiento del servicio público de Justicia. Estos servicios no comprenderán la realización de funciones de carácter procesal que correspondan al personal funcionario de los Cuerpos de la Administración de Justicia.

2. El Ministerio de Justicia y las comunidades autónomas en sus respectivos ámbitos, podrán establecer estas unidades administrativas para, entre otras funciones, dar apoyo a la jefatura, ordenación y gestión de los recursos humanos sobre los que se tienen competencias

---

[810] Dada nueva redacción por art. 1 apartado 84 de Ley Orgánica 1/2025 de 2 de enero de 2025, con vigencia desde 23/01/2025

[811] Renumerado por art. 1 apartado 85 de Ley Orgánica 1/2025 de 2 de enero de 2025 el anterior cap. II como cap. III, con vigencia desde 23/01/2025

[812] Dada nueva redacción por art. 1 apartado 86 de Ley Orgánica 1/2025 de 2 de enero de 2025, con vigencia desde 23/01/2025

en materia de Justicia, así como sobre los medios informáticos, nuevas tecnologías y demás medios materiales.

3. Las unidades administrativas también se podrán crear para la prestación de servicios de medios adecuados de solución de controversias. En este caso las unidades administrativas podrán contar con puestos de trabajo para letrados y letradas de la Administración de Justicia.

4. Los puestos de trabajo de estas unidades administrativas, cuya determinación corresponderá al Ministerio de Justicia y a las comunidades autónomas con competencias asumidas, en sus respectivos ámbitos, podrán ser cubiertos con personal de los Cuerpos de funcionarios al servicio de la Administración de Justicia de la Administración del Estado y de las comunidades autónomas que reúnan los requisitos y condiciones establecidas en la respectiva relación de puestos de trabajo.

5. Corresponde a cada Administración en su propio ámbito territorial, el diseño, la creación y organización de las unidades administrativas necesarias, la determinación de su forma de integración en la Administración pública de que se trate, su ámbito de actuación, dependencia jerárquica, establecimiento de los puestos de trabajo, así como la dotación de los créditos necesarios para su puesta en marcha y funcionamiento.

6. Estas unidades administrativas tendrán la consideración de centro de destino cuando así se establezca en su norma de creación.

439 bis. [813] 1. A los efectos de esta Ley, se entiende por oficina del Registro Civil aquella unidad que, sin estar integrada en la Oficina judicial, se constituye en el ámbito de la organización de la Administración de Justicia para encargarse de la llevanza del referido servicio público según lo establecido por la Ley y el Reglamento del Registro Civil, vinculándose funcionalmente para el desarrollo de dicho cometido al Ministerio de Justicia a través de la Dirección General de Seguridad Jurídica y Fe Pública.

Los puestos de trabajo de estas oficinas del Registro Civil, cuya determinación corresponderá al Ministerio de Justicia y a las comunidades autónomas con competencias asumidas, en sus respectivos

---

[813] Dada nueva redacción por art. 1 apartado 87 de Ley Orgánica 1/2025 de 2 de enero de 2025, con vigencia desde 23/01/2025

ámbitos, serán cubiertos con personal de la Administración de Justicia, que reúna los requisitos y condiciones establecidas en la respectiva relación de puestos de trabajo.

2. El personal funcionario al servicio de la Administración de Justicia destinado en puestos de trabajo cuya actividad sea declarada compatible de conformidad con el artículo 521.3 E) realizará las tareas propias de la Oficina del Registro Civil y de la Oficina judicial de conformidad con lo previsto en los protocolos de actuación.

Las Oficinas de Justicia en los municipios prestarán la colaboración que, en materia de Registro Civil, se determine en la Ley del Registro Civil y su Reglamento de desarrollo.

CAPÍTULO IV
De las Oficinas de Justicia en los municipios [814]

439 ter. [815] 1. Las Oficinas de Justicia en los municipios son aquellas unidades que, sin estar integradas en la estructura de la Oficina judicial, se constituyen en el ámbito de la organización de la Administración de Justicia para la prestación de servicios a la ciudadanía de los respectivos municipios.

2. En cada municipio donde no tenga su sede un Tribunal de Instancia existirá una Oficina de Justicia, que prestará servicios en la localidad donde se encuentre ubicada. En ella el juez o jueza de paz dispondrá de recursos y espacios suficientes y adecuadamente señalizados.

3. Las instalaciones y medios instrumentales de estas Oficinas estarán a cargo del Ayuntamiento respectivo, salvo cuando fuere conveniente su gestión total o parcial por el Ministerio de Justicia o la comunidad autónoma con competencias asumidas en materia de Justicia. Los sistemas y equipos informáticos de las Oficinas serán facilitados por el Ministerio de Justicia o la comunidad autónoma respectiva en los casos que tengan asumidas las competencias en materia de Justicia.

---

[814] Añadido por art. 1 apartado 88 de Ley Orgánica 1/2025 de 2 de enero de 2025, con vigencia desde 23/01/2025

[815] Añadido por art. 1 apartado 88 de Ley Orgánica 1/2025 de 2 de enero de 2025, con vigencia desde 23/01/2025

4. Los Presupuestos Generales del Estado establecerán un crédito para subvencionar a los ayuntamientos por la atención de los conceptos regulados en el apartado anterior y, en su caso, del personal dependiente de este que preste servicio en estas Oficinas de Justicia. La subvención se modulará en función del número de habitantes de derecho del municipio. En las comunidades autónomas en las que se haya efectuado el traspaso de funciones de la Administración del Estado en materia de provisión de medios materiales y económicos para el funcionamiento de la Administración de Justicia, dicha subvención se dotará y librará por la correspondiente comunidad autónoma a los ayuntamientos de su respectivo territorio.

439 quater. [816] 1. En las Oficinas de Justicia en los municipios se prestarán los siguientes servicios:

a) La asistencia al juez o la jueza de paz del municipio en el ejercicio de las funciones que tenga atribuidas legalmente.

b) La práctica de los actos de comunicación procesal con quienes residan en el municipio o municipios para los que presten sus servicios, siempre que los mismos no se hayan podido practicar por medios electrónicos.

c) Los que, en su calidad de oficinas colaboradoras del Registro Civil, se establezcan en la ley o por vía reglamentaria.

2. Cuando el desarrollo de las herramientas informáticas y los medios materiales e instrumentales lo permitan, se prestarán también los siguientes:

a) La práctica de actuaciones procesales con residentes o personas que desarrollen su profesión o trabajo en el municipio, que deban llevarse a cabo mediante videoconferencia u otros sistemas de telepresencia incluida la intervención en actos de conciliación y derivados de expedientes de jurisdicción voluntaria.

b) La recepción de las solicitudes de reconocimiento del derecho a la asistencia jurídica gratuita y su remisión a los Colegios de la Abogacía encargados de su tramitación, así como las restantes actuaciones que puedan servir de apoyo a la gestión de estas solicitudes y su comunicación a los interesados.

---

[816] Añadido por art. 1 apartado 88 de Ley Orgánica 1/2025 de 2 de enero de 2025, con vigencia desde 23/01/2025

c) Las solicitudes o gestión de peticiones de la ciudadanía, dirigidas a las Gerencias Territoriales del Ministerio de Justicia u órganos equivalentes en aquellas comunidades que tienen asumidas competencias en materia de Justicia.

d) La colaboración con las unidades de medios adecuados de solución de controversias existentes en su ámbito territorial, en coordinación con la Administración prestacional competente.

e) La colaboración con las Administraciones públicas competentes para que, en cuanto el desarrollo de las herramientas informáticas lo permita, se facilite a jueces, juezas, magistrados y magistradas, fiscales, letrados y letradas de la Administración de Justicia y al personal al servicio de la Administración de Justicia que no esté integrado en las relaciones de puestos de trabajo de dichas Oficinas, el desempeño ocasional de su actividad laboral en estas instalaciones, comunicando telemáticamente con sus respectivos puestos.

f) Aquellos otros servicios que figuren en convenios de colaboración entre diferentes Administraciones Públicas.

439 quinquies. [817] 1. Las Oficinas de Justicia de municipios de más de 7.000 habitantes y aquellas otras en las que la carga de trabajo lo justifique estarán servidas por funcionarios de los Cuerpos al servicio de la Administración de Justicia, y su determinación corresponderá al Ministerio de Justicia y a las comunidades autónomas con competencias asumidas, en sus respectivos ámbitos. En las respectivas relaciones de puestos de trabajo se podrán incluir determinados puestos a cubrir con personal de otras Administraciones Públicas, siempre que reúnan los requisitos y condiciones establecidas en aquéllas.

En todo caso, la Secretaría de estas Oficinas de Justicia será desempeñada por personal del Cuerpo de Gestión Procesal y Administrativa, conforme se determine en la correspondiente relación de puestos de trabajo.

2. El personal funcionario al servicio de la Administración de Justicia destinado en puestos de trabajo cuya actividad sea declarada compatible de conformidad con el artículo 521.3 E) realizará las tareas propias de la Oficina de Justicia en el municipio así como las de la Oficina judicial correspondiente. En el caso de estas últimas lo hará

---

[817] Añadido por art. 1 apartado 88 de Ley Orgánica 1/2025 de 2 de enero de 2025, con vigencia desde 23/01/2025

bajo la dependencia funcional del director o directora del servicio para el que desarrolle actividad compatible.

3. El Ministerio de Justicia o las comunidades autónomas con competencias en materia de Justicia, en sus respectivos ámbitos, podrán establecer agrupaciones de Oficinas de Justicia de municipios limítrofes de un mismo partido judicial para la prestación a la ciudadanía de los servicios a que se refiere el artículo anterior. En tales casos se determinará el municipio cabecera de la agrupación.

La Oficina de Justicia del municipio cabecera de agrupación deberá estar dotada con personal de la Administración de Justicia, quien prestará sus servicios en todas las Oficinas de Justicia de municipios integrados en la referida agrupación, conforme al régimen de atención que determinarán, en cada caso, el Ministerio de Justicia o las comunidades autónomas con competencias en materia de Justicia.

Para la atención en las Oficinas de Justicia de los municipios integradas en las referidas agrupaciones que no estén dotadas con personal de la Administración de Justicia, los ayuntamientos nombrarán personal funcionario, laboral o, en defecto de ambos, persona idónea para auxiliar al personal de los Cuerpos al servicio de la Administración de Justicia en la prestación de los servicios en ese municipio. Los requisitos de idoneidad que deberá reunir la persona que no tenga la condición de funcionario público vendrán establecidos en la propia norma en que se constituyan las referidas agrupaciones. En todo caso, la designación deberá recaer en personas mayores de edad que no estén incursas en causas que impidan el ejercicio de un cargo público. El auxilio que preste este personal no comprenderá aquellas actuaciones cuya ejecución esté reservada al personal de la Administración de Justicia [818].

---

[818] Téngase en cuenta el régimen transitorio establecido en la disp. trans 12ª LO 1/2025 de 2 enero, hasta la creación de agrupaciones de Oficinas de Justicia en los municipios reguladas en este apartado

CAPÍTULO V
De la oficina fiscal [819]

439 sexies. [820] 1. La Oficina fiscal es la organización de carácter instrumental que sirve de soporte y apoyo a la actividad del Ministerio Fiscal.

2. La estructura básica de la Oficina fiscal, que podrá dividirse en áreas y equipos, será homogénea en todo el territorio del Estado y estará basada en los principios de jerarquía, división de funciones y coordinación.

3. La Oficina fiscal funcionará con criterios de agilidad, eficacia, eficiencia, racionalización del trabajo, responsabilidad por la gestión, coordinación y cooperación entre Administraciones, de manera que los ciudadanos obtengan un servicio próximo y de calidad, con respeto a los principios recogidos en la Carta de Derechos de los ciudadanos ante la Justicia.

4. Los puestos de trabajo de la Oficina fiscal solo podrán ser cubiertos por personal de los cuerpos de funcionarios al servicio de la Administración de Justicia, y se ordenarán de acuerdo con lo establecido en las relaciones de puestos de trabajo.

El personal que presta sus servicios en las oficinas fiscales, sin perjuicio de su dependencia funcional, depende orgánicamente del Ministerio de Justicia o de las Comunidades Autónomas con competencias asumidas en sus respectivos ámbitos.

---

[819] Añadido por art. 1 apartado 89 de Ley Orgánica 1/2025 de 2 de enero de 2025, con vigencia desde 23/01/2025

[820] Añadido por art. 1 apartado 89 de Ley Orgánica 1/2025 de 2 de enero de 2025, con vigencia desde 23/01/2025

TÍTULO II
Del Cuerpo de los Letrados de la Administración de Justicia [822] [821]

CAPÍTULO PRIMERO
Estatuto personal [823]

440. [824] Los Letrados de la Administración de Justicia son funcionarios públicos que constituyen un Cuerpo Superior Jurídico, único, de carácter nacional, al servicio de la Administración de Justicia, dependiente del Ministerio de Justicia, y que ejercen sus funciones con el carácter de autoridad, ostentando la dirección de la Oficina judicial.

441. [825] 1. Los puestos de trabajo cuyo desempeño esté reservado al Cuerpo de Letrados de la Administración de Justicia, se clasifican en tres categorías, teniendo lugar el ingreso en el mismo por la tercera categoría.

2. Todo Letrado de la Administración de Justicia poseerá una categoría personal.

La consolidación de la categoría personal exige el desempeño de puestos de trabajo correspondientes a dicha categoría al menos durante cinco años continuados o siete con interrupción.

3. No se podrá comenzar a consolidar una categoría superior sin previamente haber consolidado la inferior, si bien el tiempo de desempeño de un puesto de categoría superior será computable a efectos de la consolidación de la inferior.

4. No será posible utilizar el mismo periodo de tiempo para consolidar categorías diferentes.

---

[822] Véase Rgto. Orgánico del Cuerpo de Secretarios Judiciales

[821] Dada nueva redacción por disposición adicional 1 de Ley Orgánica 7/2015 de 21 de julio de 2015, con vigencia desde 01/10/2015

[823] Añadido por art. único apartado 123 de Ley Orgánica 19/2003 de 23 de diciembre de 2003, con vigencia desde 15/01/2004

[824] Dada nueva redacción por art. único apartado 56 de Ley Orgánica 7/2015 de 21 de julio de 2015, con vigencia desde 01/10/2015

[825] Dada nueva redacción por art. único apartado 57 de Ley Orgánica 7/2015 de 21 de julio de 2015, con vigencia desde 01/10/2015

5. En ningún caso un Letrado de la Administración de Justicia de la tercera categoría podrá optar a una plaza de la primera.

6. La categoría consolidada solo opera como garantía de la percepción del sueldo correspondiente a la misma, cuando se ocupe un puesto de inferior categoría.

7. El Ministerio de Justicia establecerá los tres grupos en los que se clasificarán los puestos de trabajo a desempeñar por los Letrados de la Administración de Justicia.

442. [826] 1. Los funcionarios del Cuerpo de Letrados de la Administración de Justicia serán seleccionados mediante convocatoria del Ministerio de Justicia, a través de los sistemas de oposición, que será el sistema ordinario de ingreso, o de concurso-oposición libre, que tendrá carácter excepcional y en el que las pruebas de conocimiento tendrán un contenido análogo a las de la oposición libre. Ambos procedimientos deberán garantizar, en todo caso, los principios de igualdad, mérito, capacidad y también de publicidad, en la forma en que dispone esta Ley Orgánica y las disposiciones reglamentarias que la desarrollen. [827]

2. Se convocará un número de plazas equivalente al cincuenta por ciento de las que se ofrezcan al turno libre para su provisión, previa autorización por parte del Ministerio para la Transformación Digital y de la Función Pública, por promoción interna mediante el sistema de concurso-oposición por los funcionarios de carrera del Cuerpo de Gestión Procesal y Administrativa que hayan prestado, al menos, dos años de servicios efectivos en el mismo. A estos efectos se computarán los servicios prestados en el Cuerpo de Oficiales de la Administración de Justicia del que, en su caso, procedan.

Las restantes vacantes, acrecentadas por las que no se cubran por promoción interna, si las hubiere, se cubrirán en turno libre mediante oposición o, en su caso, concurso-oposición, siempre con sujeción a las previsiones presupuestarias vigentes en materia de oferta de empleo público.

---

[826] Dada nueva redacción por art. único de Ley Orgánica 19/2003 de 23 de diciembre de 2003, con vigencia desde 15/01/2004

[827] Dada nueva redacción apartado 1 por disposición adicional 1 de Ley Orgánica 7/2015 de 21 de julio de 2015, con vigencia desde 01/10/2015

De no existir oferta de empleo público, el Ministerio de la Presidencia, Justicia y Relaciones con las Cortes, con carácter extraordinario y previa autorización del Ministerio para la Transformación Digital y de la Función Pública, podrá convocar un proceso de promoción interna específico cuando las circunstancias en la Administración de Justicia lo aconsejen. El número de plazas convocadas por este sistema no podrá ser superior al quince por ciento de las plazas vacantes. En este caso, las plazas que no se cubran no podrán ofertarse para que lo sean por turno libre. [828]

3. Para el ingreso en el Cuerpo de Letrados de la Administración de Justicia, cualquiera que sea su forma de acceso, se requiere ser español, Licenciado en Derecho, no estar incurso en causa de incapacidad o incompatibilidad, así como superar las pruebas selectivas que se establezcan y el correspondiente curso teórico-práctico que podrá tener carácter selectivo. [829]

443. [830] 1. El ingreso en el Cuerpo de Letrados de la Administración de Justicia se produce por el cumplimiento de las siguientes condiciones:

a) Reunir los requisitos y cumplir las condiciones exigidas en la convocatoria.

b) Superación de los procesos selectivos.

c) Nombramiento expedido por el Ministro de Justicia y publicado en el «Boletín Oficial del Estado».

d) Juramento o promesa de cumplir fielmente las obligaciones del cargo y guardar y hacer guardar la Constitución como norma fundamental.

e) Toma de posesión dentro del plazo establecido. [831]

---

[828] Dada nueva redacción apartado 2 por art. 1 apartado 90 de Ley Orgánica 1/2025 de 2 de enero de 2025, con vigencia desde 23/01/2025

[829] Dada nueva redacción apartado 3 por disposición adicional 1 de Ley Orgánica 7/2015 de 21 de julio de 2015, con vigencia desde 01/10/2015

[830] Dada nueva redacción por art. único de Ley Orgánica 19/2003 de 23 de diciembre de 2003, con vigencia desde 15/01/2004

[831] Dada nueva redacción apartado 1 por art. único apartado 59 de Ley Orgánica 7/2015 de 21 de julio de 2015, con vigencia desde 01/10/2015

2. La condición de Letrado de la Administración de Justicia se pierde en los siguientes supuestos: [832]

a) Por renuncia voluntaria manifestada por escrito y aceptada expresamente por el Ministerio de Justicia.

b) Por pérdida de la nacionalidad española.

c) Por sanción disciplinaria de separación del servicio.

d) Por inhabilitación absoluta o especial impuesta como pena principal o accesoria por los Tribunales cuando la misma sea firme.

e) Por jubilación, sea voluntaria o forzosa, o por incapacidad permanente para el servicio.

f) Por condena a pena de privativa de libertad superior a tres años por razón de delito doloso.

443 bis. [833] El Ministerio de Justicia aprobará cada año el escalafón del Cuerpo de Letrados de la Administración de Justicia, que se publicará en el «Boletín Oficial del Estado» y comprenderá los datos personales y profesionales que se establezcan reglamentariamente.

444. [834] 1. Los funcionarios del Cuerpo de Letrados de la Administración de Justicia tendrán iguales derechos individuales, colectivos y deberes, que los establecidos en el Libro VI de esta Ley, rigiendo con carácter supletorio lo dispuesto en el Estatuto Básico del Empleado Público y el resto de la normativa estatal sobre función pública.

2. Sin perjuicio de su desarrollo y concreción en el reglamento orgánico, se reconocen los siguientes derechos profesionales:

a) Libranzas, en aquellos casos en que se preste una dedicación o servicio no retribuido, en los términos que se determinen reglamentariamente.

b) Especialización profesional en aquellos ámbitos, órdenes y materias que reglamentariamente se determinen.

c) Libre asociación profesional.

---

[832] Dada nueva redacción apartado 2 párrafo 1 por disposición adicional 1 de Ley Orgánica 7/2015 de 21 de julio de 2015, con vigencia desde 01/10/2015

[833] Añadido por art. único apartado 70 de Ley Orgánica 7/2015 de 21 de julio de 2015, con vigencia desde 01/10/2015

[834] Dada nueva redacción por art. único apartado 61 de Ley Orgánica 7/2015 de 21 de julio de 2015, con vigencia desde 01/10/2015

d) A que sus asociaciones profesionales sean oídas en todas aquellas materias que afecten a su estatuto orgánico.

3. El régimen establecido en los apartados anteriores será aplicable a los Letrados de la Administración de Justicia sustitutos, en la medida en que la naturaleza del derecho lo permita.

445. [835] 1. Las situaciones administrativas en que se puedan hallar los Letrados de la Administración de Justicia, así como su jubilación, serán iguales y procederá su declaración en los supuestos y con los efectos establecidos en esta Ley Orgánica para Jueces y Magistrados [836].

No obstante, los Letrados de la Administración de Justicia que se presenten como candidatos para acceder a cargos públicos representativos en el Parlamento Europeo, Congreso de los Diputados, Senado, Asambleas Legislativas de las Comunidades Autónomas o Corporaciones locales, podrán ser dispensados, previa solicitud, de la prestación del servicio en sus respectivas oficinas judiciales, durante el tiempo de duración de la campaña electoral. Este permiso podrá ser concedido por el Secretario General de la Administración de Justicia.

2. Estarán sujetos a las mismas incapacidades, incompatibilidades y prohibiciones con excepción de las previstas en el artículo 395 [837].

446. [838] 1. Los Letrados de la Administración de Justicia deberán abstenerse en los casos establecidos para los Jueces y Magistrados y, si no lo hicieran, podrán ser recusados [839].

2. La abstención se formulará por escrito motivado dirigido al Secretario Coordinador Provincial, quien decidirá la cuestión.

En caso de confirmarse la abstención, el Letrado de la Administración de Justicia que se haya abstenido debe ser reemplazado por su

---

[835] Dada nueva redacción por art. 1 apartado 2 de Ley Orgánica 6/2021 de 28 de abril de 2021, con vigencia desde 30/04/2021

[836] Véanse arts. 348 a 351 de la presente Ley

[837] Véanse arts. 389 a 397 de la presente Ley

[838] Dada nueva redacción por art. único apartado 63 de Ley Orgánica 7/2015 de 21 de julio de 2015, con vigencia desde 01/10/2015

[839] Véase art. 219 de la presente Ley

sustituto legal; en caso de denegarse, deberá aquél continuar actuando en el asunto [840] .

3. Serán aplicables a la recusación de los Letrados de la Administración de Justicia las prescripciones que establece esta Ley para Jueces y Magistrados en el artículo 223, con las siguientes excepciones:

a) Los Letrados de la Administración de Justicia no podrán ser recusados durante la práctica de cualquier diligencia o actuación de que estuvieren encargados.

b) La pieza de recusación se resolverá por el Secretario de Gobierno.

c) Presentado el escrito de recusación, el Letrado de la Administración de Justicia recusado informará detalladamente por escrito si reconoce o no como cierta y legítima la causa alegada.

d) Cuando el recusado reconozca como cierta la causa de la recusación, el Secretario de Gobierno le tendrá por recusado mediante decreto, si estima que la causa es legal. Si estima que la causa no es de las tipificadas en la ley, declarará no haber lugar a la recusación. Contra el decreto sobre recusación no se dará recurso alguno.

e) Cuando el recusado niegue la certeza de la causa alegada como fundamento de la recusación, el instructor, si admitiere a trámite la recusación propuesta, ordenará la práctica, en el plazo de diez días, de la prueba solicitada que sea pertinente y la que estime necesaria, dándose traslado de las mismas al Ministerio Fiscal para informe por plazo de tres días. Transcurrido ese plazo, con o sin informe del Ministerio Fiscal, se decidirá la recusación dentro de los cinco días siguientes. Contra dicha resolución no cabrá recurso alguno.

f) El Letrado de la Administración de Justicia recusado, desde el momento en que sea presentado el escrito de recusación, será reemplazado por su sustituto legal [841] .

447. [842] 1. Las retribuciones serán básicas y complementarias.

2. Los conceptos retributivos básicos serán iguales a los establecidos en la Ley para la Carrera Judicial.

3. Los conceptos retributivos complementarios serán los siguientes:

---

[840] Véase art. 103 LEC

[841] Véanse arts. 114 a 119 LEC y 223 a 228 de la presente Ley

[842] Dada nueva redacción por art. único de Ley Orgánica 19/2003 de 23 de diciembre de 2003, con vigencia desde 15/01/2004

a) El complemento general de puesto, que retribuye las características generales de los mismos;

b) El complemento específico, único para cada puesto de trabajo y destinado a retribuir las condiciones particulares de los mismos;

c) El complemento de productividad, destinado a retribuir el especial rendimiento, la actividad extraordinaria y el interés o iniciativa con que el funcionario desempeñe su trabajo, así como su participación en los programas concretos de actuación y en la consecución de los objetivos que se determinen por el Ministerio de Justicia, oído el Consejo General del Poder Judicial, y negociados con las organizaciones sindicales más representativas.

También se podrá retribuir mediante este complemento la participación de los Letrados de la Administración de Justicia en los programas o en la consecución de los objetivos que se hayan determinado por los órganos competentes de las Comunidades Autónomas con competencias asumidas para las Oficinas Judiciales de su territorio, siempre que exista autorización previa del Ministerio de Justicia. [843]

A tal efecto, se establecerán los mecanismos de coordinación necesarios entre las Administraciones competentes.

d) Las gratificaciones, destinadas a retribuir los servicios de carácter extraordinario prestados fuera de la jornada normal de trabajo.

e) El complemento de carrera profesional, destinado a retribuir la progresión alcanzada por la persona funcionaria dentro del sistema de carrera horizontal. [844]

4. Además de las retribuciones señaladas anteriormente, los Letrados de la Administración de Justicia podrán percibir las siguientes retribuciones, que tienen la condición de especiales: [845]

a) Las correspondientes a desempeño de servicios de guardia.

b) Las correspondientes a sustituciones que impliquen el desempeño conjunto de otra función, además de aquellas de las que sea titular.

Estas retribuciones serán compatibles con todos los conceptos retributivos previstos anteriormente.

---

[843] Dada nueva redacción apartado 3 letra c párrafo 2 por disposición adicional 1 de Ley Orgánica 7/2015 de 21 de julio de 2015, con vigencia desde 01/10/2015

[844] Añadida apartado 3 letra e por art. único apartado 27 de Ley Orgánica 4/2018 de 28 de diciembre de 2018, con vigencia desde 18/01/2019

[845] Dada nueva redacción apartado 4 párrafo 1 por disposición adicional 1 de Ley Orgánica 7/2015 de 21 de julio de 2015, con vigencia desde 01/10/2015

5. Los Letrados de la Administración de Justicia sustitutos percibirán las retribuciones correspondientes al puesto de trabajo desempeñado. [846]

Se reconocerán los trienios correspondientes a los servicios prestados que tendrán efectos retributivos conforme a lo establecido en la normativa vigente para los funcionarios de la Administración General del Estado. Este reconocimiento se efectuará previa solicitud del interesado. [847]

448. [848] 1. La cuantía del sueldo se establecerá para cada una de las categorías en que se estructura el Cuerpo de Letrados de la Administración de Justicia y la antigüedad se remunerará mediante un incremento sucesivo del cinco por ciento del sueldo inicial correspondiente a la categoría de ingreso por cada tres años de servicio. En todo caso se respetará la cuantía de los trienios reconocida a los Letrados de la Administración de Justicia pertenecientes al extinguido Cuerpo de los Secretarios de Magistratura de Trabajo. Los Letrados de la Administración de Justicia tendrán derecho a percibir dos pagas extraordinarias al año por importe, cada una de ellas, de una mensualidad de sueldo y antigüedad y, en su caso, una cantidad proporcional del complemento general de puesto, en los términos que se fijen por Ley para la Administración de Justicia, que se harán efectivas en los meses de junio y diciembre, siempre que los perceptores estuvieran en servicio activo o con derecho a devengo del sueldo el día primero de los meses indicados. [849]

2. La cuantía de las retribuciones básicas y de los complementos generales de puesto vendrá determinada en la Ley de Presupuestos Generales del Estado para cada año.

3. Por el Gobierno, mediante Real Decreto, a propuesta conjunta de los Ministros de Justicia y Hacienda, se determinarán los diferentes ti-

---

[846] Dada nueva redacción apartado 5 párrafo 1 por art. único apartado 64 de Ley Orgánica 7/2015 de 21 de julio de 2015, con vigencia desde 01/10/2015

[847] Dada nueva redacción apartado 5 por disposición final 1 apartado 3 de Ley Orgánica 13/2007 de 19 de noviembre de 2007, con vigencia desde 21/11/2007

[848] Dada nueva redacción por art. único de Ley Orgánica 19/2003 de 23 de diciembre de 2003, con vigencia desde 15/01/2004

[849] Dada nueva redacción apartado 1 por disposición adicional 1 de Ley Orgánica 7/2015 de 21 de julio de 2015, con vigencia desde 01/10/2015

pos de puestos adscritos a los Letrados de la Administración de Justicia a efectos del complemento general de puesto, la asignación inicial de los complementos específicos que correspondan y las retribuciones que procedan por sustituciones que impliquen el desempeño conjunto de otra función [850] . [851]

4. La concreción de la cuantía individual del complemento de productividad y la determinación del número de funcionarios con derecho a su percepción, se llevarán a cabo mediante resolución del Ministerio de Justicia, previa negociación con las organizaciones sindicales más representativas.

5. Mediante orden ministerial, a propuesta conjunta de los Ministros de Justicia y de Hacienda, previa negociación con las organizaciones sindicales, se procederá a la determinación de la remuneración por servicio de guardia.

6. La asignación individual de la cuantía de las gratificaciones y la fijación de los criterios para su percepción se determinarán por resolución del Ministerio de Justicia.

449. [852] 1. Los funcionarios que se encuentren en periodo de prácticas o desarrollando cursos selectivos a los que se refiere el artículo 485 serán nombrados funcionarios en prácticas y percibirán una retribución equivalente al sueldo y las pagas extraordinarias correspondientes al Cuerpo de Letrados de la Administración de Justicia de la tercera categoría. [853]

2. Los funcionarios en prácticas que ya estuviesen prestando servicios remunerados en la Administración de Justicia, durante el periodo de prácticas no podrán percibir remuneración alguna por el puesto de trabajo de origen y podrán optar por una remuneración de igual importe a la que les correspondía en el puesto de trabajo de origen o

[850] Véase el RD 2033/2009 de 30 diciembre, por el que se determinan los puestos tipo adscritos al Cuerpo de Secretarios Judiciales a efectos del complemento general de puesto, la asignación inicial del complemento específico y las retribuciones por sustituciones que impliquen el desempeño conjunto de otra función

[851] Dada nueva redacción apartado 3 por disposición adicional 1 de Ley Orgánica 7/2015 de 21 de julio de 2015, con vigencia desde 01/10/2015

[852] Dada nueva redacción por art. único de Ley Orgánica 19/2003 de 23 de diciembre de 2003, con vigencia desde 15/01/2004

[853] Dada nueva redacción apartado 1 por disposición adicional 1 de Ley Orgánica 7/2015 de 21 de julio de 2015, con vigencia desde 01/10/2015

por la que les corresponda como funcionario en prácticas, de acuerdo con lo dispuesto en el apartado anterior.

3. Si las prácticas se realizasen desempeñando un puesto de trabajo, el importe señalado en el apartado primero se incrementará en las retribuciones complementarias de dicho puesto.

450. [854] 1. La provisión de puestos de trabajo se llevará a cabo por el procedimiento de concurso, que será el sistema ordinario de provisión.

Cuando se trate de puestos de carácter directivo o de especial responsabilidad, podrán cubrirse por el procedimiento de libre designación.

Los puestos de trabajo de Letrado de la Administración de Justicia en el Tribunal Supremo se cubrirán por el sistema de libre designación entre aquellos candidatos que pertenezcan a la primera o segunda categoría, con una antigüedad de al menos veinte años en una de ellas o entre ambas y quince años de servicio en el orden jurisdiccional correspondiente.

El nombramiento de Letrados de la Administración de Justicia para puestos de trabajo radicados en el ámbito territorial de una Comunidad Autónoma con competencias asumidas, que hayan de cubrirse por este procedimiento, requerirá el informe previo del órgano competente de dicha Comunidad. En todo caso, el sistema de provisión deberá estar determinado en las correspondientes relaciones de puestos de trabajo. [855]

2. Excepcionalmente y cuando las necesidades del servicio lo requieran, los puestos de trabajo también podrán cubrirse de forma temporal mediante adscripción provisional o en comisión de servicios.

3. Reglamentariamente se establecerán las normas y requisitos a los que habrán de ajustarse los procedimientos de provisión de puestos de trabajo.

En todo caso, para poder concursar deberá haber transcurrido un período mínimo de dos años, a contar desde la fecha de la resolución

---

[854] Dada nueva redacción por art. único de Ley Orgánica 19/2003 de 23 de diciembre de 2003, con vigencia desde 15/01/2004

[855] Dada nueva redacción apartado 1 por art. único apartado 65 de Ley Orgánica 7/2015 de 21 de julio de 2015, con vigencia desde 01/10/2015

por la que se convocó el concurso de traslados en el que el funcionario obtuvo su último destino definitivo, desde el que participa, o desde la fecha de la resolución en la que se le adjudicó destino definitivo, si se trata de funcionarios de nuevo ingreso. Los Letrados de la Administración de Justicia que no tenga destino definitivo, obligados a participar en los concursos de acuerdo con la normativa vigente, están excluidos de esta limitación temporal. [856]

4. En aquellas Comunidades Autónomas que gocen de derecho civil, foral o especial, y de idioma oficial propios, el conocimiento de los mismos se valorará como mérito.

451. [857] 1. Las suplencias por ausencia, enfermedad, suspensión o vacante de Letrados de la Administración de Justicia serán cubiertas por quien designe su inmediato superior jerárquico.

2. Esta designación deberá recaer en otro Letrado de la Administración de Justicia, que se denominará Letrado suplente. A tal efecto los Secretarios de Gobierno elaborarán una relación de los miembros del Cuerpo de Letrados de la Administración de Justicia que voluntariamente quieran participar en los planes anuales de suplencias. De no existir voluntario, se designará, con carácter forzoso, al suplente ordinario que se designe conforme a lo previsto en el número anterior. Los llamamientos que tengan lugar conforme a lo establecido en este precepto serán retribuidos en los casos y cuantía que se determinen reglamentariamente.

3. Excepcionalmente, cuando no hubiera suficiente número de Letrados de la Administración de Justicia, en los supuestos de entradas y registros en lugares cerrados acordados por un único órgano judicial de la Audiencia Nacional y que deban ser realizados de forma simultánea, podrán los funcionarios del Cuerpo de Gestión Procesal y Administrativa, en sustitución del Letrado de la Administración de Justicia, intervenir en calidad de fedatarios y levantar la correspondiente acta.

4. Cuando no fuera posible proceder a la suplencia conforme a lo previsto en los apartados 1 y 2, y exista disponibilidad presupuestaria, podrá procederse al nombramiento de un Letrado de la Admi-

[856] Dada nueva redacción apartado 3 párrafo 2 por disposición adicional 1 de Ley Orgánica 7/2015 de 21 de julio de 2015, con vigencia desde 01/10/2015

[857] Dada nueva redacción por art. único apartado 66 de Ley Orgánica 7/2015 de 21 de julio de 2015, con vigencia desde 01/10/2015

nistración de Justicia sustituto, siempre que cumpla los requisitos de titulación exigidos para el ingreso en el Cuerpo de Letrados de la Administración de Justicia.

5. A los Letrados de la Administración de Justicia sustitutos se les aplicará el mismo régimen jurídico que a los titulares, en la medida en que su naturaleza lo permita, quedando integrados en el Régimen General de la Seguridad Social.

6. De existir funcionarios pertenecientes al Cuerpo de Gestión Procesal y Administrativa incluidos en la correspondiente bolsa, serán llamados como Letrados de la Administración de Justicia sustitutos con preferencia sobre el resto de sustitutos, manteniendo su inclusión obligatoria tanto en el régimen de la Seguridad Social que resulte aplicable como en el Mutualismo Judicial [858].

CAPÍTULO II
De las funciones de los Letrados de la Administración de Justicia [859]

452. [860] 1. Los Letrados de la Administración de Justicia desempeñarán sus funciones con sujeción al principio de legalidad e imparcialidad en todo caso, al de autonomía e independencia en el ejercicio de la fe pública judicial, así como al de unidad de actuación y dependencia jerárquica en todas las demás que les encomienden esta Ley y las normas de procedimiento respectivo, así como su reglamento orgánico. Las funciones de los Letrados de la Administración de Justicia no serán objeto de delegación ni de habilitación, sin perjuicio de lo establecido en el artículo 451.3.

2. En el ejercicio de sus funciones, los Letrados de la Administración de Justicia cumplirán y velarán por el cumplimiento de todas las decisiones que adopten los Jueces o Tribunales en el ámbito de sus competencias.

---

[858] Véase Orden JUS/9/2004, de 14 de enero, por la que se aprueban las instrucciones relativas al régimen de sustituciones de los Secretarios Judiciales

[859] Dada nueva redacción por disposición adicional 1 de Ley Orgánica 7/2015 de 21 de julio de 2015, con vigencia desde 01/10/2015

[860] Dada nueva redacción por disposición adicional 1 de Ley Orgánica 7/2015 de 21 de julio de 2015, con vigencia desde 01/10/2015

3. Los Letrados de la Administración de Justicia colaborarán con las Comunidades Autónomas con competencias asumidas para la efectividad de las funciones que estas ostentan en materia de medios personales y materiales, dando cumplimiento a las instrucciones que a tal efecto reciban de sus superiores jerárquicos. Para una mejor coordinación podrán constituirse Comisiones Mixtas de Letrados de la Administración de Justicia y representantes de las Comunidades Autónomas con competencias asumidas, en sus respectivos ámbitos territoriales.

453. [861] 1. Corresponde a los Letrados de la Administración de Justicia, con exclusividad y plenitud, el ejercicio de la fe pública judicial. En el ejercicio de esta función, dejarán constancia fehaciente de la realización de actos procesales en el Tribunal o ante éste y de la producción de hechos con trascendencia procesal mediante las oportunas actas y diligencias.

Cuando se utilicen medios técnicos de grabación o reproducción, las vistas se podrán desarrollar sin la intervención del Letrado de la Administración de Justicia, en los términos previstos en la Ley. En todo caso, el Letrado de la Administración de Justicia garantizará la autenticidad e integridad de lo grabado o reproducido [862] . [863]

2. Los Letrados de la Administración de Justicia expedirán certificaciones o testimonios de las actuaciones judiciales no declaradas secretas ni reservadas a las partes, con expresión de su destinatario y el fin para el cual se solicitan [864] . [865]

3. Autorizarán y documentarán el otorgamiento de poderes para pleitos, en los términos establecidos en las leyes procesales [866] .

---

[861] Dada nueva redacción por art. único de Ley Orgánica 19/2003 de 23 de diciembre de 2003, con vigencia desde 15/01/2004

[862] Véanse arts. 145 y 147 LEC

[863] Dada nueva redacción apartado 1 por disposición adicional 1 de Ley Orgánica 7/2015 de 21 de julio de 2015, con vigencia desde 01/10/2015

[864] Véase art. 140 LEC

[865] Dada nueva redacción apartado 2 por disposición adicional 1 de Ley Orgánica 7/2015 de 21 de julio de 2015, con vigencia desde 01/10/2015

[866] Véase art. 24 LEC

4. En el ejercicio de esta función no precisarán de la intervención adicional de testigos.

454. [867] 1. Los Letrados de la Administración de Justicia son responsables de la función de documentación que les es propia, así como de la formación de los autos y expedientes, dejando constancia de las resoluciones que dicten los Jueces y Magistrados, o ellos mismos cuando así lo autorice la Ley [868] . [869]

2. Los Letrados de la Administración de Justicia ejercerán competencias de organización, gestión, inspección y dirección del personal en aspectos técnicos procesales, asegurando en todo caso la coordinación con los órganos de gobierno del Poder Judicial y con las Comunidades Autónomas con competencias transferidas. [870]

3. Garantizarán que el reparto de asuntos se realiza de conformidad con las normas que a tal efecto aprueben las Salas de Gobierno de los Tribunales de Justicia y serán responsables del buen funcionamiento del registro de recepción de documentos, expidiendo en su caso las certificaciones que en esta materia sean solicitadas por las partes [871] .

4. Facilitarán a las partes interesadas y a cuantos manifiesten y justifiquen un interés legítimo y directo, la información que soliciten sobre el estado de las actuaciones judiciales no declaradas secretas ni reservadas [872] .

5. Promoverán el empleo de los medios técnicos, audiovisuales e informáticos de documentación con que cuente la unidad donde prestan sus servicios.

---

[867] Dada nueva redacción por art. único de Ley Orgánica 19/2003 de 23 de diciembre de 2003, con vigencia desde 15/01/2004

[868] Véase art. 146 LEC

[869] Dada nueva redacción apartado 1 por disposición adicional 1 de Ley Orgánica 7/2015 de 21 de julio de 2015, con vigencia desde 01/10/2015

[870] Dada nueva redacción apartado 2 por disposición adicional 1 de Ley Orgánica 7/2015 de 21 de julio de 2015, con vigencia desde 01/10/2015

[871] Véanse arts. 68 LEC, 160 y 167 de la presente Ley

[872] Véase art. 140 LEC

455. [873] Será responsabilidad del Letrado de la Administración de Justicia organizar la dación de cuenta, que se realizará en los términos establecidos en las leyes procesales.

456. [874] 1. El Letrado de la Administración de Justicia impulsará el proceso en los términos que establecen las leyes procesales [875].

2. A tal efecto, dictará las resoluciones necesarias para la tramitación del proceso, salvo aquéllas que las leyes procesales reserven a Jueces o Tribunales. Estas resoluciones se denominarán diligencias, que podrán ser de ordenación, de constancia, de comunicación o de ejecución [876].

3. Se llamará decreto a la resolución que dicte el Letrado de la Administración de Justicia con el fin de admitir la demanda, poner término al procedimiento del que tenga atribuida exclusiva competencia, o cuando sea preciso o conveniente razonar su decisión. Será siempre motivado y contendrá, en párrafos separados y numerados, los antecedentes de hecho y los fundamentos de derecho en que se basa.

4. Las diligencias de ordenación y los decretos serán recurribles en los casos y formas previstos en las leyes procesales.

5. Las resoluciones de carácter gubernativo de los Letrados de la Administración de Justicia se denominarán acuerdos.

6. Los Letrados de la Administración de Justicia, cuando así lo prevean las leyes procesales, tendrán competencias en las siguientes materias:

a) Ejecución, salvo aquellas competencias que exceptúen las leyes procesales por estar reservadas a Jueces y Magistrados [877].

b) Jurisdicción voluntaria, asumiendo su tramitación y resolución, sin perjuicio de los recursos que quepa interponer.

c) Conciliación, llevando a cabo la labor mediadora que les sea propia.

---

[873] Dada nueva redacción por art. único apartado 67 de Ley Orgánica 7/2015 de 21 de julio de 2015, con vigencia desde 01/10/2015

[874] Dada nueva redacción por art. único apartado 68 de Ley Orgánica 7/2015 de 21 de julio de 2015, con vigencia desde 01/10/2015

[875] Véanse arts. 136 y 179 LEC

[876] Véanse arts. 223 y 224 LEC

[877] Véase art. 545.4 LEC

d) Tramitación y, en su caso, resolución de los procedimientos monitorios.

e) Mediación.

f) Cualesquiera otras que expresamente se prevean.

457. [878] Los Letrados de la Administración de Justicia dirigirán en el aspecto técnico-procesal al personal integrante de la Oficina Judicial, ordenando su actividad e impartiendo las órdenes e instrucciones que estime pertinentes en el ejercicio de esta función.

458. [879] 1. Los Letrados de la Administración de Justicia serán responsables del Archivo Judicial de Gestión, en el que, de conformidad con la normativa establecida al efecto, se conservarán y custodiarán aquellos autos y expedientes cuya tramitación no esté finalizada, salvo el tiempo en que estuvieren en poder del Juez o del Magistrado ponente u otros Magistrados integrantes del Tribunal. [880]

2. Por real decreto se establecerán las normas reguladoras de la ordenación y archivo de autos y expedientes que no estuviesen pendientes de actuación alguna, así como del expurgo de los archivos judiciales.

Con carácter general se procederá a la destrucción de autos y expedientes judiciales transcurridos seis años desde la firmeza de la resolución que de manera definitiva puso término al procedimiento que dio lugar a la formación de aquéllos. Se exceptúan de lo anterior aquéllos formados para la instrucción de causas penales seguidas por delito, así como los supuestos que reglamentariamente pudiesen ser contemplados, especialmente en atención al valor cultural, social o histórico de lo archivado.

Previamente, el Letrado de la Administración de Justicia concederá audiencia por un tiempo no inferior a quince días a las partes que estuvieron personadas para que interesen, en su caso, el desglose de

---

[878] Dada nueva redacción por disposición adicional 1 de Ley Orgánica 7/2015 de 21 de julio de 2015, con vigencia desde 01/10/2015

[879] Dada nueva redacción por art. único de Ley Orgánica 19/2003 de 23 de diciembre de 2003, con vigencia desde 15/01/2004

[880] Dada nueva redacción apartado 1 por disposición adicional 1 de Ley Orgánica 7/2015 de 21 de julio de 2015, con vigencia desde 01/10/2015

aquellos documentos originales que hubiesen aportado o ejerciten los derechos que esta Ley les reconoce en los artículos 234 y 235. [881]

3. Corresponde al Ministerio de Justicia la determinación de los libros de registro que han de existir en los Juzgados y Tribunales y establecer las normas reguladoras de la llevanza de los mismos mediante los reglamentos oportunos.

4. El Letrado de la Administración de Justicia será responsable de la llevanza de los libros de registro a través de las aplicaciones informáticas correspondientes y, en su defecto, manualmente, impartiendo las oportunas instrucciones al personal de él dependiente. [882]

459. [883] 1. Los Letrados de la Administración de Justicia responderán del depósito de los bienes y objetos afectos a los expedientes judiciales, así como del de las piezas de convicción en las causas penales, en los locales dispuestos a tal fin. Todo ello, sin perjuicio de las excepciones que puedan establecerse reglamentariamente en cuanto al destino que deba darse a éstos en supuestos especiales [884].

2. Los Letrados de la Administración de Justicia responderán del debido depósito en las instituciones que se determinen de cuantas cantidades y valores, consignaciones y fianzas se produzcan, siguiendo las instrucciones que al efecto se dicten.

460. [885] Los Letrados de la Administración de Justicia colaborarán con la Administración tributaria en la gestión de los tributos que les sea encomendada en la normativa específica.

---

[881] Dada nueva redacción apartado 2 por art. único apartado 69 de Ley Orgánica 7/2015 de 21 de julio de 2015, con vigencia desde 01/10/2015

[882] Dada nueva redacción apartado 4 por disposición adicional 1 de Ley Orgánica 7/2015 de 21 de julio de 2015, con vigencia desde 01/10/2015

[883] Dada nueva redacción por disposición adicional 1 de Ley Orgánica 7/2015 de 21 de julio de 2015, con vigencia desde 01/10/2015

[884] Véase art. 148 LEC

[885] Dada nueva redacción por disposición adicional 1 de Ley Orgánica 7/2015 de 21 de julio de 2015, con vigencia desde 01/10/2015

461. [886] 1. La estadística judicial, que se elaborará conforme a los criterios que se establezcan, será responsabilidad de los Letrados de la Administración de Justicia. Los Secretarios de Gobierno respectivos velarán por su cumplimiento contrastando la veracidad de los datos. [887]

2. La Estadística Judicial constituye un instrumento básico al servicio de las Administraciones públicas y del Consejo General del Poder Judicial para la planificación, desarrollo y ejecución de las políticas públicas relativas a la Administración de Justicia y, en particular, para las siguientes finalidades:

a) El ejercicio de la política legislativa del Estado en materia de justicia.

b) La modernización de la organización judicial.

c) La planificación y gestión de los recursos humanos y medios materiales al servicio de la Administración de Justicia.

d) El ejercicio de la función de inspección sobre los juzgados y tribunales.

La Estadística Judicial asegurará, en el marco de un plan de transparencia, la disponibilidad permanente y en condiciones de igualdad por las Cortes Generales, el Gobierno, las Comunidades Autónomas, el Consejo General del Poder Judicial y la Fiscalía General del Estado de información actualizada, rigurosa y debidamente contrastada sobre la actividad y carga de trabajo de todos los órganos, servicios y oficinas judiciales de España, así como sobre las características estadísticas de los asuntos sometidos a su conocimiento. Los ciudadanos tendrán pleno acceso a la estadística judicial, mediante la utilización de medios electrónicos, en la forma que reglamentariamente se establezca. [888]

3. La Comisión Nacional de Estadística Judicial, integrada por el Ministerio de Justicia, una representación de las Comunidades Autónomas con competencias en la materia, el Consejo General del Poder Judicial y la Fiscalía General del Estado, aprobará los planes estadísticos, generales y especiales, de la Administración de Justicia y establece-

---

[886] Dada nueva redacción por art. único de Ley Orgánica 19/2003 de 23 de diciembre de 2003, con vigencia desde 15/01/2004

[887] Dada nueva redacción apartado 1 por disposición adicional 1 de Ley Orgánica 7/2015 de 21 de julio de 2015, con vigencia desde 01/10/2015

[888] Dada nueva redacción apartado 2 por art. único apartado 28 de Ley Orgánica 4/2018 de 28 de diciembre de 2018, con vigencia desde 18/01/2019

rá criterios uniformes que, en su caso, tengan en cuenta la perspectiva de género y la variable de sexo, y sean de obligado cumplimiento para todos sobre la obtención, tratamiento informático, transmisión y explotación de los datos estadísticos del sistema judicial español.

La estructura, composición y funciones de la Comisión Nacional de Estadística Judicial serán establecidas reglamentariamente por el Gobierno, mediante real decreto, previo informe del Consejo General del Poder Judicial, del Fiscal General del Estado, de la Agencia de Protección de Datos y de las Comunidades Autónomas con competencias en la materia.

Los sistemas informáticos de gestión procesal de la Administración de Justicia permitirán en todo caso la extracción automatizada de la totalidad de los datos exigidos en los correspondientes boletines estadísticos. [889]

4. No obstante, las Administraciones públicas con competencias en materias de Administración de Justicia podrán llevar a cabo las explotaciones de otros datos estadísticos que puedan ser recabados a través de los sistemas informáticos, siempre que se consideren necesarias o útiles para su gestión.

462. [890] Los Letrados de la Administración de Justicia asumirán todas aquéllas otras funciones que legal y reglamentariamente se establezcan.

---

[889] Dada nueva redacción apartado 3 por art. único apartado 70 de Ley Orgánica 7/2015 de 21 de julio de 2015, con vigencia desde 01/10/2015

[890] Dada nueva redacción por disposición adicional 1 de Ley Orgánica 7/2015 de 21 de julio de 2015, con vigencia desde 01/10/2015

CAPÍTULO III
De la ordenación del Cuerpo de Letrados de la Administración de Justicia [891]

463. [892] 1. Bajo la superior dependencia del Ministerio de Justicia el Cuerpo de Letrados de la Administración de Justicia se ordena jerárquicamente en la forma que se determine en las relaciones de puestos de trabajo. En este sentido, realizarán todas aquellas funciones de naturaleza análoga a las que les son propias, inherentes al puesto de trabajo que ocupen y que les sean encomendadas por sus superiores. [893]

2. Los órganos superiores de gobierno del Cuerpo de Letrados de la Administración de Justicia son, por orden jerárquico, los siguientes:

a) El Secretario General de la Administración de Justicia.

b) Los Secretarios de Gobierno.

c) Los Secretarios Coordinadores Provinciales. [894]

3. Cuando en un servicio común procesal prestaren servicios varios Letrados de la Administración de Justicia, la relación de puestos de trabajo determinará su dependencia jerárquica y funcional. [895]

4. Como instrumento de participación democrática del colectivo del Cuerpo de Letrados de la Administración de Justicia, se constituirá un Consejo del Secretariado en el seno del Ministerio de Justicia, con funciones consultivas en las materias que afecten al mencionado cuerpo. Su organización, funcionamiento y competencias se desarrollarán reglamentariamente. [896]

---

[891] Dada nueva redacción por disposición adicional 1 de Ley Orgánica 7/2015 de 21 de julio de 2015, con vigencia desde 01/10/2015

[892] Dada nueva redacción por art. único de Ley Orgánica 19/2003 de 23 de diciembre de 2003, con vigencia desde 15/01/2004

[893] Dada nueva redacción apartado 1 por disposición adicional 1 de Ley Orgánica 7/2015 de 21 de julio de 2015, con vigencia desde 01/10/2015

[894] Dada nueva redacción apartado 2 por art. único apartado 71 de Ley Orgánica 7/2015 de 21 de julio de 2015, con vigencia desde 01/10/2015

[895] Dada nueva redacción apartado 3 por disposición adicional 1 de Ley Orgánica 7/2015 de 21 de julio de 2015, con vigencia desde 01/10/2015

[896] Dada nueva redacción apartado 4 por disposición adicional 1 de Ley Orgánica 7/2015 de 21 de julio de 2015, con vigencia desde 01/10/2015

464. [897] 1. Habrá un Secretario de Gobierno en el Tribunal Supremo, en la Audiencia Nacional y en cada Tribunal Superior de Justicia, así como en las ciudades de Ceuta y Melilla, elegido entre miembros integrantes del Cuerpo de Letrados de la Administración de Justicia que, como mínimo, hayan prestado servicio durante diez años en puestos de segunda categoría, el cual ejercerá además las funciones de Secretario de la Sala de Gobierno del respectivo Tribunal. [898]

2. El Secretario de Gobierno ostentará, como superior jerárquico, la dirección de los Letrados de la Administración de Justicia que prestan sus servicios en las Oficinas Judiciales dependientes de dichos Tribunales y en las Ciudades de Ceuta y Melilla. Para ello ejercerá las competencias que esta Ley Orgánica les reconoce, así como todas aquéllas que reglamentariamente se establezcan. [899]

3. Será nombrado y removido libremente por el Ministerio de Justicia, previo informe del Consejo del Secretariado sobre la idoneidad de los candidatos o candidatas solicitantes.

Dicho nombramiento se realizará a propuesta del órgano competente de las comunidades autónomas cuando éstas tuvieren competencias asumidas en materia de Administración de Justicia y con informe de la Sala de Gobierno del Tribunal respectivo. Para el de las Ciudades de Ceuta y Melilla el informe será emitido por la Sala de Gobierno del Tribunal Superior de Justicia de Andalucía.

No se podrá ocupar más de diez años el mismo puesto de Secretario o Secretaria de Gobierno.

Las comunidades autónomas con competencias para proponer el nombramiento de un Secretario o una Secretaria de Gobierno también podrán proponer su cese. [900]

4. En caso de ausencia, enfermedad, suspensión o vacante del Secretario o Secretaria de Gobierno del Tribunal Supremo o de la Audiencia Nacional, así como de las Ciudades de Ceuta y Melilla, asumirá sus

[897] Dada nueva redacción por art. único de Ley Orgánica 19/2003 de 23 de diciembre de 2003, con vigencia desde 15/01/2004

[898] Dada nueva redacción apartado 1 por art. único apartado 29 de Ley Orgánica 4/2018 de 28 de diciembre de 2018, con vigencia desde 18/01/2019

[899] Dada nueva redacción apartado 2 por disposición adicional 1 de Ley Orgánica 7/2015 de 21 de julio de 2015, con vigencia desde 01/10/2015

[900] Dada nueva redacción apartado 3 por art. 1 apartado 91 de Ley Orgánica 1/2025 de 2 de enero de 2025, con vigencia desde 23/01/2025

funciones el letrado o la letrada de la Administración de Justicia que designe el titular de la Secretaría General de la Administración de Justicia. En estos mismos supuestos y respecto al Secretario o Secretaria de Gobierno de los Tribunales Superiores de Justicia, asumirá sus funciones el Secretario Coordinador de la provincia en donde tenga su sede el respectivo tribunal o, en su defecto, el letrado o la letrada de la Administración de Justicia que designe el titular de la Secretaría General de la Administración de Justicia. [901]

5. A los letrados o letradas de la Administración de Justicia que sean nombrados Secretarios o Secretarias de Gobierno se les reservará, durante el tiempo que ocuparen dicho cargo, la plaza que vinieren ocupando con anterioridad a dicho nombramiento. Durante su mandato, dicha plaza podrá ser cubierta en régimen de comisión de servicios. [902]

6. Las Administraciones públicas competentes, en sus respectivos territorios, dotarán a los Secretarios o Secretarias de Gobierno de los medios materiales y recursos humanos necesarios para el ejercicio de las funciones que tienen atribuidas. [903]

465. [904] Serán competencias de los Secretarios de Gobierno:

1. La inspección de los servicios que sean responsabilidad de los Letrados de la Administración de Justicia de su respectivo ámbito competencial, sin perjuicio de la que corresponda al Consejo General del Poder Judicial, a las Salas de Gobierno o, en su caso, al Presidente del Tribunal o de la Sala respectivos. [905]

2. La incoación de expedientes disciplinarios por las posibles infracciones que los Letrados de la Administración de Justicia puedan

---

[901] Dada nueva redacción apartado 4 por art. 1 apartado 91 de Ley Orgánica 1/2025 de 2 de enero de 2025, con vigencia desde 23/01/2025

[902] Dada nueva redacción apartado 5 por art. 1 apartado 91 de Ley Orgánica 1/2025 de 2 de enero de 2025, con vigencia desde 23/01/2025

[903] Dada nueva redacción apartado 6 por art. 1 apartado 91 de Ley Orgánica 1/2025 de 2 de enero de 2025, con vigencia desde 23/01/2025

[904] Dada nueva redacción por art. único de Ley Orgánica 19/2003 de 23 de diciembre de 2003, con vigencia desde 15/01/2004

[905] Dada nueva redacción apartado 1 por disposición adicional 1 de Ley Orgánica 7/2015 de 21 de julio de 2015, con vigencia desde 01/10/2015

cometer en el ejercicio de sus funciones, así como la imposición de la sanción de apercibimiento. [906]

3. Proponer al Ministerio de Justicia el nombramiento de los Letrados de la Administración de Justicia de libre designación en su ámbito territorial, que hubiesen participado en la correspondiente convocatoria, así como su cese cuando éste proceda. [907]

4. Control y seguimiento estadístico.

5. Dirección y organización de los Letrados de la Administración de Justicia que de él dependan, respetando y tutelando su independencia en el ejercicio de la fe pública. [908]

6. Impartir instrucciones a los Letrados de la Administración de Justicia de su respectivo ámbito territorial, a solicitud de las Comunidades Autónomas con competencias asumidas, cuando sea precisa la colaboración de aquellos para garantizar la efectividad de las funciones que tienen éstas en materia de medios personales y materiales al servicio de la Administración de Justicia. [909]

7. Proponer al Ministerio de Justicia, o en su caso a la Comunidad Autónoma con competencias transferidas, las medidas que, a su juicio, deberían adoptarse para el mejor funcionamiento de la Administración de Justicia que fueren de su respectiva competencia, comunicando al Ministerio de Justicia cuantas incidencias afecten a los Letrados de la Administración de Justicia que de él dependan. [910]

8. Cursar circulares e instrucciones de servicio a los Letrados de la Administración de Justicia de su territorio, así como velar por el correcto cumplimiento de las que, a su vez, dirija el Ministerio de Justicia, las cuales en ningún caso podrán suponer una intromisión en el desarrollo de la actividad procesal de Jueces o Magistrados, ni contradecir las decisiones adoptadas por la Sala de Gobierno en el

---

[906] Dada nueva redacción apartado 2 por disposición adicional 1 de Ley Orgánica 7/2015 de 21 de julio de 2015, con vigencia desde 01/10/2015

[907] Dada nueva redacción apartado 3 por disposición adicional 1 de Ley Orgánica 7/2015 de 21 de julio de 2015, con vigencia desde 01/10/2015

[908] Dada nueva redacción apartado 5 por disposición adicional 1 de Ley Orgánica 7/2015 de 21 de julio de 2015, con vigencia desde 01/10/2015

[909] Dada nueva redacción apartado 6 por disposición adicional 1 de Ley Orgánica 7/2015 de 21 de julio de 2015, con vigencia desde 01/10/2015

[910] Dada nueva redacción apartado 7 por disposición adicional 1 de Ley Orgánica 7/2015 de 21 de julio de 2015, con vigencia desde 01/10/2015

ámbito de sus competencias. Tampoco podrán impartir instrucciones particulares relativas a asuntos concretos en los que un Letrado de la Administración de Justicia intervenga en calidad de fedatario o en el ejercicio de sus competencias de ordenación y dirección del proceso. [911]

9. Concesión de permisos y licencias a los Letrados de la Administración de Justicia de su territorio, pudiendo delegar en el Secretario Coordinador. [912]

10. Conocer de los incidentes de recusación de los Letrados de la Administración de Justicia. [913]

11. Elaborar los planes anuales de suplencias de Letrados de la Administración de Justicia y proponer al Ministerio de Justicia la lista de candidatos considerados idóneos para ejercer como Letrados de la Administración de Justicia sustitutos en el ámbito territorial de cada Comunidad Autónoma. [914]

12. Las demás previstas en el reglamento orgánico del Cuerpo de Letrados de la Administración de Justicia. [915]

466. [916] 1. En cada provincia existirá un Secretario Coordinador o una Secretaria Coordinadora, nombrado o nombrada por el Ministerio de Justicia por el procedimiento de libre designación, a propuesta del Secretario o Secretaria de Gobierno, de acuerdo con las comunidades autónomas con competencias asumidas, elegido o elegida entre miembros integrantes del Cuerpo de Letrados de la Administración de Justicia que lleven al menos diez años en el Cuerpo, y como mínimo hayan estado cinco años en puestos de segunda categoría.

---

[911] Dada nueva redacción apartado 8 por disposición adicional 1 de Ley Orgánica 7/2015 de 21 de julio de 2015, con vigencia desde 01/10/2015

[912] Dada nueva redacción apartado 9 por art. único apartado 73 de Ley Orgánica 7/2015 de 21 de julio de 2015, con vigencia desde 01/10/2015

[913] Dada nueva redacción apartado 10 por art. único apartado 73 de Ley Orgánica 7/2015 de 21 de julio de 2015, con vigencia desde 01/10/2015

[914] Añadido apartado 11 por art. único apartado 73 de Ley Orgánica 7/2015 de 21 de julio de 2015, con vigencia desde 01/10/2015

[915] Añadido apartado 12 por art. único apartado 73 de Ley Orgánica 7/2015 de 21 de julio de 2015, con vigencia desde 01/10/2015

[916] Dada nueva redacción por art. 1 apartado 92 de Ley Orgánica 1/2025 de 2 de enero de 2025, con vigencia desde 23/01/2025

Antes del nombramiento se oirá al Consejo del Secretariado sobre la idoneidad de los candidatos solicitantes.

Además, en la Comunidad Autónoma de las Illes Balears habrá un Secretario Coordinador o una Secretaria Coordinadora en las islas de Menorca e Ibiza, y en la Comunidad Autónoma de Canarias, otro u otra en las islas de Lanzarote y de La Palma.

En las comunidades autónomas uniprovinciales, las funciones del Secretario Coordinador o la Secretaria Coordinadora serán asumidas por el Secretario o Secretaria de Gobierno, salvo en aquellas que, por razón del servicio, sea aconsejable su existencia.

No se podrá ocupar más de diez años el mismo puesto de Secretario Coordinador o Secretaria Coordinadora.

2. Los requisitos y procedimiento para su nombramiento se determinarán en el Reglamento Orgánico del Cuerpo de Letrados de la Administración de Justicia, si bien en todo caso deberá contar con al menos cinco años de antigüedad en la segunda categoría.

3. En casos de ausencia, enfermedad, suspensión o vacante, será sustituido por el letrado de la Administración de Justicia que designe el Secretario de Gobierno que reúna los requisitos exigidos para su nombramiento.

4. A los letrados o letradas de la Administración de Justicia que sean nombrados Secretarios o Secretarias Coordinadores se les reservará, durante el tiempo que ocuparen dicho cargo, la plaza que vinieren ocupando con anterioridad a dicho nombramiento. Durante su mandato, dicha plaza podrá ser cubierta en régimen de comisión de servicios.

467. [917] Bajo la dependencia directa del Secretario de Gobierno, el Secretario Coordinador ejercerá las siguientes competencias:

1. Dictar instrucciones de servicio a los Letrados de la Administración de Justicia de su ámbito territorial para el adecuado funcionamiento de los servicios que tienen encomendados. [918]

2. Controlar la correcta ejecución de las circulares e instrucciones de servicio que dicte el Secretario de Gobierno del que dependa.

---

[917] Dada nueva redacción por art. único de Ley Orgánica 19/2003 de 23 de diciembre de 2003, con vigencia desde 15/01/2004

[918] Dada nueva redacción apartado 1 por disposición adicional 1 de Ley Orgánica 7/2015 de 21 de julio de 2015, con vigencia desde 01/10/2015

3. Dar cuenta de forma inmediata al Secretario de Gobierno de cuantos hechos sean relevantes al buen funcionamiento de la Administración de Justicia, así como de las necesidades de medios personales y materiales de las secretarías ubicadas en su territorio.

4. Colaborar con las Comunidades Autónomas con competencias asumidas, para la efectividad de las funciones que éstas ostenten en materia de medios personales y materiales.

5. Coordinar el funcionamiento de cuantos servicios comunes procesales se encuentren ubicados en su territorio, o en su caso, asumir directamente su dirección cuando exista un único servicio común procesal provincial.

6. Proponer al Ministerio de Justicia las comisiones de servicio de Letrados de la Administración de Justicia que, dentro de su territorio, sean precisas para el correcto funcionamiento de las Oficinas Judiciales. [919]

7. Resolver las suplencias y sustituciones de los Letrados de la Administración de Justicia de su ámbito. [920]

8. Resolver los incidentes de abstención de los Letrados de la Administración de Justicia que de él dependan de acuerdo con lo previsto en esta Ley. [921]

9. Conceder, por delegación del Secretario de Gobierno, los permisos y licencias a los Letrados de la Administración de Justicia de su territorio. [922]

10. Las demás que establezcan las leyes y su propio reglamento orgánico. [923]

---

[919] Dada nueva redacción apartado 6 por disposición adicional 1 de Ley Orgánica 7/2015 de 21 de julio de 2015, con vigencia desde 01/10/2015

[920] Dada nueva redacción apartado 7 por art. único apartado 75 de Ley Orgánica 7/2015 de 21 de julio de 2015, con vigencia desde 01/10/2015

[921] Dada nueva redacción apartado 8 por art. único apartado 75 de Ley Orgánica 7/2015 de 21 de julio de 2015, con vigencia desde 01/10/2015

[922] Añadido apartado 9 por art. único apartado 75 de Ley Orgánica 7/2015 de 21 de julio de 2015, con vigencia desde 01/10/2015

[923] Añadido apartado 10 por art. único apartado 75 de Ley Orgánica 7/2015 de 21 de julio de 2015, con vigencia desde 01/10/2015

CAPÍTULO IV
De la responsabilidad disciplinaria [924]

468. [925] 1. Los Letrados de la Administración de Justicia estarán sujetos a responsabilidad disciplinaria, en los supuestos y de acuerdo con los principios que se establecen en este Libro. [926]

2. No podrá imponerse sanción por la comisión de una falta grave o muy grave, sino en virtud de expediente disciplinario instruido al efecto, mediante el procedimiento que se establezca en el reglamento orgánico del Cuerpo de Letrados de la Administración de Justicia que se dicte en desarrollo de esta Ley.

Para la imposición de sanciones por faltas leves, no será preceptiva la previa instrucción del expediente, salvo el trámite de audiencia al interesado.

Además de los autores, serán responsables disciplinariamente los superiores que teniendo conocimiento de los hechos, los consintieren, así como quienes indujeran o encubrieran las faltas muy graves y graves cuando de dichos actos se deriven graves daños para la Administración o los ciudadanos. [927]

3. Las Comunidades Autónomas con competencias asumidas podrán poner en conocimiento de los superiores jerárquicos de los Letrados de la Administración de Justicia con destino en oficinas judiciales radicadas en su territorio, aquellas conductas de los mismos que puedan ir en detrimento del deber de colaboración establecido en esta Ley Orgánica con las Comunidades Autónomas.

La autoridad competente para la incoación y tramitación de los expedientes disciplinarios dará cuenta a aquéllas de las decisiones que se adopten. [928]

---

[924] Añadido por art. único apartado 123 de Ley Orgánica 19/2003 de 23 de diciembre de 2003, con vigencia desde 15/01/2004

[925] Dada nueva redacción por art. único apartado 123 de Ley Orgánica 19/2003 de 23 de diciembre de 2003, con vigencia desde 15/01/2004

[926] Dada nueva redacción apartado 1 por art. único apartado 76 de Ley Orgánica 7/2015 de 21 de julio de 2015, con vigencia desde 01/10/2015

[927] Dada nueva redacción apartado 2 por art. único apartado 76 de Ley Orgánica 7/2015 de 21 de julio de 2015, con vigencia desde 01/10/2015

[928] Dada nueva redacción apartado 3 por art. único apartado 76 de Ley Orgánica 7/2015 de 21 de julio de 2015, con vigencia desde 01/10/2015

4. El procedimiento disciplinario que se establezca en desarrollo de esta Ley Orgánica deberá garantizar al Letrado de la Administración de Justicia expedientado, además de los reconocidos por el artículo 35 de la Ley 30/1992, de 26 de noviembre, de Régimen Jurídico de las Administraciones Públicas y del Procedimiento Administrativo Común, los siguientes derechos: [929]

a) A la presunción de inocencia.

b) A ser notificado del nombramiento de instructor y secretario, así como a recusar a los mismos.

c) A ser notificado de los hechos imputados, de la infracción que constituyan y de las sanciones que, en su caso, puedan imponerse, así como de la resolución sancionadora.

d) A formular alegaciones.

e) A proponer cuantas pruebas sean adecuadas para la determinación de los hechos.

f) A poder actuar en el procedimiento asistido de Letrado o de los representantes sindicales que determine.

5. Cuando de la instrucción de un procedimiento disciplinario resulte la existencia de indicios fundados de la comisión de una infracción penal, se suspenderá su tramitación, poniéndolo en conocimiento del Ministerio Fiscal.

6. La incoación de un procedimiento penal no será obstáculo para la iniciación de un expediente disciplinario por los mismos hechos, pero no se dictará resolución en éste hasta tanto no haya recaído sentencia firme o auto de sobreseimiento en la causa penal.

En todo caso, la declaración de hechos probados contenida en la resolución que pone término al procedimiento penal, vinculará a la resolución que se dicte en el expediente disciplinario, sin perjuicio de la distinta calificación jurídica que pueda merecer una y otra vía.

Sólo podrá recaer sanción penal y disciplinaria sobre los mismos hechos cuando no hubiere identidad de fundamento jurídico y bien jurídico protegido.

---

[929] Dada nueva redacción apartado 4 párrafo 1 por disposición adicional 1 de Ley Orgánica 7/2015 de 21 de julio de 2015, con vigencia desde 01/10/2015

468 bis. [930] Las faltas podrán ser muy graves, graves y leves.

1. Se consideran faltas muy graves:

a) El incumplimiento del deber de fidelidad a la Constitución en el ejercicio de la función pública.

b) Toda actuación que suponga discriminación por razón de nacimiento, origen racial o étnico, género, sexo u orientación sexual, religión o convicciones, opinión, discapacidad, edad o cualquier otra condición o circunstancia personal o social.

c) El abandono del servicio.

d) La adopción de acuerdos o resoluciones manifiestamente ilegales, cuando se cause perjuicio grave al interés público o lesionen derechos fundamentales de los ciudadanos.

e) La revelación o utilización por el Letrado de la Administración de Justicia de hechos o datos conocidos en el ejercicio de su función o con ocasión de ésta, cuando se cause perjuicio a la tramitación de un proceso o a cualquier persona.

f) La utilización indebida de la documentación o información a que tengan o hayan tenido acceso por razón de su cargo o función.

g) La negligencia en la custodia de documentos que dé lugar a su difusión o conocimiento indebido.

h) El retraso, la desatención o el incumplimiento reiterados de las funciones inherentes al puesto de trabajo o funciones encomendadas.

i) La utilización de las facultades que tenga atribuidas para influir en procesos electorales de cualquier naturaleza y ámbito.

j) El incumplimiento grave de las decisiones judiciales cuya ejecución tengan encomendadas.

k) La desobediencia grave o reiterada a las órdenes o instrucciones verbales o escritas de un superior emitidas por éste en el ejercicio de sus competencias, referidas a funciones o tareas propias del puesto de trabajo del interesado, salvo que sean manifiestamente ilegales.

l) La utilización de la condición de Letrado de la Administración de Justicia para la obtención de un beneficio indebido para sí o para un tercero.

m) La realización de actividades declaradas incompatibles por ley.

n) La inobservancia del deber de abstención, a sabiendas de que concurre alguna de las causas legalmente previstas.

---

[930] Añadido por art. único apartado 77 de Ley Orgánica 7/2015 de 21 de julio de 2015, con vigencia desde 01/10/2015

o) Los actos que impidan el ejercicio de los derechos fundamentales, de las libertades públicas y de los derechos sindicales.

p) El incumplimiento del deber de atender los servicios esenciales en caso de huelga.

q) El acoso sexual.

r) La agresión grave a cualquier persona con la que se relacionen en el ejercicio de sus funciones.

s) La arbitrariedad en el uso de autoridad que cause perjuicio grave a los subordinados o al servicio.

t) Las acciones y omisiones que hayan dado lugar en sentencia firme a una declaración de responsabilidad civil contraída en el ejercicio de la función por dolo o culpa grave.

u) La comisión de una falta grave cuando hubiere sido anteriormente sancionado por otras dos graves que hayan adquirido firmeza, sin que hubieren sido canceladas o procedido la cancelación de las anotaciones correspondientes.

2. Se consideran faltas graves:

a) La desobediencia expresa a las órdenes o instrucciones de un superior, emitidas por éste en el ejercicio de sus competencias, referidas a funciones o tareas propias del puesto de trabajo del interesado, salvo que sean manifiestamente ilegales.

b) El incumplimiento de las decisiones judiciales cuya ejecución les ha sido encomendada, cuando no constituya falta muy grave.

c) La arbitrariedad en el uso de autoridad en el ejercicio de sus funciones cuando no constituya falta muy grave.

d) La negligencia en la custodia de documentos, así como la utilización indebida de los mismos o de la información que conozcan por razón del cargo, cuando tales conductas no constituyan falta muy grave.

e) La tercera falta injustificada de asistencia en un período de tres meses.

f) La negligencia, la desatención o retraso injustificado en el cumplimiento de las funciones inherentes al puesto de trabajo o funciones encomendadas cuando no constituya falta muy grave.

g) El ejercicio de cualquier actividad susceptible de compatibilidad, conforme a lo dispuesto en la Ley 53/1984, de 26 de diciembre, sobre incompatibilidades del personal al servicio de las Administraciones públicas, sin obtener la pertinente autorización o habiéndola obtenido con falta de veracidad en los presupuestos alegados.

h) La falta de consideración grave con los superiores, iguales o subordinados, así como con los profesionales o ciudadanos.

i) Causar daño grave en los documentos o material de trabajo, así como en los locales destinados a la prestación del servicio.

j) La utilización inadecuada de los medios informáticos y materiales empleados en el ejercicio de sus funciones y el incumplimiento de las instrucciones facilitadas para su utilización, así como la indebida utilización de las claves de acceso a los sistemas informáticos.

k) Las acciones u omisiones dirigidas a eludir los sistemas de control de horarios o a impedir que sean detectados los incumplimientos injustificados de la jornada de trabajo.

l) Dejar de promover la exigencia de la responsabilidad disciplinaria que proceda al personal que integre su oficina, cuando conocieran o debieran conocer el incumplimiento grave por los mismos de los deberes que les correspondan.

m) Obstaculizar las labores de inspección.

n) Promover su abstención de forma claramente injustificada.

o) El reiterado incumplimiento del horario de trabajo sin causa justificada.

p) La comisión de una falta de carácter leve, habiendo sido sancionado anteriormente por resolución firme por otras dos leves, sin que hubieran sido canceladas o procedido la cancelación de las correspondientes anotaciones.

3. Se consideran faltas leves:

a) La falta de consideración con los superiores, iguales o subordinados, así como con los profesionales o ciudadanos, cuando no constituya una infracción más grave.

b) El incumplimiento de los deberes propios de su cargo o puesto de trabajo o la negligencia en su desempeño, siempre que tales conductas no constituyan infracción más grave.

c) La desatención o retraso injustificado en el cumplimiento de sus funciones, cuando no constituya falta más grave.

d) La ausencia injustificada por un día.

e) El incumplimiento del horario de trabajo sin causa justificada cuando no constituya falta grave.

468 ter. [931] 1 En la imposición de sanciones por los órganos competentes deberá observarse la debida adecuación o proporcionalidad entre la gravedad del hecho constitutivo de la infracción y la sanción aplicada, considerándose especialmente los siguientes criterios para la graduación de la sanción a aplicar:

a) Intencionalidad.

b) Perjuicio causado a la Administración o a los ciudadanos.

c) Grado de participación en la comisión de la falta.

d) Reiteración o reincidencia.

468 quater. [932] 1. Las sanciones que se pueden imponer a los Letrados de la Administración de Justicia por las faltas cometidas en el ejercicio de su cargo son:

a) Apercibimiento.

b) Multa de hasta 3.000 euros.

c) Suspensión de empleo y sueldo.

d) Traslado forzoso fuera del municipio de destino.

e) Separación del servicio.

f) Cese en el puesto de trabajo.

2. Las sanciones previstas en las letras c) y d) del apartado anterior podrán imponerse por la comisión de faltas graves y muy graves, graduándose su duración en función de las circunstancias que concurran en el hecho objeto de sanción.

La sanción de separación de servicio sólo podrá imponerse por faltas muy graves.

La suspensión de funciones impuesta por la comisión de una falta muy grave no podrá ser superior a tres años ni inferior a un año. Si se impone por falta grave, no excederá de un año.

Los Letrados de la Administración de Justicia a los que se sancione con traslado forzoso no podrán obtener nuevo destino en el municipio de origen durante tres años, cuando hubiese sido impuesta por falta muy grave, y durante uno, cuando hubiera correspondido a la comisión de una falta grave.

---

[931] Añadido por art. único apartado 78 de Ley Orgánica 7/2015 de 21 de julio de 2015, con vigencia desde 01/10/2015

[932] Añadido por art. único apartado 79 de Ley Orgánica 7/2015 de 21 de julio de 2015, con vigencia desde 01/10/2015

La sanción de cese en el puesto de trabajo sólo será aplicable a los Letrados de la Administración de Justicia suplentes por comisión de faltas graves o muy graves.

La sanción de multa solo podrá imponerse por la comisión de faltas graves.

La sanción de apercibimiento sólo podrá imponerse por la comisión de faltas leves.

469. [933] 1. Son competentes para la incoación de expedientes disciplinarios a los funcionarios del Cuerpo de Letrados de la Administración de Justicia, el Ministerio de Justicia, el Secretario de Gobierno y los Secretarios Coordinadores Provinciales. La tramitación de los mismos corresponde al Ministerio de Justicia. [934]

2. Para la imposición de las sanciones serán competentes:

a) El Secretario General de la Administración de Justicia, el Secretario de Gobierno y el Secretario Coordinador Provincial, para la sanción de apercibimiento respecto de quienes dependiesen de ellos.

b) El Secretario General de la Administración de Justicia, para la sanción de multa.

c) El Ministro de Justicia, para la sanción de suspensión, traslado forzoso, separación del servicio y cese en el puesto de trabajo. [935]

469 bis. [936] 1. Las faltas muy graves prescribirán a los dos años, las graves al año y las leves a los seis meses.

2. El plazo de prescripción comenzará a contarse desde que la falta se haya cometido.

En los casos en los que un mismo hecho dé lugar a la apertura de causa penal y a procedimiento disciplinario, los plazos de prescripción de la falta disciplinaria no comenzarán a computarse sino desde la conclusión de la causa penal.

---

[933] Dada nueva redacción por art. único de Ley Orgánica 19/2003 de 23 de diciembre de 2003, con vigencia desde 15/01/2004

[934] Dada nueva redacción apartado 1 por disposición adicional 1 de Ley Orgánica 7/2015 de 21 de julio de 2015, con vigencia desde 01/10/2015

[935] Renumerado apartado 3 por art. único apartado 80 de Ley Orgánica 7/2015 de 21 de julio de 2015 como apartado 2, dando nueva redacción, con vigencia desde 01/10/2015

[936] Añadido por art. único apartado 81 de Ley Orgánica 7/2015 de 21 de julio de 2015, con vigencia desde 01/10/2015

3. El plazo de prescripción se interrumpirá en el momento de notificación del acuerdo de iniciación del expediente disciplinario, volviendo a computarse el plazo si el procedimiento permaneciera paralizado durante más de dos meses por causas no imputables al expedientado.

4. Las sanciones impuestas por faltas muy graves prescribirán a los dos años; las impuestas por faltas graves al año, y las impuestas por faltas leves a los seis meses. El plazo de prescripción comenzará a computarse desde el día siguiente a aquel en que adquiera firmeza la resolución en que se imponga la sanción.

LIBRO VI
DE LOS CUERPOS DE FUNCIONARIOS AL SERVICIO DE LA ADMINISTRACIÓN DE JUSTICIA Y DE OTRO PERSONAL [937]

TÍTULO PRIMERO
Disposiciones comunes

CAPÍTULO PRIMERO
Del personal de los Cuerpos de Médicos Forenses, de Facultativos del Instituto Nacional de Toxicología y Ciencias Forenses, de Gestión Procesal y Administrativa, de Técnicos Especialistas del Instituto Nacional de Toxicología y Ciencias Forenses, de Tramitación Procesal y Administrativa y de Auxilio Procesal, de Ayudantes de Laboratorio y de otro personal al servicio de la Administración de Justicia [938]

470. [939] 1. Este Libro tiene por objeto la determinación del estatuto jurídico, de conformidad con lo previsto en el artículo 122

---

[937] Dada nueva redacción por art. único de Ley Orgánica 19/2003 de 23 de diciembre de 2003, con vigencia desde 15/01/2004

[938] Añadido por art. único de Ley Orgánica 19/2003 de 23 de diciembre de 2003, con vigencia desde 15/01/2004

[939] Dada nueva redacción por art. único de Ley Orgánica 19/2003 de 23 de diciembre de 2003, con vigencia desde 15/01/2004

de la Constitución Española, de los funcionarios que integran los Cuerpos de Médicos Forenses, de Facultativos del Instituto Nacional de Toxicología y Ciencias Forenses, de Gestión Procesal y Administrativa, de Técnicos Especialistas del Instituto Nacional de Toxicología y Ciencias Forenses, de Tramitación Procesal y Administrativa, de Auxilio Judicial y de Ayudantes de Laboratorio del Instituto Nacional de Toxicología y Ciencias Forenses. [940]

2. Los citados Cuerpos de funcionarios al servicio de la Administración de Justicia, tendrán el carácter de Cuerpos Nacionales.

471. [941] 1. Las competencias respecto de todo el personal al servicio de la Administración de Justicia al que se refiere el artículo anterior, corresponden en los términos establecidos en esta Ley, al Ministerio de Justicia o, en su caso, a las Comunidades Autónomas con competencias asumidas, en todas las materias relativas a su estatuto y régimen jurídico, comprendidas la selección, formación inicial y continuada, provisión de destinos, ascensos, situaciones administrativas, jornada laboral, horario de trabajo y régimen disciplinario.

2. En los mismos términos, el Gobierno o, en su caso, las Comunidades Autónomas con competencias en la materia, aprobarán los reglamentos que exija el desarrollo de este Libro.

472. [942] 1. Los funcionarios de carrera de los cuerpos mencionados, están vinculados a la Administración de Justicia en virtud de nombramiento legal, por una relación estatutaria de carácter permanente, para el desempeño de servicios retribuidos.

2. Por razones de urgencia o necesidad, podrán nombrarse funcionarios interinos, que desarrollarán las funciones propias de dichos cuerpos, en tanto no sea posible su desempeño por funcionarios de carrera o permanezcan las razones que motivaron su nombramiento.

---

[940] Dada nueva redacción apartado 1 por art. único apartado 82 de Ley Orgánica 7/2015 de 21 de julio de 2015, con vigencia desde 01/10/2015

[941] Dada nueva redacción por art. único de Ley Orgánica 19/2003 de 23 de diciembre de 2003, con vigencia desde 15/01/2004

[942] Dada nueva redacción por art. único de Ley Orgánica 19/2003 de 23 de diciembre de 2003, con vigencia desde 15/01/2004

473. [943] 1. Podrán prestar servicios en la Administración de Justicia funcionarios de otras Administraciones que, con carácter ocasional o permanente, sean necesarios para auxiliarla en el desarrollo de actividades concretas que no sean las propias de los cuerpos de funcionarios a que se refiere este Libro y que requieran conocimientos técnicos o especializados.

2. Asimismo, cuando no existan cuerpos o escalas de funcionarios cuyos miembros tengan la preparación técnica necesaria para el desempeño de determinadas actividades específicas o para la realización de actividades propias de oficios, así como de carácter instrumental, correspondientes a áreas de mantenimiento y conservación de edificios, equipos o instalaciones u otras análogas, podrá prestar servicios retribuidos en la Administración de Justicia personal contratado en régimen laboral.

474. [944] 1. El personal funcionario de carrera de los Cuerpos al servicio de la Administración de Justicia se regirá por las normas contenidas en esta Ley Orgánica, en las disposiciones que se dicten en su desarrollo y, con carácter supletorio, en lo no regulado expresamente en las mismas, por la normativa del Estado sobre Función Pública.

2. A los funcionarios interinos les será aplicable el régimen de los funcionarios de carrera en lo que sea adecuado a la naturaleza de su condición y no les será de aplicación el régimen de clases pasivas.

3. Al personal funcionario de otras Administraciones que preste servicios en la Administración de Justicia, para la realización de funciones concretas y especializadas, les será de aplicación lo dispuesto para estas situaciones en la normativa de la Administración pública de la que procedan.

4. El personal laboral se regirá por las disposiciones legales y reglamentarias, por el convenio colectivo que les sea de aplicación y por las estipulaciones de su contrato de trabajo.

---

[943] Dada nueva redacción por art. único de Ley Orgánica 19/2003 de 23 de diciembre de 2003, con vigencia desde 15/01/2004

[944] Dada nueva redacción por art. único de Ley Orgánica 19/2003 de 23 de diciembre de 2003, con vigencia desde 15/01/2004

475. [945] Los cuerpos de funcionarios a que se refiere el artículo anterior se clasificarán en:

a) Cuerpos Generales, cuando su cometido consista esencialmente en tareas de contenido procesal, sin perjuicio de la realización de funciones administrativas vinculadas a las anteriores.

Son Cuerpos Generales:

El Cuerpo de Gestión Procesal y Administrativa.

La titulación exigida para el acceso a este Cuerpo es la de Diplomado Universitario, Ingeniero Técnico, Arquitecto Técnico o equivalente.

El Cuerpo de Tramitación Procesal y Administrativa. Para el acceso a este Cuerpo se exigirá estar en posesión del Título de Bachiller o equivalente.

El Cuerpo de Auxilio Judicial. Para cuyo ingreso se exigirá estar en posesión del Título de graduado en E.S.O. o equivalente.

b) Cuerpos Especiales, cuando su cometido suponga esencialmente el desempeño de funciones objeto de una profesión o titulación específica.

Son Cuerpos Especiales:

El Cuerpo de Médicos Forenses. Para el acceso al Cuerpo de Médicos Forenses se exige estar en posesión de los títulos oficiales de Licenciado o Graduado en Medicina y de especialista en Medicina Forense. [946]

El Cuerpo de Facultativos del Instituto Nacional de Toxicología y Ciencias Forenses. Para el ingreso en este cuerpo se deberá ser Licenciado en una carrera universitaria en Ciencias Experimentales y de la Salud, que se determinará en las correspondientes convocatorias, según la especialidad por la que se acceda al cuerpo.

El Cuerpo de Técnicos Especialistas del Instituto Nacional de Toxicología y Ciencias Forenses. Para el acceso a este Cuerpo se exigirá estar en posesión del Título de Técnico Superior en Formación Profesional o equivalente de las familias profesionales que se determinen en las bases de las convocatorias de los procesos selectivos, de conformidad con el contenido de los puestos de trabajo que se oferten.

El Cuerpo de Ayudantes de Laboratorio del Instituto Nacional de Toxicología y Ciencias Forenses. Para el acceso a este cuerpo se exigirá

---

[945] Dada nueva redacción por art. único de Ley Orgánica 19/2003 de 23 de diciembre de 2003, con vigencia desde 15/01/2004

[946] Dada nueva redacción letra b párrafo 3 por art. único apartado 83 de Ley Orgánica 7/2015 de 21 de julio de 2015, con vigencia desde 01/10/2015

estar en posesión del Título de Técnico en Formación Profesional o equivalente de las familias profesionales que se determinen en las bases de las convocatorias de los procesos selectivos, de conformidad con el contenido de los puestos de trabajo que se oferten.

476. [947] 1. Corresponde al Cuerpo de Gestión Procesal y Administrativa colaborar en la actividad procesal de nivel superior, así como la realización de tareas procesales propias.

Con carácter general y bajo el principio de jerarquía, y sin perjuicio de las funciones concretas del puesto de trabajo que desempeñen, le corresponde:

a) Gestionar la tramitación de los procedimientos, de la que dará cuenta al Letrado de la Administración de Justicia, en particular cuando determinados aspectos exijan una interpretación de ley o de normas procesales, sin perjuicio de informar al titular del órgano judicial cuando fuera requerido para ello.

b) Practicar y firmar las comparecencias que efectúen las partes en relación con los procedimientos que se sigan en el órgano judicial, respecto a las cuales tendrá capacidad de certificación.

c) Documentar los embargos, lanzamientos y demás actos cuya naturaleza lo requiera, con el carácter y representación que le atribuyan las leyes, salvo que el Letrado de la Administración de Justicia considere necesaria su intervención, ostentando en dichos actos la consideración de agente de la autoridad.

d) Extender las notas que tengan por objeto unir al procedimiento datos o elementos que no constituyan prueba en el mismo, a fin de garantizar su debida constancia y posterior tramitación, dando cuenta de ello, a tal efecto, a la autoridad superior, así como elaborar notas, que podrán ser de referencia, de resumen de los autos y de examen del trámite a que se refieran.

e) Realizar las tareas de registro, recepción y distribución de escritos y documentos, relativos a asuntos que se estuvieran tramitando en Juzgados y Tribunales.

f) Expedir, con conocimiento del Letrado de la Administración de Justicia, y a costa del interesado, copias simples de escritos y documentos que consten en autos no declarados secretos ni reservados.

---

[947] Dada nueva redacción por art. único apartado 84 de Ley Orgánica 7/2015 de 21 de julio de 2015, con vigencia desde 01/10/2015

g) Ocupar, de acuerdo con lo establecido en las relaciones de puestos de trabajo, las jefaturas en que se estructuran los servicios comunes procesales, en las que, sin perjuicio de realizar las funciones asignadas al puesto concreto, gestionarán la distribución de las tareas del personal, respondiendo del desarrollo de las mismas. [948]

h) Colaborar con los órganos competentes en materia de gestión administrativa, y desempeñar funciones relativas a la gestión del personal y medios materiales, de la unidad de la Oficina judicial u Oficina de Justicia en el municipio en que se presten los servicios, siempre que dichas funciones estén contempladas expresamente en la descripción que la relación de puestos de trabajo efectúe del puesto de trabajo. [949]

i) Desempeñar la Secretaría de las Oficinas de Justicia en los municipios, así como los restantes puestos de trabajo adscritos al Cuerpo de Gestión Procesal y Administrativa, todo ello de conformidad con lo que se determine en las correspondientes relaciones de puestos de trabajo, así como desempeñar puestos de las unidades administrativas, cuando las relaciones de puestos de trabajo de las citadas unidades así lo establezcan, siempre que se reúnan los requisitos de conocimiento y preparación exigidos para su desempeño. [950]

j) Realizar cuantas funciones puedan asumir en orden a la protección y apoyo a las víctimas, así como de apoyo a actuaciones de justicia restaurativa y de solución extraprocesal.

k) Realizar todas aquellas funciones que legal o reglamentariamente se establezcan y cualesquiera otras funciones de naturaleza análoga a las anteriores que, inherentes al puesto de trabajo que se desempeñe, sean encomendadas por los superiores jerárquicos, orgánicos o funcionales, en el ejercicio de sus competencias.

2. Los funcionarios del Cuerpo de Gestión Procesal y Administrativa podrán ser nombrados Letrados de la Administración de Justicia sustitutos, siempre que se reúnan los requisitos de titulación y demás

---

[948] Dada nueva redacción apartado 1 letra g por art. 1 apartado 93 de Ley Orgánica 1/2025 de 2 de enero de 2025, con vigencia desde 23/01/2025

[949] Dada nueva redacción apartado 1 letra h por art. 1 apartado 93 de Ley Orgánica 1/2025 de 2 de enero de 2025, con vigencia desde 23/01/2025

[950] Dada nueva redacción apartado 1 letra i por art. 1 apartado 93 de Ley Orgánica 1/2025 de 2 de enero de 2025, con vigencia desde 23/01/2025

exigidos, y conforme al procedimiento y con la retribución que reglamentariamente se establezca [951].

477. [952] Corresponde con carácter general al Cuerpo de Tramitación Procesal y Administrativa la realización de cuantas actividades tengan carácter de apoyo a la gestión procesal, según el nivel de especialización del puesto desempeñado, bajo el principio de jerarquía y de conformidad con lo establecido en las relaciones de puestos de trabajo.

Sin perjuicio de las funciones concretas del puesto de trabajo que desempeñen, le corresponde:

a) La tramitación general de los procedimientos, mediante el empleo de los medios mecánicos u ofimáticos que corresponda, para lo cual confeccionará cuantos documentos, actas, diligencias, notificaciones y otros le sean encomendados, así como copias de documentos y unión de los mismos a los expedientes.

b) El registro y la clasificación de la correspondencia.

c) La formación de autos y expedientes, bajo la supervisión del superior jerárquico.

d) La confección de las cédulas pertinentes para la práctica de los actos de comunicación que hubieran de realizarse.

e) El desempeño de aquellas jefaturas que en las relaciones de puestos de trabajo de la Oficina Judicial estén asignadas a este Cuerpo, en la forma y condiciones que en las mismas se establezcan.

f) La posibilidad de ocupar puestos de las unidades administrativas, siempre que se reúnan los requisitos y conocimientos necesarios exigidos para su desempeño en las relaciones de puestos de trabajo de las mismas.

g) Cuantas funciones puedan asumir en orden a la protección y apoyo a las víctimas, así como de apoyo a actuaciones de justicia restaurativa y de solución extraprocesal. [953]

---

[951] Véase Orden JUS/9/2004, de 14 de enero, por la que se aprueban las instrucciones relativas al régimen de sustituciones de los Secretarios Judiciales

[952] Dada nueva redacción por art. único de Ley Orgánica 19/2003 de 23 de diciembre de 2003, con vigencia desde 15/01/2004

[953] Dada nueva redacción letra g por art. único apartado 85 de Ley Orgánica 7/2015 de 21 de julio de 2015, con vigencia desde 01/10/2015

h) La realización de todas aquellas funciones que legal o reglamentariamente se establezcan y de cualesquiera otras funciones de naturaleza análoga a las anteriores que, inherentes al puesto de trabajo que se desempeñe, sean encomendadas por los superiores jerárquicos, orgánicos o funcionales, en el ejercicio de sus competencias. Entre estas funciones se encuentra el apoyo a la gestión administrativa, y de gestión del personal y medios materiales, de la unidad de la Oficina judicial u Oficina de Justicia en el municipio en que se presten los servicios, siempre que dichas funciones estén contempladas expresamente en la descripción que la relación de puestos de trabajo efectúe del puesto de trabajo. [954]

478. [955] Corresponde al Cuerpo de Auxilio Judicial con carácter general, bajo el principio de jerarquía y de acuerdo con lo establecido en las relaciones de puestos de trabajo, la realización de cuantas tareas tengan carácter de auxilio a la actividad de los órganos judiciales. Asimismo, y entre otras funciones, le corresponderá:

a) La práctica de los actos de comunicación que consistan en notificaciones, citaciones, emplazamientos y requerimientos, en la forma prevista en las leyes procesales, a cuyo efecto ostentará capacidad de certificación y dispondrá de las credenciales necesarias [956].

b) Como agente de la autoridad, proceder a la ejecución de embargos, lanzamientos y demás actos cuya naturaleza lo requiera, con el carácter y representación que le atribuyan las leyes.

c) Actuar como Policía Judicial con el carácter de agente de la autoridad, sin perjuicio de las funciones que, en la averiguación de los delitos y en el descubrimiento y aseguramiento de los delincuentes, competen a los miembros de las Fuerzas y Cuerpos de Seguridad.

d) Realizar funciones de archivo de autos y expedientes judiciales, bajo la supervisión del Letrado de la Administración de Justicia. [957]

---

[954] Dada nueva redacción letra h por art. 1 apartado 94 de Ley Orgánica 1/2025 de 2 de enero de 2025, con vigencia desde 23/01/2025

[955] Dada nueva redacción por art. único de Ley Orgánica 19/2003 de 23 de diciembre de 2003, con vigencia desde 15/01/2004

[956] Véanse arts. 149 a 168 LEC

[957] Dada nueva redacción letra d por disposición adicional 1 de Ley Orgánica 7/2015 de 21 de julio de 2015, con vigencia desde 01/10/2015

e) Velar por las condiciones de utilización de las salas de vistas y mantener el orden en las mismas.

f) Comprobar que los medios técnicos necesarios para el proceso judicial se encuentren en condiciones de utilización, requiriendo, en su caso, la presencia de los servicios técnicos que correspondan, para permitir el adecuado funcionamiento de dichos dispositivos, poniendo en conocimiento del Letrado de la Administración de Justicia las anomalías detectadas que pudieran impedir la celebración de actos procesales. [958]

g) El desempeño de aquellas jefaturas que en las relaciones de puestos de trabajo de la Oficina Judicial estén asignadas a este cuerpo, en la forma y condiciones que en las mismas se establezcan.

h) La posibilidad de ocupar puestos de las unidades administrativas, siempre que se reúnan los requisitos y conocimientos exigidos para su desempeño en las relaciones de puestos de trabajo en las mismas.

i) La realización de todas aquellas funciones que legal o reglamentariamente se establezcan y de cualesquiera otras funciones de naturaleza análoga a todas las anteriores que, inherentes al puesto de trabajo que se desempeñe, sean encomendadas por los superiores jerárquicos, orgánicos o funcionales, en el ejercicio de sus competencias. Entre estas funciones se encuentra el auxilio a la gestión administrativa, y de gestión del personal y medios materiales, de la unidad de la Oficina judicial u Oficina de Justicia en el municipio en que se presten los servicios, siempre que dichas funciones estén contempladas expresamente en la descripción que la relación de puestos de trabajo efectúe del puesto de trabajo. [959]

479. [960] 1. Los Institutos de Medicina Legal y Ciencias Forenses son órganos técnicos adscritos al Ministerio de Justicia, o en su caso a aquellas Comunidades Autónomas con competencia en la materia,

---

[958] Dada nueva redacción letra f por disposición adicional 1 de Ley Orgánica 7/2015 de 21 de julio de 2015, con vigencia desde 01/10/2015

[959] Dada nueva redacción letra i por art. 1 apartado 95 de Ley Orgánica 1/2025 de 2 de enero de 2025, con vigencia desde 23/01/2025

[960] Dada nueva redacción por art. único apartado 86 de Ley Orgánica 7/2015 de 21 de julio de 2015, con vigencia desde 01/10/2015

cuya misión principal es auxiliar a la Administración de Justicia en el ámbito de su disciplina científica y técnica.

2. Existirá un Instituto de Medicina Legal y Ciencias Forenses en cada ciudad donde tenga su sede oficial un Tribunal Superior de Justicia.

No obstante, el Gobierno, a propuesta del Ministerio de Justicia, previa petición, en su caso, de una Comunidad Autónoma con competencia en la materia, podrá autorizar que dicha sede sea la de la capitalidad administrativa de la Comunidad Autónoma de que se trate, cuando sea distinta de la del Tribunal Superior de Justicia.

Asimismo, el Gobierno podrá autorizar, previa petición, en su caso, de una Comunidad Autónoma con competencia en la materia, el establecimiento de Institutos de Medicina Legal y Ciencias Forenses en las restantes ciudades del ámbito territorial del Tribunal Superior de Justicia de que se trate, con el ámbito de actuación que se determine.

Con sede en Madrid existirá un Instituto de Medicina Legal y Ciencias Forenses que prestará servicio a los diversos órganos de jurisdicción estatal.

3. Mediante real decreto, a propuesta del Ministro de Justicia y previo informe del Consejo General del Poder Judicial y de las Comunidades Autónomas que han recibido los traspasos de medios para el funcionamiento de la Administración de Justicia, se determinarán las normas generales de organización y funcionamiento de los Institutos de Medicina Legal y Ciencias Forenses y de actuación de los médicos forenses y del resto del personal funcionario o laboral adscrito a los mismos, pudiendo el Ministerio de Justicia o el órgano competente de la Comunidad Autónoma dictar, en el ámbito de sus respectivas competencias, las disposiciones pertinentes para su desarrollo y aplicación. En todo caso los Institutos de Medicina Legal y Ciencias Forenses contarán con unidades de valoración forense integral, de las que podrán formar parte los psicólogos y trabajadores sociales que se determinen para garantizar, entre otras funciones, la asistencia especializada a las víctimas de violencia de género y el diseño de protocolos de actuación global e integral en casos de violencia de género. Asimismo dentro de los Institutos podrán integrarse el resto de equipos psicosociales que prestan servicios a la Administración de Justicia, incluyendo los equipos técnicos de menores, cuyo personal tendrá formación especializada en familia, menores, personas con discapacidad y violencia de

género y doméstica. Su formación será orientada desde la perspectiva de la igualdad entre hombres y mujeres [961] .

4. Los médicos forenses son funcionarios de carrera que constituyen un Cuerpo Nacional de Titulados Superiores al servicio de la Administración de Justicia [962] .

5. Son funciones de los médicos forenses:

a) La asistencia técnica a Juzgados, Tribunales y Fiscalías en las materias de su disciplina profesional, emitiendo informes y dictámenes en el marco del proceso judicial o en las actuaciones de investigación criminal que aquellos soliciten.

b) La asistencia o vigilancia facultativa de los detenidos, lesionados o enfermos, que se hallaren bajo la jurisdicción de Juzgados, Tribunales y Fiscalías, en los supuestos y en la forma que determinen las leyes.

c) La emisión de informes y dictámenes a solicitud del Registro Civil, en los supuestos y condiciones que determine su legislación específica.

d) La emisión de informes y dictámenes, a solicitud de particulares en las condiciones que se determinen reglamentariamente.

e) La realización de funciones de docencia, periciales o de investigación, por motivos de interés general, de acuerdo con las instrucciones que establezca el Ministerio de Justicia o la Comunidad Autónoma con competencias en materia de Justicia, en el marco de posibles acuerdos o convenios.

f) La realización de funciones de investigación y colaboración que deriven de su propia función, en los términos contemplados reglamentariamente.

6. En el curso de las actuaciones procesales o de investigación de cualquier naturaleza incoadas por el Ministerio Fiscal, el personal destinado en los Institutos de Medicina Legal y Ciencias Forenses estará a las órdenes de los Jueces y Fiscales, ejerciendo sus funciones con plena independencia y bajo criterios estrictamente científicos.

7. Los médicos forenses estarán destinados en un Instituto de Medicina Legal y Ciencias Forenses o en el Instituto Nacional de Toxicología y Ciencias Forenses. Asimismo, en los Institutos de Medicina Legal

---

[961] Véase RD 386/1996, de 1 de marzo, por el que se aprueba el Rgto. de los Institutos de Medicina Legal

[962] Véase RD 296/1996, de 23 de febrero, que aprueba el Rgto. Orgánico de Médicos Forenses

y Ciencias Forenses estará destinado el personal funcionario que se determine en las relaciones de puestos de trabajo. También podrán prestar servicios en los citados Institutos los psicólogos, trabajadores sociales y resto de personal laboral que se determine.

480. [963] 1. El Instituto Nacional de Toxicología y Ciencias Forenses es un órgano técnico adscrito al Ministerio de Justicia, cuya misión principal es auxiliar a la Administración de Justicia y contribuir a la unidad de criterio científico, a la calidad de la pericia analítica y al desarrollo de las ciencias forenses. Además, desarrollará las siguientes funciones:

a) Emitir los informes y dictámenes que soliciten las autoridades judiciales y el Ministerio Fiscal.

b) Practicar los análisis e investigaciones toxicológicas que sean ordenados por las autoridades judiciales, las gubernativas, el Ministerio Fiscal y los médicos forenses en el curso de las actuaciones judiciales o en las diligencias previas de investigación efectuadas por el Ministerio Fiscal.

c) Realizar igualmente los análisis e investigaciones interesados por organismos o empresas públicas en cuestiones que afecten al interés general, en los supuestos que se prevean según instrucciones del Ministerio de Justicia o en los términos de los acuerdos o convenios realizados al efecto.

d) Realizar los informes, análisis e investigaciones solicitados por particulares en el curso de procesos judiciales, o incluso al margen de éstos en las condiciones que se determinen.

e) Difundir los conocimientos en materia toxicológica, contribuir a la prevención de las intoxicaciones y atender cuantas consultas se le formulen sobre las mismas.

f) Actuar como centro de referencia en materias propias de su actividad en relación con los Institutos de Medicina Legal, así como con otros organismos nacionales y extranjeros.

g) Efectuar estudios de toxicología y ciencias forenses, en las condiciones que se determinen reglamentariamente.

h) Podrán colaborar con las universidades y las instituciones sanitarias y con organismos nacionales e internacionales en todas aquellas

---

[963] Dada nueva redacción por art. único apartado 87 de Ley Orgánica 7/2015 de 21 de julio de 2015, con vigencia desde 01/10/2015

materias que contribuyan al desarrollo de la toxicología y las ciencias forenses, de acuerdo con las instrucciones del Ministerio de Justicia o los acuerdos o convenios realizados al efecto.

2. La organización y supervisión del Instituto Nacional de Toxicología y Ciencias Forenses corresponde al Ministerio de Justicia. Tiene su sede en Madrid y su ámbito de actuación se extiende a todo el territorio nacional.

Su estructura orgánica se determinará mediante real decreto [964].

En el mismo prestarán servicios funcionarios de los Cuerpos Especiales a que se refieren los apartados siguientes de este artículo. Además, podrán prestar servicios funcionarios de los restantes Cuerpos al servicio de la Administración de Justicia, así como de otras Administraciones, en las condiciones y con los requisitos que se establezcan en las correspondientes relaciones de puestos de trabajo, así como, en su caso, profesionales o expertos que sean necesarios para el desempeño de sus funciones u otro personal para la realización de actividades propias de oficios o de carácter instrumental, contratados en régimen laboral.

3. Los Facultativos del Instituto Nacional de Toxicología y Ciencias Forenses son funcionarios de carrera que constituyen un Cuerpo Nacional de Titulados Superiores al servicio de la Administración de Justicia. Atendiendo a la actividad técnica y científica del Instituto, dentro del citado Cuerpo podrán establecerse especialidades.

Son funciones del Cuerpo de Facultativos del Instituto Nacional de Toxicología y Ciencias Forenses la asistencia técnica en las materias de sus disciplinas profesionales a autoridades judiciales, gubernativas, al Ministerio Fiscal y a los médicos forenses, en el curso de las actuaciones judiciales o en las diligencias previas de investigación. A tal efecto llevarán a cabo los análisis e investigación que les sean solicitados, emitirán los dictámenes e informes pertinentes y evacuarán las consultas que les sean planteadas por las autoridades citadas, así como por los particulares en el curso de procesos judiciales y por organismos o empresas públicas que afecten al interés general, y contribuirán a la prevención de intoxicaciones.

Prestarán sus servicios en el Instituto Nacional de Toxicología y Ciencias Forenses, así como en los Institutos de Medicina Legal y

---

[964] Véase RD 862/1998, de 8 de mayo, por el que se aprueba el Rgto. del Instituto de Toxicología

Ciencias Forenses y en las unidades administrativas que se establezcan, en los supuestos y condiciones que se determinen en las correspondientes relaciones de puestos de trabajo. [965]

4. Los Técnicos Especialistas del Instituto Nacional de Toxicología y Ciencias Forenses son funcionarios de carrera que constituyen un cuerpo nacional de auxilio especializado al servicio de la Administración de Justicia y realizarán funciones de auxilio técnico especializado en las actividades científicas y de investigación propias del citado Instituto, así como de los Institutos de Medicina Legal y Ciencias Forenses.

Prestarán servicio, en los supuestos y condiciones que se establezcan en las relaciones de puestos de trabajo de los citados organismos. [966]

5. Los Ayudantes de Laboratorio del Instituto Nacional de Toxicología y Ciencias Forenses son funcionarios de carrera que constituyen un Cuerpo Nacional al servicio de la Administración de Justicia, para la realización de funciones de apoyo propias de su formación, en las actividades científicas y de investigación de este Instituto, así como de los Institutos de Medicina Legal y Ciencias Forenses, en la forma y con los requisitos y condiciones que se establezcan en las relaciones de puestos de trabajo de los citados organismos.

6. Los funcionarios de los Cuerpos Especiales del Instituto Nacional de Toxicología y Ciencias Forenses dependerán jerárquicamente del Director de este Instituto o, en su caso, del Director del Instituto de Medicina Legal y Ciencias Forenses en que presten servicios.

---

[965] Dada nueva redacción apartado 3 por disposición final 4 apartado 5 de Ley Orgánica 8/2021 de 4 de junio de 2021, con vigencia desde 25/06/2021

[966] Dada nueva redacción apartado 4 por disposición final 4 apartado 5 de Ley Orgánica 8/2021 de 4 de junio de 2021, con vigencia desde 25/06/2021

CAPÍTULO II
Registro de personal [967]

481. [968] 1. En el Ministerio de Justicia existirá un Registro Central de personal funcionario al servicio de la Administración de Justicia, en el que se inscribirá a todo el personal funcionario de los Cuerpos al servicio de la Administración de Justicia y en el que se anotarán preceptivamente todos los actos que afecten a la vida administrativa de los mismos.

Este Registro Central incluirá la información relativa a los puestos de trabajo correspondientes a la Administración de Justicia, su situación, ocupación y evolución.

2. Las Comunidades Autónomas podrán establecer en sus ámbitos territoriales registros respecto del personal al servicio de la Administración de Justicia que preste servicios en los mismos.

3. El Ministerio de Justicia aprobará las normas que determinarán la información que habrá de figurar en el Registro Central de Personal y las cautelas que hayan de establecerse para garantizar la confidencialidad de los datos en los términos que establezca la legislación vigente.

Para la actualización de datos en los registros, el Ministerio de Justicia con la colaboración de las Comunidades Autónomas con competencias asumidas establecerá los procedimientos e instrumentos de cooperación necesarios que garanticen, por una parte, la inmediata anotación de los datos de todo el personal, con independencia del lugar de prestación de servicios, y por otra, la anotación de las creaciones, modificaciones o estados de ocupación actual e histórica de los puestos de trabajo asignados a la Administración de Justicia.

4. Todo el personal tendrá libre acceso a su expediente individual, en el que, en ningún caso, figurará dato alguno relativo a su raza, religión u opinión ni cualquier otra circunstancia personal o social que no sea relevante para su trabajo.

5. Los funcionarios de carrera de la Administración de Justicia figurarán en el escalafón por orden de ingreso en el Cuerpo con mención de, al menos, los siguientes datos:

---

[967] Añadido por art. único de Ley Orgánica 19/2003 de 23 de diciembre de 2003, con vigencia desde 15/01/2004

[968] Dada nueva redacción por art. único apartado 31 de Ley Orgánica 4/2018 de 28 de diciembre de 2018, con vigencia desde 18/01/2019

a) Documento nacional de identidad.
b) Nombre y apellidos.
c) Tiempo de servicios en el Cuerpo.

TÍTULO II
De la oferta de empleo público, ingreso y promoción profesional [969]

CAPÍTULO PRIMERO
Oferta de empleo público [970]

482. [971] 1. Las necesidades de recursos humanos con asignación presupuestaria serán objeto de una única oferta de empleo público anual, que se elaborará de conformidad con los criterios para el sector público estatal establecidos en la Ley de Presupuestos Generales del Estado.

2. Las Comunidades Autónomas determinarán en sus respectivos ámbitos territoriales las necesidades de recursos humanos respecto de los Cuerpos de funcionarios al servicio de la Administración de Justicia sobre los que han asumido competencias y lo pondrán en conocimiento del Ministerio de Justicia.

3. El Ministerio de Justicia elaborará la oferta de empleo público integrando las necesidades de recursos determinadas por las Comunidades Autónomas con las existentes en el resto del territorio del Estado que no haya sido objeto de traspaso y la presentará al Ministerio de Hacienda y Función Pública, quien la elevará al Gobierno para su aprobación. [972]

4. Aprobada la oferta de empleo público, el Ministerio de Justicia procederá a la convocatoria de los procesos selectivos.

---

[969] Dada nueva redacción por art. único de Ley Orgánica 19/2003 de 23 de diciembre de 2003, con vigencia desde 15/01/2004

[970] Añadido por art. único de Ley Orgánica 19/2003 de 23 de diciembre de 2003, con vigencia desde 15/01/2004

[971] Dada nueva redacción por art. único de Ley Orgánica 19/2003 de 23 de diciembre de 2003, con vigencia desde 15/01/2004

[972] Dada nueva redacción apartado 3 por art. único apartado 32 de Ley Orgánica 4/2018 de 28 de diciembre de 2018, con vigencia desde 18/01/2019

5. En las ofertas de empleo público se reservará un cupo no inferior al siete por ciento de las vacantes para ser cubiertas entre personas con discapacidad, consideradas como tales las definidas en el apartado 2 del artículo 4 del Real Decreto Legislativo 1/2013, de 29 de noviembre, por el que se aprueba el Texto Refundido de la Ley General de Derechos de las Personas con Discapacidad y de su Inclusión Social, siempre que superen las pruebas selectivas y que acrediten el grado de discapacidad y la compatibilidad para el desempeño de las funciones y tareas correspondientes en la forma que se determine reglamentariamente. [973]

CAPÍTULO II
Selección del personal funcionario al servicio de la Administración de Justicia [974]

483. [975] 1. De acuerdo con los principios contenidos en el artículo 103.1 de la Constitución española, el personal funcionario de carrera será seleccionado con criterios de objetividad y con arreglo a los principios de igualdad, mérito, capacidad y también de publicidad.

2. El contenido del temario, así como de las pruebas a realizar serán únicos para cada cuerpo en todo el territorio del Estado, salvo las pruebas que puedan establecerse para la acreditación del conocimiento de la lengua y del derecho civil, foral o especial, propios de las Comunidades Autónomas con competencias asumidas, que tendrán carácter optativo y, en ningún caso, serán eliminatorias, teniéndose en cuenta la puntuación obtenida conforme al baremo que se establezca, a los solos efectos de adjudicación de destino dentro de la Comunidad Autónoma correspondiente.

3. Las pruebas selectivas, se convocarán y resolverán por el Ministerio de Justicia y se realizarán, de forma territorializada en los distintos ámbitos en los que se hayan agrupado las vacantes. Las convocatorias

[973] Dada nueva redacción apartado 5 por art. único apartado 89 de Ley Orgánica 7/2015 de 21 de julio de 2015, con vigencia desde 01/10/2015

[974] Añadido por art. único de Ley Orgánica 19/2003 de 23 de diciembre de 2003, con vigencia desde 15/01/2004

[975] Dada nueva redacción por art. único de Ley Orgánica 19/2003 de 23 de diciembre de 2003, con vigencia desde 15/01/2004

y sus bases, que serán únicas para cada cuerpo, se ajustarán, en todo caso, a lo dispuesto en esta Ley y en el Real Decreto por el que se apruebe el «Reglamento General de Ingreso, Provisión de Puestos de Trabajo y Promoción Profesional de los funcionarios al servicio de la Administración de Justicia» y se publicarán en el «Boletín Oficial del Estado» y en los «Boletines Oficiales» de las Comunidades Autónomas, de forma simultánea. Si dicha simultaneidad no fuese posible, los términos y plazos establecidos en la convocatoria, se contarán, en todo caso, a partir de la publicación en el «Boletín Oficial del Estado».

4. Las bases de la convocatoria serán elaboradas por la Comisión de Selección de Personal y aprobadas por el Ministerio de Justicia, previa negociación con las organizaciones sindicales más representativas.

Las citadas bases, que vincularán a la Administración y a los Tribunales que han de juzgar las pruebas selectivas, sólo podrán ser modificadas con estricta sujeción a las normas de la Ley de Régimen Jurídico de las Administraciones Públicas y del Procedimiento Administrativo Común.

5. En las convocatorias, el Ministerio de Justicia determinará el número de vacantes y el ámbito territorial por el que se ofertan.

Asimismo, cuando el número de plazas o el mejor desarrollo de los procesos selectivos lo aconseje, el Ministerio de Justicia podrá agrupar las vacantes correspondientes a uno o varios territorios.

Los aspirantes podrán solicitar exclusivamente su participación por uno de los ámbitos territoriales que se expresen en la convocatoria.

En ningún caso podrá declararse superado el proceso selectivo en cada ámbito a un número mayor de aspirantes que el de plazas objeto de la convocatoria. Los aspirantes que hubieran superado el proceso selectivo obtendrán destino en alguna de las vacantes radicadas en el mismo territorio por el que hubieran solicitado su participación.

En el caso de que hubieran quedado plazas sin cubrir en alguno de los territorios, el Ministerio de Justicia podrá convocar una prueba selectiva adicional con dichas plazas a la que solo podrán concurrir los aspirantes que hubieran realizado el último ejercicio del proceso anterior. [976]

6. En los procesos selectivos serán admitidas las personas con minusvalías en igualdad de condiciones con los demás aspirantes. Las

---

[976] Dada nueva redacción apartado 5 por art. único apartado 33 de Ley Orgánica 4/2018 de 28 de diciembre de 2018, con vigencia desde 18/01/2019

convocatorias no establecerán exclusiones por limitaciones psíquicas o físicas, sin perjuicio de las incompatibilidades con el desempeño de las tareas o funciones correspondientes. Para la realización de las pruebas se establecerán para las personas con minusvalía que lo soliciten las adaptaciones posibles en cuanto a tiempo y medios.

484. [977] El acceso a los cuerpos generales y especiales de la Administración de Justicia se efectuará a través de los sistemas y en los términos establecidos en el texto refundido del Estatuto Básico del Empleado Público.

485. [978] 1. Los procesos de selección podrán incluir la realización de un curso teórico-práctico o de un periodo de prácticas, que podrán tener carácter selectivo.

La calificación obtenida servirá para fijar el orden de prelación. No obstante, si tuviesen carácter selectivo, los aspirantes que no superen el mismo podrán repetirlo en el siguiente, al que se incorporarán con la nueva promoción. Si tampoco superaren este curso perderán el derecho a su nombramiento como funcionarios de carrera. [979]

2. Durante su realización, los aspirantes tendrán la consideración de funcionarios en prácticas, con los derechos y obligaciones que se establezcan reglamentariamente.

3. El curso selectivo o en su caso el periodo de prácticas, podrán desarrollarse en los centros, institutos o servicios de formación dependientes de las Comunidades Autónomas, o en las Oficinas Judiciales ubicadas en el ámbito territorial de las mismas.

486. [980] 1. La elaboración de los temarios y de las bases de convocatoria por las que han de regirse los procesos selectivos para ingreso en los cuerpos de funcionarios a que se refiere este Libro, se

---

[977] Dada nueva redacción por art. único apartado 34 de Ley Orgánica 4/2018 de 28 de diciembre de 2018, con vigencia desde 18/01/2019

[978] Dada nueva redacción por art. único de Ley Orgánica 19/2003 de 23 de diciembre de 2003, con vigencia desde 15/01/2004

[979] Dada nueva redacción apartado 1 por art. único apartado 90 de Ley Orgánica 7/2015 de 21 de julio de 2015, con vigencia desde 01/10/2015

[980] Dada nueva redacción por art. único de Ley Orgánica 19/2003 de 23 de diciembre de 2003, con vigencia desde 15/01/2004

encomendará a una Comisión de Selección de Personal, que estará formada por:

Cuatro vocales representantes del Ministerio de Justicia, uno de los cuales asumirá la Presidencia de la Comisión y tendrá voto dirimente en caso de empate en la adopción de acuerdos.

Cuatro representantes de las Comunidades Autónomas con competencias en materias de Administración de Justicia, uno de los cuales asumirá la Vicepresidencia de la Comisión.

2. Esta Comisión determinará asimismo el programa formativo correspondiente al periodo de prácticas o curso selectivo en su caso.

3. Las normas de funcionamiento de la Comisión de Selección y la forma de designación de sus miembros, se establecerán en el Real Decreto por el que se apruebe el Reglamento de Ingreso, Provisión de Puestos de Trabajo y Promoción Profesional de los funcionarios al servicio de la Administración de Justicia. La composición de dicha Comisión, cuando se trate de la selección de Cuerpos cuya gestión no hayan sido objeto de traspaso, se fijará asimismo en el citado reglamento.

4. Los temarios serán aprobados por la Comisión de Selección y serán únicos para todo el territorio del Estado.

487. [981] 1. El desarrollo y calificación de las pruebas selectivas corresponde a los tribunales calificadores que, a tal efecto, se constituyan.

Estos tribunales gozarán de autonomía funcional y responderán de la objetividad del procedimiento y del cumplimiento de las normas contenidas en la convocatoria. [982]

2. En el Reglamento General de Ingreso, Provisión de Puestos de Trabajo y Promoción Profesional se establecerá, la composición de los Tribunales que, en todo caso estarán formados por un número impar de miembros, así como sus normas de funcionamiento, garantizándose la especialización de los integrantes del mismo y la agilidad del proceso selectivo, sin perjuicio de su objetividad, así como el régimen de incompatibilidades, los derechos y deberes de sus miembros.

---

[981] Dada nueva redacción por art. único de Ley Orgánica 19/2003 de 23 de diciembre de 2003, con vigencia desde 15/01/2004

[982] Dada nueva redacción apartado 1 por art. único apartado 4 de Ley Orgánica 4/2014 de 11 de julio de 2014, con vigencia desde 13/07/2014

Los miembros de los Tribunales serán nombrados por el Ministerio de Justicia. En los Tribunales que se constituyan en los territorios de las Comunidades Autónomas con competencias asumidas, dos de cada cinco vocales serán propuestos por el órgano competente de dicha comunidad.

488. [983] 1. Concluido el proceso selectivo, los aspirantes que lo hubiesen superado, cuyo número no podrá exceder en ningún caso al de plazas convocadas en cada ámbito, y que dentro del plazo que se establezca acrediten reunir los requisitos exigidos en la convocatoria, serán nombrados funcionarios de carrera por el órgano competente del Ministerio de Justicia.

2. Los nombramientos serán objeto de publicación, simultáneamente, en el «Boletín Oficial del Estado» y en los Boletines o Diarios Oficiales de las Comunidades Autónomas con competencias asumidas.

3. La adjudicación de puestos de trabajo a los funcionarios de nuevo ingreso se efectuará de acuerdo con sus peticiones entre los puestos ofertados a los mismos, según el orden obtenido en el proceso selectivo.

Los destinos adjudicados tendrán carácter definitivo equivalente a todos los efectos a los obtenidos por concurso.

Los puestos de trabajo que se oferten a los funcionarios de nuevo ingreso deberán haber sido objeto de concurso de traslado previo entre quienes ya tuvieran la condición de funcionario. [984]

4. Para adquirir la condición de funcionario de carrera se deberá tomar posesión del destino adjudicado en el plazo que reglamentariamente se establezca.

489. [985] 1. El Ministerio de Justicia o, en su caso, los órganos competentes de las Comunidades Autónomas que hayan recibido los traspasos de medios personales para el funcionamiento de la Administración de Justicia, podrán nombrar funcionarios interinos por necesi-

[983] Dada nueva redacción por art. único de Ley Orgánica 19/2003 de 23 de diciembre de 2003, con vigencia desde 15/01/2004

[984] Dada nueva redacción apartado 3 por art. único apartado 35 de Ley Orgánica 4/2018 de 28 de diciembre de 2018, con vigencia desde 18/01/2019

[985] Dada nueva redacción por art. único apartado 36 de Ley Orgánica 4/2018 de 28 de diciembre de 2018, con vigencia desde 18/01/2019

dades del servicio, cuando no sea posible, con la urgencia exigida por las circunstancias, la prestación por funcionario de carrera y siempre que concurra alguna de las siguientes circunstancias:

a) La existencia de plazas vacantes cuando no sea posible su cobertura por funcionarios de carrera.

b) La sustitución transitoria de los titulares.

c) El exceso o acumulación de asuntos en los órganos judiciales.

La selección de funcionarios interinos habrá de realizarse de acuerdo con los criterios objetivos que se fijen en la orden ministerial o, en su caso, la disposición de la Comunidad Autónoma que haya recibido los traspasos de medios personales para el funcionamiento de la Administración de Justicia mediante procedimientos ágiles que respetarán en todo caso los principios de igualdad, mérito, capacidad y publicidad.

2. Los nombrados deberán reunir los requisitos y titulación necesarios para el ingreso en el cuerpo; tomarán posesión en el plazo que reglamentariamente se establezca y tendrán los mismos derechos y deberes que los funcionarios, salvo la fijeza en el puesto de trabajo y las mismas retribuciones básicas y complementarias.

Se reconocerán los trienios correspondientes a los servicios prestados que tendrán efectos retributivos conforme a lo establecido en la normativa vigente para los funcionarios de la Administración General del Estado. Este reconocimiento se efectuará previa solicitud del interesado.

3. Serán cesados según los términos que establezca la orden ministerial o, en su caso, la disposición de la Comunidad Autónoma y, en todo caso, cuando se provea la vacante, se incorpore su titular, desaparezcan las razones de urgencia o se cumpla el periodo máximo establecido en el apartado 1.c).

4. Periódicamente, la Administración competente, previa negociación con las organizaciones sindicales, analizará la conveniencia o no de prorrogar el refuerzo, comprobando que aún persiste el exceso o acumulación de asuntos pendientes. Al cabo de tres años desde el nombramiento, se propondrá su conversión en las relaciones de puestos de trabajo como incremento de plantilla si se constatara que la necesidad de personal tiene carácter estructural.

CAPÍTULO II BIS
De la cooperación y coordinación en la Administración de Justicia [986]

489 bis. [987] 1. La Conferencia Sectorial de Administración de Justicia, como órgano de cooperación entre la Administración General del Estado y las Administraciones de las Comunidades Autónomas con competencias asumidas en materia de provisión de medios materiales, económicos y personales necesarios para la Administración de Justicia, atenderá en su funcionamiento y organización a lo establecido en la vigente legislación sobre régimen jurídico de las Administraciones Públicas.

2. Se crea la Comisión de Recursos Humanos de la Administración de Justicia como órgano técnico y de trabajo dependiente de la Conferencia Sectorial de Administración de Justicia. En esta Comisión se hará efectiva la cooperación de la política de personal entre el Ministerio de Justicia y las Administraciones de las Comunidades Autónomas con competencias asumidas, y en concreto le corresponde:

a) Impulsar las actuaciones necesarias para garantizar la efectividad de los principios constitucionales en el acceso al empleo público, así como su integridad y coherencia, en el conjunto de las necesidades de la Administración de Justicia.

b) Emitir informe sobre cualquier proyecto normativo que las Administraciones Públicas le presenten.

c) Elaborar estudios e informes sobre empleo público en la Administración de Justicia.

d) Cualquier otra función de consulta o participación que reglamentariamente pudiera serle atribuida.

3. Componen la Comisión de Recursos Humanos de la Administración de Justicia los titulares de aquellos órganos directivos con competencia en materia de recursos humanos de la Administración General del Estado y de las Administraciones de las Comunidades Autónomas con competencias asumidas en materia de Justicia.

---

[986] Añadido por art. único apartado 37 de Ley Orgánica 4/2018 de 28 de diciembre de 2018, con vigencia desde 18/01/2019

[987] Añadido por art. único apartado 37 de Ley Orgánica 4/2018 de 28 de diciembre de 2018, con vigencia desde 18/01/2019

4. La Comisión de Recursos Humanos de la Administración de Justicia elaborará sus propias normas de organización y funcionamiento en el marco de lo previsto en la presente Ley Orgánica y en su desarrollo reglamentario.

CAPÍTULO III
De la promoción interna [988]

490. [989] 1. Se garantiza la promoción interna, mediante el ascenso desde un cuerpo para cuyo ingreso se ha exigido determinada titulación a otro cuerpo para cuyo acceso se exige la titulación inmediata superior o, en el caso de los cuerpos especiales, mediante la posibilidad de acceder a las diferentes especialidades de un mismo cuerpo.

2. Además de las plazas que se incluyan para la incorporación de nuevo personal de conformidad con lo previsto en el artículo 482, el Ministerio de Presidencia, Justicia y Relaciones con las Cortes, previa autorización por parte del Ministerio para la Transformación Digital y de la Función Pública, convocará anualmente procesos de promoción interna para la cobertura de un número de plazas equivalente al cincuenta por ciento de las que, para cada cuerpo, sean objeto de la Oferta de Empleo Público.

Con independencia de lo señalado en el párrafo anterior, el Ministerio de Presidencia, Justicia y Relaciones con las Cortes, con carácter extraordinario y previa autorización del Ministerio para la Transformación Digital y de la Función Pública, podrá convocar procesos de promoción interna específicos cuando las circunstancias en la Administración de Justicia lo aconsejen.

En ambos casos, las plazas convocadas por el turno de promoción interna que no resulten cubiertas no podrán, en ningún caso, acrecer a

[988] Añadido por art. único de Ley Orgánica 19/2003 de 23 de diciembre de 2003, con vigencia desde 15/01/2004

[989] Dada nueva redacción por art. único apartado 38 de Ley Orgánica 4/2018 de 28 de diciembre de 2018, con vigencia desde 18/01/2019

las convocadas por turno libre ni incorporarse a la Oferta de Empleo Público. [990]

3. La promoción interna se efectuará mediante el sistema de concurso-oposición en los términos que se establezcan en el Real Decreto por el que se apruebe el reglamento de ingreso, provisión de puestos y promoción profesional. En todo caso, se respetarán los principios de igualdad, mérito, capacidad y publicidad.

4. La promoción interna para el acceso a diferente especialidad del mismo cuerpo tendrá lugar entre funcionarios que desempeñen actividades sustancialmente coincidentes o análogas en su contenido profesional y en su nivel técnico.

5. En todo caso, los funcionarios deberán poseer la titulación académica requerida para el acceso a los cuerpos o especialidades de que se trate, tener una antigüedad de al menos dos años en el cuerpo al que pertenezcan y reunir los requisitos y superar las pruebas que se establezcan. Dichas pruebas podrán llevarse a cabo en convocatoria independiente de las de ingreso general.

Los funcionarios que accedan por promoción interna tendrán, en todo caso, preferencia para la ocupación de los puestos de trabajo vacantes ofertados sobre los aspirantes que no procedan de este turno.

Las convocatorias podrán establecer la exención de las pruebas encaminadas a acreditar los conocimientos ya exigidos para el acceso al cuerpo de origen, pudiendo valorarse los cursos y programas de formación superados.

6. Los funcionarios del Cuerpo de Técnicos Especialistas del Instituto Nacional de Toxicología y Ciencias Forenses podrán acceder mediante promoción interna al Cuerpo de Facultativos del Instituto Nacional de Toxicología y Ciencias Forenses, siempre que reúnan los requisitos para ello.

---

[990] Dada nueva redacción apartado 2 por art. 1 apartado 96 de Ley Orgánica 1/2025 de 2 de enero de 2025, con vigencia desde 23/01/2025

TÍTULO III
Adquisición y pérdida de la condición de funcionario [991]

491. [992] 1. La condición de funcionario de carrera se adquiere por el cumplimiento sucesivo de los requisitos establecidos en el Libro V de esta Ley Orgánica para el Cuerpo de Letrados de la Administración de Justicia.

2. La condición de funcionario de carrera se pierde en los mismos supuestos que los contemplados en el Libro V para el Cuerpo de Letrados de la Administración de Justicia.

492. [993] 1. La jubilación de los funcionarios podrá ser:

a) Voluntaria, a solicitud del funcionario.

b) Forzosa, al cumplir la edad legalmente establecida.

c) Por incapacidad permanente para el servicio.

2. Procederá la jubilación voluntaria, a solicitud del interesado, siempre que el funcionario reúna los requisitos y condiciones establecidos en el régimen de seguridad social que le sea de aplicación.

3. La jubilación forzosa se declarará de oficio al cumplir el funcionario los 65 años de edad. No obstante, los funcionarios podrán prolongar voluntariamente su permanencia en el servicio activo, como máximo hasta que cumplan 70 años de edad. La Administración Pública competente deberá de resolver de forma motivada la aceptación o denegación de la prolongación.

4. Con independencia de la edad legal de jubilación forzosa establecida en el apartado 3, la edad de la jubilación forzosa del personal funcionario incluido en el Régimen General o Especial de la Seguridad Social será, en todo caso, la que prevean las normas reguladoras de dicho régimen para el acceso a la pensión de jubilación en su modalidad contributiva sin coeficiente reductor por razón de la edad, hasta alcanzar la edad máxima de 70 años.

---

[991] Dada nueva redacción por art. único de Ley Orgánica 19/2003 de 23 de diciembre de 2003, con vigencia desde 15/01/2004

[992] Dada nueva redacción por disposición adicional 1 de Ley Orgánica 7/2015 de 21 de julio de 2015, con vigencia desde 01/10/2015

[993] Dada nueva redacción por art. 1 apartado 97 de Ley Orgánica 1/2025 de 2 de enero de 2025, con vigencia desde 23/01/2025

5. Procederá asimismo la jubilación del funcionario cuando éste padezca incapacidad permanente para el ejercicio de las funciones propias de su cuerpo. Será preceptiva la instrucción del oportuno expediente de incapacidad.

493. [994] Podrán ser rehabilitados mediante el procedimiento que reglamentariamente se establezca:

Los funcionarios que hubiesen perdido la condición de tales, como consecuencia de la pérdida de la nacionalidad española o por incapacidad permanente para el servicio, una vez desaparecida la causa objetiva que la motivó.

Quienes hubiesen perdido la condición de funcionario por inhabilitación absoluta o especial como pena principal o accesoria o por condena a pena privativa de libertad por razón de delito doloso, una vez extinguidas sus responsabilidades civiles y penales y, en su caso, cancelados los antecedentes penales.

Asimismo podrán ser rehabilitados, los funcionarios que hayan sido separados del servicio como consecuencia de sanción disciplinaria.

494. [995] 1. El Ministro de Justicia será competente para el nombramiento de los funcionarios de carrera. Asimismo, será competente para acordar la pérdida de la condición de funcionario, y en su caso la rehabilitación, en los supuestos contemplados en esta Ley Orgánica en la forma y mediante el procedimiento que reglamentariamente se determine, atendiendo a las circunstancias y entidad del delito o falta cometida.

2. La jubilación voluntaria, forzosa, o por incapacidad permanente, así como la posible prórroga de permanencia en el servicio activo será acordada por el órgano competente del Ministerio de Justicia o, en su caso, de la Comunidad Autónoma con competencias asumidas. Ello sin perjuicio de que la rehabilitación procedente de jubilación por incapacidad permanente para el personal al servicio de la Administración de Justicia será acordada, en todo caso, por el Ministerio

[994] Dada nueva redacción por art. único de Ley Orgánica 19/2003 de 23 de diciembre de 2003, con vigencia desde 15/01/2004

[995] Dada nueva redacción por art. único apartado 5 de Ley Orgánica 4/2014 de 11 de julio de 2014, con vigencia desde 13/07/2014

de Justicia, en la forma y de acuerdo con el procedimiento que se establezca reglamentariamente.

TÍTULO IV
Derechos, deberes e incompatibilidades [996]

CAPÍTULO PRIMERO
Derechos, deberes e incompatibilidades [997]

495. [998] 1. Los funcionarios de carrera tienen los siguientes derechos profesionales:

a) Al mantenimiento de su condición funcionarial, al desempeño efectivo de tareas o funciones propias de su cuerpo y a no ser removidos del puesto de trabajo que desempeñen sino en los supuestos y condiciones establecidos legalmente.

b) A percibir la retribución y las indemnizaciones por razón del servicio establecidas en la normativa vigente.

c) A la carrera profesional, a través de los mecanismos de promoción profesional que se establezcan de acuerdo con los principios de igualdad, mérito, capacidad y publicidad.

d) A recibir por parte de la Administración la formación necesaria, inicial y continuada, con el fin de mejorar sus capacidades profesionales de forma que les permita una mejor y más pronta adaptación a sus puestos de trabajo y les posibilite su promoción profesional.

Con el fin de asegurar la homogeneidad y que las acciones formativas que se establezcan por las distintas Administraciones públicas competentes en materia de gestión de personal no representen obstáculos en la promoción y en la movilidad del personal al servicio de la Administración de Justicia en el territorio del Estado, se adoptarán

---

[996] Dada nueva redacción por art. único de Ley Orgánica 19/2003 de 23 de diciembre de 2003, con vigencia desde 15/01/2004

[997] Añadido por art. único de Ley Orgánica 19/2003 de 23 de diciembre de 2003, con vigencia desde 15/01/2004

[998] Dada nueva redacción por art. único de Ley Orgánica 19/2003 de 23 de diciembre de 2003, con vigencia desde 15/01/2004

medidas de coordinación y homologación en materia de formación continua.

e) A ser informados por sus jefes o superiores de las tareas o cometidos a desempeñar y a participar en la consecución de los objetivos atribuidos a la unidad donde presten sus servicios.

f) Al respeto de su intimidad y a la consideración debida a su dignidad, comprendida la protección frente a ofensas verbales o físicas de naturaleza sexual.

g) A la no discriminación por razón de nacimiento, origen racial o étnico, género, sexo u orientación sexual, religión o convicciones, opinión, discapacidad, edad o cualquier otra condición o circunstancia personal o social.

h) A vacaciones, permisos y licencias.

i) A recibir protección en materia de seguridad y salud en el trabajo, para lo cual las Administraciones competentes adoptarán aquellas medidas que sean necesarias para la aplicación efectiva de la normativa vigente sobre prevención de riesgos y salud laboral, procediendo a la evaluación de los riesgos iniciales y al establecimiento de planes de emergencia, así como a la creación de servicios de prevención y de un Comité Central de Seguridad y Salud.

j) A la jubilación.

k) A un régimen de Seguridad Social, que para los funcionarios de carrera y funcionarios en prácticas estará integrado por el Régimen General de la Seguridad Social o el Régimen de Clases Pasivas del Estado, en función de la fecha en la que hayan adquirido tal condición, y el Mutualismo Judicial, regulado por Real Decreto Legislativo 3/2000, de 23 de junio, y disposiciones de desarrollo.

l) A los derechos previstos en el artículo 444.2 de esta Ley. [999]

2. El régimen de derechos contenido en el apartado anterior será aplicable a los funcionarios interinos en la medida que la naturaleza del derecho lo permita, quedando integrados, a efectos de seguridad social, en el Régimen General de la Seguridad Social.

---

[999] Dada nueva redacción apartado 1 por art. único apartado 92 de Ley Orgánica 7/2015 de 21 de julio de 2015, con vigencia desde 01/10/2015

496. [1000] Los funcionarios tienen los siguientes derechos colectivos, en los términos establecidos por la Constitución y las leyes:

a) A la libre asociación profesional.

b) A la libre sindicación.

c) A la actividad sindical.

d) De huelga, en los términos contenidos en la legislación general del Estado para funcionarios públicos, garantizándose el mantenimiento de los servicios esenciales de la Administración de Justicia.

e) A la negociación colectiva, a la participación en la determinación de las condiciones de trabajo, para lo cual se establecerán los marcos adecuados que permitan una mayor y más intensa participación de los representantes de los funcionarios al servicio de la Administración de Justicia, a través de grupos de trabajo, mesas o cualquier otro foro de diálogo y negociación.

f) De reunión.

497. [1001] Los funcionarios de la Administración de Justicia están obligados a:

a) Respetar la Constitución y el resto del ordenamiento jurídico.

b) Ejercer sus tareas, funciones o cargo con lealtad e imparcialidad y servir con objetividad los intereses generales.

c) Cumplir con diligencia las instrucciones profesionales recibidas de su superior jerárquico en el ámbito de sus competencias.

d) Realizar con la debida aplicación las funciones o tareas propias de su puesto de trabajo y aquellas otras que, relacionadas con las anteriores, les encomienden sus jefes o superiores para el cumplimiento de los objetivos de la unidad.

e) Cumplir el régimen de jornada y horario que se establezca.

f) Mantener sigilo de los asuntos que conozcan por razón de sus cargos o funciones y no hacer uso indebido de la información obtenida así como guardar secreto de las materias clasificadas u otras cuya difusión esté prohibida legalmente.

[1000] Dada nueva redacción por art. único de Ley Orgánica 19/2003 de 23 de diciembre de 2003, con vigencia desde 15/01/2004

[1001] Dada nueva redacción por art. único de Ley Orgánica 19/2003 de 23 de diciembre de 2003, con vigencia desde 15/01/2004

g) Dar cuenta a las autoridades competentes de aquellas órdenes que, a su juicio, fuesen contrarias a la legalidad o constitutivas de delito.

h) Cumplir el régimen de incompatibilidades y prohibiciones.

i) Tratar con atención y respeto a los ciudadanos.

j) Dar a conocer su identidad y categoría a los interesados que lo requieran, salvo cuando ello no fuera posible por razones de seguridad.

k) Velar por la conservación y uso correcto de los locales, material, documentos e información a su cargo, no utilizando los medios propiedad de la Administración en provecho propio ni ejercer sus cometidos de forma que puedan beneficiar ilegítimamente a sí mismos o a otras personas.

l) Tratar con corrección y consideración a los superiores jerárquicos, compañeros y subordinados, así como a Abogados, Procuradores y Graduados Sociales. [1002]

498. [1003] 1. Los funcionarios estarán sujetos al régimen de incompatibilidades previsto en la legislación general aplicable a los funcionarios al servicio de las Administraciones públicas.

2. El ejercicio de cualquier actividad que requiera declaración de compatibilidad, exigirá la previa autorización del Ministerio de Justicia o de la Comunidad Autónoma con competencias asumidas.

No se podrá autorizar la compatibilidad para el ejercicio de una actividad privada cuando se desempeñen puestos con dedicación especial. Tampoco procederá esta autorización, para los Médicos Forenses y técnicos facultativos que desempeñen puestos de Director o Subdirector en los Institutos de Medicina Legal o en el Instituto Nacional de Toxicología y Ciencias Forenses y sus departamentos.

3. En todo caso, su función será incompatible con:

a) Por lo que se refiere a Cuerpos Especiales:

1º La intervención como particulares en los casos que pudieran tener relación con sus funciones.

2º La función de médico de empresa, de entidades aseguradoras o el desempeño de empleos en dichas entidades.

[1002] Dada nueva redacción letra l por art. único apartado 93 de Ley Orgánica 7/2015 de 21 de julio de 2015, con vigencia desde 01/10/2015

[1003] Dada nueva redacción por art. único de Ley Orgánica 19/2003 de 23 de diciembre de 2003, con vigencia desde 15/01/2004

3º Cualquier actividad pericial privada.

4º Emisión de certificados médicos de defunción, salvo que presten servicios en el Registro Civil y únicamente en el ejercicio de sus funciones.

b) Por lo que se refiere a Cuerpos Generales:

1º El ejercicio de la abogacía, procuraduría, o de la profesión de Graduado Social y empleos al servicio de Abogados, Procuradores y Graduados Sociales o cualquier otra profesión que habilite para actuar ante Juzgados y Tribunales.

2º El desempeño de todo tipo de asesoramiento jurídico, sea retribuido o no.

3º La condición de agentes de seguros y la de empleado de los mismos o de una compañía de seguros.

4º El desempeño de los cargos de gerentes, consejeros o asesores de empresas que persigan fines lucrativos.

5º El desempeño de servicios de gestoría administrativa, ya sea como titular o como empleado de tales oficinas.

6º El ejercicio de funciones periciales privadas ante los Tribunales y Juzgados. [1004]

499. [1005] 1. La abstención del funcionario se comunicará por escrito motivado a quien sea competente para dictar la resolución que ponga término al pleito o causa en la respectiva instancia. En caso de ser estimada la abstención, será reemplazado en el proceso por quien legalmente deba sustituirle. De ser desestimada, habrá de continuar actuando en el asunto [1006].

2. Su recusación sólo será posible por las causas legalmente previstas y por los trámites previstos para la recusación de los Letrados de la Administración de Justicia con las siguientes excepciones:

a) El incidente gubernativo se instruirá por el letrado o letrada de la Administración de Justicia del que funcionalmente dependa, y lo

---

[1004] Dada nueva redacción apartado 3 letra b por art. único apartado 94 de Ley Orgánica 7/2015 de 21 de julio de 2015, con vigencia desde 01/10/2015

[1005] Dada nueva redacción por disposición adicional 1 de Ley Orgánica 7/2015 de 21 de julio de 2015, con vigencia desde 01/10/2015

[1006] Véase art. 104 LEC

decidirá quién sea competente para dictar la resolución que ponga término al pleito o causa en la respectiva instancia. [1007]

b) Si, a la vista del escrito de recusación, el Letrado de la Administración de Justicia estimare que la causa no es de las tipificadas en la Ley, inadmitirá en el acto la petición expresando las razones en que se funde tal inadmisión. Contra esta resolución no se dará recurso alguno.

c) Admitido a trámite el escrito de recusación, y en el día siguiente a su recepción, el recusado manifestará al Letrado de la Administración de Justicia si se da o no la causa alegada. Cuando reconozca como cierta la causa de recusación, el Letrado de la Administración de Justicia acordará reemplazar al recusado por quien legalmente le deba sustituir. Contra esta resolución no cabrá recurso alguno.

d) Si el recusado niega la certeza de la causa alegada como fundamento de la recusación, el Letrado de la Administración de Justicia, oído lo que el recusado alegue, dentro del quinto día y practicadas las comprobaciones que el recusado proponga y sean pertinentes o las que él mismo considere necesarias, remitirá lo actuado a quien haya de resolver para que decida el incidente [1008].

3. A los funcionarios del Cuerpo de Médicos Forenses, les serán de aplicación las prescripciones que establezcan las normas procesales respecto a la recusación de peritos [1009].

CAPÍTULO II
Jornada y horarios [1010]

500. [1011] 1. La duración de la jornada general de trabajo efectivo en cómputo anual y de aquellas jornadas que hayan de ser realizadas

[1007] Dada nueva redacción apartado 2 letra a por art. 1 apartado 98 de Ley Orgánica 1/2025 de 2 de enero de 2025, con vigencia desde 23/01/2025

[1008] Véanse arts. 120 a 123 LEC y 446 de la presente Ley

[1009] Véanse arts. 124 a 128 LEC

[1010] Añadido por art. único de Ley Orgánica 19/2003 de 23 de diciembre de 2003, con vigencia desde 15/01/2004

[1011] Dada nueva redacción por art. único de Ley Orgánica 19/2003 de 23 de diciembre de 2003, con vigencia desde 15/01/2004

en régimen de dedicación especial, así como sus especificidades, será fijada por resolución del órgano competente del Ministerio de Justicia, previo informe de las Comunidades Autónomas con competencias asumidas y negociación con las organizaciones sindicales más representativas.

Los funcionarios deberán ejercer su actividad en los términos que exijan las necesidades del servicio. A tal efecto, por el Ministerio de Justicia, previo informe de las Comunidades Autónomas con competencias asumidas y negociación con las organizaciones sindicales, se determinarán las compensaciones horarias y cómputos especiales cuando la atención de actuaciones procesales urgentes e inaplazables suponga un exceso de horas sobre la jornada a realizar.

2. La duración de la jornada general semanal será igual a la establecida para la Administración General del Estado. Los funcionarios podrán realizar jornadas reducidas, en los supuestos y con las condiciones establecidas legal y reglamentariamente.

3. Se podrán establecer jornadas sólo de mañana o jornadas de mañana y tarde para determinados servicios u órganos jurisdiccionales, cuando las necesidades del servicio así lo aconsejen, y en especial en las unidades de atención al público, en las que se tenderá a aumentar el tiempo de atención a los ciudadanos.

La incorporación de los funcionarios a la jornada de mañana y tarde será voluntaria y deberá ir acompañada de medidas incentivadoras.

4. La distribución de la jornada y la fijación de los horarios se determinará a través del calendario laboral que, con carácter anual, se aprobará por el órgano competente del Ministerio de Justicia y de las Comunidades Autónomas con competencias asumidas, en sus respectivos ámbitos, previo informe del Consejo General del Poder Judicial y negociación con las organizaciones sindicales. El calendario laboral se determinará en función del número de horas anuales de trabajo efectivo. Podrán establecerse flexibilidades horarias a la entrada y salida del trabajo, garantizándose en todo caso un número de horas de obligada concurrencia continuada.

Los horarios que se establezcan deberán respetar en todo caso el horario de audiencia pública. [1012]

5. Cuando las peculiaridades de algunos servicios u órganos jurisdiccionales así lo aconsejen, podrán establecerse horarios especiales,

---

[1012] Dada nueva redacción apartado 4 por art. único apartado 95 de Ley Orgánica 7/2015 de 21 de julio de 2015, con vigencia desde 01/10/2015

que figurarán en las relaciones de puestos de trabajo y serán objeto del complemento retributivo que se determine.

6. El incumplimiento de la jornada dará lugar al descuento automático de las retribuciones correspondientes al tiempo no trabajado, calculado en la forma establecida por la normativa de aplicación. A estos efectos, se considera trabajo efectivo el prestado dentro del horario establecido en la forma que se determine, teniendo en cuenta las compensaciones horarias que procedan y el que corresponda a permisos retribuidos, así como los créditos de horas retribuidas por funciones sindicales.

501. [1013] 1. El Consejo General del Poder Judicial, oídos el Ministerio de Justicia y las Comunidades Autónomas con competencias asumidas, así como los Colegios de Abogados y Procuradores de cada demarcación, determinará los órganos jurisdiccionales y otros servicios de la Administración de Justicia que han de permanecer en servicio de guardia, así como los horarios y las condiciones en que se realizará el mismo.

2. El Ministerio de Justicia y las Comunidades Autónomas en sus respectivos territorios garantizarán la asistencia necesaria a los órganos o servicios judiciales en funciones de guardia. A tal efecto previa negociación con las organizaciones sindicales determinarán el número de funcionarios que han de prestar dicho servicio, la permanencia en el órgano judicial o servicio o la situación de disponibilidad de los mismos y organizarán y distribuirán el horario a realizar.

[1013] Dada nueva redacción por art. único de Ley Orgánica 19/2003 de 23 de diciembre de 2003, con vigencia desde 15/01/2004

CAPÍTULO III
Vacaciones, permisos y licencias [1014]

502. [1015] 1. Los funcionarios tendrán derecho a disfrutar, durante cada año natural, de unas vacaciones retribuidas en las mismas condiciones que las previstas a los funcionarios de la Administración General del Estado en su normativa. [1016]

2. El Ministerio de Justicia y las Comunidades Autónomas en sus respectivos ámbitos territoriales, serán competentes para dictar las normas respecto a la forma de disfrute de las vacaciones, así como sobre los procedimientos para su concesión.

503. [1017] 1. Por causas justificadas, las personas funcionarias tendrán derecho a iguales permisos y con la misma extensión que los establecidos en la normativa vigente aplicable a los funcionarios de la Administración del Estado, con excepción del permiso por asuntos particulares que tendrá una duración de nueve días. [1018]

2. El disfrute de estos permisos tendrá los mismos derechos económicos que los funcionarios de la Administración General del Estado.

504. [1019] 1. Por razón de matrimonio, los funcionarios tendrán derecho a una licencia de quince días de duración y se concederá con plenitud de derechos económicos.

2. Podrán concederse licencias para formación y perfeccionamiento en los siguientes casos:

[1014] Añadido por art. único de Ley Orgánica 19/2003 de 23 de diciembre de 2003, con vigencia desde 15/01/2004

[1015] Dada nueva redacción por art. único apartado 25 de Ley Orgánica 8/2012 de 27 de diciembre de 2012, con vigencia desde 29/12/2012

[1016] Dada nueva redacción apartado 1 por art. único apartado 96 de Ley Orgánica 7/2015 de 21 de julio de 2015, con vigencia desde 01/10/2015

[1017] Dada nueva redacción por art. único apartado 26 de Ley Orgánica 8/2012 de 27 de diciembre de 2012, con vigencia desde 29/12/2012

[1018] Dada nueva redacción apartado 1 por art. 1 apartado 99 de Ley Orgánica 1/2025 de 2 de enero de 2025, con vigencia desde 23/01/2025

[1019] Dada nueva redacción por art. único de Ley Orgánica 19/2003 de 23 de diciembre de 2003, con vigencia desde 15/01/2004

a) Para la asistencia a cursos de formación incluidos en los planes de formación que se celebren anualmente, organizados por el Ministerio de Justicia, las Comunidades Autónomas, las organizaciones sindicales u otras entidades públicas o privadas.

La duración y forma de disfrute estarán determinadas por la duración y programación de los cursos a realizar y no supondrán limitación alguna de haberes.

b) Para la asistencia a cursos, congresos o jornadas, siempre que estén relacionadas con las funciones propias del cuerpo al que pertenece el funcionario y supongan completar su formación para el ejercicio de las mismas.

Su concesión estará subordinada a las necesidades del servicio y a las disponibilidades presupuestarias y su duración vendrá determinada por la de los cursos, congresos o jornadas.

Estas licencias darán derecho a percibir las retribuciones básicas y las prestaciones por hijo a cargo.

3. Los funcionarios podrán disfrutar de licencias por asuntos propios sin derecho a retribución alguna, cuya duración acumulada no podrá, en ningún caso, exceder de tres meses cada dos años de servicios efectivos y su concesión estará subordinada a las necesidades del servicio.

4. Quienes, tras la superación de las correspondientes pruebas selectivas hubiesen sido nombrados funcionarios en prácticas y ya estuviesen prestando servicios remunerados en la Administración de Justicia como funcionarios, tendrán derecho a una licencia extraordinaria durante el tiempo que se prolongue dicha situación y percibirán las retribuciones que para los funcionarios en prácticas establezca la normativa vigente.

5. La enfermedad o accidente que impida el normal desempeño de las funciones, darán lugar a licencias por enfermedad.

Sin perjuicio de la obligación de comunicar, en la forma que reglamentariamente se determine, la imposibilidad de asistencia al trabajo por razón de enfermedad durante la jornada laboral del día en que ésta se produzca, los funcionarios deberán solicitar de la autoridad competente licencia por enfermedad en el cuarto día consecutivo a aquel en que se produjo la ausencia del puesto de trabajo.

La licencia inicial se concederá por el tiempo que el facultativo haya considerado como previsible para la curación y, en ningún caso, por período superior a quince días. Si el estado de enfermedad persistiera, la licencia inicial se prorrogará automáticamente en la forma que se determine por la autoridad competente para su concesión, quedando sin efecto si con anterioridad se produce la curación.

Tanto la licencia inicial como las prórrogas se concederán previa presentación del parte de baja o certificación médica que acredite la certeza de la enfermedad y la imposibilidad de asistir al trabajo.

Se concederán licencias por enfermedad derivadas de un mismo proceso patológico, hasta un máximo de doce meses prorrogables por otros seis, cuando se presuma que durante ellos pueda el trabajador ser dado de alta médica por curación. Transcurridos dichos plazos, se prorrogarán las licencias hasta el momento de la declaración de la jubilación por incapacidad permanente o del alta médica sin que, en ningún caso, puedan exceder de treinta meses desde la fecha de la solicitud de la licencia inicial.

A estos efectos, se entenderá que existe nueva licencia por enfermedad cuando el proceso patológico sea diferente y, en todo caso, cuando las licencias se hayan interrumpido durante un mínimo de un año.

Las licencias por enfermedad darán lugar a plenitud de derechos económicos durante los seis primeros meses desde la fecha en que se solicitó la licencia inicial, siempre que las mismas se deriven del mismo proceso patológico y de forma continuada o con una interrupción de hasta un mes.

A partir del día ciento ochenta y uno será de aplicación el subsidio establecido en el apartado 1.B) del artículo 20 del Real Decreto Legislativo 3/2000, de 23 de junio, por el que se aprueba el texto refundido de las disposiciones legales vigentes sobre el Régimen especial de Seguridad Social del personal al servicio de la Administración de Justicia.

En ningún caso los funcionarios adscritos a los regímenes especiales de seguridad social gestionados por el mutualismo administrativo podrán percibir una cantidad inferior en situación de incapacidad temporal por contingencias comunes a la que corresponda a los funcionarios adscritos al régimen general de la seguridad social, incluidos, en su caso, los complementos que les resulten de aplicación a estos últimos.

Durante el tiempo de duración de la licencia por enfermedad se aplicará al personal funcionario cualquier incremento retributivo, incluido el abono del perfeccionamiento de los trienios, que le pudiera corresponder si no se encontrase en esa situación de incapacidad temporal.

En cualquier caso, el responsable de personal podrá solicitar únicamente de la correspondiente inspección médica la revisión de un proceso para determinar que las causas que originaron la concesión de la licencia continúan subsistiendo. [1020]

505. [1021] 1. El Ministerio de Justicia y las Comunidades Autónomas con competencias asumidas, serán competentes para la concesión de los permisos y licencias establecidos en esta Ley Orgánica, respecto de los funcionarios que presten servicios en sus respectivos ámbitos territoriales, en la forma y mediante el procedimiento que se establezca en las disposiciones que se dicten al efecto por las mismas.

2. Así mismo les corresponde el control de la incapacidad temporal del personal funcionario al servicio de la Administración de Justicia, pudiendo solicitar el asesoramiento facultativo que en su caso estime necesario, a cuyo fin podrán establecer sistemas de colaboración con aquellos organismos públicos o entidades que en sus respectivos ámbitos asumen la inspección, evaluación y seguimiento del control de la incapacidad temporal del régimen general de la seguridad social y de los regímenes especiales.

TÍTULO V
Situaciones administrativas [1022]

506. [1023] Los funcionarios de carrera de los cuerpos a los que se refiere este Libro, pueden hallarse en alguna de las siguientes situaciones administrativas:

a) Servicio activo.

b) Servicios especiales.

[1020] Dada nueva redacción apartado 5 por art. único apartado 40 de Ley Orgánica 4/2018 de 28 de diciembre de 2018, con vigencia desde 18/01/2019

[1021] Dada nueva redacción por art. único de Ley Orgánica 19/2003 de 23 de diciembre de 2003, con vigencia desde 15/01/2004

[1022] Añadido por art. único de Ley Orgánica 19/2003 de 23 de diciembre de 2003, con vigencia desde 15/01/2004

[1023] Dada nueva redacción por art. único de Ley Orgánica 19/2003 de 23 de diciembre de 2003, con vigencia desde 15/01/2004

c) Excedencia voluntaria por cuidado de familiares.

d) Excedencia voluntaria por prestación de servicios en el sector público.

e) Excedencia voluntaria por interés particular.

f) Excedencia voluntaria por agrupación familiar.

g) Suspensión de funciones.

507. [1024] 1. Los funcionarios de los cuerpos a que se refiere este Libro se hallarán en situación de servicio activo cuando desempeñen un puesto de trabajo en alguno de los centros de destino que se determinan en el artículo 521 de esta Ley.

2. Además, también se considerarán en servicio activo, los citados funcionarios:

a) Cuando presten servicios en el Tribunal Constitucional, Consejo General del Poder Judicial y en el Tribunal de Cuentas, salvo que, de conformidad con lo previsto en las legislaciones específicas de los citados órganos constitucionales les corresponda quedar en otra situación.

b) Cuando presten sus servicios en las Cortes Generales, de conformidad con lo dispuesto en el Estatuto General de las mismas y no les corresponda quedar en otra situación.

c) Cuando accedan a la condición de miembros de las asambleas legislativas de las Comunidades Autónomas y no perciban retribuciones periódicas por el desempeño de las funciones.

d) Cuando accedan a la condición de miembros de las corporaciones locales, salvo que desempeñen cargo retribuido y de dedicación exclusiva en las mismas.

e) Cuando presten servicios en los Gabinetes de la Presidencia del Gobierno, de los Ministros y de los Secretarios de Estado y opten por permanecer en dicha situación.

f) Cuando accedan a puestos de trabajo de otras Administraciones públicas en tanto las relaciones de puestos de trabajo, contengan expresa previsión al efecto.

g) Cuando ocupen un puesto de trabajo en la Mutualidad General Judicial, adscrito a funcionarios de la Administración de Justicia.

[1024] Dada nueva redacción por art. único de Ley Orgánica 19/2003 de 23 de diciembre de 2003, con vigencia desde 15/01/2004

h) Cuando cesen en un puesto de trabajo por haber obtenido otro mediante procedimientos de provisión de puestos de trabajo, durante el plazo posesorio.

i) Cuando por razón de su condición de funcionarios presten servicios en organismos o entes públicos.

j) Cuando así se determine en una norma con rango de Ley.

3. El disfrute de licencias o permisos reglamentarios, no alterará la situación de servicio activo.

4. Los funcionarios en situación de servicio activo tienen todos los derechos, prerrogativas, deberes y responsabilidades inherentes a su condición.

508. [1025] 1. Los funcionarios de los Cuerpos al servicio de la Administración de Justicia serán declarados en la situación de servicios especiales, en iguales supuestos a los establecidos en la legislación aplicable para los funcionarios de la Administración General del Estado, salvo que de conformidad con lo establecido en esta Ley les corresponda quedar en otra situación.

2. A los funcionarios en situación de servicios especiales se les computará el tiempo que permanezcan en tal situación, a efectos de ascensos, trienios y derechos pasivos, excepto para los funcionarios públicos que, habiendo ingresado al servicio de instituciones comunitarias europeas o al de entidades y organismos asimilados, ejerciten el derecho de transferencias establecido en el artículo 11.2 del anexo 8, del Estatuto de los Funcionarios de las Comunidades Europeas, sin perjuicio de los efectos económicos que puedan derivar de los ascensos y trienios consolidados hasta el momento del ejercicio de este derecho.

3. Los funcionarios declarados en esta situación tendrán derecho a reserva de un puesto de trabajo en la misma localidad, en condiciones y con retribuciones similares a las que disfrutaban al pasar a ella, siempre que hubieran pasado a dicha situación, desde la de servicio activo u otra que tuviera reconocido este mismo derecho. Si durante el tiempo de permanencia en la situación de servicios especiales participasen en concursos, la reincorporación se efectuará, con referencia a la localidad y condiciones del destino obtenidas en ellos.

[1025] Dada nueva redacción por art. único de Ley Orgánica 19/2003 de 23 de diciembre de 2003, con vigencia desde 15/01/2004

4. Los funcionarios en la situación de servicios especiales recibirán la retribución del puesto o cargo efectivo que desempeñen y no la que les corresponda como funcionarios, sin perjuicio del derecho a percibir los trienios que tuviesen reconocidos.

5. En ningún caso podrán asesorar pericialmente a órganos jurisdiccionales mientras permanezcan en esta situación.

509. [1026] 1. Los funcionarios tendrán derecho a un período de excedencia no superior a tres años para atender al cuidado de cada hijo, tanto cuando sea por naturaleza como por adopción o acogimiento permanente o preadoptivo, a contar desde la fecha de nacimiento o, en su caso, de la resolución judicial o administrativa. La concesión de la excedencia estará condicionada a la previa declaración de no desempeñar otra actividad que impida o menoscabe el cuidado del hijo.

2. También tendrán derecho a un período de excedencia, de duración no superior a tres años, los funcionarios para atender al cuidado de un familiar que se encuentre a su cargo, hasta el segundo grado inclusive de consanguinidad o afinidad que, por razones de edad, accidente o enfermedad, no pueda valerse por sí mismo, y no desempeñe actividad retribuida. [1027]

3. En ambos casos, el período de excedencia será único por cada sujeto causante. Cuando un nuevo sujeto causante diera origen a una nueva excedencia, el inicio del periodo de la misma pondrá fin al que se viniera disfrutando.

Esta excedencia constituye un derecho individual de los funcionarios. En caso de que dos funcionarios generasen el derecho a disfrutarlo por el mismo sujeto causante, la Administración podrá limitar su ejercicio simultáneo por razones justificadas relacionadas con el funcionamiento de los servicios.

El tiempo de permanencia en esta situación será computable a efectos de trienios, carrera y derechos en el régimen de Seguridad Social que sea de aplicación. El puesto desempeñado se reservará al menos

---

[1026] Añadido por art. único de Ley Orgánica 19/2003 de 23 de diciembre de 2003, con vigencia desde 15/01/2004

[1027] Dada nueva redacción apartado 2 por disposición final 1 apartado 5 de Ley Orgánica 13/2007 de 19 de noviembre de 2007, con vigencia desde 21/11/2007

dos años. Transcurrido este periodo, dicha reserva lo será a un puesto en la misma localidad y de igual retribución. Los funcionarios en esta situación podrán participar en los cursos de formación que convoque la Administración. [1028]

510. [1029] 1. Los funcionarios de los cuerpos a que se refiere este Libro serán declarados en situación de excedencia voluntaria, de oficio o a petición del interesado, cuando lo soliciten por interés particular, cuando se encuentren en servicio activo en otro cuerpo o escala de cualquiera de las Administraciones públicas o pasen a prestar servicios en organismos o entidades del sector público y no les corresponda quedar en otra situación y por agrupación familiar, con iguales requisitos y efectos a los establecidos en la legislación aplicable a los funcionarios de la Administración General del Estado.

2. Asimismo, se declarará de oficio la situación de excedencia voluntaria por interés particular de los funcionarios públicos, cuando finalizada la causa que determinó el pase a una situación distinta de la del servicio activo, incumplan la obligación de solicitar el reingreso en el mismo, en los plazos que reglamentariamente se determinen.

511. [1030] 1. El funcionario declarado en situación de suspensión, quedará privado, durante el tiempo de permanencia en la misma, del ejercicio de sus funciones y no podrá prestar servicios en ninguna Administración pública ni en organismos públicos o entidades de derecho público vinculadas a ellas.

2. La situación de suspensión de funciones podrá ser provisional o definitiva.

3. La suspensión provisional, podrá acordarse preventivamente, durante la tramitación de un procedimiento judicial o disciplinario y tendrá lugar en los casos siguientes:

a) Cuando por cualquier delito doloso el instructor del proceso penal la adopte como medida cautelar. En todo caso se acordará

[1028] Dada nueva redacción apartado 3 párrafo 3 por art. único apartado 98 de Ley Orgánica 7/2015 de 21 de julio de 2015, con vigencia desde 01/10/2015

[1029] Añadido por art. único de Ley Orgánica 19/2003 de 23 de diciembre de 2003, con vigencia desde 15/01/2004

[1030] Añadido por art. único de Ley Orgánica 19/2003 de 23 de diciembre de 2003, con vigencia desde 15/01/2004

cuando se hubiere dictado auto de prisión, de libertad bajo fianza, de procesamiento o de apertura de juicio oral en el procedimiento abreviado.

b) Durante la tramitación de un expediente disciplinario, por la autoridad que ordenó la incoación del expediente, no pudiendo exceder esta suspensión de seis meses, salvo en caso de paralización del procedimiento imputable al interesado.

c) Cuando el funcionario no pudiese acudir a su puesto de trabajo como consecuencia de haber sido privado por un Juez o Tribunal, con ocasión de un proceso penal, del derecho a residir en determinados lugares o de acercarse a determinadas personas.

4. La suspensión tendrá carácter definitivo cuando se imponga en virtud de condena criminal firme o sanción disciplinaria firme.

5. Los efectos derivados de la situación de suspensión, ya sea provisional o definitiva, serán los establecidos para los funcionarios de la Administración General del Estado declarados en esta situación.

512. [1031] Corresponderá al Ministerio de Justicia o a las Comunidades Autónomas con competencias asumidas acordar la concesión o declaración en estas situaciones administrativas a los funcionarios que prestan servicios en sus respectivos ámbitos territoriales, dictando a tal efecto, las disposiciones necesarias referentes a la forma y el procedimiento aplicable.

513. [1032] 1. Los cambios de situaciones administrativas deberán ser comunicados, en todo caso, al Registro Central de Personal a que se refiere el artículo 481, para su anotación y podrán tener lugar, siempre que reúnan los requisitos exigidos en cada caso, sin necesidad del reingreso previo al servicio activo.

2. En el supuesto de que la nueva situación conlleve el derecho a la reserva de un puesto de trabajo, los funcionarios podrán participar en convocatorias de concurso para la provisión de puestos de trabajo, permaneciendo en la situación que corresponda y reservándoseles un

---

[1031] Añadido por art. único de Ley Orgánica 19/2003 de 23 de diciembre de 2003, con vigencia desde 15/01/2004

[1032] Añadido por art. único de Ley Orgánica 19/2003 de 23 de diciembre de 2003, con vigencia desde 15/01/2004

puesto de igual nivel y similares retribuciones a las del puesto obtenido y en el mismo municipio.

514. [1033] 1. Los funcionarios procedentes de situaciones administrativas con derecho a reserva de puesto de trabajo se reincorporarán al servicio activo en la forma y condiciones que se determinen por la autoridad competente para su concesión.

2. El reingreso al servicio activo desde situaciones que no comporten reserva, se producirá mediante la participación en los procedimientos de concurso general o específico o por la adjudicación de un puesto por el sistema de libre designación.

3. Procederá asimismo el reingreso al servicio activo, con carácter provisional, mediante la adscripción a una plaza vacante, para cuya ocupación reúna el funcionario los requisitos exigidos en las relaciones de puestos de trabajo.

El reingreso por adscripción provisional estará, en todo caso, condicionado a las necesidades del servicio y el funcionario adscrito quedará obligado, para obtener destino definitivo, a participar en los concursos que se convoquen para la provisión de puestos de trabajo y a solicitar, entre otros, el puesto que ocupa provisionalmente.

Si no obtuviera destino definitivo se le adscribirá, de nuevo de forma provisional, a un puesto de trabajo vacante de cualquier Oficina Judicial ubicada en la provincia o en el área territorial en la que se hubiesen agrupado las vacantes a efecto de concurso.

De no participar en el primer concurso convocado con posterioridad a la adscripción provisional, pasará a la situación de excedencia voluntaria por interés particular.

[1033] Añadido por art. único de Ley Orgánica 19/2003 de 23 de diciembre de 2003, con vigencia desde 15/01/2004

TÍTULO VI
Régimen retributivo [1034]

515. [1035] Los funcionarios de los Cuerpos al servicio de la Administración de Justicia a que se refiere este Libro, sólo podrán ser remunerados por los conceptos retributivos que se establecen en esta Ley Orgánica.

516. [1036] Las retribuciones serán básicas y complementarias.

A) Los conceptos retributivos básicos, serán iguales a los establecidos por Ley para las Carreras Judicial y Fiscal.

B) Las retribuciones complementarias podrán ser: fijas en su cuantía y de carácter periódico en su devengo y variables.

1º Son retribuciones complementarias fijas en su cuantía y de carácter periódico:

a) El complemento general de puesto, que retribuirá los distintos tipos de puestos que se establezcan para cada cuerpo.

b) El complemento específico, destinado a retribuir las condiciones particulares de los mismos, en atención a su especial dificultad técnica, dedicación, responsabilidad, incompatibilidad, penosidad o peligrosidad.

c) El complemento de carrera profesional. [1037]

2º Son retribuciones complementarias variables:

a) El complemento de productividad, destinado a retribuir el especial rendimiento, la actividad extraordinaria y el interés o iniciativa con que el funcionario desempeñe su trabajo, así como su participación en los programas concretos de actuación y en la consecución de los objetivos que se determinen por el Ministerio de Justicia y las Comunidades Autónomas con competencias asumidas, en sus respectivos ámbitos, oído el Consejo General del Poder Judicial y previa

---

[1034] Añadido por art. único de Ley Orgánica 19/2003 de 23 de diciembre de 2003, con vigencia desde 15/01/2004

[1035] Añadido por art. único de Ley Orgánica 19/2003 de 23 de diciembre de 2003, con vigencia desde 15/01/2004

[1036] Añadido por art. único de Ley Orgánica 19/2003 de 23 de diciembre de 2003, con vigencia desde 15/01/2004

[1037] Añadido letra b apartado 1 párrafo c por art. único apartado 41 de Ley Orgánica 4/2018 de 28 de diciembre de 2018, con vigencia desde 18/01/2019

negociación con las organizaciones sindicales más representativas. El devengo de este complemento en un período, no originará derecho alguno a su mantenimiento para períodos sucesivos.

b) Las gratificaciones por servicios extraordinarios, destinadas a retribuir los servicios de carácter extraordinario prestados fuera de la jornada normal de trabajo, no podrán, en ningún caso, ser fijas en su cuantía ni periódicas en su devengo, ni originarán derecho alguno a su mantenimiento para períodos sucesivos.

517. [1038] 1. Además de las retribuciones señaladas en el artículo anterior, los funcionarios que presten sus servicios en aquellos órganos judiciales o servicios en los que el Consejo General del Poder Judicial, oídos el Ministerio de Justicia y las Comunidades Autónomas con competencias asumidas, haya considerado necesaria la atención permanente y continuada, tendrán derecho a percibir, en concepto de guardia, una remuneración cuya cuantía se fijará por orden ministerial a propuesta conjunta de los Ministros de Justicia y Hacienda, previa negociación con las organizaciones sindicales, en función del tipo de guardia de que se trate.

Este complemento será igual en todo el territorio y su percepción dependerá de la prestación del servicio de guardia, procediendo su abono una vez se haya acreditado su realización. Su devengo no originará derechos individuales para sucesivos períodos.

2. El personal a que se refiere este Libro percibirá, en su caso, las indemnizaciones correspondientes por razón del servicio.

518. [1039] 1. Los funcionarios que se encuentren en período de prácticas o desarrollando cursos selectivos de los previstos en el artículo 485, serán nombrados funcionarios en prácticas y su régimen retributivo será el establecido en esta Ley para los funcionarios que

---

[1038] Añadido por art. único de Ley Orgánica 19/2003 de 23 de diciembre de 2003, con vigencia desde 15/01/2004

[1039] Añadido por art. único de Ley Orgánica 19/2003 de 23 de diciembre de 2003, con vigencia desde 15/01/2004

estén realizando el período de prácticas para acceso al Cuerpo de Letrados de la Administración de Justicia. [1040]

2. Si las prácticas se realizasen desempeñando un puesto de trabajo, la cuantía correspondiente a la retribución complementaria del mismo será abonada por el Ministerio de Justicia o las Comunidades Autónomas con competencias asumidas, en cuyo ámbito territorial esté el puesto que se desempeña.

519. [1041] 1. La cuantía de las retribuciones básicas será igual para cada uno de los cuerpos, con independencia del lugar de prestación de los servicios o del puesto que se desempeñe, y vendrán determinadas en la Ley de Presupuestos Generales del Estado para cada año, en función de la especialidad de los Cuerpos al servicio de la Administración de Justicia.

La cuantía por antigüedad consistirá en un cinco por ciento del sueldo por cada tres años de servicio.

Cuando un funcionario preste sus servicios sucesivamente en diferentes cuerpos, percibirá los trienios devengados en los mismos, con el valor correspondiente al cuerpo en el que se perfeccionaron.

Cuando un funcionario cambie de cuerpo antes de completar un trienio, la fracción de tiempo transcurrida se considerará como tiempo de servicios prestados en el nuevo.

Los funcionarios tendrán derecho a percibir dos pagas extraordinarias al año por importe, cada una de ellas, de una mensualidad de sueldo y antigüedad y, en su caso, una cantidad proporcional del complemento general del puesto en los términos que se fijen por Ley para la Administración de Justicia, que se harán efectivas en los meses de junio y diciembre, siempre que los perceptores estuvieran en servicio activo o con derecho a devengo del sueldo el día primero de los meses indicados.

2. A efectos de complemento general de puesto, mediante Real Decreto se determinarán los puestos tipo de las distintas unidades que integran las Oficinas Judiciales, así como otros servicios no jurisdiccio-

---

[1040] Dada nueva redacción apartado 1 por disposición adicional 1 de Ley Orgánica 7/2015 de 21 de julio de 2015, con vigencia desde 01/10/2015

[1041] Añadido por art. único de Ley Orgánica 19/2003 de 23 de diciembre de 2003, con vigencia desde 15/01/2004

nales, estableciéndose las valoraciones de cada uno de ellos. La cuantía se fijará en la Ley de Presupuestos Generales del Estado.

3. Mediante Real Decreto, previa negociación con las organizaciones sindicales, se establecerán los criterios, requisitos y las cuantías iniciales del complemento de carrera profesional que será igual para todos los cuerpos con independencia de dónde presten sus servicios. [1042]

4. La cuantía individualizada del complemento específico se fijará por el Ministerio de Justicia o el órgano competente de la Comunidad Autónoma, previa negociación con las organizaciones sindicales en sus respectivos ámbitos, al elaborar las relaciones de puestos de trabajo en función de la valoración de las condiciones particulares de los mismos. Todos los puestos de trabajo tendrán asignado un complemento específico. En ningún caso podrá asignarse más de un complemento específico a un puesto de trabajo. [1043]

5. Corresponde al Ministerio de Justicia o al órgano competente de la Comunidad Autónoma, en sus respectivos ámbitos, la concreción individual de las cuantías del complemento de productividad y la determinación de los funcionarios con derecho a su percepción, de acuerdo con los criterios de distribución que se establezcan para los diferentes programas y objetivos. Por las citadas autoridades se establecerán fórmulas de participación de los representantes sindicales en su determinación concreta y el control formal de la asignación. [1044]

6. El Ministerio de Justicia y el órgano competente de las Comunidades Autónomas, en sus respectivos ámbitos, procederán a la asignación individual de las cuantías de las gratificaciones y a la determinación de los criterios para su percepción. [1045]

[1042] Añadido apartado 3 por art. único apartado 42 de Ley Orgánica 4/2018 de 28 de diciembre de 2018, con vigencia desde 18/01/2019

[1043] Renumerado apartado 3 por art. único apartado 42 de Ley Orgánica 4/2018 de 28 de diciembre de 2018 como apartado 4, con vigencia desde 18/01/2019

[1044] Renumerado apartado 4 por art. único apartado 42 de Ley Orgánica 4/2018 de 28 de diciembre de 2018 como apartado 5, con vigencia desde 18/01/2019

[1045] Renumerado apartado 5 por art. único apartado 42 de Ley Orgánica 4/2018 de 28 de diciembre de 2018 como apartado 6, con vigencia desde 18/01/2019

TÍTULO VII
Ordenación de la actividad profesional [1046]

520. [1047] 1. Los funcionarios o funcionarias de los Cuerpos a que se refiere este libro desempeñarán los puestos de trabajo de las unidades en que se estructuren las Oficinas judiciales, las Oficinas de Justicia en los municipios, las Secretarías de Gobierno, las Oficinas de Registro Civil, las Oficinas fiscales y, en su caso, los correspondientes a las unidades administrativas a que se refiere el artículo 439; los del Gabinete Técnico del Tribunal Supremo, los de los Institutos de Medicina Legal y Ciencias Forenses, y los del Instituto de Toxicología y sus departamentos. [1048]

2. Además podrán prestar servicios en el Consejo General del Poder Judicial, en el Tribunal Constitucional y en el Tribunal de Cuentas en los términos y con las condiciones previstas en la normativa reguladora del personal al servicio de los citados órganos constitucionales, y en la Mutualidad General Judicial en los puestos que se determinen en la relación de puestos de trabajo del citado organismo público.

3. También podrán acceder a puestos de trabajo de otras Administraciones públicas en tanto las relaciones de puestos de trabajo contengan expresa previsión al efecto. Les será de aplicación, mientras se mantengan en dichos puestos, la legislación en materia de función pública de la Administración en que se encuentren destinados y permanecerán en servicio activo en su Administración de origen.

521. [1049] 1. La ordenación del personal funcionario de los Cuerpos a que se refieren los libros V y VI y su integración en las distintas unidades u oficinas se realizará a través de las relaciones de puestos de trabajo que se aprueben y que, en todo caso, serán públicas.

[1046] Añadido por art. único de Ley Orgánica 19/2003 de 23 de diciembre de 2003, con vigencia desde 15/01/2004

[1047] Dada nueva redacción por art. 1 apartado 3 de Ley Orgánica 6/2021 de 28 de abril de 2021, con vigencia desde 30/04/2021

[1048] Dada nueva redacción apartado 1 por art. 1 apartado 100 de Ley Orgánica 1/2025 de 2 de enero de 2025, con vigencia desde 23/01/2025

[1049] Dada nueva redacción por art. 1 apartado 101 de Ley Orgánica 1/2025 de 2 de enero de 2025, con vigencia desde 23/01/2025

2. Las relaciones de puestos de trabajo contendrán la dotación de todos los puestos de trabajo de las distintas unidades u oficinas, incluidos aquellos que hayan de ser desempeñados por letrados y letradas de la Administración de Justicia, e indicarán su denominación, ubicación, los requisitos exigidos para su desempeño, el complemento general de puesto y el complemento específico.

3. Las relaciones de puestos de trabajo deberán contener necesariamente las siguientes especificaciones:

A) Centro Gestor. Centro de destino.

A efectos de la ordenación de los puestos de trabajo y de su ocupación por el personal funcionario, tendrán la consideración de centros gestores los órganos competentes del Ministerio de Justicia o el órgano competente de las comunidades autónomas para la gestión del personal, a quienes corresponderá la formulación de la relación de puestos de trabajo en sus respectivos ámbitos territoriales.

Se entenderá por centro de destino:

a) En el ámbito de la Oficina judicial:

– El servicio común de tramitación del Tribunal Supremo.

– Los servicios comunes de tramitación de la Audiencia Nacional y del Tribunal Central de Instancia.

– El servicio común de tramitación de cada Tribunal Superior de Justicia.

– El conjunto de los servicios comunes de tramitación que, sin estar comprendidos entre los anteriores, radiquen en un mismo municipio.

– Cada uno de los servicios comunes procesales que se constituyan.

b) La Oficina Central del Registro Civil.

c) Cada una de las Oficinas Generales de Registro Civil, sin perjuicio del régimen de compatibilidad de determinados puestos con la actividad de la Oficina judicial del mismo partido judicial cuando así se determine.

d) Cada una de las Oficinas de Justicia en los municipios, sin perjuicio del régimen de compatibilidad de sus puestos con la actividad de la Oficina judicial del mismo partido judicial que se determinen en las relaciones de puestos de trabajo de las Oficinas de Justicia en los municipios. En el caso de las agrupaciones de Oficinas de Justicia en los municipios el centro de destino será la agrupación.

e) En el ámbito de la Oficina fiscal, cada una de las Fiscalías o secciones territoriales.

f) En las unidades administrativas, aquellos centros que su norma de creación establezca como tales.

g) En los Institutos de Medicina Legal y Ciencias Forenses, aquellos que su norma de creación establezca como tales.

h) En el Instituto Nacional de Toxicología y Ciencias Forenses, aquellos que su norma de creación establezca como tales.

i) La Mutualidad General Judicial.

j) El Gabinete Técnico del Tribunal Supremo.

k) Cada una de las Secretarías de Gobierno.

B) Tipo de puesto.

A estos efectos los puestos se clasifican en genéricos y singularizados.

Son puestos genéricos los que no se diferencian dentro de la estructura orgánica y que implican la ejecución de tareas o funciones propias de un cuerpo, y por tanto no tienen un contenido funcional individualizado.

Son puestos singularizados los diferenciados dentro de la estructura orgánica y que implican la ejecución de tareas o funciones asignadas de forma individualizada. A estos efectos, en aquellas comunidades autónomas que posean lengua propia, el conocimiento de la misma sólo constituirá elemento determinante de la naturaleza singularizada del puesto, cuando su exigencia se derive de las funciones concretas asignadas al mismo en las relaciones de puestos de trabajo.

C) Sistema de provisión.

A efectos de las relaciones de puestos de trabajo, se concretará su forma de provisión definitiva por el procedimiento de concurso o de libre designación.

D) Cuerpo o cuerpos a los que se adscriben los puestos.

Los puestos de trabajo se adscribirán como norma general a un solo cuerpo. No obstante, pudiendo existir puestos de trabajo en los que la titulación no se considere requisito esencial y la cualificación requerida se pueda determinar por factores ajenos a la pertenencia a un cuerpo determinado, es posible la adscripción de un puesto de trabajo a dos cuerpos.

Los puestos de trabajo de las relaciones de puestos de trabajo de las Oficinas judiciales se adscribirán con carácter exclusivo a los cuerpos al servicio de la Administración de Justicia en razón de sus conocimientos especializados.

E) Actividades compatibles.

En las relaciones de puestos de trabajo de la Oficina judicial se identificarán aquellos cuya actividad sea compatible en distintas unidades de la misma. En las relaciones de puestos de trabajo de las Oficinas de Justicia en los municipios se identificarán aquellos puestos cuya actividad sea compatible con la de la Oficina judicial.

En las relaciones de puestos de trabajo de las Oficinas de Registro Civil se identificarán aquellos puestos cuya actividad sea compatible con la de la Oficina judicial.

4. Además de los requisitos anteriormente señalados, las relaciones de puestos de trabajo podrán contener:

1.º Titulación académica específica, además de la genérica correspondiente al Grupo al que se haya adscrito el puesto, cuando su necesidad se deduzca objetivamente de la índole de las funciones a desempeñar.

2.º Formación específica, cuando de la naturaleza de las funciones del puesto se deduzca su exigencia y pueda ser acreditada documentalmente.

3.º Conocimiento oral y escrito de la lengua oficial propia en aquellas comunidades autónomas que la tengan reconocida como tal.

4.º Conocimientos informáticos cuando sean necesarios para el desempeño del puesto.

5.º Aquellas otras condiciones que se consideren relevantes en el contenido del puesto o su desempeño.

522. [1050] 1. El Ministerio de Justicia elaborará y aprobará, previa negociación con las organizaciones sindicales más representativas, las relaciones de puestos de trabajo en que se ordenen los puestos de trabajo de las oficinas y unidades previstas en el artículo 520.1, correspondientes a su respectivo ámbito de actuación. La aprobación de las relaciones de puestos de trabajo se realizará mediante resolución de la persona titular del centro directivo que tenga atribuida esta competencia.

Asimismo, el Ministerio de Justicia, previa negociación con las organizaciones sindicales más representativas, será competente para la ordenación de los puestos de trabajo asignados al Cuerpo de Letrados de la Administración de Justicia en todo el territorio del Estado, que

[1050] Dada nueva redacción por art. 1 apartado 102 de Ley Orgánica 1/2025 de 2 de enero de 2025, con vigencia desde 23/01/2025

se determinarán con anterioridad a la aprobación definitiva de cada relación de puestos de trabajo.

2. Las comunidades autónomas con competencias asumidas, previa negociación con las organizaciones sindicales, elaborarán y aprobarán, mediante resolución de la persona titular del centro directivo que tenga atribuida esta competencia, las relaciones de puestos de trabajo en que se ordenen los puestos de trabajo de las oficinas y unidades previstas en el artículo 520.1, correspondientes a su respectivo ámbito de actuación. Antes de su aprobación, deberán comunicarlas al Ministerio de Justicia.

523. [1051] 1. Las comunidades autónomas y el Ministerio de Justicia podrán, en sus respectivos ámbitos, modificar las relaciones de puestos de trabajo, previa negociación con las organizaciones sindicales más representativas. Aprobada dicha modificación se podrá:

1.º Redistribuir los puestos de trabajo no singularizados dentro de cada unidad u oficina.

2.º Redistribuir los puestos de trabajo de unidades o servicios suprimidos, como consecuencia de la modificación de las estructuras orgánicas.

3.º Reordenar los puestos de trabajo entre diferentes unidades u oficinas.

4.º Amortizar puestos de trabajo.

2. En todo caso, las modificaciones de las relaciones de puestos de trabajo que se produzcan deberán tener en cuenta los principios contenidos en esta Ley para la redistribución y reordenación de efectivos y, en concreto las siguientes reglas:

1.º Por las Administraciones competentes se elaborará un proyecto motivado, que será negociado con las organizaciones sindicales más representativas.

2.º Se deberá respetar la denominación, retribuciones y demás características de los puestos afectados y en ningún caso supondrán cambio de municipio para el personal.

3.º Para su efectividad, si la modificación de la relación de puestos de trabajo corresponde a una comunidad autónoma con competencias

---

[1051] Dada nueva redacción por art. 1 apartado 103 de Ley Orgánica 1/2025 de 2 de enero de 2025, con vigencia desde 23/01/2025

asumidas en materia de Justicia, será preceptiva la comunicación previa al Ministerio de Justicia.

TÍTULO VIII
Provisión de puestos de trabajo y movilidad [1052]

524. [1053] 1. La provisión de los puestos de trabajo se llevará a cabo por los procedimientos de concurso, que será el sistema ordinario, o de libre designación, de conformidad con lo que determinen las relaciones de puestos de trabajo y en atención a la naturaleza de las funciones a desempeñar.

2. Los puestos de trabajo podrán cubrirse temporalmente mediante adscripción provisional o en comisión de servicios.

3. Asimismo y por razones organizativas, los puestos de trabajo podrán ser provistos mediante redistribución o reordenación de efectivos.

525. [1054] Serán competentes para la provisión de los puestos de trabajo ubicados en sus respectivos ámbitos territoriales, el Ministerio de Justicia y las Comunidades Autónomas con competencias asumidas, en los supuestos, condiciones y conforme a los procedimientos que se establezcan en esta Ley Orgánica y en el Reglamento General de Ingreso, Provisión de Puestos de Trabajo y Promoción Profesional.

526. [1055] 1. El concurso consiste en la comprobación y valoración de los méritos que puedan alegarse, de acuerdo con las bases de la convocatoria y conforme al baremo que se establezca en la misma.

Atendiendo a la naturaleza y funciones de los puestos cuya cobertura se pretende, el concurso podrá ser:

[1052] Añadido por art. único de Ley Orgánica 19/2003 de 23 de diciembre de 2003, con vigencia desde 15/01/2004

[1053] Añadido por art. único de Ley Orgánica 19/2003 de 23 de diciembre de 2003, con vigencia desde 15/01/2004

[1054] Añadido por art. único de Ley Orgánica 19/2003 de 23 de diciembre de 2003, con vigencia desde 15/01/2004

[1055] Añadido por art. único de Ley Orgánica 19/2003 de 23 de diciembre de 2003, con vigencia desde 15/01/2004

a) Concurso de traslado: por este procedimiento se cubrirán los puestos de trabajo genéricos.

La valoración de los méritos se realizará, en la forma y conforme al baremo que determine el Real Decreto por el que se apruebe el Reglamento General de Ingreso, Provisión de Puestos de Trabajo y Promoción Profesional.

b) Concurso específico: por este procedimiento se cubrirán los puestos de trabajo singularizados. Constará de dos fases:

1º En la primera se procederá a la comprobación y valoración de los méritos generales, conforme a lo establecido en el párrafo a) de este artículo.

2º En la segunda fase, se procederá a la valoración de aptitudes concretas, a través de conocimientos, experiencia, titulaciones académicas y aquellos otros elementos que garanticen la adecuación del aspirante para el desempeño del puesto. Estas aptitudes se valorarán en la forma que se determine en la convocatoria sin que, en ningún caso, esta segunda fase pueda suponer más del 40 por ciento de la puntuación máxima total de ambas fases.

2. En el procedimiento de libre designación, el órgano competente apreciará la idoneidad de los candidatos, en relación con los requisitos exigidos para el desempeño del puesto.

Podrán proveerse por este sistema, los puestos directivos y aquellos para los que, por su especial responsabilidad y dedicación, así se establezca en las relaciones de puestos de trabajo.

3. Será preceptiva, en todo caso, la convocatoria pública en el «Boletín Oficial del Estado» y Boletín Oficial de la Comunidad Autónoma, con indicación de la denominación del puesto, localización, y retribución, así como, en su caso, de los requisitos mínimos exigibles.

527. [1056] Sin perjuicio de la posibilidad de nombramiento de funcionarios interinos por razones de urgencia o necesidad a que refiere el artículo 472.2, los puestos de trabajo vacantes o en caso de ausencia de su titular podrán ser provistos temporalmente de la siguiente manera:

1. Los puestos de trabajo vacantes, hasta tanto se resuelvan los sistemas de provisión en curso o cuando resueltos no se hayan cubierto

---

[1056] Añadido por art. único de Ley Orgánica 19/2003 de 23 de diciembre de 2003, con vigencia desde 15/01/2004

por no existir candidato idóneo, podrán ser provistos por funcionarios que reúnan los requisitos exigidos para su desempeño, mediante el otorgamiento de una comisión de servicio, que podrá tener carácter voluntario o forzoso.

Los funcionarios que se encuentren en comisión de servicio, conservarán su puesto de origen y tendrán derecho a las retribuciones complementarias del puesto que desempeñen.

Si la comisión tiene carácter forzoso y las retribuciones del puesto que se desempeña fuesen inferiores al de origen, se garantizarán, en todo caso, las retribuciones complementarias que resulten superiores.

2. Con carácter excepcional podrán ser cubiertos temporalmente mediante sustitución los puestos de trabajo que se encuentren vacantes o cuando su titular esté ausente. [1057]

Para ser nombrado sustituto se deberán reunir los requisitos establecidos para el desempeño del puesto de trabajo de que se trate en la relación de puestos de trabajo.

Reglamentariamente se establecerán los supuestos y el procedimiento aplicable a las sustituciones. Cuando se trate de un puesto de trabajo adscrito al Cuerpo de Letrados de la Administración de Justicia el procedimiento y requisitos aplicables a la sustitución será el establecido expresamente para el nombramiento de Secretarios sustitutos. [1058]

Asimismo, los puestos de trabajo se podrán desempeñar temporalmente mediante adscripción provisional, en los supuestos de cese y renuncia.

Los funcionarios nombrados para puestos de libre designación, podrán ser cesados con carácter discrecional, mediante resolución en la que la motivación se referirá exclusivamente a la competencia para adoptarla.

Los titulares de un puesto de trabajo obtenido por concurso específico o por libre designación, podrán renunciar a los mismos, mediante solicitud razonada en la que harán constar, los motivos profesionales o personales y siempre que hayan desempeñado el citado puesto, al menos un año.

[1057] Dada nueva redacción apartado 2 párrafo 1 por art. único apartado 100 de Ley Orgánica 7/2015 de 21 de julio de 2015, con vigencia desde 01/10/2015

[1058] Dada nueva redacción apartado 2 párrafo 3 por disposición adicional 1 de Ley Orgánica 7/2015 de 21 de julio de 2015, con vigencia desde 01/10/2015

En los anteriores supuestos, los funcionarios serán adscritos provisionalmente, en tanto no obtengan otro con carácter definitivo, a un puesto de trabajo correspondiente a su cuerpo, dentro del mismo municipio y con efectos del día siguiente al de la resolución del cese o aceptación de la renuncia.

También podrán ser adscritos provisionalmente a un puesto de trabajo correspondiente a su cuerpo, los funcionarios de carrera que reingresen al servicio activo desde situaciones que no comportaran reserva de puesto de trabajo. En este supuesto, la adscripción estará condicionada a las necesidades del servicio.

528. [1059] 1. Redistribución de efectivos.

Los funcionarios que ocupen con carácter definitivo puestos genéricos podrán ser adscritos por necesidades del servicio a otros de iguales naturaleza, complemento general de puesto y complemento específico del mismo centro de destino.

El puesto de trabajo al que se accede a través de redistribución tendrá carácter definitivo, iniciándose el cómputo del tiempo mínimo de permanencia en un puesto para poder concursar desde la fecha en que se accedió con carácter definitivo, computándose el tiempo mínimo de permanencia, conforme a lo dispuesto en el artículo 529.3, con referencia al puesto que se desempeñaba en el momento de producirse la redistribución.

2. Reordenación de efectivos.

Por razones organizativas y a través de las correspondientes modificaciones de las relaciones de puestos de trabajo, los puestos de trabajo genéricos y los titulares de los mismos podrán ser adscritos a otros centros de destino.

Este proceso de movilidad se realizará en base a un proyecto presentado por las Administraciones competentes y negociado con las organizaciones sindicales más representativas mediante procedimientos de movilidad voluntaria.

Los puestos o plazas que no sean cubiertos serán posteriormente asignados mediante un proceso de reasignación forzosa, en los términos que reglamentariamente se establezcan.

[1059] Añadido por art. único de Ley Orgánica 19/2003 de 23 de diciembre de 2003, con vigencia desde 15/01/2004

Los funcionarios afectados por una reordenación forzosa estarán exentos de la obligación de permanencia mínima en el puesto de trabajo señalada en el artículo 529, gozando de preferencia para obtener un puesto de trabajo en su centro de destino de origen en el primer concurso en que se oferten plazas de dicho centro.

A efectos de determinación del puesto afectado por la reordenación, cuando exista más de uno de la misma naturaleza, se aplicará el criterio de voluntariedad por parte de los funcionarios que los desempeñen y, en su defecto, de antigüedad en la ocupación.

3. Por motivos excepcionales, el Ministerio de Justicia, o en su caso las Comunidades Autónomas con competencias en materia de justicia, podrán acordar planes de ordenación de recursos humanos en los términos y conforme a lo previsto en la normativa vigente para los funcionarios de la Administración General del Estado. [1060]

529. [1061] 1. El Ministerio de Justicia y las Comunidades Autónomas convocarán concursos de ámbito nacional para la provisión de puestos de trabajo vacantes en sus ámbitos territoriales.

El Reglamento General de Ingreso, Provisión de Puestos de Trabajo y Promoción Profesional de los funcionarios de la Administración de Justicia establecerá las normas a que han de ajustarse las convocatorias, así como los méritos generales a valorar.

2. Podrán participar en estos concursos los funcionarios, cualquiera que sea su situación administrativa, excepto los declarados suspensos en firme que no podrán participar mientras dure la suspensión, siempre que reúnan las condiciones generales exigidas y los requisitos determinados en la convocatoria, en la fecha en que termine el plazo de presentación de instancias y sin ninguna limitación por razón de la localidad de destino.

3. No se podrá tomar parte en un concurso de traslado para la provisión de puestos de trabajo genéricos hasta tanto no hayan transcurrido dos años desde que se dictó la resolución por la que se convocó el concurso de traslado en el que el funcionario obtuvo su último destino definitivo, desde el que participa, o la resolución en la que

---

[1060] Añadido apartado 3 por art. único apartado 29 de Ley Orgánica 8/2012 de 27 de diciembre de 2012, con vigencia desde 29/12/2012

[1061] Añadido por art. único de Ley Orgánica 19/2003 de 23 de diciembre de 2003, con vigencia desde 15/01/2004

se le adjudicó destino definitivo, si se trata de funcionarios de nuevo ingreso.

Para el cómputo de los años se considerará como primer año el año natural en que se dictaron las resoluciones de que se trate, con independencia de su fecha, y como segundo año, el año natural siguiente.

4. Los funcionarios que no tengan destino definitivo, obligados a participar en los concursos de acuerdo con la normativa vigente, estarán excluidos de la limitación temporal prevista en el apartado anterior.

530. [1062] En las convocatorias para puestos de trabajo de las Comunidades Autónomas con competencias asumidas cuya lengua propia tenga carácter oficial, se valorará como mérito el conocimiento oral y escrito de la misma. En determinados puestos, podrá considerarse requisito exigible para el acceso a los mismos, cuando de la naturaleza de las funciones a desempeñar se derive dicha exigencia y así se establezca en las relaciones de puestos de trabajo.

531. [1063] 1. La provisión de puestos genéricos vacantes se efectuará mediante concursos de traslados, que serán convocados y resueltos en sus ámbitos respectivos por el Ministerio de Justicia y por las Comunidades Autónomas que hayan recibido los traspasos de medios personales y en los que podrán participar todos los funcionarios que reúnan los requisitos exigidos, cualquiera que sea el territorio en que se encuentren destinados.

2. Estos concursos se convocarán al menos una vez al año, en la misma fecha en todo el territorio del Estado, y se resolverán por cada Administración convocante de modo que los interesados no puedan tomar posesión más que en un único destino y en un mismo cuerpo.

A tal efecto, el Reglamento General de Ingreso, Provisión de Puestos de Trabajo y Promoción Profesional de los funcionarios de la Administración de Justicia contendrá las normas aplicables a los concursos de traslados, que asegurarán la efectiva participación en condiciones de igualdad de todos los funcionarios, estableciendo un sistema

---

[1062] Añadido por art. único de Ley Orgánica 19/2003 de 23 de diciembre de 2003, con vigencia desde 15/01/2004

[1063] Añadido por art. único de Ley Orgánica 19/2003 de 23 de diciembre de 2003, con vigencia desde 15/01/2004

que garantice de manera permanente la inmediatez y agilidad en la provisión de las vacantes, así como un calendario para la convocatoria y resolución de los concursos de traslados que permita determinar los puestos de trabajo a ofertar a los funcionarios de nuevo ingreso, de conformidad con lo dispuesto en el artículo 488.3.

3. Las convocatorias se harán públicas a través del «Boletín Oficial del Estado» y de los Boletines o Diarios Oficiales de las Comunidades Autónomas.

4. En los concursos se ofertarán las plazas vacantes que determinen las Administraciones competentes y las que resulten del propio concurso, siempre que no esté prevista su amortización.

5. Con carácter excepcional, se podrán convocar con antelación suficiente concursos de traslados sin resultas para los órganos judiciales de nueva creación al objeto de que a su entrada en funcionamiento estén dotados de personal. [1064]

532. [1065] 1. Los concursos específicos serán convocados y resueltos por cada Administración competente en su ámbito territorial, procurando que las convocatorias y su resolución no interfieran en los resultados de los concursos convocados por las respectivas Administraciones, y podrán participar en ellos los funcionarios de la Administración de Justicia, cualquiera que sea el ámbito territorial en que estén destinados.

2. Se valorarán aquellos méritos generales que se determinen en el Reglamento General de Ingreso, Provisión de Puestos de Trabajo y Promoción Profesional de los funcionarios de la Administración de Justicia, conforme a los criterios que en el mismo se establezcan.

3. Los méritos específicos serán adecuados a las características de cada puesto y se determinarán en la convocatoria, sin que en ningún caso puedan sobrepasar el porcentaje máximo de la puntuación total establecido en el artículo 526.

[1064] Añadido apartado 5 por art. único apartado 101 de Ley Orgánica 7/2015 de 21 de julio de 2015, con vigencia desde 01/10/2015

[1065] Añadido por art. único de Ley Orgánica 19/2003 de 23 de diciembre de 2003, con vigencia desde 15/01/2004

533. [1066] 1. Los citados méritos serán comprobados y valorados por una comisión, que estará constituida por cuatro miembros en representación de la Administración convocante designados por la misma, de los que al menos uno será funcionario al servicio de la Administración de Justicia.

Las organizaciones sindicales más representativas en el ámbito correspondiente participarán como miembros de la Comisión de valoración, en número inferior al de los miembros designados a propuesta de la Administración.

2. Todos los miembros deberán pertenecer a cuerpos de igual o superior titulación al que esté adscrito el puesto convocado y desempeñarán puestos de igual o superior categoría al convocado.

El Presidente y Secretario serán nombrados por la autoridad convocante entre los miembros designados por la Administración.

TÍTULO IX
Responsabilidad disciplinaria [1067]

534. [1068] 1. Los Letrados de la Administración de Justicia y los funcionarios de los cuerpos a que se refiere este Libro estarán sujetos a responsabilidad disciplinaria y serán sancionados en los supuestos y de acuerdo con los principios que se establecen en esta Ley Orgánica. [1069]

2. Además de los autores, serán responsables disciplinariamente los superiores que consintieren, así como quienes indujeran o encubrieran, las faltas muy graves y graves cuando de dichos actos se deriven graves daños para la Administración o los ciudadanos.

3. No podrá imponerse sanción por la comisión de falta muy grave o grave, sino en virtud de expediente disciplinario instruido al efecto

---

[1066] Añadido por art. único de Ley Orgánica 19/2003 de 23 de diciembre de 2003, con vigencia desde 15/01/2004

[1067] Añadido por art. único de Ley Orgánica 19/2003 de 23 de diciembre de 2003, con vigencia desde 15/01/2004

[1068] Añadido por art. único de Ley Orgánica 19/2003 de 23 de diciembre de 2003, con vigencia desde 15/01/2004

[1069] Dada nueva redacción apartado 1 por disposición adicional 1 de Ley Orgánica 7/2015 de 21 de julio de 2015, con vigencia desde 01/10/2015

mediante el procedimiento que se establezca en el Reglamento General de Régimen Disciplinario de los funcionarios al servicio de la Administración de Justicia que se dicte en desarrollo de esta Ley.

Para la imposición de sanciones por faltas leves, no será preceptiva la previa instrucción del expediente, salvo el trámite de audiencia al interesado.

4. Cuando de la instrucción de un procedimiento disciplinario resulte la existencia de indicios fundados de criminalidad, se suspenderá su tramitación, poniéndolo en conocimiento del Ministerio Fiscal.

5. La incoación de un procedimiento penal no será obstáculo para la iniciación de un expediente disciplinario por los mismos hechos, pero no se dictará resolución en éste hasta tanto no haya recaído sentencia firme o auto de sobreseimiento en la causa penal.

En todo caso, la declaración de hechos probados contenida en la resolución que pone término al procedimiento penal vinculará a la resolución que se dicte en el expediente disciplinario, sin perjuicio de la distinta calificación jurídica que puedan merecer en una y otra vía.

Sólo podrá recaer sanción penal y disciplinaria sobre los mismos hechos, cuando no hubiere identidad de fundamento jurídico y bien jurídico protegido.

6. Durante la tramitación del procedimiento se podrá acordar la suspensión provisional como medida cautelar, que requerirá resolución motivada.

7. Las sanciones disciplinarias serán anotadas en el registro de personal, con expresión de los hechos imputados. Dichas anotaciones serán canceladas por el transcurso de los plazos que se determinen reglamentariamente.

535. [1070] El procedimiento disciplinario que se establezca en desarrollo de esta Ley Orgánica deberá garantizar al funcionario expedientado, además de los reconocidos por el artículo 35 de la Ley 30/1992, de 26 de noviembre, de Régimen Jurídico de las Administraciones Públicas y del Procedimiento Administrativo Común, los siguientes derechos:

1º A la presunción de inocencia.

[1070] Añadido por art. único de Ley Orgánica 19/2003 de 23 de diciembre de 2003, con vigencia desde 15/01/2004

2º A ser notificado del nombramiento de instructor y secretario, así como a recusar a los mismos.

3º A ser notificado de los hechos imputados, de la infracción que constituyan y de las sanciones que, en su caso, puedan imponerse, así como de la resolución sancionadora.

4º A formular alegaciones.

5º A proponer cuantas pruebas sean adecuadas para la determinación de los hechos.

6º A poder actuar en el procedimiento asistido de Letrado o de los representantes sindicales que determine.

536. [1071] Las faltas podrán ser muy graves, graves y leves.

a) Se consideran faltas muy graves:

1. El incumplimiento del deber de fidelidad a la Constitución en el ejercicio de la función pública.

2. Toda actuación que suponga discriminación por razón de sexo, raza, religión, lengua, opinión, lugar de nacimiento o vecindad o cualquier otra condición o circunstancia personal o social.

3. El abandono del servicio.

4. La emisión de informes o adopción de acuerdos o resoluciones manifiestamente ilegales, cuando se cause perjuicio grave al interés público o lesionen derechos fundamentales de los ciudadanos.

5. La utilización indebida de la documentación o información a que tengan o hayan tenido acceso por razón de su cargo o función.

6. La negligencia en la custodia de documentos que dé lugar a su difusión o conocimiento indebidos.

7. El incumplimiento reiterado de las funciones inherentes al puesto de trabajo o funciones encomendadas.

8. La utilización de las facultades que tenga atribuidas, para influir en procesos electorales de cualquier naturaleza y ámbito.

9. El incumplimiento grave de las decisiones judiciales cuya ejecución tengan encomendadas.

10. La desobediencia grave o reiterada a las órdenes o instrucciones verbales o escritas de un superior emitidas por éste en el ejercicio de sus competencias, referidas a funciones o tareas propias del puesto de trabajo del interesado, salvo que sean manifiestamente ilegales.

[1071] Dada nueva redacción por art. único apartado 102 de Ley Orgánica 7/2015 de 21 de julio de 2015, con vigencia desde 01/10/2015

11. La utilización de la condición de funcionario para la obtención de un beneficio indebido para sí o para un tercero.

12. La realización de actividades declaradas incompatibles por ley.

13. La inobservancia del deber de abstención, a sabiendas de que concurre alguna de las causas legalmente previstas.

14. Los actos que impidan el ejercicio de los derechos fundamentales, de las libertades públicas y de los derechos sindicales.

15. El incumplimiento del deber de atender los servicios esenciales en caso de huelga.

16. El acoso sexual.

17. La agresión grave a cualquier persona con la que se relacionen en el ejercicio de sus funciones.

18. La arbitrariedad en el uso de autoridad que cause perjuicio grave a los subordinados o al servicio.

19. Las acciones y omisiones que hayan dado lugar en sentencia firme a una declaración de responsabilidad civil contraída en el ejercicio de la función por dolo o culpa grave.

20. La comisión de una falta grave cuando hubiere sido anteriormente sancionado por otras dos graves que hayan adquirido firmeza, sin que hubieren sido canceladas o procedido la cancelación de las anotaciones correspondientes.

b) Se consideran faltas graves:

1. La desobediencia expresa a las órdenes o instrucciones de un superior, emitidas por éste en el ejercicio de sus competencias, referidas a funciones o tareas propias del puesto de trabajo del interesado, salvo que sean manifiestamente ilegales.

2. El incumplimiento de las decisiones judiciales cuya ejecución les ha sido encomendada, cuando no constituya falta muy grave.

3. El abuso de autoridad en el ejercicio de sus funciones cuando no constituya falta muy grave.

4. La negligencia en la custodia de documentos, así como la utilización indebida de los mismos o de la información que conozcan por razón del cargo, cuando tales conductas no constituyan falta muy grave.

5. La tercera falta injustificada de asistencia en un período de tres meses.

6. La negligencia o retraso injustificado en el cumplimiento de las funciones inherentes al puesto de trabajo o funciones encomendadas cuando no constituya un notorio incumplimiento de las mismas.

7. El ejercicio de cualquier actividad susceptible de compatibilidad, conforme a lo dispuesto en la Ley 53/1984, de 26 de diciembre, sobre incompatibilidades del personal al servicio de las Administraciones públicas, sin obtener la pertinente autorización o habiéndola obtenido con falta de veracidad en los presupuestos alegados.

8. La falta de consideración grave con los superiores, iguales o subordinados, así como con los profesionales o ciudadanos.

9. Causar daño grave en los documentos o material de trabajo, así como en los locales destinados a la prestación del servicio.

10. La utilización inadecuada de los medios informáticos y materiales empleados en el ejercicio de sus funciones y el incumplimiento de las instrucciones facilitadas para su utilización, así como la indebida utilización de las claves de acceso a los sistemas informáticos.

11. Las acciones u omisiones dirigidas a eludir los sistemas de control de horarios o a impedir que sean detectados los incumplimientos injustificados de la jornada de trabajo.

12. Dejar de promover la exigencia de la responsabilidad disciplinaria que proceda al personal que integre su oficina, cuando conocieran o debieran conocer el incumplimiento grave por los mismos de los deberes que les correspondan.

13. Obstaculizar las labores de inspección.

14. Promover su abstención de forma claramente injustificada.

15. El reiterado incumplimiento del horario de trabajo sin causa justificada.

16. La comisión de una falta de carácter leve habiendo sido sancionado anteriormente por resolución firme por otras dos leves, sin que hubieran sido canceladas o procedido la cancelación de las correspondientes anotaciones.

c) Se consideran faltas leves:

1. La falta de consideración con los superiores, iguales o subordinados, así como con los profesionales o ciudadanos, cuando no constituya una infracción más grave.

2. El incumplimiento de los deberes propios de su cargo o puesto de trabajo o la negligencia en su desempeño, siempre que tales conductas no constituyan infracción más grave.

3. El retraso injustificado en el cumplimiento de sus funciones, cuando no constituya falta más grave.

4. La ausencia injustificada por un día.

5. El incumplimiento del horario de trabajo sin causa justificada cuando no constituya falta grave.

537. [1072] En el Reglamento General de Régimen Disciplinario de los funcionarios al servicio de la Administración de Justicia se fijarán los criterios para la determinación de la graduación de las sanciones que, en todo caso, se basarán en los siguientes principios:

1º Intencionalidad.

2º Perjuicio causado a la Administración o a los ciudadanos.

3º Grado de participación en la comisión de la falta.

4º Reiteración o reincidencia.

538. [1073] Las sanciones que se pueden imponer a los funcionarios por las faltas cometidas en el ejercicio de su cargo son:

a) Apercibimiento.

b) Suspensión de empleo y sueldo.

c) Traslado forzoso fuera del municipio de destino.

d) Separación del servicio.

e) Cese en el puesto de trabajo.

Las sanciones de los párrafos b) y c) podrán imponerse por la comisión de faltas graves y muy graves, graduándose su duración en función de las circunstancias que concurran en el hecho objeto de sanción.

La sanción de separación de servicio sólo podrá imponerse por faltas muy graves.

La suspensión de funciones impuesta por la comisión de una falta muy grave no podrá ser superior a tres años ni inferior a un año. Si se impone por falta grave, no excederá de un año.

Los funcionarios a los que se sancione con traslado forzoso no podrán obtener nuevo destino en el municipio de origen durante tres años, cuando hubiese sido impuesta por falta muy grave, y durante uno, cuando hubiera correspondido a la comisión de una falta grave.

La sanción de cese en el puesto de trabajo, sólo será aplicable a los funcionarios interinos por comisión de faltas graves o muy graves.

[1072] Añadido por art. único de Ley Orgánica 19/2003 de 23 de diciembre de 2003, con vigencia desde 15/01/2004

[1073] Dada nueva redacción por art. único apartado 103 de Ley Orgánica 7/2015 de 21 de julio de 2015, con vigencia desde 01/10/2015

Las faltas leves sólo podrán ser corregidas con apercibimiento.

539. [1074] Serán competentes para la incoación y tramitación de expedientes disciplinarios así como para la imposición de sanciones de los funcionarios de los cuerpos incluidos en el ámbito de aplicación de este Libro, el Ministerio de Justicia y los órganos que se determinen por las Comunidades Autónomas con competencias asumidas, en sus respectivos ámbitos territoriales y respecto de los funcionarios destinados en los mismos.

La separación del servicio, será acordada por el Ministro de Justicia en todo caso.

Cuando la sanción de traslado forzoso suponga la movilidad del territorio de una Comunidad Autónoma al de otra con competencias asumidas, será competente para acordarla el Ministro de Justicia, previo informe favorable de la Comunidad Autónoma a cuyo territorio se traslada al funcionario sancionado.

540. [1075] 1. Las faltas leves prescribirán a los dos meses; las graves, a los seis meses, y las muy graves, al año. El plazo se computará desde al fecha de su comisión.

2. En los casos en los que un hecho dé lugar a la apertura de causa penal, los plazos de prescripción no comenzarán a computarse sino desde la conclusión de la misma.

3. El plazo de prescripción se interrumpirá en el momento en que se inicie el procedimiento disciplinario volviendo a computarse el plazo si el expediente permaneciera paralizado durante más de seis meses por causas no imputables al funcionario sujeto a procedimiento.

4. Las sanciones impuestas prescribirán a los cuatro meses en el caso de las faltas leves; al año, en los casos de faltas graves y a los dos años, en los casos de faltas muy graves. El plazo de prescripción se computará a partir del día siguiente a aquel en que adquiera firmeza la resolución en que se imponga.

[1074] Añadido por art. único de Ley Orgánica 19/2003 de 23 de diciembre de 2003, con vigencia desde 15/01/2004

[1075] Añadido por art. único de Ley Orgánica 19/2003 de 23 de diciembre de 2003, con vigencia desde 15/01/2004

LIBRO VII
DEL MINISTERIO FISCAL LA FISCALÍA EUROPEA Y DEMÁS PERSONAS E INSTITUCIONES QUE COOPERAN CON LA ADMINISTRACIÓN DE JUSTICIA [1076]

TÍTULO PRIMERO
Del Ministerio Fiscal y la Fiscalía Europea [1077]

541. [1078] 1. Sin perjuicio de las funciones encomendadas a otros órganos, el Ministerio Fiscal tiene por misión promover la acción de la Justicia en defensa de la legalidad, de los derechos de los ciudadanos y del interés público tutelado por la Ley, de oficio o a petición de los interesados, así como velar por la independencia de los Tribunales y procurar ante éstos la satisfacción del interés social.

2. El Ministerio Fiscal se regirá por lo que disponga su Estatuto Orgánico [1079].

541 bis. [1080] La Fiscalía Europea será responsable de investigar y ejercer la acción penal ante el órgano de enjuiciamiento competente en primera instancia y vía de recurso contra los autores y demás partícipes en los delitos que perjudiquen los intereses financieros de la Unión Europea en los que, con arreglo al Reglamento (UE) 2017/1939 del Consejo, de 12 de octubre de 2017, ejerza de forma efectiva su competencia.

[1076] Dada nueva redacción por disposición final 2 apartado 9 de Ley Orgánica 9/2021 de 1 de julio de 2021, con vigencia desde 03/07/2021

[1077] Dada nueva redacción por disposición final 2 apartado 10 de Ley Orgánica 9/2021 de 1 de julio de 2021, con vigencia desde 03/07/2021

[1078] Añadido por art. único de Ley Orgánica 19/2003 de 23 de diciembre de 2003, con vigencia desde 15/01/2004

[1079] Véanse EOMF, arts. 124 CE, 14.2, 42 a 50, 51, 52, 56, 57, 108.4, 127.3, 146, 191, 218, 219, 293, 296, 379, 384, 387, 388, 389 a 397, 405 a 427, 433, 434, disposición adicional 5.5, disposición adicional 9, disposición transitoria 5, disposición transitoria 6 y disposición transitoria 22 de la presente Ley

[1080] Añadido por disposición final 2 apartado 11 de Ley Orgánica 9/2021 de 1 de julio de 2021, con vigencia desde 03/07/2021

TÍTULO II
De los Abogados, Procuradores y Graduados Sociales [1081]

542. [1082] 1. Corresponde en exclusiva la denominación y función de Abogado al Licenciado en Derecho que ejerza profesionalmente la dirección y defensa de las partes en toda clase de procesos, o el asesoramiento y consejo jurídico [1083].

2. En su actuación ante los Juzgados y Tribunales, los Abogados son libres e independientes, se sujetarán al principio de buena fe, gozarán de los derechos inherentes a la dignidad de su función y serán amparados por aquéllos en su libertad de expresión y defensa.

3. Los Abogados deberán guardar secreto de todos los hechos o noticias de que conozcan por razón de cualquiera de las modalidades de su actuación profesional, no pudiendo ser obligados a declarar sobre los mismos [1084].

543. [1085] 1. Corresponde exclusivamente a los Procuradores la representación de las partes en todo tipo de procesos, salvo cuando la Ley autorice otra cosa [1086].

2. Dentro de las limitaciones que las leyes dispongan, los procuradores podrán realizar los actos de comunicación a las partes del proceso, así como los actos de cooperación, auxilio y colaboración con la Administración de Justicia. Por delegación del juez, jueza o tribunal, podrán también realizar las actuaciones materiales propias del proceso de ejecución en los términos establecidos legalmente que, en todo caso, excluirán las ejecuciones hipotecarias de vivienda habitual, así como las derivadas de procesos en materia de familia, las de desahucio por impago de rentas o cantidades debidas en viviendas habituales y los

---

[1081] Dada nueva redacción por art. único apartado 104 de Ley Orgánica 7/2015 de 21 de julio de 2015, con vigencia desde 01/10/2015

[1082] Añadido por art. único de Ley Orgánica 19/2003 de 23 de diciembre de 2003, con vigencia desde 15/01/2004

[1083] Véanse arts. 6 a 10 EGAE

[1084] Véanse arts. 18, 20 CE, 30, 32. 41 y 46 EGAE, 11.1 y 191 de la presente Ley

[1085] Añadido por art. único de Ley Orgánica 19/2003 de 23 de diciembre de 2003, con vigencia desde 15/01/2004

[1086] Véase Estatuto General de los Procuradores de los Tribunales de España

lanzamientos de ocupantes de finca con posterioridad a la subasta de la misma si esta es vivienda habitual. [1087]

3. Será aplicable a los Procuradores lo dispuesto en el apartado 3 del artículo anterior.

4. En el ejercicio de su profesión los Procuradores podrán ser sustituidos por otro Procurador. También para los actos y en la forma que se determine reglamentariamente podrán ser sustituidos por oficial habilitado.

544. [1088] 1. Los Abogados, Procuradores y Graduados Sociales, antes de iniciar su ejercicio profesional, prestarán juramento o promesa de acatamiento a la Constitución y al resto del ordenamiento jurídico.

2. La colegiación de los Abogados, Procuradores y Graduados Sociales será obligatoria para actuar ante los Juzgados y Tribunales en los términos previstos en esta Ley y por la legislación general sobre colegios profesionales, salvo que actúen al servicio de las Administraciones públicas o entidades públicas por razón de dependencia funcionarial o laboral [1089].

545. [1090] 1. Salvo que la ley disponga otra cosa, las partes podrán designar libremente a sus representantes y defensores entre los Procuradores y Abogados que reúnan los requisitos exigidos por las leyes.

2. En los procedimientos laborales y de Seguridad Social la representación técnica podrá ser ostentada por un Graduado Social, al que serán de aplicación las obligaciones inherentes a su función, de acuerdo con lo dispuesto en su ordenamiento jurídico profesional, en este título y especialmente en los artículos 187, 542.3 y 546.

[1087] Dada nueva redacción apartado 2 por art. 1 apartado 104 de Ley Orgánica 1/2025 de 2 de enero de 2025, con vigencia desde 23/01/2025

[1088] Dada nueva redacción por art. único apartado 105 de Ley Orgánica 7/2015 de 21 de julio de 2015, con vigencia desde 01/10/2015

[1089] Véanse Ley 2/1974, sobre Colegios Profesionales, arts. 11 a 20 EGAE y 9 a 22 Estatuto General de los Procuradores de los Tribunales de España

[1090] Dada nueva redacción por art. único apartado 106 de Ley Orgánica 7/2015 de 21 de julio de 2015, con vigencia desde 01/10/2015

3. Se designarán de oficio, con arreglo a lo que en las leyes se establezca, a quien lo solicite o se niegue a nombrarlos, siendo preceptiva su intervención. La defensa o representación de oficio tendrá carácter gratuito para quien acredite insuficiencia de recursos para litigar en los términos que establezca la ley [1091] .

546. [1092] 1. Es obligación de los poderes públicos garantizar la defensa y la asistencia de Abogado o la representación técnica de Graduado Social en los términos establecidos en la Constitución y en las leyes [1093] . [1094]

2. Los Abogados, Procuradores y Graduados Sociales están sujetos en el ejercicio de su profesión a responsabilidad civil, penal y disciplinaria, según proceda. [1095]

3. Las correcciones disciplinarias por su actuación ante los Juzgados y Tribunales se regirán por lo establecido en esta Ley y en las leyes procesales. La responsabilidad disciplinaria por su conducta profesional compete declararla a los correspondientes Colegios y Consejos conforme a sus estatutos, que deberán respetar en todo caso las garantías de la defensa de todo el procedimiento sancionador [1096] .

[1091] Véanse LAJG, arts. 24, 119 CE, 45, 46 EGAE y 42 a 46 Estatuto General de los Procuradores de los Tribunales de España

[1092] Añadido por art. único de Ley Orgánica 19/2003 de 23 de diciembre de 2003, con vigencia desde 15/01/2004

[1093] Véanse LAJG, arts. 24, 119 CE, 45, 46 EGAE y 42 a 46 Estatuto General de los Procuradores de los Tribunales de España

[1094] Dada nueva redacción apartado 1 por art. único apartado 107 de Ley Orgánica 7/2015 de 21 de julio de 2015, con vigencia desde 01/10/2015

[1095] Dada nueva redacción apartado 2 por art. único apartado 107 de Ley Orgánica 7/2015 de 21 de julio de 2015, con vigencia desde 01/10/2015

[1096] Véanse arts. 57 a 76 Estatuto General de los Procuradores de los Tribunales de España, 78 a 93 EGAE y 552 a 557 de la presente Ley

TÍTULO III
De la Policía Judicial [1097]

547. [1098] La función de la Policía Judicial comprende el auxilio a los Juzgados y Tribunales y al Ministerio Fiscal en la averiguación de los delitos y en el descubrimiento y aseguramiento de los delincuentes. Esta función competerá, cuando fueren requeridos para prestarla, a todos los miembros de las Fuerzas y Cuerpos de Seguridad, tanto si dependen del Gobierno central como de las Comunidades Autónomas o de los entes locales, dentro del ámbito de sus respectivas competencias [1099].

548. [1100] 1. Se establecerán unidades de Policía Judicial que dependerán funcionalmente de las autoridades judiciales y del Ministerio Fiscal en el desempeño de todas las actuaciones que aquéllas les encomienden.

2. Por Ley se fijará la organización de estas unidades y los medios de selección y régimen jurídico de sus miembros [1101].

549. [1102] 1. Corresponden específicamente a las unidades de Policía Judicial las siguientes funciones:

a) La averiguación acerca de los responsables y circunstancias de los hechos delictivos y la detención de los primeros, dando cuenta seguidamente a la autoridad judicial y fiscal, conforme a lo dispuesto en las leyes.

[1097] Añadido por art. único de Ley Orgánica 19/2003 de 23 de diciembre de 2003, con vigencia desde 15/01/2004

[1098] Añadido por art. único de Ley Orgánica 19/2003 de 23 de diciembre de 2003, con vigencia desde 15/01/2004

[1099] Véanse RD. 796/1987, de 19 de junio, sobre regulación de la Policía Judicial, arts. 29 a 36 LO 2/1986, de 13 de marzo, de Fuerzas y Cuerpos de Seguridad, 104, 118 y 126 CE

[1100] Añadido por art. único de Ley Orgánica 19/2003 de 23 de diciembre de 2003, con vigencia desde 15/01/2004

[1101] Véanse arts. 4.4 EOMF, 29 a 36 LO 2/1986, de 13 de marzo, de Fuerzas y Cuerpos de Seguridad y 126 CE

[1102] Añadido por art. único de Ley Orgánica 19/2003 de 23 de diciembre de 2003, con vigencia desde 15/01/2004

b) El auxilio a la autoridad judicial y fiscal en cuantas actuaciones deba realizar fuera de su sede y requieran la presencia policial.

c) La realización material de las actuaciones que exijan el ejercicio de la coerción y ordenare la autoridad judicial o fiscal.

d) La garantía del cumplimiento de las órdenes y resoluciones de la autoridad judicial o fiscal.

e) Cualesquiera otras de la misma naturaleza en que sea necesaria su cooperación o auxilio y lo ordenare la autoridad judicial o fiscal.

2. En ningún caso podrán encomendarse a los miembros de dichas unidades la práctica de actuaciones que no sean las propias de la Policía Judicial o las derivadas de las mismas.

550. [1103] 1. En las funciones de investigación penal, la Policía Judicial actuará bajo la dirección de los Juzgados y Tribunales y del Ministerio Fiscal [1104].

2. Los funcionarios de Policía Judicial a quienes se hubiera encomendado una actuación o investigación concreta dentro de las competencias a que se refiere el artículo 547 de esta Ley, no podrán ser removidos o apartados hasta que finalice la misma o, en todo caso, la fase del procedimiento judicial que la originó, si no es por decisión o con la autorización del Juez o Fiscal competente.

TÍTULO IV

De la representación y defensa del Estado y demás entes públicos [1105]

551. [1106] 1. La representación y defensa del Estado y de sus organismos autónomos, así como la representación y defensa de los órganos constitucionales cuyas normas internas no establezcan un

---

[1103] Añadido por art. único de Ley Orgánica 19/2003 de 23 de diciembre de 2003, con vigencia desde 15/01/2004

[1104] Véase la Instruc. 1/2008 de 7 marzo, sobre la Dirección por el Ministerio Fiscal de las actuaciones de la Policía Judicial

[1105] Añadido por art. único de Ley Orgánica 19/2003 de 23 de diciembre de 2003, con vigencia desde 15/01/2004

[1106] Añadido por art. único de Ley Orgánica 19/2003 de 23 de diciembre de 2003, con vigencia desde 15/01/2004

régimen especial propio, corresponderá a los Abogados del Estado integrados en el Servicio Jurídico del Estado. Los Abogados del Estado podrán representar y defender a los restantes organismos y entidades públicos, sociedades mercantiles estatales y fundaciones con participación estatal, en los términos contenidos en la Ley 52/1997, de 27 de noviembre, de Asistencia Jurídica al Estado e Instituciones Públicas y disposiciones de desarrollo.

La representación y defensa de las entidades gestoras, servicios comunes y otros organismos o entidades de naturaleza pública, que conforme a la ley integran la Administración de la Seguridad Social, sin incluir, en consecuencia, la de las mutuas colaboradoras de la Seguridad Social, corresponderá a los Letrados de la Administración de la Seguridad Social, integrados en el Servicio Jurídico de la Administración de la Seguridad Social, sin perjuicio de que, de acuerdo con lo que reglamentariamente se determine, tales funciones puedan ser encomendadas a Abogado colegiado especialmente designado al efecto [1107]. [1108]

2. La representación y defensa de las Cortes Generales, del Congreso de los Diputados, del Senado, de la Junta Electoral Central y de los órganos e instituciones vinculados o dependientes de aquéllas corresponderá a los Letrados de las Cortes Generales integrados en las secretarías generales respectivas.

3. La representación y defensa de las Comunidades Autónomas y las de los entes locales corresponderán a los Letrados que sirvan en los servicios jurídicos de dichas Administraciones públicas, salvo que designen Abogado colegiado que les represente y defienda. Los Abogados del Estado podrán representar y defender a las Comunidades Autónomas y a los entes locales en los términos contenidos en la Ley 52/1997, de 27 de noviembre, de Asistencia Jurídica al Estado e Instituciones Públicas y su normativa de desarrollo [1109].

[1107] Véanse Ley 52/1997, de 27 de noviembre, de Asistencia Jurídica al Estado e Instituciones Públicas, RD 1057/2024, de 15 de octubre, por el que se aprueba el Reglamento de la Abogacía General del Estado y disposición adicional 9.Uno.4 Ley 30/1984, de 2 de agosto, de medidas para la Reforma de la Función Pública

[1108] Dada nueva redacción apartado 1 por art. único apartado 108 de Ley Orgánica 7/2015 de 21 de julio de 2015, con vigencia desde 01/10/2015

[1109] Véanse Estatuto Autonomía Galicia, Estatuto Autonomía Comunidad Valenciana, Estatuto Autonomía Castilla La Mancha, Estatuto Autonomía Murcia, Estatuto Autonomía Extremadura, Ley 3/2003 de 26 de marzo, de RJ de la Administración de

TÍTULO V
De las sanciones que pueden imponerse a los que intervienen en los pleitos o causas [1110]

552. [1111] Los Abogados y Procuradores que intervengan en los pleitos y causas, cuando incumplan las obligaciones que les impone esta Ley o las leyes procesales, podrán ser corregidos a tenor de lo dispuesto en este Título, siempre que el hecho no constituya delito [1112].

553. [1113] Los Abogados y Procuradores serán también corregidos disciplinariamente por su actuación ante los Juzgados y Tribunales:

1º) Cuando en su actuación forense faltaren oralmente, por escrito o por obra, al respeto debido a los Jueces y Tribunales, Fiscales, Abogados, Letrados de la Administración de Justicia o cualquier persona que intervenga o se relacione con el proceso. [1114]

2º) Cuando llamados al orden en las alegaciones orales no obedecieren reiteradamente al que presida el acto.

3º) Cuando no comparecieren ante el Tribunal sin causa justificada una vez citados en forma.

4º) Cuando renuncien injustificadamente a la defensa o representación que ejerzan en un proceso, dentro de los siete días anteriores a la celebración del juicio o vistas señaladas.

---

la Comunidad Autónoma de las Illes Balears, arts. 54.4 RDLeg. 781/1986, de 18 de abril, por el que se aprueba el texto refundido de las Disposiciones Legales Vigentes en materia de Régimen Local y 221.2 RD 2568/1986, de 28 de noviembre, por el que se aprueba el Rgto. Organización, Funcionamiento y Régimen Jurídico de las Entidades Locales

[1110] Añadido por art. único de Ley Orgánica 19/2003 de 23 de diciembre de 2003, con vigencia desde 15/01/2004

[1111] Añadido por art. único de Ley Orgánica 19/2003 de 23 de diciembre de 2003, con vigencia desde 15/01/2004

[1112] Véanse arts. 247.4 LEC, 190, 193.2 y 546.3 de la presente Ley

[1113] Añadido por art. único de Ley Orgánica 19/2003 de 23 de diciembre de 2003, con vigencia desde 15/01/2004

[1114] Dada nueva redacción apartado 1 por disposición adicional 1 de Ley Orgánica 7/2015 de 21 de julio de 2015, con vigencia desde 01/10/2015

554. [1115] 1. Las correcciones que pueden imponerse a las personas a que se refieren los dos artículos anteriores son:

a) Apercibimiento.

b) Multa cuya máxima cuantía será la prevista en el Código Penal como pena correspondiente a las faltas.

2. La imposición de la corrección de multa se hará atendiendo a la gravedad, antecedentes y circunstancias de los hechos cometidos, y en todo caso se impondrá siempre con audiencia del interesado.

555. [1116] 1. La corrección se impondrá por la autoridad ante la que se sigan las actuaciones.

2. Podrá imponerse en los propios autos o en procedimiento aparte. En todo caso, por el secretario se hará constar el hecho que motive la actuación correctora, las alegaciones del implicado y el acuerdo que se adopte por el Juez o por la Sala.

556. [1117] Contra el acuerdo de imposición de la corrección podrá interponerse, en el plazo de cinco días, recurso de audiencia en justicia ante el Letrado de la Administración de Justicia, el Juez o la Sala, que lo resolverán en el siguiente día. Contra este acuerdo o contra el de imposición de la sanción, en el caso de que no se hubiese utilizado el recurso de audiencia en justicia, cabrá recurso de alzada, en el plazo de cinco días, ante la Sala de Gobierno, que lo resolverá previo informe del Letrado de la Administración de Justicia, del Juez o de la Sala que impuso la corrección, en la primera reunión que celebre.

557. [1118] Cuando fuere procedente alguna de las correcciones especiales previstas en las leyes procesales para casos determinados, se

---

[1115] Añadido por art. único de Ley Orgánica 19/2003 de 23 de diciembre de 2003, con vigencia desde 15/01/2004

[1116] Añadido por art. único de Ley Orgánica 19/2003 de 23 de diciembre de 2003, con vigencia desde 15/01/2004

[1117] Dada nueva redacción por disposición adicional 1 de Ley Orgánica 7/2015 de 21 de julio de 2015, con vigencia desde 01/10/2015

[1118] Añadido por art. único de Ley Orgánica 19/2003 de 23 de diciembre de 2003, con vigencia desde 15/01/2004

aplicará, en cuanto al modo de imponerla y recursos utilizables, lo que establecen los dos artículos anteriores.

LIBRO VIII
DEL CONSEJO GENERAL DEL PODER JUDICIAL [1119] [1120]

TÍTULO PRIMERO
De las atribuciones del Consejo General del Poder Judicial [1121]

558. [1122] [1123] 1. El gobierno del Poder Judicial corresponde al Consejo General del Poder Judicial, que ejerce sus competencias en todo el territorio nacional de acuerdo con la Constitución y la presente Ley Orgánica.

2. El Consejo General del Poder Judicial tiene su sede en la villa de Madrid.

[1119] Téngase en cuenta que el nuevo Libro VIII entra en vigor el 30 junio 2013, en lo relativo a la renovación, designación y elección de los Vocales del Consejo General del Poder Judicial y a la constitución del mismo. El resto del mismo ha entrado en vigor el día 4 diciembre 2013, fecha de constitución del primer Consejo General del Poder Judicial, conforme a la disp. final 3ª LO 4/2013 de 28 junio

[1120] Añadido por art. único apartado 1 de Ley Orgánica 4/2013 de 28 de junio de 2013, con vigencia desde 30/06/2013

[1121] Añadido por art. único apartado 1 de Ley Orgánica 4/2013 de 28 de junio de 2013, con vigencia desde 30/06/2013

[1122] Téngase en cuenta que el nuevo Libro VIII entra en vigor el 30 junio 2013, en lo relativo a la renovación, designación y elección de los Vocales del Consejo General del Poder Judicial y a la constitución del mismo. El resto del mismo ha entrado en vigor el día 4 diciembre 2013, fecha de constitución del primer Consejo General del Poder Judicial, conforme a la disp. final 3ª LO 4/2013 de 28 junio

[1123] Añadido por art. único apartado 1 de Ley Orgánica 4/2013 de 28 de junio de 2013, con vigencia desde 30/06/2013

559. [1124] *[1125]* Los Presidentes y demás órganos de gobierno de Juzgados y Tribunales, en el ejercicio de sus funciones gubernativas, están subordinados al Consejo General del Poder Judicial.

560. [1126] *[1127]* 1. El Consejo General del Poder Judicial tiene las siguientes atribuciones:

1ª Proponer el nombramiento, en los términos previstos por la presente Ley Orgánica, del Presidente del Tribunal Supremo y del Consejo General del Poder Judicial.

2ª Proponer el nombramiento de Jueces, Magistrados y Magistrados del Tribunal Supremo.

3ª Proponer el nombramiento, en los términos previstos por la presente Ley Orgánica, de dos Magistrados del Tribunal Constitucional.

4ª Ser oído por el Gobierno antes del nombramiento del Fiscal General del Estado.

5ª Interponer el conflicto de atribuciones entre órganos constitucionales del Estado, en los términos previstos por la Ley Orgánica del Tribunal Constitucional.

6ª Participar, en los términos legalmente previstos, en la selección de Jueces y Magistrados.

7ª Resolver lo que proceda en materia de formación y perfeccionamiento, provisión de destinos, ascensos, situaciones administrativas y régimen disciplinario de Jueces y Magistrados.

8ª Ejercer la alta inspección de Tribunales, así como la supervisión y coordinación de la actividad inspectora ordinaria de los Presidentes y Salas de Gobierno de los Tribunales.

[1124] Téngase en cuenta que el nuevo Libro VIII entra en vigor el 30 junio 2013, en lo relativo a la renovación, designación y elección de los Vocales del Consejo General del Poder Judicial y a la constitución del mismo. El resto del mismo ha entrado en vigor el día 4 diciembre 2013, fecha de constitución del primer Consejo General del Poder Judicial, conforme a la disp. final 3ª LO 4/2013 de 28 junio

[1125] Añadido por art. único apartado 1 de Ley Orgánica 4/2013 de 28 de junio de 2013, con vigencia desde 30/06/2013

[1126] Téngase en cuenta que el nuevo Libro VIII entra en vigor el 30 junio 2013, en lo relativo a la renovación, designación y elección de los Vocales del Consejo General del Poder Judicial y a la constitución del mismo. El resto del mismo ha entrado en vigor el día 4 diciembre 2013, fecha de constitución del primer Consejo General del Poder Judicial, conforme a la disp. final 3ª LO 4/2013 de 28 junio

[1127] Añadido por art. único apartado 1 de Ley Orgánica 4/2013 de 28 de junio de 2013, con vigencia desde 30/06/2013

9ª Impartir instrucciones a los órganos de gobierno de Juzgados y Tribunales en materias de la competencia de éstos, así como resolver los recursos de alzada que se interpongan contra cualesquiera acuerdos de los mismos.

10ª Cuidar de la publicación oficial de las sentencias y demás resoluciones que se determinen del Tribunal Supremo y del resto de órganos judiciales.

A tal efecto el Consejo General del Poder Judicial, previo informe de las Administraciones competentes, establecerá reglamentariamente el modo en que se realizará la recopilación de las sentencias, su tratamiento, difusión y certificación, para velar por su integridad, autenticidad y acceso, así como para asegurar el cumplimiento de la legislación en materia de protección de datos personales. [1128]

11ª Regular la estructura y funcionamiento de la Escuela Judicial, así como nombrar a su Director y a sus profesores.

12ª Regular la estructura y funcionamiento del Centro de Documentación Judicial, así como nombrar a su Director y al resto de su personal.

13ª Nombrar al Vicepresidente del Tribunal Supremo, al Promotor de la Acción Disciplinaria y al Jefe de la Inspección de Tribunales.

14ª Nombrar al Director del Gabinete Técnico del Consejo General del Poder Judicial.

15ª Regular y convocar el concurso-oposición de ingreso en el Cuerpo de Letrados del Consejo General del Poder Judicial.

16ª Ejercer la potestad reglamentaria, en el marco estricto de desarrollo de las previsiones de la Ley Orgánica del Poder Judicial, en las siguientes materias:

a) Organización y funcionamiento del Consejo General del Poder Judicial.

b) Personal del Consejo General del Poder Judicial en el marco de la legislación sobre la función pública.

c) Órganos de gobierno de Juzgados y Tribunales.

d) Publicidad de las actuaciones judiciales.

e) Publicación y reutilización de las resoluciones judiciales.

f) Habilitación de días y horas, así como fijación de horas de audiencia pública.

[1128] Dada nueva redacción apartado 1 número 10 por art. único apartado 44 de Ley Orgánica 4/2018 de 28 de diciembre de 2018, con vigencia desde 18/01/2019

g) Constitución de los órganos judiciales fuera de su sede.

h) Especialización de órganos judiciales.

i) Reparto de asuntos y ponencias.

j) Régimen de guardias de los órganos jurisdiccionales.

k) Organización y gestión de la actuación de los órganos judiciales españoles en materia de cooperación jurisdiccional interna e internacional.

Apartado 1 número 16 letra l (Derogada) [1129]

m) Condiciones accesorias para el ejercicio de los derechos y deberes que conforman el estatuto de Jueces y Magistrados, así como el régimen jurídico de las Asociaciones judiciales, sin que tal desarrollo reglamentario pueda suponer innovación o alteración alguna de la regulación legal.

En ningún caso, las disposiciones reglamentarias del Consejo General del Poder Judicial podrán afectar o regular directa o indirectamente los derechos y deberes de personas ajenas al mismo.

17ª Elaborar y ejecutar su propio presupuesto, en los términos previstos en la presente Ley Orgánica.

18ª Aprobar la relación de puestos de trabajo del personal funcionario a su servicio.

19ª En materia de protección de datos personales, ejercerá las funciones definidas en el artículo 236 octies. [1130]

20ª Recibir quejas de los ciudadanos en materias relacionadas con la Administración de Justicia.

21ª Elaborar y aprobar, conjuntamente con el Ministerio de Justicia y, en su caso, oídas las Comunidades Autónomas cuando afectare a materias de su competencia, los sistemas de racionalización, organización y medición de trabajo que se estimen convenientes para determinar la carga de trabajo que pueda soportar un órgano jurisdiccional.

La determinación de la carga de trabajo que cabe exigir, a efectos disciplinarios, al Juez o Magistrado corresponderá en exclusiva al Consejo General del Poder Judicial.

22ª Proponer, previa justificación de la necesidad, las medidas de refuerzo que sean precisas en concretos órganos judiciales.

[1129] Derogada apartado 1 número 16 letra l por art. único apartado 44 de Ley Orgánica 4/2018 de 28 de diciembre de 2018, con vigencia desde 18/01/2019

[1130] Dada nueva redacción apartado 1 número 19 por disposición final 3 apartado 14 de Ley Orgánica 7/2021 de 26 de mayo de 2021, con vigencia desde 16/06/2021

23ª Emitir informe en los expedientes de responsabilidad patrimonial por anormal funcionamiento de la Administración de Justicia.

24ª La recopilación y actualización de los Principios de Ética Judicial y su divulgación, así como su promoción con otras entidades y organizaciones judiciales, nacionales o internacionales.

El asesoramiento especializado a los jueces y magistrados en materia de conflictos de intereses, así como en las demás materias relacionadas con la integridad.

El Consejo General del Poder Judicial se asegurará de que la Comisión de Ética Judicial, que a tal efecto se constituya, esté dotada de los recursos y medios adecuados para el cumplimiento de sus objetivos. [1131]

25ª Aquellas otras que le atribuya la Ley Orgánica del Poder Judicial. [1132]

2. Los proyectos de reglamentos de desarrollo se someterán a informe de las asociaciones profesionales de Jueces y Magistrados y de las corporaciones profesionales o asociaciones de otra naturaleza que tengan reconocida legalmente representación de intereses a los que puedan afectar. Se dará intervención a la Administración del Estado, por medio del Ministerio de Justicia, y a las de las Comunidades Autónomas siempre que una y otras tengan competencias relacionadas con el contenido del reglamento o sea necesario coordinar éstas con las del Consejo General. Se recabarán las consultas y los estudios previos que se consideren pertinentes y un dictamen de legalidad sobre el proyecto.

En todo caso, se elaborará un informe previo de impacto de género.

El Ministerio Fiscal será oído cuando le afecte la materia sobre la que verse el proyecto y especialmente en los supuestos contemplados en las letras d) y f) a j) del apartado 1.16ª de este artículo.

Apartado 3 (Derogado) [1133]

4. Cuando en el ejercicio de las atribuciones legalmente previstas en este artículo el Consejo General del Poder Judicial adopte medidas que

---

[1131] Añadido apartado 1 número 24 por art. único apartado 44 de Ley Orgánica 4/2018 de 28 de diciembre de 2018, con vigencia desde 18/01/2019

[1132] Renumerado apartado 1 número 24 por art. único apartado 44 de Ley Orgánica 4/2018 de 28 de diciembre de 2018 como número 25.ª, con vigencia desde 18/01/2019

[1133] Derogado apartado 3 por art. único apartado 44 de Ley Orgánica 4/2018 de 28 de diciembre de 2018, con vigencia desde 18/01/2019

comporten un incremento de gasto, será preciso informe favorable de la Administración competente que deba soportar dicho gasto.

561. [1134] [1135] 1. Se someterán a informe del Consejo General del Poder Judicial los anteproyectos de ley y disposiciones generales que versen sobre las siguientes materias:

1ª Modificaciones de la Ley Orgánica del Poder Judicial.

2ª Determinación y modificación de las demarcaciones judiciales, así como de su capitalidad.

3ª Fijación y modificación de la plantilla orgánica de jueces y magistrados. [1136]

4ª Estatuto orgánico de Jueces y Magistrados.

5ª Estatuto orgánico de los Letrados de la Administración de Justicia y del resto del personal al servicio de la Administración de Justicia. [1137]

6ª Normas procesales o que afecten a aspectos jurídico-constitucionales de la tutela ante los Tribunales ordinarios del ejercicio de derechos fundamentales.

7ª Normas que afecten a la constitución, organización, funcionamiento y gobierno de los Tribunales.

8ª Leyes penales y normas sobre régimen penitenciario.

9ª Cualquier otra cuestión que el Gobierno, las Cortes Generales o, en su caso, las Asambleas Legislativas de las Comunidades Autónomas estimen oportuna.

2. El Consejo General del Poder Judicial emitirá su informe en el plazo improrrogable de treinta días. Si en la orden de remisión se hiciere constar la urgencia del informe, el plazo será de quince días. Excepcionalmente el órgano remitente podrá conceder la prórroga

---

[1134] Téngase en cuenta que el nuevo Libro VIII entra en vigor el 30 junio 2013, en lo relativo a la renovación, designación y elección de los Vocales del Consejo General del Poder Judicial y a la constitución del mismo. El resto del mismo ha entrado en vigor el día 4 diciembre 2013, fecha de constitución del primer Consejo General del Poder Judicial, conforme a la disp. final 3ª LO 4/2013 de 28 junio

[1135] Añadido por art. único apartado 1 de Ley Orgánica 4/2013 de 28 de junio de 2013, con vigencia desde 30/06/2013

[1136] Dada nueva redacción apartado 1 número 3 por art. único apartado 45 de Ley Orgánica 4/2018 de 28 de diciembre de 2018, con vigencia desde 18/01/2019

[1137] Dada nueva redacción apartado 1 número 5 por disposición adicional 1 de Ley Orgánica 7/2015 de 21 de julio de 2015, con vigencia desde 01/10/2015

del plazo atendiendo a las circunstancias del caso. La duración de la prórroga será de quince días, salvo en los casos en los que en la orden de remisión se hubiere hecho constar la urgencia del informe, en cuyo caso será de diez días. [1138]

3. Cuando no hubiera sido emitido informe en los plazos previstos en el apartado anterior, se tendrá por cumplido dicho trámite. [1139]

4. El Gobierno remitirá dicho informe a las Cortes Generales en el caso de tratarse de anteproyectos de ley. [1140]

562. [1141] [1142] Todas las actividades internacionales del Consejo General del Poder Judicial se llevarán a cabo en coordinación con el Ministerio de Asuntos Exteriores y de acuerdo con las directrices en materia de política exterior que, en el ejercicio de sus competencias, sean fijadas por éste, sin perjuicio de las competencias que en materia de cooperación jurisdiccional internacional ostenta el Consejo General del Poder Judicial de acuerdo con lo dispuesto en la presente Ley Orgánica.

563. [1143] [1144] 1. El Consejo General del Poder Judicial remitirá a las Cortes Generales anualmente una Memoria sobre el estado, funcio-

---

[1138] Dada nueva redacción apartado 2 por art. único apartado 109 de Ley Orgánica 7/2015 de 21 de julio de 2015, con vigencia desde 01/10/2015

[1139] Dada nueva redacción apartado 3 por art. único apartado 109 de Ley Orgánica 7/2015 de 21 de julio de 2015, con vigencia desde 01/10/2015

[1140] Añadido apartado 4 por art. único apartado 109 de Ley Orgánica 7/2015 de 21 de julio de 2015, con vigencia desde 01/10/2015

[1141] Téngase en cuenta que el nuevo Libro VIII entra en vigor el 30 junio 2013, en lo relativo a la renovación, designación y elección de los Vocales del Consejo General del Poder Judicial y a la constitución del mismo. El resto del mismo ha entrado en vigor el día 4 diciembre 2013, fecha de constitución del primer Consejo General del Poder Judicial, conforme a la disp. final 3ª LO 4/2013 de 28 de junio

[1142] Añadido por art. único apartado 1 de Ley Orgánica 4/2013 de 28 de junio de 2013, con vigencia desde 30/06/2013

[1143] Téngase en cuenta que el nuevo Libro VIII entra en vigor el 30 junio 2013, en lo relativo a la renovación, designación y elección de los Vocales del Consejo General del Poder Judicial y a la constitución del mismo. El resto del mismo ha entrado en vigor el día 4 diciembre 2013, fecha de constitución del primer Consejo General del Poder Judicial, conforme a la disp. final 3ª LO 4/2013 de 28 de junio

[1144] Añadido por art. único apartado 1 de Ley Orgánica 4/2013 de 28 de junio de 2013, con vigencia desde 30/06/2013

namiento y actividades del propio Consejo General del Poder Judicial y de los Juzgados y Tribunales, donde se incluirán las necesidades que, a su juicio, existan en materia de personal, instalaciones y recursos para el correcto desempeño de las funciones que la Constitución y las leyes asignan al poder judicial.

2. En dicha Memoria se incluirán también sendos capítulos respecto a los siguientes ámbitos:

a) Actividad del Presidente y Vocales del Consejo con gasto detallado.

b) Impacto de género en el ámbito judicial.

c) Informe sobre el uso de las lenguas cooficiales en la Justicia y, en particular, por parte de los jueces y magistrados en ejercicio de sus funciones. [1145]

3. Las Cortes Generales, de acuerdo con los Reglamentos de las Cámaras, podrán debatir el contenido de la Memoria y solicitar la comparecencia del Presidente del Tribunal Supremo, a fin de responder a las preguntas que se le formulen acerca de la referida Memoria.

4. Para contribuir a un mejor conocimiento del estado de la Justicia, con datos actualizados, anualmente el Presidente, además de lo previsto en los apartados anteriores en relación a la memoria, comparecerá en la Comisión de Justicia del Congreso de los Diputados para informar sobre los aspectos más relevantes del estado de la Justicia en España, en el marco de sus competencias. [1146]

5. Excepcionalmente, el Congreso podrá solicitar informe con comparecencia ante la Comisión de Justicia de un Vocal, por razón de las funciones que le han sido encomendadas, previa solicitud motivada, al menos, de dos Grupos parlamentarios, y que deberá ser autorizada por la Mesa del Congreso. [1147]

[1145] Dada nueva redacción apartado 2 por art. único apartado 46 de Ley Orgánica 4/2018 de 28 de diciembre de 2018, con vigencia desde 18/01/2019

[1146] Añadido apartado 4 por art. único apartado 46 de Ley Orgánica 4/2018 de 28 de diciembre de 2018, con vigencia desde 25/07/2024

[1147] Añadido apartado 5 por art. único apartado 46 de Ley Orgánica 4/2018 de 28 de diciembre de 2018, con vigencia desde 18/01/2019

564. [1148] Fuera de los supuestos previstos en el artículo anterior, sobre el Presidente del Tribunal Supremo y los Vocales del Consejo General del Poder Judicial no recaerá deber alguno de comparecer ante las Cámaras por razón de sus funciones.

565. [1149] [1150] 1. Para el ejercicio de las atribuciones que tiene encomendadas, el Consejo General del Poder Judicial, en ejercicio de su autonomía como órgano constitucional, elaborará su presupuesto.

2. La elaboración y ejecución del presupuesto del Consejo General del Poder Judicial se sujetará, en todo caso, a la legislación presupuestaria general.

3. El control interno del gasto del Consejo General del Poder Judicial se llevará a cabo por un funcionario perteneciente al Cuerpo Superior de Interventores y Auditores del Estado, que dependerá funcionalmente del Consejo General del Poder Judicial, y el control externo por el Tribunal de Cuentas.

4. El Consejo General del Poder Judicial, máximo órgano de gobierno del Poder Judicial, está vinculado por los principios de estabilidad y sostenibilidad presupuestaria.

[1148] Dada nueva redacción por art. único apartado 47 de Ley Orgánica 4/2018 de 28 de diciembre de 2018, con vigencia desde 18/01/2019

[1149] Téngase en cuenta que el nuevo Libro VIII entra en vigor el 30 junio 2013, en lo relativo a la renovación, designación y elección de los Vocales del Consejo General del Poder Judicial y a la constitución del mismo. El resto del mismo ha entrado en vigor el día 4 diciembre 2013, fecha de constitución del primer Consejo General del Poder Judicial, conforme a la disp. final 3ª LO 4/2013 de 28 junio

[1150] Añadido por art. único apartado 1 de Ley Orgánica 4/2013 de 28 de junio de 2013, con vigencia desde 30/06/2013

TÍTULO II
De los Vocales del Consejo General del Poder Judicial [1151]

CAPÍTULO PRIMERO
Designación y sustitución de los Vocales [1152]

566. [1153] [1154] El Consejo General del Poder Judicial estará integrado por el Presidente del Tribunal Supremo, que lo presidirá, y por veinte Vocales, de los cuales doce serán Jueces o Magistrados en servicio activo en la carrera judicial y ocho juristas de reconocida competencia.

567. [1155] [1156] 1. Las veinte personas Vocales del Consejo General del Poder Judicial serán designadas por las Cortes Generales del modo establecido en la Constitución y en la presente Ley Orgánica,

---

[1151] Añadido por art. único apartado 1 de Ley Orgánica 4/2013 de 28 de junio de 2013, con vigencia desde 30/06/2013

[1152] Añadido por art. único apartado 1 de Ley Orgánica 4/2013 de 28 de junio de 2013, con vigencia desde 30/06/2013

[1153] Téngase en cuenta que el nuevo Libro VIII entra en vigor el 30 junio 2013, en lo relativo a la renovación, designación y elección de los Vocales del Consejo General del Poder Judicial y a la constitución del mismo. El resto del mismo ha entrado en vigor el día 4 diciembre 2013, fecha de constitución del primer Consejo General del Poder Judicial, conforme a la disp. final 3ª LO 4/2013 de 28 junio

[1154] Añadido por art. único apartado 1 de Ley Orgánica 4/2013 de 28 de junio de 2013, con vigencia desde 30/06/2013

[1155] Téngase en cuenta que el nuevo Libro VIII entra en vigor el 30 junio 2013, en lo relativo a la renovación, designación y elección de los Vocales del Consejo General del Poder Judicial y a la constitución del mismo. El resto del mismo ha entrado en vigor el día 4 diciembre 2013, fecha de constitución del primer Consejo General del Poder Judicial, conforme a la disp. final 3ª LO 4/2013 de 28 junio

[1156] Añadido por art. único apartado 1 de Ley Orgánica 4/2013 de 28 de junio de 2013, con vigencia desde 30/06/2013

atendiendo al principio de presencia equilibrada de mujeres y hombres [1157] . [1158]

2. Cada una de las Cámaras elegirá, por mayoría de tres quintos de sus miembros, a diez Vocales, cuatro entre juristas de reconocida competencia con más de quince años de ejercicio en su profesión y seis correspondientes al turno judicial, conforme a lo previsto en el Capítulo II del presente Título. En dicha elección, cada una de las Cámaras garantizará el principio de presencia equilibrada de mujeres y hombres de forma que entre las diez personas vocales se incluya como mínimo un cuarenta por ciento de cada uno de los sexos [1159] . [1160]

Antes de su elección, los candidatos deberán comparecer ante la Comisión de nombramientos de la correspondiente Cámara, a los efectos de que se evalúen los méritos que acrediten su reconocido prestigio y su idoneidad. Los candidatos acompañarán una memoria de méritos y objetivos. Dichas comparecencias se efectuarán en términos que garanticen la igualdad y tendrán lugar en audiencia pública. [1161]

3. Podrán ser elegidos por el turno de juristas de reconocida competencia quienes tengan más de quince años de experiencia en cualquiera de las profesiones jurídicas y acrediten méritos destacados en su ejercicio. No podrán ser elegidos por este turno quienes sean miembros de la carrera judicial, salvo que se encuentren en situación administrativa distinta a la del servicio activo al menos durante el año anterior a su elección. Tampoco podrán ser elegidos por este turno quienes, en los cinco años anteriores:

a) hayan sido nombrados titulares de un Ministerio o de una Secretaría de Estado o de una Consejería de un Gobierno autonómico, o elegidos titulares de una Presidencia de Corporación local; o

---

[1157] Téngase en cuenta que la presente redacción del apartado 1 y del primer párrafo del apartado 2 se aplicarán a la designación de vocales del CGPJ que tenga lugar a partir del 22 agosto 2024, conforme al apartado 5 disp. trans. 2.ª LO 2/2024 de 1 agosto

[1158] Dada nueva redacción apartado 1 por art. 6 apartado 1 de Ley Orgánica 2/2024 de 1 de agosto de 2024, con vigencia desde 22/08/2024

[1159] Véanse arts. 56.3, 64.1 y 122.3 CE, 204, 205 Rgto. Congreso y 184 Rgto. Senado

[1160] Dada nueva redacción apartado 2 párrafo 1 por art. 6 apartado 1 de Ley Orgánica 2/2024 de 1 de agosto de 2024, con vigencia desde 22/08/2024

[1161] Añadido apartado 2 párrafo 2 por art. 1 apartado 8 de Ley Orgánica 3/2024 de 2 de agosto de 2024, con vigencia desde 06/08/2024

b) hayan tenido la condición de diputado, senador, o miembro del Parlamento Europeo o de una Asamblea legislativa de una Comunidad Autónoma. [1162]

4. Las Cámaras designarán un suplente por cada uno de los vocales titulares. [1163]

5. En ningún caso podrá recaer la designación de Vocales del Consejo General del Poder Judicial en Vocales del Consejo saliente.

6. El cómputo de los plazos en los procedimientos de designación de Vocales del Consejo General del Poder Judicial y de elección del Presidente del Tribunal Supremo y del Consejo General del Poder Judicial, así como del Vicepresidente del Tribunal Supremo, se realizará por días hábiles cuando el plazo se señale por días, empezando a computarse desde el día siguiente, y de fecha a fecha cuando se fije en meses o años. Cuando en el mes del vencimiento no hubiera día equivalente al inicial del cómputo se entenderá que el plazo expira el último del mes. [1164]

568. [1165] [1166] 1. El Consejo General del Poder Judicial se renovará en su totalidad cada cinco años, contados desde la fecha de su constitución. Los Presidentes del Congreso de los Diputados y del Senado deberán adoptar las medidas necesarias para que la renovación del Consejo se produzca en plazo [1167].

2. A tal efecto, y a fin de que las Cámaras puedan dar comienzo al proceso de renovación del Consejo, cuatro meses antes de la expiración del mencionado plazo, el Presidente del Tribunal Supremo y del Consejo General del Poder Judicial dispondrá:

[1162] Dada nueva redacción apartado 3 por art. 1 apartado 7 de Ley Orgánica 3/2024 de 2 de agosto de 2024, con vigencia desde 06/08/2024

[1163] Dada nueva redacción apartado 4 por art. 1 apartado 9 de Ley Orgánica 3/2024 de 2 de agosto de 2024, con vigencia desde 06/08/2024

[1164] Añadido apartado 6 por art. único apartado 110 de Ley Orgánica 7/2015 de 21 de julio de 2015, con vigencia desde 01/10/2015

[1165] Téngase en cuenta que el nuevo Libro VIII entra en vigor el 30 junio 2013, en lo relativo a la renovación, designación y elección de los Vocales del Consejo General del Poder Judicial y a la constitución del mismo. El resto del mismo ha entrado en vigor el día 4 diciembre 2013, fecha de constitución del primer Consejo General del Poder Judicial, conforme a la disp. final 3ª LO 4/2013 de 28 junio

[1166] Añadido por art. único apartado 1 de Ley Orgánica 4/2013 de 28 de junio de 2013, con vigencia desde 30/06/2013

[1167] Véase la disp. trans. 10ª LO 4/2013 de 28 junio

a) la remisión a los Presidentes del Congreso de los Diputados y del Senado de los datos del escalafón y del Registro de Asociaciones judiciales obrantes en dicha fecha en el Consejo.

b) la apertura del plazo de presentación de candidaturas para la designación de los Vocales correspondientes al turno judicial.

El Presidente del Tribunal Supremo dará cuenta al Pleno del Consejo General del Poder Judicial de los referidos actos en la primera sesión ordinaria que se celebre tras su realización.

569. [1168] [1169] 1. Los Vocales del Consejo General del Poder Judicial serán nombrados por el Rey mediante Real Decreto, tomarán posesión de su cargo prestando juramento o promesa ante el Rey y celebrarán a continuación su sesión constitutiva.

2. La toma de posesión y la sesión constitutiva tendrán lugar dentro de los cinco días posteriores a la expiración del anterior Consejo, salvo en el supuesto previsto en el artículo 570.2 de esta Ley Orgánica.

570. [1170] [1171] 1. Si el día de la sesión constitutiva del nuevo Consejo General del Poder Judicial no hubiere alguna de las Cámaras procedido aún a la elección de los Vocales cuya designación le corresponda, se constituirá el Consejo General del Poder Judicial con los diez Vocales designados por la otra Cámara y con los Vocales del Consejo saliente que hubieren sido designados en su momento por la Cámara que haya incumplido el plazo de designación, pudiendo desde entonces ejercer todas sus atribuciones.

[1168] Téngase en cuenta que el nuevo Libro VIII entra en vigor el 30 junio 2013, en lo relativo a la renovación, designación y elección de los Vocales del Consejo General del Poder Judicial y a la constitución del mismo. El resto del mismo ha entrado en vigor el día 4 diciembre 2013, fecha de constitución del primer Consejo General del Poder Judicial, conforme a la disp. final 3ª LO 4/2013 de 28 junio

[1169] Añadido por art. único apartado 1 de Ley Orgánica 4/2013 de 28 de junio de 2013, con vigencia desde 30/06/2013

[1170] Téngase en cuenta que el nuevo Libro VIII entra en vigor el 30 junio 2013, en lo relativo a la renovación, designación y elección de los Vocales del Consejo General del Poder Judicial y a la constitución del mismo. El resto del mismo ha entrado en vigor el día 4 diciembre 2013, fecha de constitución del primer Consejo General del Poder Judicial, conforme a la disp. final 3ª LO 4/2013 de 28 junio

[1171] Añadido por art. único apartado 1 de Ley Orgánica 4/2013 de 28 de junio de 2013, con vigencia desde 30/06/2013

2. Si ninguna de las dos Cámaras hubieren efectuado en el plazo legalmente previsto la designación de los Vocales que les corresponda, el Consejo saliente continuará en funciones hasta la toma de posesión del nuevo, no pudiendo procederse, hasta entonces, a la elección de nuevo Presidente del Consejo General del Poder Judicial.

3. El nombramiento de Vocales con posterioridad a la expiración del plazo concedido legalmente para su designación no supondrá, en ningún caso, la ampliación de la duración de su cargo más allá de los cinco años de mandato del Consejo General del Poder Judicial para el que hubieren sido designados, salvo lo previsto en el apartado anterior.

4. Una vez que se produzca la designación de los Vocales por la Cámara que haya incumplido el plazo de designación, deberá procederse a la sustitución de los Vocales salientes que formasen parte de alguna de las Comisiones legalmente previstas. Los nuevos Vocales deberán ser elegidos por el Pleno teniendo en cuenta el turno por el que hayan sido designados los Vocales salientes, y formarán parte de la Comisión respectiva por el tiempo que resta hasta la renovación de la misma.

5. La mera circunstancia de que la designación de Vocales se produzca una vez constituido el nuevo Consejo no servirá de justificación para revisar los acuerdos que se hubieren adoptado hasta ese momento.

570 bis. [1172] 1. Cuando, por no haberse producido su renovación en el plazo legalmente previsto, el Consejo General del Poder Judicial entre en funciones según lo previsto en el apartado 2 del artículo 570, la actividad del mismo se limitará a la realización de las siguientes atribuciones:

1.ª Proponer el nombramiento de dos Magistrados del Tribunal Constitucional, en los términos previstos por el artículo 599.1.1.ª.

2.ª Ser oído por el Gobierno antes del nombramiento del Fiscal General del Estado.

3.ª Participar, en los términos legalmente previstos, en la selección de Jueces y Magistrados.

4.ª Resolver lo que proceda en materia de formación y perfeccionamiento, provisión de destinos, ascensos reglados, situaciones administrativas y régimen disciplinario de Jueces y Magistrados.

[1172] Añadido por art. único apartado 1 de Ley Orgánica 4/2021 de 29 de marzo de 2021, con vigencia desde 31/03/2021

5.ª Ejercer la alta inspección de Tribunales, así como la supervisión y coordinación de la actividad inspectora ordinaria de los Presidentes y Salas de Gobierno de los Tribunales.

6.ª Cuidar de la publicación oficial de las sentencias y demás resoluciones que se determinen del Tribunal Supremo y del resto de órganos judiciales.

7.ª Garantizar el funcionamiento y actualizar los programas formativos de la Escuela Judicial.

8.ª Ejercer la potestad reglamentaria en las siguientes materias:

a) Publicidad de las actuaciones judiciales.

b) Publicación y reutilización de las resoluciones judiciales.

c) Habilitación de días y horas, así como fijación de horas de audiencia pública.

d) Constitución de los órganos judiciales fuera de su sede.

e) Régimen de guardias de los órganos jurisdiccionales.

f) Organización y gestión de la actuación de los órganos judiciales españoles en materia de cooperación jurisdiccional interna e internacional.

g) Condiciones accesorias para el ejercicio de los derechos y deberes que conforman el estatuto de Jueces y Magistrados, así como el régimen jurídico de las Asociaciones judiciales, sin que tal desarrollo reglamentario pueda suponer innovación o alteración alguna de la regulación legal.

9.ª Aprobar la relación de puestos de trabajo del personal funcionario a su servicio.

10.ª Colaborar con la Autoridad de Control en materia de protección de datos en el ámbito de la Administración de Justicia.

11.ª Recibir quejas de los ciudadanos en materias relacionadas con la Administración de Justicia.

12.ª Elaborar y ejecutar su propio presupuesto, en los términos previstos en la presente Ley Orgánica.

13.ª Proponer, previa justificación de la necesidad, las medidas de refuerzo que sean precisas en concretos órganos judiciales.

14.ª Emitir informe en los expedientes de responsabilidad patrimonial por anormal funcionamiento de la Administración de Justicia.

15.ª Recopilar y actualizar los Principios de Ética Judicial y proceder a su divulgación, así como a su promoción con otras entidades y organizaciones judiciales, nacionales o internacionales.

16.ª Elaborar los informes sobre los anteproyectos de ley y disposiciones generales que en virtud de lo dispuesto en el artículo 561 le correspondan. [1173]

2. Sin perjuicio de lo dispuesto en el apartado anterior, el Consejo en funciones podrá realizar aquellas otras actuaciones que sean indispensables para garantizar el funcionamiento ordinario del órgano.

571. [1174] [1175] 1. El cese anticipado de los Vocales del Consejo General del Poder Judicial dará lugar a su sustitución, procediendo el Presidente del Tribunal Supremo y del Consejo General del Poder Judicial a ponerlo en conocimiento de la Cámara competente para que proceda a la propuesta de nombramiento de un nuevo Vocal conforme a lo establecido en el artículo 567.4 de la presente Ley Orgánica. [1176]

2. El nuevo Vocal ejercerá su cargo por el tiempo que reste hasta la finalización del mandato del Consejo General del Poder Judicial.

[1173] Dada nueva redacción apartado 1 por art. único apartado 1 de Ley Orgánica 8/2022 de 27 de julio de 2022, añadiendo una nueva atribución 1.ª, con la consiguiente renumeración de las anteriores 1.ª a 15.ª como 2.ª a 16.ª, respectivamente, con vigencia desde 29/07/2022

[1174] Téngase en cuenta que el nuevo Libro VIII entra en vigor el 30 junio 2013, en lo relativo a la renovación, designación y elección de los Vocales del Consejo General del Poder Judicial y a la constitución del mismo. El resto del mismo ha entrado en vigor el día 4 diciembre 2013, fecha de constitución del primer Consejo General del Poder Judicial, conforme a la disp. final 3ª LO 4/2013 de 28 junio

[1175] Añadido por art. único apartado 1 de Ley Orgánica 4/2013 de 28 de junio de 2013, con vigencia desde 30/06/2013

[1176] Dada nueva redacción apartado 1 por art. 1 apartado 10 de Ley Orgánica 3/2024 de 2 de agosto de 2024, con vigencia desde 06/08/2024

CAPÍTULO II
Procedimiento de designación de Vocales de origen judicial [1177]

572. [1178] [1179] La designación de los Vocales del Consejo General del Poder Judicial correspondientes al turno judicial se regirá por lo dispuesto en la presente Ley Orgánica.

573. [1180] [1181] 1. Cualquier Juez o Magistrado en servicio activo en la carrera judicial podrá presentar su candidatura para ser elegido Vocal por el turno judicial, salvo que se halle en alguna de las situaciones que, conforme a lo establecido en esta Ley, se lo impidan.

2. El Juez o Magistrado que, deseando presentar su candidatura para ser designado Vocal, ocupare cargo incompatible se comprometerá a formalizar su renuncia al mencionado cargo si resultare elegido.

574. [1182] [1183] 1. El Juez o Magistrado que desee presentar su candidatura podrá elegir entre aportar el aval de veinticinco miembros de la carrera judicial en servicio activo o el aval de una Asociación

---

[1177] Añadido por art. único apartado 1 de Ley Orgánica 4/2013 de 28 de junio de 2013, con vigencia desde 30/06/2013

[1178] Téngase en cuenta que el nuevo Libro VIII entra en vigor el 30 junio 2013, en lo relativo a la renovación, designación y elección de los Vocales del Consejo General del Poder Judicial y a la constitución del mismo. El resto del mismo ha entrado en vigor el día 4 diciembre 2013, fecha de constitución del primer Consejo General del Poder Judicial, conforme a la disp. final 3ª LO 4/2013 de 28 junio

[1179] Añadido por art. único apartado 1 de Ley Orgánica 4/2013 de 28 de junio de 2013, con vigencia desde 30/06/2013

[1180] Téngase en cuenta que el nuevo Libro VIII entra en vigor el 30 junio 2013, en lo relativo a la renovación, designación y elección de los Vocales del Consejo General del Poder Judicial y a la constitución del mismo. El resto del mismo ha entrado en vigor el día 4 diciembre 2013, fecha de constitución del primer Consejo General del Poder Judicial, conforme a la disp. final 3ª LO 4/2013 de 28 junio

[1181] Añadido por art. único apartado 1 de Ley Orgánica 4/2013 de 28 de junio de 2013, con vigencia desde 30/06/2013

[1182] Téngase en cuenta que el nuevo Libro VIII entra en vigor el 30 junio 2013, en lo relativo a la renovación, designación y elección de los Vocales del Consejo General del Poder Judicial y a la constitución del mismo. El resto del mismo ha entrado en vigor el día 4 diciembre 2013, fecha de constitución del primer Consejo General del Poder Judicial, conforme a la disp. final 3ª LO 4/2013 de 28 junio

[1183] Añadido por art. único apartado 1 de Ley Orgánica 4/2013 de 28 de junio de 2013, con vigencia desde 30/06/2013

judicial legalmente constituida en el momento en que se decrete la apertura del plazo de presentación de candidaturas.

2. Cada uno de los Jueces o Magistrados o Asociaciones judiciales a los que se refiere el apartado anterior podrá avalar hasta un máximo de doce candidatos.

575. [1184] [1185] 1. El plazo de presentación de candidaturas será de un mes a contar desde el día siguiente a la fecha en que el Presidente del Tribunal Supremo y del Consejo General del Poder Judicial ordene la apertura de dicho plazo.

2. El Juez o Magistrado que desee presentar su candidatura para ser designado Vocal por el turno de origen judicial, dirigirá escrito al Presidente del Tribunal Supremo y del Consejo General del Poder Judicial en el que ponga de manifiesto su intención de ser designado Vocal. El mencionado escrito deberá ir acompañado de una memoria justificativa de las líneas de actuación que, a su juicio, debería desarrollar el Consejo General del Poder Judicial, así como de los veinticinco avales o el aval de la Asociación judicial exigidos legalmente para su presentación como candidato.

576. [1186] [1187] 1. Corresponde a la Junta Electoral resolver cuantas cuestiones se planteen en el proceso de presentación de candidaturas a Vocales del Consejo General del Poder Judicial por el turno judicial y proceder a la proclamación de candidaturas.

2. La Junta Electoral estará integrada por el Presidente de Sala más antiguo del Tribunal Supremo, quien la presidirá, y por dos Vocales:

[1184] Téngase en cuenta que el nuevo Libro VIII entra en vigor el 30 junio 2013, en lo relativo a la renovación, designación y elección de los Vocales del Consejo General del Poder Judicial y a la constitución del mismo. El resto del mismo ha entrado en vigor el día 4 diciembre 2013, fecha de constitución del primer Consejo General del Poder Judicial, conforme a la disp. final 3ª LO 4/2013 de 28 junio

[1185] Añadido por art. único apartado 1 de Ley Orgánica 4/2013 de 28 de junio de 2013, con vigencia desde 30/06/2013

[1186] Téngase en cuenta que el nuevo Libro VIII entra en vigor el 30 junio 2013, en lo relativo a la renovación, designación y elección de los Vocales del Consejo General del Poder Judicial y a la constitución del mismo. El resto del mismo ha entrado en vigor el día 4 diciembre 2013, fecha de constitución del primer Consejo General del Poder Judicial, conforme a la disp. final 3ª LO 4/2013 de 28 junio

[1187] Añadido por art. único apartado 1 de Ley Orgánica 4/2013 de 28 de junio de 2013, con vigencia desde 30/06/2013

el Magistrado más antiguo y el más moderno del Tribunal Supremo, actuando como Secretario, con voz pero sin voto, el Secretario de Gobierno del Tribunal Supremo.

3. La Junta Electoral se constituirá dentro de los tres días siguientes al inicio del procedimiento de designación de candidatos a Vocales del Consejo General del Poder Judicial por el turno judicial y se disolverá una vez concluido definitivamente el procedimiento de presentación de candidaturas, incluida la resolución de los recursos contencioso-administrativos si los hubiere.

4. La Junta Electoral será convocada por su Presidente cuando lo considere necesario. Para que la reunión se pueda celebrar, será precisa la asistencia de todos sus miembros o de sus sustitutos.

5. En caso de ausencia del Presidente, asumirá sus funciones el siguiente Presidente de Sala del Tribunal Supremo en orden de antigüedad. Asimismo, el Magistrado más antiguo y el más moderno serán, en su caso, sustituidos por los siguientes Magistrados del Tribunal Supremo más antiguo y moderno del escalafón, respectivamente. En caso de ausencia del Secretario, será sustituido por el secretario del Tribunal Supremo de mayor antigüedad.

6. Los acuerdos de la Junta Electoral se tomarán por mayoría simple.

7. Finalizado el plazo de presentación de candidaturas, la Junta Electoral procederá a publicar, dentro de los dos días siguientes, la lista de candidatos que reúnan los requisitos legalmente exigidos.

8. La lista será expuesta públicamente en la intranet del Consejo General del Poder Judicial, pudiendo ser impugnadas las candidaturas presentadas dentro de los tres días siguientes a su publicación.

9. Transcurrido dicho plazo, la Junta Electoral resolverá dentro de los tres días siguientes las impugnaciones que se hubieren formulado, procediendo de inmediato a la publicación del acuerdo de proclamación de candidaturas.

577. [1188] [1189] 1. Contra la proclamación definitiva de candidaturas cabrá interponer recurso contencioso-administrativo en el plazo de dos días desde la publicación del acuerdo. En el mismo acto de interposición se deberán presentar las alegaciones que se estimen pertinentes, acompañadas de los elementos de prueba oportunos. [1190]

2. El conocimiento del recurso contencioso-administrativo corresponderá a la Sala de lo Contencioso-Administrativo del Tribunal Supremo, que deberá resolver en el plazo de tres días desde su interposición.

578. [1191] [1192] 1. Transcurridos, en su caso, los plazos señalados en el artículo anterior, el Presidente del Tribunal Supremo y del Consejo General del Poder Judicial remitirá las candidaturas definitivamente admitidas a los Presidentes del Congreso y del Senado, a fin de que ambas Cámaras procedan a la designación de los Vocales del turno judicial conforme a lo previsto en el artículo 567 de la presente Ley Orgánica.

2. En la designación de los Vocales del turno judicial, las Cámaras tomarán en consideración el número existente en la carrera judicial, en el momento de proceder a la renovación del Consejo General del Poder Judicial, de Jueces y Magistrados no afiliados y de afiliados a cada una de las distintas Asociaciones judiciales.

3. La designación de los doce Vocales del Consejo General del Poder Judicial del turno judicial deberá respetar, como mínimo, la

---

[1188] Téngase en cuenta que el nuevo Libro VIII entra en vigor el 30 junio 2013, en lo relativo a la renovación, designación y elección de los Vocales del Consejo General del Poder Judicial y a la constitución del mismo. El resto del mismo ha entrado en vigor el día 4 diciembre 2013, fecha de constitución del primer Consejo General del Poder Judicial, conforme a la disp. final 3ª LO 4/2013 de 28 junio

[1189] Añadido por art. único apartado 1 de Ley Orgánica 4/2013 de 28 de junio de 2013, con vigencia desde 30/06/2013

[1190] Dada nueva redacción apartado 1 por art. único apartado 111 de Ley Orgánica 7/2015 de 21 de julio de 2015, con vigencia desde 01/10/2015

[1191] Téngase en cuenta que el nuevo Libro VIII entra en vigor el 30 junio 2013, en lo relativo a la renovación, designación y elección de los Vocales del Consejo General del Poder Judicial y a la constitución del mismo. El resto del mismo ha entrado en vigor el día 4 diciembre 2013, fecha de constitución del primer Consejo General del Poder Judicial, conforme a la disp. final 3ª LO 4/2013 de 28 junio

[1192] Añadido por art. único apartado 1 de Ley Orgánica 4/2013 de 28 de junio de 2013, con vigencia desde 30/06/2013

siguiente proporción: tres Magistrados del Tribunal Supremo; tres Magistrados con más de veinticinco años de antigüedad en la carrera judicial y seis Jueces o Magistrados sin sujeción a antigüedad. Si no existieren candidatos a Vocales dentro de alguna de las mencionadas categorías, la vacante acrecerá el cupo de la siguiente por el orden establecido en este precepto.

CAPÍTULO III

Estatuto de los Vocales del Consejo General del Poder Judicial [1193]

579. [1194] 1. Los Vocales del Consejo General del Poder Judicial desarrollarán su actividad con dedicación exclusiva, siendo su cargo incompatible con cualquier otro puesto, profesión o actividad, públicos o privados, por cuenta propia o ajena, retribuidos o no, a excepción de la mera administración del patrimonio personal o familiar. Les serán de aplicación, además, las incompatibilidades específicas de los jueces y magistrados enunciadas expresamente en el artículo 389.

2. La situación administrativa para los que sean funcionarios públicos, tanto judiciales como no judiciales, será la de servicios especiales.

3. No podrá compatibilizarse el cargo de Vocal con el desempeño simultáneo de otras responsabilidades gubernativas en el ámbito judicial. En caso de concurrencia y mientras se ostente el cargo de Vocal, estas responsabilidades serán asumidas por quien deba sustituir al interesado según la legislación vigente.

4. Los Vocales tendrán la obligación de asistir, salvo causa justificada, a todas las sesiones del Pleno y de la Comisión de la que formen parte.

5. El Presidente, los Vocales y el Secretario General del Consejo General del Poder Judicial están sujetos al deber de efectuar una declaración de bienes y derechos y al control y gestión de activos financieros de los que sean titulares en los términos previstos en los artículos 17 y 18 de la Ley 3/2015, de 30 de marzo, reguladora del ejercicio del alto cargo de la Administración General del Estado, con las adaptaciones

[1193] Añadido por art. único apartado 1 de Ley Orgánica 4/2013 de 28 de junio de 2013, con vigencia desde 30/06/2013

[1194] Dada nueva redacción por art. único apartado 49 de Ley Orgánica 4/2018 de 28 de diciembre de 2018, con vigencia desde 25/07/2024

que sean precisas a la organización del Consejo, que se establecerán en el Reglamento de Organización y Funcionamiento del mismo.

580. [1195] [1196] *Apartado 1 (Derogado)* [1197]

2. Regirán para los Vocales del Consejo General del Poder Judicial las causas de abstención y recusación legalmente establecidas para las autoridades y personal al servicio de la Administración General del Estado. En todo caso, deberán abstenerse de conocer aquellos asuntos en los que pueda existir un interés directo o indirecto, o cuando su intervención en los mismos pudiera afectar a la imparcialidad objetiva en su actuación como Vocal.

3. Los Vocales del Consejo General del Poder Judicial no podrán invocar o hacer uso de su condición de tales en el ejercicio de su profesión.

4. Se considerará un incumplimiento muy grave de los deberes inherentes al cargo de Vocal el quebrantamiento de la prohibición impuesta en el apartado anterior, así como la utilización de su condición de tal para cualesquiera fines, públicos o privados, ajenos al adecuado ejercicio de las atribuciones del Consejo General del Poder Judicial. Si una situación de este tipo se produjere, el Pleno por mayoría de tres quintos podrá destituir al Vocal infractor.

581. [1198] [1199] Los Vocales del Consejo General del Poder Judicial no estarán ligados por mandato imperativo.

[1195] Téngase en cuenta que el nuevo Libro VIII entra en vigor el 30 junio 2013, en lo relativo a la renovación, designación y elección de los Vocales del Consejo General del Poder Judicial y a la constitución del mismo. El resto del mismo ha entrado en vigor el día 4 diciembre 2013, fecha de constitución del primer Consejo General del Poder Judicial, conforme a la disp. final 3ª LO 4/2013 de 28 junio

[1196] Añadido por art. único apartado 1 de Ley Orgánica 4/2013 de 28 de junio de 2013, con vigencia desde 30/06/2013

[1197] Derogado apartado 1 por art. único apartado 50 de Ley Orgánica 4/2018 de 28 de diciembre de 2018, con vigencia desde 25/07/2024

[1198] Téngase en cuenta que el nuevo Libro VIII entra en vigor el 30 junio 2013, en lo relativo a la renovación, designación y elección de los Vocales del Consejo General del Poder Judicial y a la constitución del mismo. El resto del mismo ha entrado en vigor el día 4 diciembre 2013, fecha de constitución del primer Consejo General del Poder Judicial, conforme a la disp. final 3ª LO 4/2013 de 28 junio

[1199] Añadido por art. único apartado 1 de Ley Orgánica 4/2013 de 28 de junio de 2013, con vigencia desde 30/06/2013

582. [1200] *[1201]* 1. Los Vocales sólo cesarán en sus cargos por el transcurso de los cinco años para los que fueron nombrados, así como por renuncia aceptada por el Presidente del Tribunal Supremo y del Consejo General del Poder Judicial, o por incapacidad, incompatibilidad o incumplimiento grave de los deberes del cargo, apreciadas por el Pleno del Consejo General del Poder Judicial mediante mayoría de tres quintos.

2. Los Vocales de origen judicial también cesarán cuando dejen de estar en servicio activo en la carrera judicial, salvo en el supuesto previsto en el artículo 579.2 de esta Ley Orgánica, así como cuando por jubilación u otra causa prevista en esta Ley Orgánica dejen de pertenecer a la carrera judicial.

583. [1202] *[1203]* La responsabilidad civil y penal de los miembros del Consejo General del Poder Judicial se exigirá por los trámites establecidos para los Magistrados del Tribunal Supremo.

584. [1204] *[1205]* Los Vocales del Consejo General del Poder Judicial no podrán ser promovidos mientras dure su mandato a la categoría de Magistrado del Tribunal Supremo o a Magistrado del Tribunal

---

[1200] Téngase en cuenta que el nuevo Libro VIII entra en vigor el 30 junio 2013, en lo relativo a la renovación, designación y elección de los Vocales del Consejo General del Poder Judicial y a la constitución del mismo. El resto del mismo ha entrado en vigor el día 4 diciembre 2013, fecha de constitución del primer Consejo General del Poder Judicial, conforme a la disp. final 3ª LO 4/2013 de 28 junio

[1201] Añadido por art. único apartado 1 de Ley Orgánica 4/2013 de 28 de junio de 2013, con vigencia desde 30/06/2013

[1202] Téngase en cuenta que el nuevo Libro VIII entra en vigor el 30 junio 2013, en lo relativo a la renovación, designación y elección de los Vocales del Consejo General del Poder Judicial y a la constitución del mismo. El resto del mismo ha entrado en vigor el día 4 diciembre 2013, fecha de constitución del primer Consejo General del Poder Judicial, conforme a la disp. final 3ª LO 4/2013 de 28 junio

[1203] Añadido por art. único apartado 1 de Ley Orgánica 4/2013 de 28 de junio de 2013, con vigencia desde 30/06/2013

[1204] Téngase en cuenta que el nuevo Libro VIII entra en vigor el 30 junio 2013, en lo relativo a la renovación, designación y elección de los Vocales del Consejo General del Poder Judicial y a la constitución del mismo. El resto del mismo ha entrado en vigor el día 4 diciembre 2013, fecha de constitución del primer Consejo General del Poder Judicial, conforme a la disp. final 3ª LO 4/2013 de 28 junio

[1205] Añadido por art. único apartado 1 de Ley Orgánica 4/2013 de 28 de junio de 2013, con vigencia desde 30/06/2013

Constitucional, ni nombrados para cualquier cargo de la carrera judicial de libre designación o en cuya provisión concurra apreciación de méritos.

584 bis. [1206] Los miembros del Consejo General del Poder Judicial percibirán la retribución que se fije como única y exclusiva en atención a la importancia de su función en la Ley de Presupuestos Generales del Estado.

TÍTULO III
Del Presidente del Tribunal Supremo y del Consejo General del Poder Judicial, del Vicepresidente del Tribunal Supremo y del Gabinete de Presidencia del Tribunal Supremo y del Consejo General del Poder Judicial [1207]

CAPÍTULO PRIMERO
Del Presidente del Tribunal Supremo y del Consejo General del Poder Judicial y del Vicepresidente del Tribunal Supremo [1208]

585. [1209] [1210] El Presidente del Tribunal Supremo y del Consejo General del Poder Judicial es la primera autoridad judicial de la Nación y ostenta la representación del Poder Judicial y del órgano de

---

[1206] Dada nueva redacción por art. único apartado 51 de Ley Orgánica 4/2018 de 28 de diciembre de 2018, con vigencia desde 18/01/2019

[1207] Añadido por art. único apartado 1 de Ley Orgánica 4/2013 de 28 de junio de 2013, con vigencia desde 30/06/2013

[1208] Añadido por art. único apartado 1 de Ley Orgánica 4/2013 de 28 de junio de 2013, con vigencia desde 30/06/2013

[1209] Téngase en cuenta que el nuevo Libro VIII entra en vigor el 30 junio 2013, en lo relativo a la renovación, designación y elección de los Vocales del Consejo General del Poder Judicial y a la constitución del mismo. El resto del mismo ha entrado en vigor el día 4 diciembre 2013, fecha de constitución del primer Consejo General del Poder Judicial, conforme a la disp. final 3ª LO 4/2013 de 28 junio

[1210] Añadido por art. único apartado 1 de Ley Orgánica 4/2013 de 28 de junio de 2013, con vigencia desde 30/06/2013

gobierno del mismo, correspondiéndole el tratamiento y los honores inherentes a tal condición.

586. [1211] *[1212]* 1. Para ser elegido Presidente del Tribunal Supremo y del Consejo General del Poder Judicial, será necesario ser miembro de la carrera judicial con la categoría de Magistrado del Tribunal Supremo y reunir las condiciones exigidas para ser Presidente de Sala del mismo, o bien ser un jurista de reconocida competencia con más de veinticinco años de antigüedad en el ejercicio de su profesión.

2. En la sesión constitutiva del Consejo General del Poder Judicial, que será presidida por el Vocal de más edad, deberán presentarse y hacerse públicas las diferentes candidaturas, sin que cada Vocal pueda proponer más de un nombre.

3. La elección tendrá lugar en una sesión a celebrar entre tres y siete días más tarde, siendo elegido quien en votación nominal obtenga el apoyo de la mayoría de tres quintos de los miembros del Pleno. [1213]

4. El Presidente del Tribunal Supremo será nombrado por el Rey mediante Real Decreto refrendado por el Presidente del Gobierno.

5. El Presidente del Tribunal Supremo prestará juramento o promesa ante el Rey y tomará posesión de su cargo ante el Pleno de dicho Alto Tribunal.

[1211] Téngase en cuenta que el nuevo Libro VIII entra en vigor el 30 junio 2013, en lo relativo a la renovación, designación y elección de los Vocales del Consejo General del Poder Judicial y a la constitución del mismo. El resto del mismo ha entrado en vigor el día 4 diciembre 2013, fecha de constitución del primer Consejo General del Poder Judicial, conforme a la disp. final 3ª LO 4/2013 de 28 junio

[1212] Añadido por art. único apartado 1 de Ley Orgánica 4/2013 de 28 de junio de 2013, con vigencia desde 30/06/2013

[1213] Dada nueva redacción apartado 3 por art. único apartado 52 de Ley Orgánica 4/2018 de 28 de diciembre de 2018, con vigencia desde 18/01/2019

587. [1214] *[1215]* 1. La duración del mandato del Presidente del Tribunal Supremo y del Consejo General del Poder Judicial coincidirá con la del Consejo que lo haya elegido.

2. El Presidente del Tribunal Supremo y del Consejo General del Poder Judicial podrá ser reelegido y nombrado, por una sola vez, para un nuevo mandato.

588. [1216] *[1217]* 1. El Presidente del Tribunal Supremo y del Consejo General del Poder Judicial cesará por las siguientes causas:

1ª Por haber expirado el término de su mandato, que se entenderá agotado, en todo caso, en la misma fecha en que concluya el del Consejo por el que hubiere sido elegido.

2ª Por renuncia.

3ª Por decisión del Pleno del Consejo General del Poder Judicial, a causa de notoria incapacidad o incumplimiento grave de los deberes del cargo, apreciados por tres quintos de sus miembros.

2. Las causas segunda y tercera de este artículo se comunicarán al Gobierno por mediación del Ministro de Justicia. En tales casos se procederá a nuevo nombramiento de Presidente del Tribunal Supremo y del Consejo General del Poder Judicial.

[1214] Téngase en cuenta que el nuevo Libro VIII entra en vigor el 30 junio 2013, en lo relativo a la renovación, designación y elección de los Vocales del Consejo General del Poder Judicial y a la constitución del mismo. El resto del mismo ha entrado en vigor el día 4 diciembre 2013, fecha de constitución del primer Consejo General del Poder Judicial, conforme a la disp. final 3ª LO 4/2013 de 28 de junio

[1215] Añadido por art. único apartado 1 de Ley Orgánica 4/2013 de 28 de junio de 2013, con vigencia desde 30/06/2013

[1216] Téngase en cuenta que el nuevo Libro VIII entra en vigor el 30 junio 2013, en lo relativo a la renovación, designación y elección de los Vocales del Consejo General del Poder Judicial y a la constitución del mismo. El resto del mismo ha entrado en vigor el día 4 diciembre 2013, fecha de constitución del primer Consejo General del Poder Judicial, conforme a la disp. final 3ª LO 4/2013 de 28 de junio

[1217] Añadido por art. único apartado 1 de Ley Orgánica 4/2013 de 28 de junio de 2013, con vigencia desde 30/06/2013

589. [1218] *[1219]* 1. En el primer Pleno ordinario del Consejo General del Poder Judicial posterior a la elección del Presidente del Tribunal Supremo y del Consejo General del Poder Judicial, se deberá elegir al Vicepresidente del Tribunal Supremo.

2. El Vicepresidente del Tribunal Supremo será nombrado, por mayoría de tres quintos del Pleno del Consejo General del Poder Judicial, a propuesta del Presidente. Para figurar en la propuesta será preciso tener la categoría de Magistrado del Tribunal Supremo, estar en servicio activo y tener los requisitos para ser Presidente de Sala del mismo. [1220]

3. La propuesta realizada por el Presidente del Tribunal Supremo deberá comunicarse a los Vocales al menos con siete días de antelación, y se hará pública.

4. De no alcanzarse mayoría absoluta en la votación, el Presidente del Tribunal Supremo y del Consejo General del Poder Judicial deberá efectuar una nueva propuesta de Vicepresidente.

5. El Vicepresidente del Tribunal Supremo podrá ser cesado por el Pleno del Consejo General del Poder Judicial por causa justificada, con el voto favorable de tres quintos de los miembros del Pleno.

590. [1221] *[1222]* El Vicepresidente ejercerá, en funciones, el cargo de Presidente del Tribunal Supremo y del Consejo General del Poder

---

[1218] Téngase en cuenta que el nuevo Libro VIII entra en vigor el 30 junio 2013, en lo relativo a la renovación, designación y elección de los Vocales del Consejo General del Poder Judicial y a la constitución del mismo. El resto del mismo ha entrado en vigor el día 4 diciembre 2013, fecha de constitución del primer Consejo General del Poder Judicial, conforme a la disp. final 3ª LO 4/2013 de 28 junio

[1219] Añadido por art. único apartado 1 de Ley Orgánica 4/2013 de 28 de junio de 2013, con vigencia desde 30/06/2013

[1220] Dada nueva redacción apartado 2 por art. 1 apartado 11 de Ley Orgánica 3/2024 de 2 de agosto de 2024, con vigencia desde 06/08/2024

[1221] Téngase en cuenta que el nuevo Libro VIII entra en vigor el 30 junio 2013, en lo relativo a la renovación, designación y elección de los Vocales del Consejo General del Poder Judicial y a la constitución del mismo. El resto del mismo ha entrado en vigor el día 4 diciembre 2013, fecha de constitución del primer Consejo General del Poder Judicial, conforme a la disp. final 3ª LO 4/2013 de 28 junio

[1222] Añadido por art. único apartado 1 de Ley Orgánica 4/2013 de 28 de junio de 2013, con vigencia desde 30/06/2013

Judicial en los casos legalmente previstos de cese anticipado del Presidente y hasta el nombramiento de un nuevo Presidente.

591. [1223] [1224] 1. El Vicepresidente prestará al Presidente del Tribunal Supremo y del Consejo General del Poder Judicial la colaboración necesaria para el adecuado cumplimiento de sus funciones. A estos efectos, le sustituirá en los supuestos de vacante, ausencia, enfermedad u otro motivo legítimo.

2. El Vicepresidente del Tribunal Supremo podrá ejercer, por delegación del Presidente, la superior dirección del Gabinete Técnico de este Alto Tribunal, así como todas aquellas funciones que el Presidente le delegue expresamente mediando causa justificada.

592. [1225] [1226] El Vicepresidente del Tribunal Supremo será miembro nato de la Sala de Gobierno de dicho Tribunal y le corresponderá proponer a ésta y al Presidente la adopción de aquellas decisiones orientadas a garantizar el correcto funcionamiento del Tribunal Supremo, así como velar por la exacta ejecución de los acuerdos adoptados por la Sala de Gobierno.

[1223] Téngase en cuenta que el nuevo Libro VIII entra en vigor el 30 junio 2013, en lo relativo a la renovación, designación y elección de los Vocales del Consejo General del Poder Judicial y a la constitución del mismo. El resto del mismo ha entrado en vigor el día 4 diciembre 2013, fecha de constitución del primer Consejo General del Poder Judicial, conforme a la disp. final 3ª LO 4/2013 de 28 junio

[1224] Añadido por art. único apartado 1 de Ley Orgánica 4/2013 de 28 de junio de 2013, con vigencia desde 30/06/2013

[1225] Téngase en cuenta que el nuevo Libro VIII entra en vigor el 30 junio 2013, en lo relativo a la renovación, designación y elección de los Vocales del Consejo General del Poder Judicial y a la constitución del mismo. El resto del mismo ha entrado en vigor el día 4 diciembre 2013, fecha de constitución del primer Consejo General del Poder Judicial, conforme a la disp. final 3ª LO 4/2013 de 28 junio

[1226] Añadido por art. único apartado 1 de Ley Orgánica 4/2013 de 28 de junio de 2013, con vigencia desde 30/06/2013

593. [1227] *[1228]* 1. El Presidente del Tribunal Supremo y del Consejo General del Poder Judicial, si procediere de la carrera judicial, quedará en la situación administrativa de servicios especiales. De no pertenecer a la carrera judicial, su situación administrativa será, en su caso, la que corresponda a su cuerpo de procedencia.

2. El Vicepresidente del Tribunal Supremo, que permanecerá en la situación administrativa de servicio activo, ocupará el cargo durante cinco años, salvo en el supuesto previsto en el artículo 589.5 de esta Ley Orgánica.

3. La responsabilidad civil y penal del Presidente del Tribunal Supremo y del Consejo General del Poder Judicial y del Vicepresidente se exigirá por los trámites establecidos para los Magistrados de dicho Alto Tribunal.

CAPÍTULO II
Del Gabinete de la Presidencia del Tribunal Supremo y del Consejo General del Poder Judicial *[1229]*

594. [1230] *[1231]* 1. El Presidente del Tribunal Supremo y del Consejo General del Poder Judicial estará asistido por un Director de Gabinete de la Presidencia, nombrado y cesado libremente por él.

2. Sólo podrán desempeñar el cargo de Director de Gabinete de la Presidencia un Magistrado del Tribunal Supremo o aquellos miembros

---

[1227] Téngase en cuenta que el nuevo Libro VIII entra en vigor el 30 junio 2013, en lo relativo a la renovación, designación y elección de los Vocales del Consejo General del Poder Judicial y a la constitución del mismo. El resto del mismo ha entrado en vigor el día 4 diciembre 2013, fecha de constitución del primer Consejo General del Poder Judicial, conforme a la disp. final 3ª LO 4/2013 de 28 junio

[1228] Añadido por art. único apartado 1 de Ley Orgánica 4/2013 de 28 de junio de 2013, con vigencia desde 30/06/2013

[1229] Añadido por art. único apartado 1 de Ley Orgánica 4/2013 de 28 de junio de 2013, con vigencia desde 30/06/2013

[1230] Téngase en cuenta que el nuevo Libro VIII entra en vigor el 30 junio 2013, en lo relativo a la renovación, designación y elección de los Vocales del Consejo General del Poder Judicial y a la constitución del mismo. El resto del mismo ha entrado en vigor el día 4 diciembre 2013, fecha de constitución del primer Consejo General del Poder Judicial, conforme a la disp. final 3ª LO 4/2013 de 28 junio

[1231] Añadido por art. único apartado 1 de Ley Orgánica 4/2013 de 28 de junio de 2013, con vigencia desde 30/06/2013

de la carrera judicial o juristas de reconocida competencia que reúnan los requisitos legalmente exigidos para poder acceder a la categoría de Magistrado del Tribunal Supremo.

3. El Director del Gabinete de la Presidencia auxiliará al Presidente en sus funciones, ejercerá aquellas otras que le encomiende el Presidente y dirigirá los Servicios de Secretaría de Presidencia, tanto del Tribunal Supremo como del Consejo General del Poder Judicial.

4. Mientras desempeñe el cargo, el Director del Gabinete de la Presidencia tendrá, a efectos representativos, la consideración de Magistrado del Tribunal Supremo.

5. El Reglamento de Organización y Funcionamiento del Consejo General del Poder Judicial determinará la estructura y funcionamiento del Gabinete de la Presidencia.

TÍTULO IV
De los órganos del Consejo General del Poder Judicial [1232]

595. [1233] [1234] 1. Además de las funciones encomendadas a la Presidencia, el Consejo General del Poder Judicial ejerce sus atribuciones en Pleno o a través de las Comisiones previstas en esta Ley Orgánica.

2. En el Consejo General del Poder Judicial existirán las siguientes Comisiones: Permanente, de Calificación, Disciplinaria, de Asuntos

---

[1232] Añadido por art. único apartado 1 de Ley Orgánica 4/2013 de 28 de junio de 2013, con vigencia desde 30/06/2013

[1233] Téngase en cuenta que el nuevo Libro VIII entra en vigor el 30 junio 2013, en lo relativo a la renovación, designación y elección de los Vocales del Consejo General del Poder Judicial y a la constitución del mismo. El resto del mismo ha entrado en vigor el día 4 diciembre 2013, fecha de constitución del primer Consejo General del Poder Judicial, conforme a la disp. final 3ª LO 4/2013 de 28 junio

[1234] Añadido por art. único apartado 1 de Ley Orgánica 4/2013 de 28 de junio de 2013, con vigencia desde 30/06/2013

Económicos, de Igualdad y *de Supervisión y Control de Protección de Datos* [1235] . [1236]

596. [1237] *[1238]* El Vicepresidente del Tribunal Supremo no ejercerá en el Consejo General del Poder Judicial otras funciones que las previstas expresamente en esta Ley.

CAPÍTULO PRIMERO
La Presidencia *[1239]*

597. [1240] *[1241]* La Presidencia del Tribunal Supremo y del Consejo General del Poder Judicial es una función inherente al cargo de Presidente del Tribunal Supremo.

[1235] Téngase en cuenta que la presente redacción de este apartado 2 no será de aplicación hasta la constitución del primer Consejo General del Poder Judicial que lo haga tras la entrada en vigor de la LO 1/2025 de 2 enero, conforme a su disp. trans. 15.ª

[1236] Dada nueva redacción apartado 2 por art. 1 apartado 105 de Ley Orgánica 1/2025 de 2 de enero de 2025, con vigencia desde 23/01/2025

[1237] Téngase en cuenta que el nuevo Libro VIII entra en vigor el 30 junio 2013, en lo relativo a la renovación, designación y elección de los Vocales del Consejo General del Poder Judicial y a la constitución del mismo. El resto del mismo ha entrado en vigor el día 4 diciembre 2013, fecha de constitución del primer Consejo General del Poder Judicial, conforme a la disp. final 3ª LO 4/2013 de 28 junio

[1238] Añadido por art. único apartado 1 de Ley Orgánica 4/2013 de 28 de junio de 2013, con vigencia desde 30/06/2013

[1239] Añadido por art. único apartado 1 de Ley Orgánica 4/2013 de 28 de junio de 2013, con vigencia desde 30/06/2013

[1240] Téngase en cuenta que el nuevo Libro VIII entra en vigor el 30 junio 2013, en lo relativo a la renovación, designación y elección de los Vocales del Consejo General del Poder Judicial y a la constitución del mismo. El resto del mismo ha entrado en vigor el día 4 diciembre 2013, fecha de constitución del primer Consejo General del Poder Judicial, conforme a la disp. final 3ª LO 4/2013 de 28 junio

[1241] Añadido por art. único apartado 1 de Ley Orgánica 4/2013 de 28 de junio de 2013, con vigencia desde 30/06/2013

598. [1242] [1243] Corresponde a la Presidencia del Consejo General del Poder Judicial:

1ª Ostentar la representación del Consejo General del Poder Judicial.

2ª Convocar y presidir las sesiones del Pleno y de la Comisión Permanente, decidiendo los empates con voto de calidad.

3ª Fijar el orden del día de las sesiones del Pleno y de la Comisión Permanente.

4ª Proponer al Pleno y a la Comisión Permanente las cuestiones que estime oportunas en materia de la competencia de éstos.

5ª Proponer el nombramiento de ponencias para preparar la resolución o despacho de un asunto.

6ª Autorizar con su firma los acuerdos del Pleno y de la Comisión Permanente.

7ª Ejercer la superior dirección de las actividades de los órganos técnicos del Consejo General del Poder Judicial.

8ª Dirigir la comunicación institucional.

9ª Realizar la propuesta del Magistrado, de las Salas Segunda o Tercera del Tribunal Supremo, competente para conocer de la autorización de las actividades del Centro Nacional de Inteligencia que afecten a los derechos fundamentales reconocidos en el artículo 18.2 y 3 de la Constitución, así como del Magistrado de dichas Salas del Tribunal Supremo que le sustituya en caso de vacancia, ausencia o imposibilidad.

10ª Nombrar y cesar al Director del Gabinete de la Presidencia y al Director de la Oficina de Comunicación, así como al personal eventual al servicio del Presidente.

11ª Proponer al Pleno el nombramiento del Vicepresidente del Tribunal Supremo, del Secretario General y del Vicesecretario General, así como, en los dos últimos casos, acordar su cese.

12ª Podrá encargar cometidos a vocales concretos o a grupos de trabajo siempre que este encargo no tenga carácter permanente ni indefinido.

[1242] Téngase en cuenta que el nuevo Libro VIII entra en vigor el 30 junio 2013, en lo relativo a la renovación, designación y elección de los Vocales del Consejo General del Poder Judicial y a la constitución del mismo. El resto del mismo ha entrado en vigor el día 4 diciembre 2013, fecha de constitución del primer Consejo General del Poder Judicial, conforme a la disp. final 3ª LO 4/2013 de 28 junio

[1243] Añadido por art. único apartado 1 de Ley Orgánica 4/2013 de 28 de junio de 2013, con vigencia desde 30/06/2013

13ª Las demás previstas en la presente Ley Orgánica.

598 bis. [1244] Cuando el Consejo General del Poder Judicial se encuentre en funciones, según lo previsto en el artículo 570.2, su Presidencia no podrá acordar el cese del Secretario General ni del Vicesecretario General del Consejo General del Poder Judicial.

CAPÍTULO II
El Pleno [1245]

599. [1246] 1. El Pleno conocerá de las siguientes materias:

1.ª La propuesta de nombramiento, por mayoría de tres quintos, de los dos Magistrados del Tribunal Constitucional cuya designación corresponde al Consejo General del Poder Judicial.

2.ª La propuesta de nombramiento, en los términos previstos por esta Ley Orgánica, del Presidente del Tribunal Supremo y del Consejo General del Poder Judicial, así como la emisión del informe previo sobre el nombramiento del Fiscal General del Estado.

3.ª El nombramiento, en los términos previstos por esta Ley Orgánica, del Vicepresidente del Tribunal Supremo, del Secretario General y del Vicesecretario General del Consejo General del Poder Judicial.

4.ª Todos los nombramientos o propuestas de nombramientos y promociones que impliquen algún margen de discrecionalidad o apreciación de méritos. En estos nombramientos se garantizará el principio de presencia equilibrada de mujeres y hombres, de tal manera que las personas de cada sexo no superen el sesenta por ciento ni sean menos del cuarenta por ciento. [1247]

5.ª La interposición del conflicto de atribuciones entre órganos constitucionales del Estado.

[1244] Añadido por art. único apartado 2 de Ley Orgánica 4/2021 de 29 de marzo de 2021, con vigencia desde 31/03/2021

[1245] Añadido por art. único apartado 1 de Ley Orgánica 4/2013 de 28 de junio de 2013, con vigencia desde 30/06/2013

[1246] Dada nueva redacción por art. único apartado 53 de Ley Orgánica 4/2018 de 28 de diciembre de 2018, con vigencia desde 25/07/2024

[1247] Dada nueva redacción apartado 1 número 4 por art. 6 apartado 2 de Ley Orgánica 2/2024 de 1 de agosto de 2024, con vigencia desde 22/08/2024

6.ª La elección y nombramiento de los Vocales componentes de las diferentes Comisiones.

7.ª El ejercicio de la potestad reglamentaria en los términos previstos en esta Ley.

8.ª La aprobación del Presupuesto del Consejo General del Poder Judicial y la recepción de la rendición de cuentas de su ejecución.

9.ª La aprobación de la Memoria anual.

10.ª La resolución de aquellos expedientes disciplinarios en los que la propuesta de sanción consista en la separación de la carrera judicial.

11.ª La resolución de los recursos de alzada interpuestos contra los acuerdos sancionadores de la Comisión Disciplinaria y los que se interpongan contra los de la Comisión Permanente.

12.ª La aprobación de los informes sobre los anteproyectos de ley o de disposiciones generales que se sometan a su dictamen por el Gobierno o las Cámaras legislativas y las Comunidades Autónomas.

13.ª Las demás que le atribuye esta Ley, las que no estén conferidas a otros órganos del Consejo y aquellos asuntos que, por razones excepcionales, acuerde recabar para sí.

2. El Pleno designará un máximo de dos Vocales por cada Comunidad Autónoma para que, sin perjuicio de las competencias de los respectivos Tribunales Superiores de Justicia, sirvan de cauce de interlocución entre las instituciones y autoridades del territorio y el Consejo General del Poder Judicial.

3. El Pleno podrá crear otras Comisiones, además de las enumeradas en el artículo 595.2, por una mayoría de tres quintos de los vocales. Estarán formadas por cinco Vocales, de los cuales, tres serán del turno judicial y dos del turno de juristas de reconocida competencia. [1248]

600. [1249] [1250] 1. El Pleno se reunirá en sesión ordinaria, a convocatoria del Presidente, una vez al mes.

[1248] Añadido apartado 3 por art. 1 apartado 13 de Ley Orgánica 3/2024 de 2 de agosto de 2024, con vigencia desde 06/08/2024

[1249] Téngase en cuenta que el nuevo Libro VIII entra en vigor el 30 junio 2013, en lo relativo a la renovación, designación y elección de los Vocales del Consejo General del Poder Judicial y a la constitución del mismo. El resto del mismo ha entrado en vigor el día 4 diciembre 2013, fecha de constitución del primer Consejo General del Poder Judicial, conforme a la disp. final 3ª LO 4/2013 de 28 junio

[1250] Añadido por art. único apartado 1 de Ley Orgánica 4/2013 de 28 de junio de 2013, con vigencia desde 30/06/2013

2. Deberá celebrarse sesión extraordinaria si lo considerare oportuno el Presidente o si lo solicitaren cinco Vocales, para el ejercicio de alguna de las competencias referidas en el artículo anterior. De igual forma, deberá celebrarse sesión extraordinaria si así fuese necesario para dar cumplimiento en plazo a alguna de las competencias atribuidas al Pleno.

3. En la sesión en la que se tenga que proceder a la elección del Presidente del Tribunal Supremo y del Consejo General del Poder Judicial será necesaria, para la válida constitución del Pleno, al menos la presencia de doce de sus miembros.

4. En los demás casos, para la válida constitución del Pleno será siempre necesaria, como mínimo, la presencia de diez Vocales y el Presidente.

CAPÍTULO III
La Comisión Permanente [1251]

601. [1252] [1253] 1. El Pleno del Consejo General del Poder Judicial elegirá anualmente a los Vocales de la Comisión Permanente. [1254]

2. La Comisión Permanente estará compuesta por el Presidente del Tribunal Supremo y del Consejo General del Poder Judicial, que la presidirá, y otros siete Vocales: cuatro de los nombrados por el turno judicial y tres de los designados por el turno de juristas de reconocida competencia. Los Vocales de ambos turnos se renovarán anualmente a fin de que, salvo renuncia expresa, todos los Vocales formen parte

[1251] Añadido por art. único apartado 1 de Ley Orgánica 4/2013 de 28 de junio de 2013, con vigencia desde 30/06/2013

[1252] Téngase en cuenta que el nuevo Libro VIII entra en vigor el 30 junio 2013, en lo relativo a la renovación, designación y elección de los Vocales del Consejo General del Poder Judicial y a la constitución del mismo. El resto del mismo ha entrado en vigor el día 4 diciembre 2013, fecha de constitución del primer Consejo General del Poder Judicial, conforme a la disp. final 3ª LO 4/2013 de 28 junio

[1253] Añadido por art. único apartado 1 de Ley Orgánica 4/2013 de 28 de junio de 2013, con vigencia desde 30/06/2013

[1254] Dada nueva redacción apartado 1 por art. único apartado 54 de Ley Orgánica 4/2018 de 28 de diciembre de 2018, con vigencia desde 25/07/2024

de aquella, al menos durante un año, a lo largo del mandato del Consejo. [1255]

3. El Consejo General del Poder Judicial determinará, en el Reglamento de Organización y Funcionamiento, los casos y la forma en que, por razones de transitoria imposibilidad o ausencia justificada a las sesiones de la Comisión Permanente, deba procederse a la sustitución de los Vocales titulares por otros Vocales, a fin de garantizar la correcta composición y el adecuado funcionamiento de dicha Comisión.

602. [1256] 1. A la Comisión Permanente compete:

a) Preparar las sesiones del Pleno de conformidad con el plan de trabajo y las directrices que este establezca.

b) Velar por la exacta ejecución de los acuerdos del Pleno del Consejo.

c) Decidir aquellos nombramientos de jueces y magistrados que, por tener carácter íntegramente reglado, no sean de la competencia del Pleno, acordar la jubilación forzosa por edad de los mismos y resolver sobre su situación administrativa.

d) Informar, en todo caso, sobre los nombramientos de jueces y magistrados de la competencia del Pleno, que deberá fundarse en criterios objetivos y suficientemente valorados y detallados, y tener en cuenta el principio de presencia equilibrada de mujeres y hombres. Para la adecuada formación de los criterios de calificación de los jueces y magistrados, la Comisión podrá recabar información de los distintos órganos del Poder Judicial. [1257]

e) Resolver sobre la concesión de licencias a los jueces y magistrados, en los casos previstos por la ley.

f) Preparar los informes sobre los anteproyectos de ley o disposiciones generales que se hayan de someter a la aprobación del Pleno.

g) Autorizar el escalafón de la Carrera Judicial.

h) Ejercer cuantas competencias le sean delegadas por el Pleno o le fueren atribuidas por la ley.

[1255] Dada nueva redacción apartado 2 por art. único apartado 54 de Ley Orgánica 4/2018 de 28 de diciembre de 2018, con vigencia desde 25/07/2024

[1256] Dada nueva redacción por art. único apartado 55 de Ley Orgánica 4/2018 de 28 de diciembre de 2018, con vigencia desde 25/07/2024

[1257] Dada nueva redacción apartado 1 letra d por art. 6 apartado 3 de Ley Orgánica 2/2024 de 1 de agosto de 2024, con vigencia desde 22/08/2024

2. Los acuerdos de la Comisión Permanente son recurribles en alzada ante el Pleno.

CAPÍTULO IV
La Comisión Disciplinaria y el promotor de la acción disciplinaria [1258]

603. [1259] [1260] 1. El Pleno elegirá a los Vocales integrantes de la Comisión Disciplinaria, cuyo mandato, salvo las sustituciones que procedan, será de cinco años.

2. La Comisión Disciplinaria estará compuesta por siete Vocales: cuatro del turno judicial y tres del turno de juristas de reconocida competencia.

3. La Comisión Disciplinaria deberá actuar con la asistencia de todos sus componentes y bajo la presidencia del Vocal de origen judicial con mayor categoría y antigüedad.

4. En caso de transitoria imposibilidad o ausencia justificada de alguno de sus componentes, la Comisión Permanente procederá a su sustitución por otro Vocal de idéntica procedencia.

604. [1261] [1262] 1. A la Comisión Disciplinaria compete resolver los expedientes disciplinarios incoados por infracciones graves y muy graves e imponer, en su caso, las sanciones que correspondan a Jueces

---

[1258] Añadido por art. único apartado 1 de Ley Orgánica 4/2013 de 28 de junio de 2013, con vigencia desde 30/06/2013

[1259] Téngase en cuenta que el nuevo Libro VIII entra en vigor el 30 junio 2013, en lo relativo a la renovación, designación y elección de los Vocales del Consejo General del Poder Judicial y a la constitución del mismo. El resto del mismo ha entrado en vigor el día 4 diciembre 2013, fecha de constitución del primer Consejo General del Poder Judicial, conforme a la disp. final 3ª LO 4/2013 de 28 junio

[1260] Añadido por art. único apartado 1 de Ley Orgánica 4/2013 de 28 de junio de 2013, con vigencia desde 30/06/2013

[1261] Téngase en cuenta que el nuevo Libro VIII entra en vigor el 30 junio 2013, en lo relativo a la renovación, designación y elección de los Vocales del Consejo General del Poder Judicial y a la constitución del mismo. El resto del mismo ha entrado en vigor el día 4 diciembre 2013, fecha de constitución del primer Consejo General del Poder Judicial, conforme a la disp. final 3ª LO 4/2013 de 28 junio

[1262] Añadido por art. único apartado 1 de Ley Orgánica 4/2013 de 28 de junio de 2013, con vigencia desde 30/06/2013

y Magistrados, con la sola excepción de aquellos supuestos en que la sanción propuesta fuere de separación del servicio.

2. Los acuerdos sancionadores de la Comisión Disciplinaria a los que se refiere el número anterior serán recurribles, en el plazo de un mes, en alzada ante el Pleno.

3. La Comisión Disciplinaria conocerá igualmente de los recursos de alzada interpuestos contra las resoluciones sancionadoras de los órganos de gobierno interno de los Tribunales.

605. [1263] [1264] La recepción de quejas sobre el funcionamiento de los órganos judiciales, la recepción de denuncias, así como la iniciación e instrucción de expedientes disciplinarios y la presentación de los cargos ante la Comisión Disciplinaria corresponden al Promotor de la Acción Disciplinaria.

606. [1265] [1266] 1. El Promotor de la Acción Disciplinaria será nombrado por el Pleno y su mandato coincidirá con el del Consejo que lo nombró.

2. Vacante la plaza, el Consejo General del Poder Judicial hará una convocatoria para su provisión entre Magistrados del Tribunal Supremo y Magistrados con más de veinticinco años de antigüedad en la carrera judicial.

3. En primera votación será elegido quien obtenga la mayoría absoluta; y, si nadie la obtuviere, se procederá a una segunda votación resultando elegido aquel que lograre mayor número de votos.

[1263] Téngase en cuenta que el nuevo Libro VIII entra en vigor el 30 junio 2013, en lo relativo a la renovación, designación y elección de los Vocales del Consejo General del Poder Judicial y a la constitución del mismo. El resto del mismo ha entrado en vigor el día 4 diciembre 2013, fecha de constitución del primer Consejo General del Poder Judicial, conforme a la disp. final 3ª LO 4/2013 de 28 junio

[1264] Añadido por art. único apartado 1 de Ley Orgánica 4/2013 de 28 de junio de 2013, con vigencia desde 30/06/2013

[1265] Téngase en cuenta que el nuevo Libro VIII entra en vigor el 30 junio 2013, en lo relativo a la renovación, designación y elección de los Vocales del Consejo General del Poder Judicial y a la constitución del mismo. El resto del mismo ha entrado en vigor el día 4 diciembre 2013, fecha de constitución del primer Consejo General del Poder Judicial, conforme a la disp. final 3ª LO 4/2013 de 28 junio

[1266] Añadido por art. único apartado 1 de Ley Orgánica 4/2013 de 28 de junio de 2013, con vigencia desde 30/06/2013

4. El Promotor de la Acción Disciplinaria permanecerá en servicios especiales en la carrera judicial y ejercerá exclusivamente las funciones inherentes a su cargo.

5. El Promotor de la Acción Disciplinaria sólo podrá ser cesado por incapacidad o incumplimiento grave de sus deberes, apreciados por el Pleno mediante mayoría absoluta.

6. Cuando por circunstancias excepcionales, físicas o legales, el Promotor de la Acción Disciplinaria se viese imposibilitado transitoriamente para ejercer sus funciones, la Comisión Permanente proveerá, únicamente por el tiempo que dure dicha imposibilidad, a su sustitución nombrando a un Magistrado que reúna los mismos requisitos exigidos al Promotor para su designación.

7. Mientras desempeñe el cargo, el Promotor de la Acción Disciplinaria tendrá, en todo caso, la consideración honorífica de Magistrado del Tribunal Supremo.

607. [1267] *[1268]* 1. El Promotor de la Acción Disciplinaria estará asistido por el número de Letrados del Consejo General del Poder Judicial que establezca el Reglamento de Organización y Funcionamiento del mismo.

2. Los Letrados del Consejo General del Poder Judicial bajo las órdenes del Promotor de la Acción Disciplinaria no podrán ejercer ninguna otra función y sólo estarán sometidos a la Secretaría General en cuestiones estrictamente atinentes a su relación de servicio.

3. Corresponde al Promotor de la Acción Disciplinaria la instrucción de los expedientes disciplinarios. Excepcionalmente, el Promotor podrá delegar de forma expresa y motivada la realización de determinados actos de instrucción de un expediente disciplinario en alguno de los Letrados del Consejo que le asisten y que pertenezcan a la carrera judicial.

4. Los Jueces y Magistrados están obligados a colaborar con el Promotor de la Acción Disciplinaria. El Promotor podrá requerir la

---

[1267] Téngase en cuenta que el nuevo Libro VIII entra en vigor el 30 junio 2013, en lo relativo a la renovación, designación y elección de los Vocales del Consejo General del Poder Judicial y a la constitución del mismo. El resto del mismo ha entrado en vigor el día 4 diciembre 2013, fecha de constitución del primer Consejo General del Poder Judicial, conforme a la disp. final 3ª LO 4/2013 de 28 junio

[1268] Añadido por art. único apartado 1 de Ley Orgánica 4/2013 de 28 de junio de 2013, con vigencia desde 30/06/2013

presencia del Juez o Magistrado expedientado, por conducto del Presidente del correspondiente Tribunal, quien deberá emitir informe en el que se acredite la cobertura del servicio, a fin de que el Consejo General del Poder Judicial pueda otorgar al Juez o Magistrado comisión de servicios para realizar el desplazamiento requerido.

608. [1269] [1270] 1. Frente a la decisión del Promotor de la Acción Disciplinaria de no iniciar expediente disciplinario o de archivar uno ya iniciado se podrá interponer recurso ante la Comisión Permanente.

2. Si la Comisión Permanente estimare el recurso, se iniciará o continuará el expediente disciplinario de que se trate.

3. La Comisión Permanente también podrá, de oficio, ordenar al Promotor de la Acción Disciplinaria la iniciación o continuación de un expediente disciplinario.

CAPÍTULO V
La Comisión de Asuntos Económicos [1271]

609. [1272] [1273] 1. El Pleno del Consejo General del Poder Judicial elegirá anualmente a los Vocales integrantes de la Comisión de Asuntos Económicos y, de entre ellos, designará a su Presidente.

[1269] Téngase en cuenta que el nuevo Libro VIII entra en vigor el 30 junio 2013, en lo relativo a la renovación, designación y elección de los Vocales del Consejo General del Poder Judicial y a la constitución del mismo. El resto del mismo ha entrado en vigor el día 4 diciembre 2013, fecha de constitución del primer Consejo General del Poder Judicial, conforme a la disp. final 3ª LO 4/2013 de 28 junio

[1270] Añadido por art. único apartado 1 de Ley Orgánica 4/2013 de 28 de junio de 2013, con vigencia desde 30/06/2013

[1271] Añadido por art. único apartado 1 de Ley Orgánica 4/2013 de 28 de junio de 2013, con vigencia desde 30/06/2013

[1272] Téngase en cuenta que el nuevo Libro VIII entra en vigor el 30 junio 2013, en lo relativo a la renovación, designación y elección de los Vocales del Consejo General del Poder Judicial y a la constitución del mismo. El resto del mismo ha entrado en vigor el día 4 diciembre 2013, fecha de constitución del primer Consejo General del Poder Judicial, conforme a la disp. final 3ª LO 4/2013 de 28 junio

[1273] Añadido por art. único apartado 1 de Ley Orgánica 4/2013 de 28 de junio de 2013, con vigencia desde 30/06/2013

2. La Comisión de Asuntos Económicos estará integrada por tres Vocales. [1274]

3. La Comisión de Asuntos Económicos deberá actuar con la asistencia de todos sus componentes. [1275]

4. Corresponde a la Comisión de Asuntos Económicos la realización de estudios y proyectos de carácter económico y financiero que le sean encomendados por el Pleno del Consejo, el control de la actividad financiera y contable de la gerencia y aquellas otras que resulten necesarias para el correcto desempeño de las funciones del Consejo General del Poder Judicial en materia económica.

5. Asimismo, la Comisión Permanente podrá delegar en la Comisión de Asuntos Económicos la elaboración del borrador de proyecto del presupuesto anual del Consejo, cuya aprobación corresponderá, en todo caso, a la Comisión Permanente antes de su elevación al Pleno.

CAPÍTULO VI
La Comisión de Igualdad [1276]

610. [1277] [1278] 1. El Pleno del Consejo General del Poder Judicial elegirá anualmente, de entre sus Vocales, y atendiendo al principio de presencia equilibrada entre mujeres y hombres, a los componentes de la Comisión de Igualdad y designará, entre ellos, a su Presidente. [1279]

[1274] Dada nueva redacción apartado 2 por art. único apartado 114 de Ley Orgánica 7/2015 de 21 de julio de 2015, con vigencia desde 01/10/2015

[1275] Dada nueva redacción apartado 3 por art. único apartado 114 de Ley Orgánica 7/2015 de 21 de julio de 2015, con vigencia desde 01/10/2015

[1276] Añadido por art. único apartado 1 de Ley Orgánica 4/2013 de 28 de junio de 2013, con vigencia desde 30/06/2013

[1277] Téngase en cuenta que el nuevo Libro VIII entra en vigor el 30 junio 2013, en lo relativo a la renovación, designación y elección de los Vocales del Consejo General del Poder Judicial y a la constitución del mismo. El resto del mismo ha entrado en vigor el día 4 diciembre 2013, fecha de constitución del primer Consejo General del Poder Judicial, conforme a la disp. final 3ª LO 4/2013 de 28 junio

[1278] Añadido por art. único apartado 1 de Ley Orgánica 4/2013 de 28 de junio de 2013, con vigencia desde 30/06/2013

[1279] Dada nueva redacción apartado 1 por art. único apartado 115 de Ley Orgánica 7/2015 de 21 de julio de 2015, con vigencia desde 01/10/2015

2. La Comisión de Igualdad estará integrada por tres Vocales. [1280]

3. La Comisión de Igualdad deberá actuar con la asistencia de todos sus componentes. En caso de transitoria imposibilidad o ausencia justificada de alguno de los miembros, se procederá a su sustitución por otro Vocal del Consejo General del Poder Judicial, preferentemente del mismo sexo, que será designado por la Comisión Permanente.

4. Corresponderá a la Comisión de Igualdad asesorar al Pleno sobre las medidas necesarias o convenientes para integrar activamente el principio de igualdad entre mujeres y hombres en el ejercicio de las atribuciones del Consejo General del Poder Judicial y, en particular, le corresponderá elaborar los informes previos sobre impacto de género de los Reglamentos y proponer medidas para mejorar los parámetros de igualdad en la carrera judicial.

5. Asimismo corresponderá a la Comisión de Igualdad el estudio y seguimiento de la respuesta judicial en materia de violencia doméstica y de género, sirviéndose para ello del Observatorio contra la Violencia Doméstica y de Género o de cualquier otro instrumento que se pueda establecer a estos efectos.

CAPÍTULO VII
La Comisión de Calificación [1281]

610 bis. [1282] 1. El Pleno del Consejo General del Poder Judicial elegirá anualmente, de entre sus Vocales, a los componentes de la Comisión de Calificación y designará, entre ellos, a su Presidente.

2. La Comisión de Calificación estará integrada por cinco Vocales, tres del turno judicial y dos del turno de juristas.

3. Corresponde a la Comisión de Calificación informar, en todo caso, sobre los nombramientos de la competencia del Pleno, garantizando una valoración objetiva de los candidatos basada en su trayectoria profesional.

[1280] Dada nueva redacción apartado 2 por art. único apartado 115 de Ley Orgánica 7/2015 de 21 de julio de 2015, con vigencia desde 01/10/2015

[1281] Añadido por art. 1 apartado 14 de Ley Orgánica 3/2024 de 2 de agosto de 2024, con vigencia desde 06/08/2024

[1282] Añadido por art. 1 apartado 14 de Ley Orgánica 3/2024 de 2 de agosto de 2024, con vigencia desde 06/08/2024

4. Para la adecuada formación de los criterios de calificación de los Jueces y Magistrados, la Comisión:

a) Recabará la información que precise de los distintos órganos del Poder Judicial.

b) Recabará de las Salas de Gobierno de los distintos órganos jurisdiccionales a los que los candidatos estuvieran adscritos un informe anual, que deberá fundarse en criterios objetivos y suficientemente valorados y detallados.

CAPÍTULO VIII
La Comisión de Supervisión y Control de Protección de Datos [1283]

610 ter. [1284] [1285]

1. El Pleno del Consejo General del Poder Judicial elegirá de entre sus Vocales a los integrantes de la Comisión de Supervisión y Control de Protección de Datos por un mandato de cinco años y designará, entre ellos, a su Presidente o Presidenta.

2. La Comisión de Supervisión y Control de Protección de Datos estará integrada por tres Vocales, dos de ellos del turno judicial y uno de ellos del turno de juristas de reconocida competencia.

3. La Comisión de Supervisión y Control de Protección de Datos deberá actuar con la asistencia de todos sus componentes.

4. Corresponderá a la Comisión de Supervisión y Control de Protección de Datos el ejercicio de las funciones previstas en el artículo 236 octies en relación con los tratamientos de datos personales con fines jurisdiccionales realizados por tribunales. Sus acuerdos agotarán la vía administrativa y contra ellos cabrá interponer recurso contencioso-administrativo ante la Sala de lo Contencioso-Administrativo del Tribunal Supremo. El conocimiento de estos recursos corresponderá a la sección prevista en el artículo 638.2.

[1283] Añadido por art. 1 apartado 106 de Ley Orgánica 1/2025 de 2 de enero de 2025, con vigencia desde 23/01/2025

[1284] Añadido por art. 1 apartado 106 de Ley Orgánica 1/2025 de 2 de enero de 2025, con vigencia desde 23/01/2025

[1285] Téngase en cuenta que este artículo no será de aplicación hasta la constitución del primer Consejo General del Poder Judicial que lo haga tras la entrada en vigor de la LO 1/2025 de 2 enero, conforme a su disp. trans. 15.ª

5. Los Vocales integrantes de la Comisión estarán sujetos al deber de secreto profesional, tanto durante su mandato como después del mismo, con relación a las informaciones confidenciales de las que hayan tenido conocimiento en el cumplimiento de sus funciones.

TÍTULO V
De los órganos técnicos y del personal del Consejo General del Poder Judicial [1286]

CAPÍTULO PRIMERO
Disposiciones generales [1287]

611. [1288] [1289] 1. El Consejo General del Poder Judicial dispondrá de los órganos técnicos que sean necesarios para el correcto ejercicio de sus atribuciones, con el cometido de tramitar y preparar los asuntos de que hayan de conocer el Pleno y las Comisiones.

2. En lo no previsto en la presente Ley Orgánica, el Reglamento de Organización y Funcionamiento del Consejo General del Poder Judicial determinará el número de órganos técnicos, así como la estructura, funciones y forma de nombramiento de sus integrantes.

3. La composición y, en su caso, el número de integrantes de los distintos órganos técnicos del Consejo General del Poder Judicial se determinará en el Reglamento de Personal del Consejo General del Poder Judicial.

4. En particular, serán órganos técnicos del Consejo General del Poder Judicial la Secretaría General, el Servicio de Inspección, el Gabi-

---

[1286] Añadido por art. único apartado 1 de Ley Orgánica 4/2013 de 28 de junio de 2013, con vigencia desde 30/06/2013

[1287] Añadido por art. único apartado 1 de Ley Orgánica 4/2013 de 28 de junio de 2013, con vigencia desde 30/06/2013

[1288] Téngase en cuenta que el nuevo Libro VIII entra en vigor el 30 junio 2013, en lo relativo a la renovación, designación y elección de los Vocales del Consejo General del Poder Judicial y a la constitución del mismo. El resto del mismo ha entrado en vigor el día 4 diciembre 2013, fecha de constitución del primer Consejo General del Poder Judicial, conforme a la disp. final 3ª LO 4/2013 de 28 junio

[1289] Añadido por art. único apartado 1 de Ley Orgánica 4/2013 de 28 de junio de 2013, con vigencia desde 30/06/2013

nete Técnico, la Escuela Judicial, el Centro de Documentación Judicial y la Oficina de Comunicación.

5. El Interventor al servicio del Consejo General del Poder Judicial quedará adscrito a la Comisión Permanente.

6. En ningún caso se podrán crear órganos técnicos con funciones ajenas a las atribuciones del Consejo General del Poder Judicial.

CAPÍTULO II
Los órganos técnicos del Consejo General del Poder Judicial en particular [1290]

SECCIÓN PRIMERA
La Secretaría General [1291]

612. [1292] [1293] 1. En el Consejo General del Poder Judicial habrá una Secretaría General dirigida por el Secretario General, nombrado entre Magistrados con al menos quince años de antigüedad en la carrera judicial u otros juristas de reconocida competencia también con no menos de quince años de ejercicio de su profesión.

2. El Secretario General será nombrado por el Pleno, a propuesta del Presidente, y cesado libremente por el Presidente.

3. Corresponden al Secretario General las siguientes funciones:

1ª La dirección y coordinación de todos los órganos técnicos y del personal al servicio del Consejo General del Poder Judicial, salvo en relación con el Gabinete de la Presidencia.

[1290] Añadido por art. único apartado 1 de Ley Orgánica 4/2013 de 28 de junio de 2013, con vigencia desde 30/06/2013

[1291] Añadida por art. único apartado 1 de Ley Orgánica 4/2013 de 28 de junio de 2013, con vigencia desde 30/06/2013

[1292] Téngase en cuenta que el nuevo Libro VIII entra en vigor el 30 junio 2013, en lo relativo a la renovación, designación y elección de los Vocales del Consejo General del Poder Judicial y a la constitución del mismo. El resto del mismo ha entrado en vigor el día 4 diciembre 2013, fecha de constitución del primer Consejo General del Poder Judicial, conforme a la disp. final 3ª LO 4/2013 de 28 junio

[1293] Añadido por art. único apartado 1 de Ley Orgánica 4/2013 de 28 de junio de 2013, con vigencia desde 30/06/2013

2ª Velar por la correcta preparación, ejecución y liquidación del presupuesto, dando cuenta de todo ello al Presidente y al Pleno para su aprobación por éste último.

3ª La gestión, tramitación y documentación de los actos del Consejo General del Poder Judicial.

4ª Las demás funciones que le atribuya el Reglamento de Organización y Funcionamiento del Consejo General del Poder Judicial.

4. El Secretario General asistirá a las sesiones del Pleno y de la Comisión Permanente con voz y sin voto. Asimismo, podrá asistir, con voz y sin voto, a las demás Comisiones previstas legalmente.

613. [1294] [1295] 1. El Secretario General será auxiliado y, en su caso, sustituido por el Vicesecretario General.

2. El Vicesecretario General será nombrado por el Pleno, a propuesta del Presidente, entre miembros del Cuerpo de Letrados del Consejo General del Poder Judicial que tuvieren un mínimo de cinco años de servicios efectivos en el Consejo, y cesado libremente por el Presidente.

614. [1296] [1297] En la Secretaría General del Consejo General del Poder Judicial existirá un Servicio Central en el que se integrará la Gerencia, así como los distintos departamentos que presten servicios comunes a los órganos del Consejo General del Poder Judicial.

[1294] Téngase en cuenta que el nuevo Libro VIII entra en vigor el 30 junio 2013, en lo relativo a la renovación, designación y elección de los Vocales del Consejo General del Poder Judicial y a la constitución del mismo. El resto del mismo ha entrado en vigor el día 4 diciembre 2013, fecha de constitución del primer Consejo General del Poder Judicial, conforme a la disp. final 3ª LO 4/2013 de 28 de junio

[1295] Añadido por art. único apartado 1 de Ley Orgánica 4/2013 de 28 de junio de 2013, con vigencia desde 30/06/2013

[1296] Téngase en cuenta que el nuevo Libro VIII entra en vigor el 30 junio 2013, en lo relativo a la renovación, designación y elección de los Vocales del Consejo General del Poder Judicial y a la constitución del mismo. El resto del mismo ha entrado en vigor el día 4 diciembre 2013, fecha de constitución del primer Consejo General del Poder Judicial, conforme a la disp. final 3ª LO 4/2013 de 28 de junio

[1297] Añadido por art. único apartado 1 de Ley Orgánica 4/2013 de 28 de junio de 2013, con vigencia desde 30/06/2013

SECCIÓN SEGUNDA

El Servicio de Inspección del Consejo General del Poder Judicial [1298]

615. [1299] [1300] 1. El Servicio de Inspección llevará a cabo, bajo la dependencia de la Comisión Permanente, las funciones de comprobación y control del funcionamiento de los servicios de la Administración de Justicia a las que se refiere el apartado 1.8ª del artículo 560, de la presente Ley Orgánica, mediante la realización de las actuaciones y visitas que sean acordadas por el Consejo, todo ello sin perjuicio de la competencia de los órganos de gobierno de los Tribunales y en coordinación con éstos.

2. No obstante, la inspección del Tribunal Supremo será efectuada por el Presidente de dicho Tribunal o, en caso de delegación de éste, por el Vicepresidente del mismo.

3. El Jefe del Servicio de Inspección será nombrado y separado en la misma forma que el Promotor de la Acción Disciplinaria. El elegido permanecerá en situación de servicios especiales y tendrá la consideración, durante el tiempo que permanezca en el cargo, de Magistrado de Sala del Tribunal Supremo.

4. Integrarán, además, el Servicio de Inspección el número de Magistrados y Letrados de la Administración de Justicia que determine el Reglamento de Organización y Funcionamiento del Consejo General del Poder Judicial. [1301]

5. Los Magistrados o Letrados de la Administración de Justicia que presten sus servicios en el Servicio de Inspección quedarán en situación de servicios especiales. [1302]

[1298] Añadida por art. único apartado 1 de Ley Orgánica 4/2013 de 28 de junio de 2013, con vigencia desde 30/06/2013

[1299] Téngase en cuenta que el nuevo Libro VIII entra en vigor el 30 junio 2013, en lo relativo a la renovación, designación y elección de los Vocales del Consejo General del Poder Judicial y a la constitución del mismo. El resto del mismo ha entrado en vigor el día 4 diciembre 2013, fecha de constitución del primer Consejo General del Poder Judicial, conforme a la disp. final 3ª LO 4/2013 de 28 junio

[1300] Añadido por art. único apartado 1 de Ley Orgánica 4/2013 de 28 de junio de 2013, con vigencia desde 30/06/2013

[1301] Dada nueva redacción apartado 4 por disposición adicional 1 de Ley Orgánica 7/2015 de 21 de julio de 2015, con vigencia desde 01/10/2015

[1302] Dada nueva redacción apartado 5 por disposición adicional 1 de Ley Orgánica 7/2015 de 21 de julio de 2015, con vigencia desde 01/10/2015

SECCIÓN TERCERA
El Gabinete Técnico [1303]

616. [1304] [1305] 1. El Gabinete Técnico es el órgano encargado del asesoramiento y asistencia técnico-jurídica a los órganos del Consejo General del Poder Judicial, así como del desarrollo de la actividad administrativa necesaria para el cumplimiento de sus funciones.

2. Integrarán el Gabinete Técnico un Director de Gabinete y el número de Letrados que determine el Reglamento de Organización y Funcionamiento del Consejo General del Poder Judicial, así como el personal que resulte necesario para el correcto desarrollo de sus funciones.

3. Para poder ser nombrado Director del Gabinete Técnico deberá acreditarse el desempeño efectivo de una profesión jurídica durante al menos quince años.

[1303] Añadida por art. único apartado 1 de Ley Orgánica 4/2013 de 28 de junio de 2013, con vigencia desde 30/06/2013

[1304] Téngase en cuenta que el nuevo Libro VIII entra en vigor el 30 junio 2013, en lo relativo a la renovación, designación y elección de los Vocales del Consejo General del Poder Judicial y a la constitución del mismo. El resto del mismo ha entrado en vigor el día 4 diciembre 2013, fecha de constitución del primer Consejo General del Poder Judicial, conforme a la disp. final 3ª LO 4/2013 de 28 junio

[1305] Añadido por art. único apartado 1 de Ley Orgánica 4/2013 de 28 de junio de 2013, con vigencia desde 30/06/2013

SECCIÓN CUARTA
La Escuela Judicial [1306]

617. [1307] *[1308]* 1. Corresponde a la Escuela Judicial desarrollar y ejecutar las competencias en materia de selección y formación de los Jueces y Magistrados, de acuerdo con lo establecido en la presente Ley Orgánica y en el Reglamento de la Escuela Judicial.

2. El nombramiento del Director de la Escuela Judicial recaerá en un Magistrado con al menos quince años de antigüedad en la carrera judicial.

618. [1309] *[1310]* 1. Los profesores de la Escuela Judicial serán seleccionados por la Comisión Permanente mediante concurso de méritos.

2. Su nombramiento se hará por un período inicial de dos años, pudiendo luego ser renovado anualmente, sin que en ningún caso pueda extenderse más allá de un total de diez años.

3. Quedarán en situación de servicios especiales en la carrera judicial o, en su caso, en el cuerpo de funcionarios de procedencia.

4. También podrán prestarse servicios en la Escuela Judicial en régimen de contratación laboral de duración determinada.

[1306] Añadida por art. único apartado 1 de Ley Orgánica 4/2013 de 28 de junio de 2013, con vigencia desde 30/06/2013

[1307] Téngase en cuenta que el nuevo Libro VIII entra en vigor el 30 junio 2013, en lo relativo a la renovación, designación y elección de los Vocales del Consejo General del Poder Judicial y a la constitución del mismo. El resto del mismo ha entrado en vigor el día 4 diciembre 2013, fecha de constitución del primer Consejo General del Poder Judicial, conforme a la disp. final 3ª LO 4/2013 de 28 junio

[1308] Añadido por art. único apartado 1 de Ley Orgánica 4/2013 de 28 de junio de 2013, con vigencia desde 30/06/2013

[1309] Téngase en cuenta que el nuevo Libro VIII entra en vigor el 30 junio 2013, en lo relativo a la renovación, designación y elección de los Vocales del Consejo General del Poder Judicial y a la constitución del mismo. El resto del mismo ha entrado en vigor el día 4 diciembre 2013, fecha de constitución del primer Consejo General del Poder Judicial, conforme a la disp. final 3ª LO 4/2013 de 28 junio

[1310] Añadido por art. único apartado 1 de Ley Orgánica 4/2013 de 28 de junio de 2013, con vigencia desde 30/06/2013

SECCIÓN QUINTA
El Centro de Documentación Judicial [1311]

619. [1312] [1313] 1. El Centro de Documentación Judicial es un órgano técnico del Consejo General del Poder Judicial, cuyas funciones son la selección, la ordenación, el tratamiento, la difusión y la publicación de información jurídica legislativa, jurisprudencial y doctrinal.

2. Corresponde al Centro de Documentación Judicial colaborar en la implantación de las decisiones adoptadas por el Consejo General del Poder Judicial en materia de armonización de los sistemas informáticos que redunden en una mayor eficiencia de la actividad de los Juzgados y Tribunales.

3. Solo podrá ser nombrado Director del Centro de Documentación Judicial quien acredite el desempeño efectivo de una profesión jurídica durante al menos quince años.

[1311] Añadida por art. único apartado 1 de Ley Orgánica 4/2013 de 28 de junio de 2013, con vigencia desde 30/06/2013

[1312] Téngase en cuenta que el nuevo Libro VIII entra en vigor el 30 junio 2013, en lo relativo a la renovación, designación y elección de los Vocales del Consejo General del Poder Judicial y a la constitución del mismo. El resto del mismo ha entrado en vigor el día 4 diciembre 2013, fecha de constitución del primer Consejo General del Poder Judicial, conforme a la disp. final 3ª LO 4/2013 de 28 junio

[1313] Añadido por art. único apartado 1 de Ley Orgánica 4/2013 de 28 de junio de 2013, con vigencia desde 30/06/2013

SECCIÓN SEXTA
La Oficina de Comunicación [1314]

620. [1315] [1316] 1. Corresponden a la Oficina de Comunicación del Consejo General del Poder Judicial las funciones de comunicación institucional.

2. La Oficina de Comunicación depende directamente del Presidente, que nombrará y cesará libremente a su Director.

3. El cargo de Director de la Oficina de Comunicación deberá recaer en un profesional con experiencia acreditada en comunicación pública.

SECCIÓN SÉPTIMA
La Dirección de Supervisión y Control de Protección de Datos [1317]

620 bis. [1318] [1319]

1. La Dirección de Supervisión y Control de Protección de Datos es el órgano técnico del Consejo General del Poder Judicial encargado del apoyo y la asistencia a la Comisión de Supervisión y Control de Protección de Datos en el ejercicio de sus funciones.

2. La persona titular de la Dirección de Supervisión y Control de Protección de Datos será nombrada por el Pleno del Consejo General

---

[1314] Añadida por art. único apartado 1 de Ley Orgánica 4/2013 de 28 de junio de 2013, con vigencia desde 30/06/2013

[1315] Téngase en cuenta que el nuevo Libro VIII entra en vigor el 30 junio 2013, en lo relativo a la renovación, designación y elección de los Vocales del Consejo General del Poder Judicial y a la constitución del mismo. El resto del mismo ha entrado en vigor el día 4 diciembre 2013, fecha de constitución del primer Consejo General del Poder Judicial, conforme a la disp. final 3ª LO 4/2013 de 28 junio

[1316] Añadido por art. único apartado 1 de Ley Orgánica 4/2013 de 28 de junio de 2013, con vigencia desde 30/06/2013

[1317] Añadida por art. 1 apartado 107 de Ley Orgánica 1/2025 de 2 de enero de 2025, con vigencia desde 23/01/2025

[1318] Añadido por art. 1 apartado 107 de Ley Orgánica 1/2025 de 2 de enero de 2025, con vigencia desde 23/01/2025

[1319] Téngase en cuenta que este artículo no será de aplicación hasta la constitución del primer Consejo General del Poder Judicial que lo haga tras la entrada en vigor de la LO 1/2025 de 2 enero, conforme a su disp. trans. 15.ª

del Poder Judicial entre juristas de reconocida competencia con al menos quince años de ejercicio profesional y con conocimientos y experiencia acreditados en materia de protección de datos.

3. La persona titular de la Dirección de Supervisión y Control de Protección de Datos, que ejercerá sus funciones únicamente sujeta a las orientaciones, indicaciones e instrucciones de la Comisión de Supervisión y Control de Protección de Datos, estará sometida al mismo régimen jurídico en materia de situaciones administrativas, incompatibilidades, duración del mandato y retribuciones que el aplicable a los letrados del Consejo General del Poder Judicial. La persona titular de esta Dirección y el resto del personal adscrito a la misma estarán sujetos al deber de secreto profesional, tanto durante su mandato como después del mismo, con relación a las informaciones confidenciales de las que hayan tenido conocimiento en el cumplimiento de sus funciones o en el ejercicio de sus atribuciones. Este deber de secreto profesional se aplicará en particular a la información que faciliten las personas físicas a la Dirección de Supervisión y Control de Protección de Datos en materia de infracciones de la normativa de protección de datos.

4. El Consejo General del Poder Judicial velará porque la Dirección de Supervisión y Control de Protección de Datos cuente, en todo caso, con todos los medios personales y materiales necesarios para el adecuado ejercicio de sus funciones.

5. Reglamentariamente se desarrollará la composición, organización y funcionamiento de la Dirección de Supervisión y Control de Protección de Datos.

CAPÍTULO III
El personal del Consejo General del Poder Judicial [1320]

621. [1321] [1322] 1. En el Consejo General del Poder Judicial existirá un Cuerpo de Letrados. El ingreso en el mismo se realizará mediante un proceso selectivo en el que se garanticen los principios de mérito y capacidad.

2. La plantilla del Cuerpo de Letrados del Consejo General del Poder Judicial estará integrada por Letrados de carácter permanente y Letrados de carácter temporal. El número de plazas de la plantilla de Letrados, tanto las de carácter permanente como las de carácter temporal, se determinará reglamentariamente por el Pleno del Consejo.

3. Los Letrados de carácter permanente, que deberán estar en posesión del título de Licenciado en Derecho o del Título de Grado en Derecho equivalente, ingresarán mediante concurso-oposición que se adecuará a los criterios que sean aprobados por el Pleno y publicados en el «Boletín Oficial del Estado».

4. Los Letrados de carácter temporal, que deberán ser miembros de la carrera judicial o fiscal, pertenecer al Cuerpo de Letrados de la Administración de Justicia o ser funcionarios de carrera de un cuerpo incluido en el Subgrupo A1 de las distintas Administraciones Públicas, ingresarán mediante concurso de méritos y serán nombrados por un período inicial de dos años, pudiendo luego ser renovados anualmente, sin que en ningún caso pueda extenderse más allá de un total de diez años de prestación de servicios. [1323]

5. Quienes se hallen en servicio activo en el Cuerpo de Letrados del Consejo General del Poder Judicial por ocupar una de las plazas del Cuerpo de Letrado que tenga carácter permanente, quedarán en

---

[1320] Añadido por art. único apartado 1 de Ley Orgánica 4/2013 de 28 de junio de 2013, con vigencia desde 30/06/2013

[1321] Téngase en cuenta que el nuevo Libro VIII entra en vigor el 30 junio 2013, en lo relativo a la renovación, designación y elección de los Vocales del Consejo General del Poder Judicial y a la constitución del mismo. El resto del mismo ha entrado en vigor el día 4 diciembre 2013, fecha de constitución del primer Consejo General del Poder Judicial, conforme a la disp. final 3ª LO 4/2013 de 28 junio

[1322] Añadido por art. único apartado 1 de Ley Orgánica 4/2013 de 28 de junio de 2013, con vigencia desde 30/06/2013

[1323] Dada nueva redacción apartado 4 por disposición adicional 1 de Ley Orgánica 7/2015 de 21 de julio de 2015, con vigencia desde 01/10/2015

situación de excedencia voluntaria en cualquier otro cuerpo o carrera a que pertenezcan. Los demás Letrados al servicio del Consejo General del Poder Judicial serán declarados en servicios especiales en su Administración de origen.

622. [1324] *[1325]* 1. Las personas que desempeñen el cargo de Vicesecretario General, Jefe del Servicio de Inspección, Director del Gabinete Técnico, Director de la Escuela Judicial, Director del Centro de Documentación Judicial y Director de la Oficina de Comunicación ostentarán la denominación de Letrados Mayores.

2. El acceso a estos puestos, en cuanto Jefaturas de Servicio, se producirá con ocasión de vacante en aquéllos.

3. Estas Jefaturas de Servicio deberán ser objeto de renovación cada cinco años, correspondiendo al Pleno la designación de quienes vayan a ocupar dichos puestos, salvo en el caso del Director de la Oficina de Comunicación cuya designación corresponde al Presidente del Tribunal Supremo y del Consejo General del Poder Judicial.

623. [1326] *[1327]* Los Letrados del Consejo General del Poder Judicial podrán desempeñar sus funciones en los distintos órganos del Consejo de acuerdo con lo establecido en la presente Ley Orgánica y en el Reglamento de Organización y Funcionamiento del Consejo General del Poder Judicial.

[1324] Téngase en cuenta que el nuevo Libro VIII entra en vigor el 30 junio 2013, en lo relativo a la renovación, designación y elección de los Vocales del Consejo General del Poder Judicial y a la constitución del mismo. El resto del mismo ha entrado en vigor el día 4 diciembre 2013, fecha de constitución del primer Consejo General del Poder Judicial, conforme a la disp. final 3ª LO 4/2013 de 28 junio

[1325] Añadido por art. único apartado 1 de Ley Orgánica 4/2013 de 28 de junio de 2013, con vigencia desde 30/06/2013

[1326] Téngase en cuenta que el nuevo Libro VIII entra en vigor el 30 junio 2013, en lo relativo a la renovación, designación y elección de los Vocales del Consejo General del Poder Judicial y a la constitución del mismo. El resto del mismo ha entrado en vigor el día 4 diciembre 2013, fecha de constitución del primer Consejo General del Poder Judicial, conforme a la disp. final 3ª LO 4/2013 de 28 junio

[1327] Añadido por art. único apartado 1 de Ley Orgánica 4/2013 de 28 de junio de 2013, con vigencia desde 30/06/2013

624. [1328] En los órganos técnicos del Consejo General del Poder Judicial también podrán prestar servicios miembros de las carreras judicial y fiscal, del Cuerpo de Letrados de la Administración de Justicia, del Cuerpo de Gestión Procesal y Administrativa, del Cuerpo de Tramitación Procesal y Administrativa y del Cuerpo de Auxilio Judicial al servicio de la Administración de Justicia, así como funcionarios de las Administraciones Públicas, en el número que fijen las correspondientes relaciones de puestos de trabajo.

625. [1329] [1330] 1. La provisión de los puestos de los órganos técnicos del Consejo General del Poder Judicial, salvo las excepciones previstas en esta Ley Orgánica o, en su caso, en los Reglamentos de desarrollo de la misma, se realizará mediante concurso de méritos.

2. Aquellos que hayan obtenido puestos de nivel superior previo concurso de méritos, serán nombrados por el Pleno del Consejo General del Poder Judicial por un periodo de dos años, prorrogable por períodos anuales con un máximo de prestación de servicios de diez años y serán declarados, en su caso, en situación de servicios especiales en su Administración de origen.

3. Cuando se trate de la prestación de servicios en los restantes puestos de los órganos técnicos del Consejo General del Poder Judicial, los funcionarios que los desempeñen se considerarán en servicio activo en sus cuerpos de origen.

4. Durante el tiempo que permanezcan ocupando un puesto de trabajo en el Consejo General del Poder Judicial, estarán sometidos al Reglamento de Personal del Consejo.

[1328] Dada nueva redacción por disposición adicional 1 de Ley Orgánica 7/2015 de 21 de julio de 2015, con vigencia desde 01/10/2015

[1329] Téngase en cuenta que el nuevo Libro VIII entra en vigor el 30 junio 2013, en lo relativo a la renovación, designación y elección de los Vocales del Consejo General del Poder Judicial y a la constitución del mismo. El resto del mismo ha entrado en vigor el día 4 diciembre 2013, fecha de constitución del primer Consejo General del Poder Judicial, conforme a la disp. final 3ª LO 4/2013 de 28 junio

[1330] Añadido por art. único apartado 1 de Ley Orgánica 4/2013 de 28 de junio de 2013, con vigencia desde 30/06/2013

626. [1331] *[1332]* 1. El Reglamento de Organización y Funcionamiento del Consejo General del Poder Judicial podrá prever que determinados puestos de trabajo de carácter técnico, por requerir una preparación específica y distinta de la jurídica, sean provistos mediante concurso de méritos entre funcionarios de aquellos cuerpos que en cada caso establezca el citado Reglamento.

2. En cualquier caso, los puestos de nivel superior en los órganos técnicos del Consejo General del Poder Judicial sólo podrán ser ocupados por quienes ostenten la titulación requerida para pertenecer a un Cuerpo incluido en el Subgrupo A1 de las distintas Administraciones Públicas.

627. [1333] *[1334]* 1. Todos los funcionarios que presten servicio en el Consejo General del Poder Judicial se regirán por el Reglamento de Personal del mismo y, en lo no previsto en él, por la legislación general de la función pública estatal.

2. El Pleno del Consejo General del Poder Judicial aprobará la relación de puestos de trabajo por la que se ordena dicho personal.

3. El resto del personal no funcionario que preste servicio en el Consejo General del Poder Judicial se regirá por su respectivo Reglamento de Personal y, en lo no previsto en él, por la regulación de ámbito estatal que le resulte aplicable.

[1331] Téngase en cuenta que el nuevo Libro VIII entra en vigor el 30 junio 2013, en lo relativo a la renovación, designación y elección de los Vocales del Consejo General del Poder Judicial y a la constitución del mismo. El resto del mismo ha entrado en vigor el día 4 diciembre 2013, fecha de constitución del primer Consejo General del Poder Judicial, conforme a la disp. final 3ª LO 4/2013 de 28 junio

[1332] Añadido por art. único apartado 1 de Ley Orgánica 4/2013 de 28 de junio de 2013, con vigencia desde 30/06/2013

[1333] Téngase en cuenta que el nuevo Libro VIII entra en vigor el 30 junio 2013, en lo relativo a la renovación, designación y elección de los Vocales del Consejo General del Poder Judicial y a la constitución del mismo. El resto del mismo ha entrado en vigor el día 4 diciembre 2013, fecha de constitución del primer Consejo General del Poder Judicial, conforme a la disp. final 3ª LO 4/2013 de 28 junio

[1334] Añadido por art. único apartado 1 de Ley Orgánica 4/2013 de 28 de junio de 2013, con vigencia desde 30/06/2013

CAPÍTULO IV
De las retribuciones de los miembros del Consejo General del Poder Judicial (Derogado) [1335]

628. [1336] (Derogado)

TÍTULO VI
Del régimen de los actos del Consejo General del Poder Judicial [1337]

629. [1338] [1339] Las deliberaciones de los órganos del Consejo General del Poder Judicial tendrán carácter reservado, debiendo sus componentes guardar secreto de las mismas.

630. [1340] [1341] 1. Los acuerdos de los órganos colegiados del Consejo General del Poder Judicial serán adoptados por mayoría absoluta de los miembros presentes, salvo cuando esta Ley Orgánica disponga otra cosa o cuando se trate del nombramiento de Presidentes de Sala y Magistrados del Tribunal Supremo, Presidente de la Audiencia Nacional y Presidentes de Sala de la Audiencia Nacional, Presidentes

---

[1335] Derogado por art. único apartado 7 de Ley Orgánica 4/2014 de 11 de julio de 2014, con vigencia desde 13/07/2014

[1336] Derogado por art. único apartado 7 de Ley Orgánica 4/2014 de 11 de julio de 2014, con vigencia desde 13/07/2014

[1337] Añadido por art. único apartado 1 de Ley Orgánica 4/2013 de 28 de junio de 2013, con vigencia desde 30/06/2013

[1338] Téngase en cuenta que el nuevo Libro VIII entra en vigor el 30 junio 2013, en lo relativo a la renovación, designación y elección de los Vocales del Consejo General del Poder Judicial y a la constitución del mismo. El resto del mismo ha entrado en vigor el día 4 diciembre 2013, fecha de constitución del primer Consejo General del Poder Judicial, conforme a la disp. final 3ª LO 4/2013 de 28 de junio

[1339] Añadido por art. único apartado 1 de Ley Orgánica 4/2013 de 28 de junio de 2013, con vigencia desde 30/06/2013

[1340] Téngase en cuenta que el nuevo Libro VIII entra en vigor el 30 junio 2013, en lo relativo a la renovación, designación y elección de los Vocales del Consejo General del Poder Judicial y a la constitución del mismo. El resto del mismo ha entrado en vigor el día 4 diciembre 2013, fecha de constitución del primer Consejo General del Poder Judicial, conforme a la disp. final 3ª LO 4/2013 de 28 de junio

[1341] Añadido por art. único apartado 1 de Ley Orgánica 4/2013 de 28 de junio de 2013, con vigencia desde 30/06/2013

de los Tribunales Superiores de Justicia y Presidentes de Sala de los Tribunales Superiores de Justicia, y Presidentes de Audiencias Provinciales, en cuyo caso se requerirá una mayoría de tres quintos de los miembros presentes. Igualmente, se requerirá mayoría de tres quintos de los miembros presentes cuando se trate del nombramiento del Magistrado del Tribunal Supremo, y de su sustituto, competentes para conocer de las actividades del Centro Nacional de Inteligencia que afecten a los derechos fundamentales reconocidos en el artículo 18, apartados 2 y 3, de la Constitución.

Quien preside tendrá voto de calidad en caso de empate. [1342]

2. Los Vocales tienen el deber inexcusable de asistir, participar y emitir voto válido sobre todas las cuestiones a decidir por el Pleno y las Comisiones. Solo podrán abstenerse en los supuestos en que concurra causa legal para ello. Asimismo, únicamente podrán emitir voto en blanco cuando la naturaleza del acuerdo lo permita y en ningún caso podrán hacerlo en materia disciplinaria y en las decisiones sobre recursos.

3. La votación será siempre nominal y no tendrá carácter secreto, recogiéndose su resultado en el acta. Los Vocales tienen derecho a conocer las actas.

4. Para el adecuado ejercicio de sus atribuciones podrán los Vocales solicitar a la Comisión Permanente la entrega de documentación sobre actividades específicas del Consejo. Dicha Comisión acordará la extensión y límites de la documentación que deba entregarse en atención a la naturaleza de la petición.

631. [1343] [1344] 1. El Vocal que disintiere de la mayoría, si lo desea, podrá formular voto particular, escrito y fundado, que se insertará en el acta, siempre que lo anuncie una vez finalizada la votación y lo presente dentro de los dos días siguientes a aquél en que se tomó el acuerdo.

[1342] Dada nueva redacción apartado 1 por art. 1 apartado 15 de Ley Orgánica 3/2024 de 2 de agosto de 2024, con vigencia desde 06/08/2024

[1343] Téngase en cuenta que el nuevo Libro VIII entra en vigor el 30 junio 2013, en lo relativo a la renovación, designación y elección de los Vocales del Consejo General del Poder Judicial y a la constitución del mismo. El resto del mismo ha entrado en vigor el día 4 diciembre 2013, fecha de constitución del primer Consejo General del Poder Judicial, conforme a la disp. final 3ª LO 4/2013 de 28 junio

[1344] Añadido por art. único apartado 1 de Ley Orgánica 4/2013 de 28 de junio de 2013, con vigencia desde 30/06/2013

2. Cuando el Pleno haga uso de sus facultades de informe, se incorporarán al texto del acuerdo adoptado los votos particulares razonados, que se unirán a la documentación que se remita al órgano destinatario.

632. [1345] [1346] 1. Los acuerdos de los órganos del Consejo General del Poder Judicial siempre serán motivados.

2. En los Plenos que decidan las propuestas de nombramiento se dejará constancia de la motivación del acuerdo, con expresión de las circunstancias de mérito y capacidad que justifican la elección de uno de los aspirantes con preferencia sobre los demás.

3. La motivación podrá hacerse por remisión, en lo coincidente, a la motivación de la propuesta de la Comisión Permanente.

633. [1347] [1348] Los acuerdos de los órganos del Consejo General del Poder Judicial serán documentados por el Secretario General y suscritos por quien los haya presidido.

[1345] Téngase en cuenta que el nuevo Libro VIII entra en vigor el 30 junio 2013, en lo relativo a la renovación, designación y elección de los Vocales del Consejo General del Poder Judicial y a la constitución del mismo. El resto del mismo ha entrado en vigor el día 4 diciembre 2013, fecha de constitución del primer Consejo General del Poder Judicial, conforme a la disp. final 3ª LO 4/2013 de 28 junio

[1346] Añadido por art. único apartado 1 de Ley Orgánica 4/2013 de 28 de junio de 2013, con vigencia desde 30/06/2013

[1347] Téngase en cuenta que el nuevo Libro VIII entra en vigor el 30 junio 2013, en lo relativo a la renovación, designación y elección de los Vocales del Consejo General del Poder Judicial y a la constitución del mismo. El resto del mismo ha entrado en vigor el día 4 diciembre 2013, fecha de constitución del primer Consejo General del Poder Judicial, conforme a la disp. final 3ª LO 4/2013 de 28 junio

[1348] Añadido por art. único apartado 1 de Ley Orgánica 4/2013 de 28 de junio de 2013, con vigencia desde 30/06/2013

634. [1349] [1350] 1. Adoptarán la forma de Real Decreto, firmado por el Rey y refrendado por el Ministro de Justicia, los acuerdos del Consejo General del Poder Judicial sobre el nombramiento de Presidentes y Magistrados.

2. Los nombramientos de Jueces se efectuarán por el Consejo General del Poder Judicial mediante Orden.

3. Todos ellos se publicarán en el «Boletín Oficial del Estado».

635. [1351] [1352] 1. Los Reglamentos aprobados por el Consejo General del Poder Judicial se publicarán en el «Boletín Oficial del Estado».

2. Los restantes acuerdos, debidamente documentados e incorporados los votos particulares, si los hubiere, serán comunicados a las personas y órganos que deban cumplirlos o conocerlos.

636. [1353] [1354] 1. Los acuerdos del Consejo General del Poder Judicial serán inmediatamente ejecutivos, sin perjuicio del régimen de impugnación previsto en esta Ley Orgánica.

2. No obstante, cuando se interponga recurso contra los mismos, la autoridad competente para resolverlo podrá acordar, de oficio o a

---

[1349] Téngase en cuenta que el nuevo Libro VIII entra en vigor el 30 junio 2013, en lo relativo a la renovación, designación y elección de los Vocales del Consejo General del Poder Judicial y a la constitución del mismo. El resto del mismo ha entrado en vigor el día 4 diciembre 2013, fecha de constitución del primer Consejo General del Poder Judicial, conforme a la disp. final 3ª LO 4/2013 de 28 junio

[1350] Añadido por art. único apartado 1 de Ley Orgánica 4/2013 de 28 de junio de 2013, con vigencia desde 30/06/2013

[1351] Téngase en cuenta que el nuevo Libro VIII entra en vigor el 30 junio 2013, en lo relativo a la renovación, designación y elección de los Vocales del Consejo General del Poder Judicial y a la constitución del mismo. El resto del mismo ha entrado en vigor el día 4 diciembre 2013, fecha de constitución del primer Consejo General del Poder Judicial, conforme a la disp. final 3ª LO 4/2013 de 28 junio

[1352] Añadido por art. único apartado 1 de Ley Orgánica 4/2013 de 28 de junio de 2013, con vigencia desde 30/06/2013

[1353] Téngase en cuenta que el nuevo Libro VIII entra en vigor el 30 junio 2013, en lo relativo a la renovación, designación y elección de los Vocales del Consejo General del Poder Judicial y a la constitución del mismo. El resto del mismo ha entrado en vigor el día 4 diciembre 2013, fecha de constitución del primer Consejo General del Poder Judicial, conforme a la disp. final 3ª LO 4/2013 de 28 junio

[1354] Añadido por art. único apartado 1 de Ley Orgánica 4/2013 de 28 de junio de 2013, con vigencia desde 30/06/2013

instancia de parte, la suspensión de la ejecución, cuando la misma pudiere causar perjuicios de imposible o difícil reparación, o cuando esté así establecido por la ley.

637. [1355] [1356] Corresponderá al Consejo General del Poder Judicial la ejecución de sus propios actos, que llevarán a cabo los órganos técnicos a su servicio con la colaboración, si fuere necesaria, de la Administración del Estado y de las Comunidades Autónomas.

638. [1357] [1358] 1. Los actos de trámite que determinen la imposibilidad de continuar un procedimiento o produzcan indefensión serán impugnables en alzada ante la Comisión Permanente.

2. Los acuerdos del Pleno y de la Comisión Permanente pondrán fin a la vía administrativa y serán recurribles ante la Sala de lo Contencioso-Administrativo del Tribunal Supremo. El conocimiento de estos asuntos corresponderá a una sección integrada por el Presidente de la Sala de lo Contencioso-Administrativo del Tribunal Supremo, que la presidirá, y por los demás Presidentes de sección de dicha Sala.

3. La legitimación para impugnar los acuerdos de la Comisión Disciplinaria corresponderá al Juez o Magistrado expedientado.

4. Estará también legitimado para impugnar los acuerdos de la Comisión Disciplinaria el Ministerio Fiscal.

[1355] Téngase en cuenta que el nuevo Libro VIII entra en vigor el 30 junio 2013, en lo relativo a la renovación, designación y elección de los Vocales del Consejo General del Poder Judicial y a la constitución del mismo. El resto del mismo ha entrado en vigor el día 4 diciembre 2013, fecha de constitución del primer Consejo General del Poder Judicial, conforme a la disp. final 3ª LO 4/2013 de 28 de junio

[1356] Añadido por art. único apartado 1 de Ley Orgánica 4/2013 de 28 de junio de 2013, con vigencia desde 30/06/2013

[1357] Téngase en cuenta que el nuevo Libro VIII entra en vigor el 30 junio 2013, en lo relativo a la renovación, designación y elección de los Vocales del Consejo General del Poder Judicial y a la constitución del mismo. El resto del mismo ha entrado en vigor el día 4 diciembre 2013, fecha de constitución del primer Consejo General del Poder Judicial, conforme a la disp. final 3ª LO 4/2013 de 28 de junio

[1358] Añadido por art. único apartado 1 de Ley Orgánica 4/2013 de 28 de junio de 2013, con vigencia desde 30/06/2013

639. [1359] *[1360]* 1. El Consejo General del Poder Judicial podrá celebrar los contratos que sean precisos para el adecuado ejercicio de sus atribuciones, con sujeción a la legislación de contratos del sector público.

2. El órgano de contratación será la Comisión Permanente, que deberá mantener informado al Pleno sobre los contratos que se celebren.

640. [1361] *[1362]* 1. La indemnización de los daños y perjuicios causados por el Consejo General del Poder Judicial queda sometida al régimen de la responsabilidad patrimonial de las Administraciones Públicas.

2. La reclamación de responsabilidad patrimonial se presentará ante el Consejo de Ministros, que resolverá.

641. [1363] *[1364]* La defensa en juicio de los actos del Consejo General del Poder Judicial corresponde a la Abogacía del Estado.

[1359] Téngase en cuenta que el nuevo Libro VIII entra en vigor el 30 junio 2013, en lo relativo a la renovación, designación y elección de los Vocales del Consejo General del Poder Judicial y a la constitución del mismo. El resto del mismo ha entrado en vigor el día 4 diciembre 2013, fecha de constitución del primer Consejo General del Poder Judicial, conforme a la disp. final 3ª LO 4/2013 de 28 junio

[1360] Añadido por art. único apartado 1 de Ley Orgánica 4/2013 de 28 de junio de 2013, con vigencia desde 30/06/2013

[1361] Téngase en cuenta que el nuevo Libro VIII entra en vigor el 30 junio 2013, en lo relativo a la renovación, designación y elección de los Vocales del Consejo General del Poder Judicial y a la constitución del mismo. El resto del mismo ha entrado en vigor el día 4 diciembre 2013, fecha de constitución del primer Consejo General del Poder Judicial, conforme a la disp. final 3ª LO 4/2013 de 28 junio

[1362] Añadido por art. único apartado 1 de Ley Orgánica 4/2013 de 28 de junio de 2013, con vigencia desde 30/06/2013

[1363] Téngase en cuenta que el nuevo Libro VIII entra en vigor el 30 junio 2013, en lo relativo a la renovación, designación y elección de los Vocales del Consejo General del Poder Judicial y a la constitución del mismo. El resto del mismo ha entrado en vigor el día 4 diciembre 2013, fecha de constitución del primer Consejo General del Poder Judicial, conforme a la disp. final 3ª LO 4/2013 de 28 junio

[1364] Añadido por art. único apartado 1 de Ley Orgánica 4/2013 de 28 de junio de 2013, con vigencia desde 30/06/2013

642. [1365] [1366] 1. En todo cuanto no se hallare previsto en esta Ley Orgánica y en los Reglamentos del Consejo General del Poder Judicial, se observarán, en materia de procedimiento, recursos y forma de los actos del Consejo General del Poder Judicial, en cuanto sean aplicables, las disposiciones de la Ley de Régimen Jurídico de las Administraciones Públicas y del Procedimiento Administrativo Común, sin que, en ningún caso, sea necesaria la intervención del Consejo de Estado.

2. Lo dispuesto en el apartado anterior no será de aplicación a la materia disciplinaria.

3. Tratándose de actos declarativos de derechos, la revisión de oficio y, en su caso, la previa declaración de lesividad, se adoptarán por el Pleno del Consejo General del Poder Judicial por mayoría absoluta de sus miembros.

DISPOSICIONES ADICIONALES

Disposición Adicional Primera. 1. En el plazo de un año, el Gobierno remitirá a las Cortes Generales los proyectos de Ley de Planta de Demarcación Judicial, de reforma de la legislación tutelar de menores, del proceso contencioso-administrativo, de Conflictos Jurisdiccionales y del Jurado [1367].

2. El Gobierno o, en su caso, las Comunidades Autónomas con competencias en la materia, aprobarán los reglamentos que exija el desarrollo de la presente Ley Orgánica, salvo cuando la competencia para ello corresponda al Consejo General del Poder Judicial a tenor de lo que dispone el artículo 110. Cuando afecten a condiciones accesorias para el ejercicio de los derechos y deberes de los Jueces y Magistrados

---

[1365] Téngase en cuenta que el nuevo Libro VIII entra en vigor el 30 junio 2013, en lo relativo a la renovación, designación y elección de los Vocales del Consejo General del Poder Judicial y a la constitución del mismo. El resto del mismo ha entrado en vigor el día 4 diciembre 2013, fecha de constitución del primer Consejo General del Poder Judicial, conforme a la disp. final 3ª LO 4/2013 de 28 junio

[1366] Añadido por art. único apartado 1 de Ley Orgánica 4/2013 de 28 de junio de 2013, con vigencia desde 30/06/2013

[1367] Véanse LDPJ, LOCJ y LO Tribunal del Jurado

estarán sujetos a los mismos límites y condiciones establecidos para el Consejo General del Poder Judicial. [1368]

Disposición Adicional Segunda. 1. Los Tribunales Superiores de Justicia tendrán su sede en la ciudad que indiquen los respectivos Estatutos de Autonomía.

2. Si no la indicaren, tendrán su sede en la misma ciudad en que la tenga la Audiencia Territorial existente en la Comunidad Autónoma en la fecha de entrada en vigor de esta Ley.

3. En aquellas Comunidades Autónomas donde existan más de una Audiencia Territorial en el momento de entrar en vigor esta Ley, una Ley de la propia Comunidad Autónoma establecerá la sede del Tribunal Superior de Justicia en alguna de las sedes de dichas Audiencias Territoriales, salvo que las instituciones de autogobierno de la respectiva Comunidad Autónoma hubieran ya fijado dicha sede de acuerdo con lo previsto en su Estatuto.

4. En los restantes casos, el Tribunal Superior de Justicia tendrá su sede en la capital de la Comunidad Autónoma.

Disposición Adicional Tercera. 1. En aquellas Comunidades Autónomas en las que, a la entrada en vigor de esta Ley, exista más de una Audiencia Territorial, se crean, de conformidad con lo dispuesto en el artículo 78, una Sala de lo Contencioso-administrativo y otra de lo Social, integradas en el correspondiente Tribunal Superior de Justicia. Tendrán la composición y extenderán su jurisdicción a las provincias que señale la legislación de planta y demarcación, y su sede en la ciudad en que la tenga, a la entrada en vigor de esta Ley, una de las Audiencias Territoriales, siempre que en ella no haya de radicarse el Tribunal Superior de Justicia de la Comunidad Autónoma.

2. En Santa Cruz de Tenerife se crean una Sala de lo Social y otra de lo Contencioso-administrativo, integradas en el Tribunal Superior de Justicia de Canarias. Extenderán su jurisdicción a la provincia de Santa Cruz de Tenerife y su composición vendrá determinada en la Ley de Planta.

Disposición Adicional Cuarta. Dentro de los seis meses siguientes a la entrada en vigor de esta Ley se procederá a la constitución del

---

[1368] Dada nueva redacción apartado 2 por art. 10 de Ley Orgánica 16/1994 de 8 de noviembre de 1994, con vigencia desde 09/12/1994

órgano colegiado al que corresponde resolver los conflictos de jurisdicción que se planteen entre los Tribunales y la Administración. Los Plenos del Consejo General del Poder Judicial y del Consejo de Estado designarán a los miembros respectivos con antelación suficiente. Una vez constituido dicho órgano colegiado en la propia sede del Tribunal Supremo, se anunciará ello en el Boletín Oficial del Estado, a fin de que asuma, desde el día siguiente, las competencias que la Ley de Conflictos Jurisdiccionales, de 17 de julio de 1948, atribuye al Jefe del Estado y al Consejo de Ministros, incluso respecto de los conflictos que se hallaren en tramitación.

Disposición Adicional Quinta. [1369] 1. El recurso de reforma podrá interponerse contra todos los autos del Juez de Vigilancia Penitenciaria.

2. Las resoluciones del Juez de Vigilancia Penitenciaria en materia de ejecución de penas serán recurribles en apelación y queja ante el Tribunal sentenciador, excepto cuando se hayan dictado resolviendo un recurso de apelación contra resolución administrativa que no se refiera a la clasificación del penado.

En el caso de que el penado se halle cumpliendo varias penas, la competencia para resolver el recurso corresponderá al Juzgado o Tribunal que haya impuesto la pena privativa de libertad más grave, y en el supuesto de que coincida que varios Juzgados o Tribunales hubieran impuesto pena de igual gravedad, la competencia corresponderá al que de ellos la hubiera impuesto en último lugar.

3. Las resoluciones del Juez de Vigilancia Penitenciaria en lo referente al régimen penitenciario y demás materias no comprendidas en el apartado anterior serán recurribles en apelación o queja siempre que no se hayan dictado resolviendo un recurso de apelación contra resolución administrativa. Conocerá de la apelación o de la queja la Audiencia Provincial que corresponda, por estar situado dentro de su demarcación el establecimiento penitenciario.

4. El recurso de queja a que se refieren los apartados anteriores sólo podrá interponerse contra las resoluciones en que se deniegue la admisión de un recurso de apelación.

[1369] Dada nueva redacción por art. 1 de Ley Orgánica 5/2003 de 27 de mayo de 2003, con vigencia desde 29/05/2003

5. Cuando la resolución objeto del recurso de apelación se refiera a materia de clasificación de penados o concesión de la libertad condicional y pueda dar lugar a la excarcelación del interno, siempre y cuando se trate de condenados por delitos graves, el recurso tendrá efecto suspensivo que impedirá la puesta en libertad del condenado hasta la resolución del recurso o, en su caso, hasta que la Audiencia Provincial o la Audiencia Nacional se haya pronunciado sobre la suspensión.

Los recursos de apelación a que se refiere el párrafo anterior se tramitarán con carácter preferente y urgente. [1370]

6. Cuando quien haya dictado la resolución recurrida sea la Sección de Vigilancia Penitenciaria del Tribunal Central de Instancia, tanto en materia de ejecución de penas como de régimen penitenciario y demás materias, la competencia para conocer del recurso de apelación y queja, siempre que no se haya dictado resolviendo un recurso de apelación contra resolución administrativa, corresponderá a la Sala de lo Penal de la Audiencia Nacional. [1371]

7. Contra el auto por el que se determine el máximo de cumplimiento o se deniegue su fijación, cabrá recurso de casación por infracción de Ley ante la Sala de lo Penal del Tribunal Supremo, que se sustanciará conforme a lo prevenido en la Ley de Enjuiciamiento Criminal. [1372]

8. Contra los autos de las Audiencias Provinciales y, en su caso, de la Audiencia Nacional, resolviendo recursos de apelación, que no sean susceptibles de casación ordinaria, podrán interponer, el Ministerio Fiscal y el Letrado del penado, recurso de casación para la unificación de doctrina ante la Sala de lo Penal del Tribunal Supremo, el cual se sustanciará conforme a lo prevenido en la Ley de Enjuiciamiento Criminal para el recurso de casación ordinario, con las particularidades que de su finalidad se deriven. Los pronunciamientos del Tribunal Supremo al resolver los recursos de casación para la unificación de

[1370] Añadido apartado 5 por art. 2 apartado 1 de Ley Orgánica 7/2003 de 30 de junio de 2003, con vigencia desde 02/07/2003

[1371] Dada nueva redacción apartado 6 por art. 1 apartado 108 de Ley Orgánica 1/2025 de 2 de enero de 2025, con vigencia desde 23/01/2025

[1372] Renumerado apartado 6 por art. 2 apartado 2 de Ley Orgánica 7/2003 de 30 de junio de 2003 como apartado 7, con vigencia desde 02/07/2003

doctrina en ningún caso afectarán a las situaciones jurídicas creadas por las sentencias precedentes a la impugnada. [1373]

9. El recurso de apelación a que se refiere esta disposición se tramitará conforme a lo dispuesto en la Ley de Enjuiciamiento Criminal para el procedimiento abreviado. Estarán legitimados para interponerlo el Ministerio Fiscal y el interno o liberado condicional. En el recurso de apelación será necesaria la defensa de Letrado y, si no se designa Procurador, el Abogado tendrá también habilitación legal para la representación de su defendido. En todo caso, debe quedar garantizado siempre el derecho a la defensa de los internos en sus reclamaciones judiciales. [1374]

10. En aquellas Audiencias donde haya más de una sección, mediante las normas de reparto, se atribuirá el conocimiento de los recursos que les correspondan según esta disposición, con carácter exclusivo, a una o dos secciones. [1375]

Disposición Adicional Sexta. 1. Quedan suprimidos los Tribunales Arbitrales de Censos de las provincias de Barcelona, Tarragona, Lérida y Gerona.

2. La competencia para tramitar y decidir en primera instancia los procesos civiles en materia de censos en Cataluña, regulados por la Ley de 31 de diciembre de 1945, queda atribuida a los Jueces de Primera Instancia competentes en razón del lugar en que esté situada la finca, que conocerán de esta materia por los trámites del juicio declarativo que corresponda por la cuantía.

3. Los Tribunales Arbitrales de Censos de Cataluña, sin perjuicio de lo dispuesto en párrafos anteriores, continuarán la tramitación de los procedimientos en curso, incoados con anterioridad a la entrada en vigor de esta Ley, hasta su terminación, incluida la ejecución de sentencias.

4. La respectiva Audiencia Provincial se hará cargo de los archivos de los Tribunales suprimidos.

[1373] Renumerado apartado 7 por art. 2 apartado 2 de Ley Orgánica 7/2003 de 30 de junio de 2003 como apartado 8, con vigencia desde 02/07/2003

[1374] Renumerado apartado 8 por art. 2 apartado 2 de Ley Orgánica 7/2003 de 30 de junio de 2003 como apartado 9, con vigencia desde 02/07/2003

[1375] Renumerado apartado 9 por art. 2 apartado 2 de Ley Orgánica 7/2003 de 30 de junio de 2003 como apartado 10, con vigencia desde 02/07/2003

Disposición Adicional Séptima. [1376] Cuando el conocimiento del recurso gubernativo contra la calificación negativa de un Registrador de la Propiedad basada en normas de derecho foral esté atribuido por los Estatutos de Autonomía a los órganos jurisdiccionales radicados en la Comunidad Autónoma en que esté demarcado el Registro de la Propiedad, se interpondrá ante el órgano jurisdiccional competente. Si se hubiera interpuesto ante la Dirección General de los Registros y Notariado, ésta lo remitirá a dicho órgano.

Disposición Adicional Octava. 1. La competencia para tramitar y decidir en primera instancia los procesos civiles sobre impugnación de acuerdos sociales establecidos en el Real Decreto Legislativo 1564/1989, de 22 de diciembre, por el que se aprueba el texto refundido de la Ley de Sociedades Anónimas; en la Ley 2/1995, de 23 de marzo, de Sociedades de Responsabilidad Limitada; en la Ley 27/1999, de 16 de julio, de Cooperativas, así como los que versen sobre la nulidad de registro de cualquiera de las modalidades de la Propiedad Industrial a las que se refiere la Ley 11/1986, de 20 de marzo, de Patentes, quedará en todo caso atribuida a los Jueces de lo Mercantil que resulten competentes [1377]. [1378]

2. Sus resoluciones serán apelables para ante la Sala competente, cuyas sentencias serán, a su vez, susceptibles de recurso de casación cuando ello proceda conforme a la Ley de Enjuiciamiento Civil.

Disposición Adicional Novena. El artículo 34 de la Ley 50/1981, de 30 de diciembre, por la que se regula el Estatuto del Ministerio Fiscal, quedará redactado como sigue:

«Las categorías de la Carrera Fiscal serán las siguientes:

1ª) Fiscales de Sala del Tribunal Supremo, equiparados a Magistrados del Alto Tribunal. El Teniente Fiscal del Tribunal Supremo tendrá la consideración de Presidente de Sala.

[1376] Dada nueva redacción por art. único de Ley Orgánica 19/2003 de 23 de diciembre de 2003, con vigencia desde 15/01/2004

[1377] Téngase en cuenta que tanto la Ley de Sociedades Anónimas, como la Ley de Sociedades de Responsabilidad Limitada han sido derogadas por RDLeg. 1/2010, de 2 de julio, por el que se aprueba el texto refundido de la Ley de Sociedades de Capital

[1378] Dada nueva redacción apartado 1 por art. 2 apartado 13 de Ley Orgánica 8/2003 de 9 de julio de 2003, con vigencia desde 11/07/2003

2ª) **Fiscales equiparados a Magistrados.**
3ª) **Abogados Fiscales equiparados a Jueces.**»

Disposición Adicional Décima. 1. La Ley de Planta determinará las plazas que, en el Ministerio de Justicia, serán servidas por miembros de la Carrera Judicial.

2. Las referidas plazas se cubrirán por concurso de méritos, que convocará y resolverá el Ministro de Justicia en la forma que se determine reglamentariamente.

Disposición Adicional Undécima. Queda autorizado el Gobierno para actualizar cada 5 años las cuantías de las multas mencionadas en el texto.

Disposición Adicional Duodécima. El Gobierno, a propuesta del Ministro de Justicia y previo dictamen del Consejo de Estado, aprobará en el plazo de un año un nuevo Texto Refundido de la Ley de Procedimiento Laboral, en el que se contengan las modificaciones derivadas de la legislación posterior a la misma y se regularicen, aclaren y armonicen los textos legales refundidos [1379].

Disposición Adicional Decimotercera. 1. Queda suprimido el Tribunal Arbitral de Seguros. Se atribuye a los órganos del orden jurisdiccional civil el conocimiento de todos los asuntos litigiosos anteriormente asignados a la competencia de aquél.

2. Sin perjuicio de lo anterior, el Tribunal Arbitral de Seguros resolverá expresamente, en el plazo máximo de un año, todos los asuntos litigiosos que se hallasen pendientes ante él con anterioridad a la entrada en vigor de la presente Ley Orgánica. Dictada resolución expresa o, en cualquier caso, transcurrido el citado plazo de un año, que se contará a partir de la entrada en vigor de la presente Ley Orgánica, los interesados podrán deducir sus pretensiones directamente ante los correspondientes órganos de la jurisdicción civil.

[1379] Véase LPL, aprobada por RDLeg. 2/1995, de 7 de abril

Disposición Adicional Decimocuarta. [1380] La accesibilidad para personas con discapacidad y mayores de dependencias y servicios de carácter jurisdiccional constituye un criterio de calidad, que ha de ser garantizado por las autoridades competentes. Las dependencias y servicios judiciales de nueva creación deberán cumplir con las disposiciones normativas vigentes en materia de promoción de la accesibilidad y eliminación de barreras de todo tipo que les sean de aplicación. Las Administraciones y autoridades competentes, en la esfera de sus respectivas atribuciones, promoverán programas para eliminar las barreras de las dependencias y servicios que por razón de su antigüedad u otros motivos presenten obstáculos para los usuarios con problemas de movilidad o comunicación.

Disposición Adicional Decimoquinta. *Depósito para recurrir.* [1381] 1. La interposición de recursos ordinarios y extraordinarios, la revisión y la rescisión de sentencia firme a instancia del rebelde, en los órdenes jurisdiccionales civil, social y contencioso-administrativo, precisarán de la constitución de un depósito a tal efecto.

En el orden penal este depósito será exigible únicamente a la acusación popular.

En el orden social y para el ejercicio de acciones para la efectividad de los derechos laborales en los procedimientos concursales, el depósito será exigible únicamente a quienes no tengan la condición de trabajador o beneficiario del régimen público de la Seguridad Social.

2. El depósito únicamente deberá consignarse para la interposición de recursos que deban tramitarse por escrito.

3. Todo el que pretenda interponer recurso contra sentencias o autos que pongan fin al proceso o impidan su continuación, consignará como depósito:

a) 30 euros, si se trata de recurso de queja.

b) 50 euros, si se trata de recurso de apelación o de rescisión de sentencia firme a instancia del rebelde.

c) 50 euros, si se trata de recurso extraordinario por infracción procesal.

[1380] Añadida por art. único apartado 127 de Ley Orgánica 19/2003 de 23 de diciembre de 2003, con vigencia desde 15/01/2004

[1381] Añadida por art. 1 apartado 19 de Ley Orgánica 1/2009 de 3 de noviembre de 2009, con vigencia desde 05/11/2009

d) 50 euros, si el recurso fuera el de casación, incluido el de casación para la unificación de doctrina.

e) 50 euros, si fuera revisión.

4. Asimismo, para la interposición de recursos contra resoluciones dictadas por el juez o tribunal que no pongan fin al proceso ni impidan su continuación en cualquier instancia será precisa la consignación como depósito de 25 euros. El mismo importe deberá consignar quien interponga recurso de reposición o revisión contra las resoluciones dictadas por el letrado o letrada de la Administración de Justicia. No obstante, no será precisa la constitución de depósito para la interposición de recurso de revisión contra un decreto que resuelva un recurso de reposición. Se excluye de la consignación de depósito la formulación del recurso de reposición que la ley exija con carácter previo al recurso de queja. [1382]

5. El Ministerio Fiscal también quedará exento de constituir el depósito que para recurrir viene exigido en esta Ley.

El Estado, las Comunidades Autónomas, las entidades locales y los organismos autónomos dependientes de todos ellos quedarán exentos de constituir el depósito referido.

6. Al notificarse la resolución a las partes, se indicará la necesidad de constitución de depósito para recurrir, así como la forma de efectuarlo.

La admisión del recurso precisará que, al interponerse el mismo si se trata de resoluciones interlocutorias, a la presentación del recurso de queja, al presentar la demanda de rescisión de sentencia firme en la rebeldía y revisión, o al anunciarse o prepararse el mismo en los demás casos, se haya consignado en la oportuna entidad de crédito y en la «Cuenta de Depósitos y Consignaciones" abierta a nombre del Juzgado o del Tribunal, la cantidad objeto de depósito, lo que deberá ser acreditado. El Secretario verificará la constitución del depósito y dejará constancia de ello en los autos.

7. No se admitirá a trámite ningún recurso cuyo depósito no esté constituido. Si el recurrente hubiera incurrido en defecto, omisión o error en la constitución del depósito, se concederá a la parte el plazo de dos días para la subsanación del defecto, con aportación en su caso de documentación acreditativa. De no efectuarlo, se dictará auto

---

[1382] Dada nueva redacción apartado 4 por art. 1 apartado 109 de Ley Orgánica 1/2025 de 2 de enero de 2025, con vigencia desde 23/01/2025

que ponga fin al trámite del recurso o que inadmita la demanda, quedando firme la resolución impugnada. En el caso de tratarse de un recurso de reposición contra una resolución del letrado o letrada de la Administración de Justicia, se dictará decreto poniendo fin al trámite del recurso contra el que cabrá interponer recurso de revisión. [1383]

8. Si se estimare total o parcialmente el recurso, o la revisión o rescisión de sentencia, en la misma resolución se dispondrá la devolución de la totalidad del depósito.

9. Cuando el órgano jurisdiccional inadmita el recurso o la demanda, o confirme la resolución recurrida, el recurrente o demandante perderá el depósito, al que se dará el destino previsto en esta disposición. En caso de ser desestimado el recurso de reposición contra una resolución del letrado o letrada de la Administración de Justicia, el recurrente perderá el depósito cuando la resolución objeto de recurso sea firme. [1384]

10. Los depósitos perdidos y los rendimientos de la cuenta quedan afectados a las necesidades derivadas de la actividad del Ministerio de Justicia, destinándose específicamente a sufragar los gastos correspondientes al derecho a la asistencia jurídica gratuita, y a la modernización e informatización integral de la Administración de Justicia. A estos efectos, los ingresos procedentes de los depósitos perdidos y los rendimientos de la cuenta generarán crédito en los estados de gastos de la sección 13 «Ministerio de Justicia».

11. El Ministerio de Justicia transferirá anualmente a cada Comunidad Autónoma con competencias asumidas en materia de Justicia, para los fines anteriormente indicados, el cuarenta por ciento de lo ingresado en su territorio por este concepto, y destinará un veinte por ciento de la cuantía global para la financiación del ente instrumental participado por el Ministerio de Justicia, las Comunidades Autónomas y el Consejo General del Poder Judicial, encargado de elaborar una plataforma informática que asegure la conectividad entre todos los Juzgados y Tribunales de España.

12. La cuantía del depósito para recurrir podrá ser actualizada y revisada anualmente mediante Real Decreto.

[1383] Dada nueva redacción apartado 7 por art. 1 apartado 109 de Ley Orgánica 1/2025 de 2 de enero de 2025, con vigencia desde 23/01/2025

[1384] Dada nueva redacción apartado 9 por art. 1 apartado 109 de Ley Orgánica 1/2025 de 2 de enero de 2025, con vigencia desde 23/01/2025

13. La exigencia de este depósito será compatible con el devengo de la tasa exigida por el ejercicio de la potestad jurisdiccional.

14. El depósito previsto en la presente disposición no será aplicable para la interposición de los recursos de suplicación o de casación en el orden jurisdiccional social, ni de revisión en el orden jurisdiccional civil, que continuarán regulándose por lo previsto, respectivamente, en la Ley de Procedimiento Laboral y en la Ley de Enjuiciamiento Civil [1385] .

Disposición Adicional Decimosexta. *Límite a los llamamientos* . [1386] En ningún caso procederá llamamiento alguno si no hubiese disponibilidad presupuestaria a la vista de las comunicaciones que periódicamente realiza el Ministerio de Justicia de conformidad con lo previsto en el Real Decreto 431/2004, de 12 de marzo, por el que se regulan las retribuciones previstas en la disposición transitoria tercera de la Ley 15/2003, de 26 de mayo, reguladora del régimen retributivo de las carreras judicial y fiscal.

Disposición Adicional Decimoséptima. *Presentación de los planes anuales de sustitución y de las listas del artículo 200.* [1387] Los Presidentes y Presidentas de los órganos colegiados correspondientes, en el marco de sus respectivas competencias y, en su caso, a través de las Presidencias de los Tribunales de Instancia, velarán porque los planes anuales de sustitución y las listas a las que se refiere el artículo 200 de esta ley obren en el Consejo General del Poder Judicial al menos dos meses antes del uno de enero de cada año.

En todo caso, el Consejo General del Poder Judicial podrá adecuar los planes anuales aprobados, cuando como consecuencia de un concurso de traslado o cualquier otra circunstancia fuese necesario.

[1385] Véanse arts. 227 LPL y 513 LEC

[1386] Añadida por art. único apartado 30 de Ley Orgánica 8/2012 de 27 de diciembre de 2012, con vigencia desde 29/12/2012

[1387] Dada nueva redacción por art. 1 apartado 110 de Ley Orgánica 1/2025 de 2 de enero de 2025, con vigencia desde 23/01/2025

Disposición Adicional Decimoctava. *Previsiones de los planes anuales de sustitución .* [1388] Los planes anuales de sustitución preverán aquellos supuestos en los que el posible sustituto participe en medidas de apoyo o refuerzo, o quede adscrito con relevación de funciones a otro órgano, a fin de relevarle de la sustitución que pudiese corresponderle, salvo que expresamente manifestase lo contrario. Del mismo modo preverán la solución que deba adoptarse ante cualquier otra situación de posible duplicidad de señalamientos.

Disposición Adicional Decimonovena. *Planes de sustitución correspondientes de partidos judiciales.* [1389] De considerarse oportuno, a iniciativa de las Presidencias de los Tribunales de Instancia, Juntas de Jueces y Juezas de los partidos afectados, Presidente o Presidenta de la Audiencia Provincial, Presidente o Presidenta del Tribunal Superior de Justicia o del propio Consejo General del Poder Judicial, se podrán aprobar planes de sustitución que incluyan varios partidos judiciales, asumiendo la Presidencia del Tribunal de Instancia del partido judicial con más habitantes las labores propias que le encomienda la presente ley.

Disposición Adicional Vigésima. *Delegación de atribuciones en materia de sustituciones .* [1390] Los Presidentes de los Tribunales Superiores de Justicia podrán delegar las atribuciones que les reconoce la presente Ley en materia de sustituciones en aquellos Presidentes de las Audiencias Provinciales de su territorio que consideren oportuno.

Disposición Adicional Vigésima Primera. *Apoyo judicial en la instrucción de causas complejas.* [1391] Además de lo dispuesto en el capítulo IV bis del título II del libro III de esta Ley, dentro de las excepcionales medidas de apoyo judicial, el Consejo General del Poder

---

[1388] Añadida por art. único apartado 32 de Ley Orgánica 8/2012 de 27 de diciembre de 2012, con vigencia desde 29/12/2012

[1389] Dada nueva redacción por art. 1 apartado 111 de Ley Orgánica 1/2025 de 2 de enero de 2025, con vigencia desde 23/01/2025

[1390] Añadida por art. único apartado 34 de Ley Orgánica 8/2012 de 27 de diciembre de 2012, con vigencia desde 29/12/2012

[1391] Añadida por art. único apartado 116 de Ley Orgánica 7/2015 de 21 de julio de 2015, con vigencia desde 01/10/2015

Judicial podrá acordar, para la mejor instrucción de causas complejas y previa propuesta de su titular, la adscripción a un órgano determinado de otro u otros Jueces o Magistrados que sin funciones jurisdiccionales y bajo la dirección del titular de aquél, realicen exclusivamente labores de colaboración, asistencia o asesoramiento. Para idéntico fin e iguales condiciones, podrá interesarse la adscripción de uno o varios Letrados de la Administración de Justicia.

A tal efecto el Consejo General del Poder Judicial propondrá un programa concreto de actuación especificando, en todo caso, su objeto, ámbito de aplicación, duración y el tipo de comisiones en cuanto a la relevación de funciones. La aprobación del mismo precisará la autorización del Ministerio de Justicia.

En el caso de que se interese la adscripción de Letrados de la Administración de Justicia, el Consejo General del Poder Judicial dirigirá su petición al Ministerio para la aprobación de las correspondientes comisiones.

Disposición Adicional Vigésima Segunda. *Reserva de plazas.* [1392] A los efectos de la reserva de plazas en el Tribunal Supremo en los órdenes jurisdiccionales civil y penal prevista en el artículo 344.a), los magistrados que hubieren prestado veinte años de servicios en la carrera y en órganos del orden jurisdiccional propio de la Sala de que se trate, se equipararán a los que hubiesen superado las pruebas de selección en el orden jurisdiccional correspondiente.

Para la cobertura de aquellas plazas en órganos colegiados de los órdenes jurisdiccionales civil y penal para las que esta Ley atribuye a la especialización el carácter de mérito preferente, los magistrados que hubieren prestado veinte años de servicios en la categoría y en órganos del orden jurisdiccional propio de la plaza a cubrir tendrán la consideración de especialistas en el orden correspondiente, salvo en lo relativo a la especialización mercantil. La superación de las pruebas de especialización en los órdenes civil y penal por los miembros de la carrera judicial con la categoría de magistrados cuyos efectos jurídicos decayeron por la anulación del artículo 24.4 del Reglamento 2/2011

[1392] Añadida por art. único apartado 57 de Ley Orgánica 4/2018 de 28 de diciembre de 2018, con vigencia desde 18/01/2019

de la Carrera Judicial por el Tribunal Supremo será apreciada como mérito.

Disposición Adicional Vigésima Tercera. *Medio de transporte para traslado entre partidos judiciales.* [1393] En el caso previsto en los artículos 86.2, 89.3 y 89 bis.3 la Administración competente en materia de Justicia en función del partido judicial desde el que se haga la citación pondrá a disposición de las personas que sean citadas ante la Sección competente un medio de transporte adecuado para el traslado desde otro partido judicial distinto al de la sede de dicha Sección. En los casos previstos en los artículos 87.2, 91.1, 93.2 y 94.2, la Administración competente en materia de Justicia en función del partido judicial desde el que se haga la citación pondrá a disposición de las personas que sean citadas ante la Sección competente un medio de transporte adecuado para el traslado desde otra provincia distinta a la de la sede de dicha Sección.

Disposición Adicional Vigésima Cuarta. *Menciones a los Juzgados de Paz.* [1394] Una vez constituidas las Oficinas de Justicia en los municipios, todas las referencias normativas a los Juzgados de Paz se entenderán hechas a los jueces y las juezas de paz cuando se refieran a las competencias que estos tengan en materia jurisdiccional o cualquier otra que les venga atribuida por la legislación. Las referencias hechas a los Juzgados de Paz, en todos los demás casos, se entenderán realizadas a las Oficinas de Justicia en los municipios.

Disposición Adicional Vigésima Quinta. [1395] Sin perjuicio de lo dispuesto en el artículo 152.2.3° de esta Ley Orgánica, el nombramiento de los jueces y juezas de paz se hará conforme a lo previsto en los respectivos estatutos de autonomía en aquellas comunidades

---

[1393] Añadida por art. 1 apartado 112 de Ley Orgánica 1/2025 de 2 de enero de 2025, con vigencia desde 23/01/2025

[1394] Añadida por art. 1 apartado 113 de Ley Orgánica 1/2025 de 2 de enero de 2025, con vigencia desde 23/01/2025

[1395] Añadida por art. 1 apartado 114 de Ley Orgánica 1/2025 de 2 de enero de 2025, con vigencia desde 23/01/2025

autónomas a las que se atribuya competencias en materia de justicia de paz o de proximidad.

DISPOSICIONES TRANSITORIAS

Disposición Transitoria Primera. *Salas de lo Contencioso-administrativo del Tribunal Supremo.* 1. Hasta que entre en vigor la Ley de Planta, continuarán funcionando las tres Salas de lo Contencioso-administrativo existentes en el Tribunal Supremo.

2. En dicha Ley se regulará la situación de quienes en la fecha de su entrada en vigor sean Presidentes de las citadas Salas.

Disposición Transitoria Segunda. *Tribunales Superiores de Justicia.* 1. En el plazo de un año, a partir de la entrada en vigor de esta Ley, se constituirán los Tribunales Superiores de Justicia y, una vez en funcionamiento, desaparecerán las Audiencias Territoriales.

2. En tanto no entren en funcionamiento los Tribunales Superiores de Justicia, subsistirán las Audiencias Territoriales existentes en la fecha de entrada en vigor de esta Ley, así como la Sala de lo Contencioso-administrativo de la Audiencia Provincial de Santa Cruz de Tenerife.

3. Hasta que entren en funcionamiento los Tribunales Superiores de Justicia, las competencias que la presente Ley atribuye a su Sala de lo Civil y Penal continuarán residenciadas en las Salas del Tribunal Supremo que actualmente las tienen atribuidas, salvo que los Estatutos de Autonomía las atribuyan a la respectiva Audiencia Territorial.

4. Los Magistrados destinados en las Salas de lo Civil de las Audiencias Territoriales pasarán, cuando éstas sean suprimidas, a prestar servicio en el Tribunal Superior o Audiencias correspondientes de la sede donde aquéllas se encuentren radicadas, de conformidad con los criterios que establezca la Ley de Planta.

5. Los Magistrados de las Salas de lo Contencioso-administrativo de las Audiencias Territoriales, cuando éstas sean suprimidas, se integrarán en las Salas de lo Contencioso-administrativo de los Tribunales Superiores de Justicia.

Disposición Transitoria Tercera. *Juzgados de Primera Instancia e Instrucción y Juzgados de Distrito.* 1. El Gobierno, dentro del año siguiente a la promulgación de la Ley de demarcación, oído el Consejo General del Poder Judicial, efectuará la conversión de los actuales Juzgados de Distrito en Juzgados de Primera Instancia e Instrucción o, en su caso, de Paz, con arreglo a las siguientes reglas:

1ª) En las poblaciones donde estuvieran separados los órdenes civil y penal, los Juzgados de Distrito pasarán a ser Juzgados de Primera Instancia o de Instrucción, servidos por el mismo personal que tienen en la actualidad, excepto los encargados con exclusividad del Registro Civil, que pasarán a ser Juzgados de Primera Instancia.

2ª) En las demás poblaciones, cuyos Juzgados de Primera Instancia e Instrucción se hallaren servidos por Magistrados, los Juzgados de Distrito se convertirán en Juzgados de Primera Instancia e Instrucción y continuarán prestando servicio en los mismos los Jueces titulares y demás personal en ellos destinados.

3ª) En los Juzgados de Distrito a convertir según la regla anterior, los Jueces titulares a quienes por antigüedad correspondiera ascender, durante el plazo previsto para la conversión, permanecerán con la categoría de Magistrados, conservando su número en el escalafón en el mismo Juzgado, no surtiendo efectos económicos el ascenso hasta que la conversión se efectúe. El ascendido podrá optar por la efectividad inmediata del ascenso, con cambio de destino.

4ª) En las poblaciones con Juzgados de Primera Instancia e Instrucción servidos por Jueces se aplicará lo dispuesto en la norma anterior, salvo que, por el escaso volumen de trabajo, resulte procedente la supresión del Juzgado o Juzgados de Distrito existentes.

En este último supuesto, el Juez y Secretario destinados en el Juzgado que se suprima gozarán, por una sola vez, de preferencia para ocupar las vacantes existentes en el Juzgado o Juzgados de Primera Instancia e Instrucción de la localidad, al que, en otro caso, quedarán adscritos en la forma y con las funciones que, con carácter general, establezca el Consejo General del Poder Judicial, hasta tanto ocupen otra plaza en propiedad en su propio Cuerpo o Carrera, en los concursos que reglamentariamente se convoquen y a los que necesariamente habrán de concurrir, reconociéndoseles preferencia para ocupar las vacantes que se produzcan dentro de la misma provincia.

Si no obtuvieren destino en los tres primeros concursos que se convoquen, podrán ser destinados con carácter forzoso a las vacantes existentes.

El personal asistencial y colaborador quedará adscrito al Juzgado o Juzgados de Primera Instancia e Instrucción al que pertenezca el de

Distrito, y gozará de preferencia para ocupar las vacantes que en ellos se produzcan.

5ª) Los Juzgados de Distrito que radiquen en poblaciones que no sean cabeza de Partido Judicial se convertirán en Juzgados de Primera Instancia e Instrucción cuando las necesidades del servicio lo aconsejaren, y continuarán servidos por los Jueces y demás personal en ellos destinados.

Los restantes Juzgados de Distrito serán sustituidos por Juzgados de Paz, y el Juez, Secretario y el personal que en aquéllos prestaban servicios gozarán, en su caso, de la adscripción provisional y preferencias establecidas en la regla 4ª.

6ª) En aquellas poblaciones en las que en la actualidad hubiese dos o más Juzgados de Distrito y no estuviese unificado el Registro Civil, se determinará el Juzgado de Primera Instancia o de Primera Instancia e Instrucción encargado de llevar aquel servicio.

2. Producida la conversión de Juzgados a que se refiere la norma anterior, se observarán las reglas siguientes:

1ª) Los Juzgados de Distrito convertidos en Juzgados de Primera Instancia o en Juzgados de Instrucción continuarán conociendo hasta su terminación de cuantos asuntos civiles y penales tuvieran en trámite, y, desde la fecha de la conversión, comenzarán a entender de los civiles y de los penales que les correspondieren, por reparto o por el servicio de guardia.

2ª) Los Juzgados de Distrito convertidos en Juzgados de Primera Instancia e Instrucción, cuando existieren otro u otros de esta clase, seguirán conociendo igualmente hasta su terminación de los procedimientos civiles y penales pendientes, y en la fecha de la conversión asumirán el conocimiento de los asuntos civiles y penales que, por reparto o servicio de guardia, les correspondiere.

3ª) Los asuntos pendientes en los Juzgados de Distrito convertidos en Juzgados de Paz pasarán a conocimiento del respectivo Juzgado de Primera Instancia e Instrucción, excepto en aquello que con arreglo a esta Ley corresponda al Juzgado de Paz.

4ª) Las apelaciones civiles y penales interpuestas contra las resoluciones de los Juzgados de Distrito con anterioridad a la fecha de la conversión, seguirán sustanciándose ante los Juzgados de Primera Instancia e Instrucción. Las que se promuevan con posterioridad a aquella fecha se tramitarán ante la Audiencia Provincial, de conformidad con lo dispuesto en esta Ley.

Disposición Transitoria Cuarta. *Juzgados de Menores.* Los actuales Tribunales Tutelares de Menores continuarán ejerciendo sus funciones hasta que entren en funcionamiento los Juzgados de Menores.

Disposición Transitoria Quinta. *Jueces y Fiscales de ingreso y ascenso.* 1. A la entrada en vigor de la presente Ley quedará sin efecto la distinción, dentro de las categorías de Juez y Fiscal, de los grados de ingreso y de ascenso.

2. A tal efecto, quienes, de acuerdo con lo dispuesto en la Ley Orgánica 5/1981, de 16 de noviembre, de integración de la Carrera Judicial y del Secretariado de la Administración de Justicia, ostentasen la categoría y grado de Jueces de ingreso, quedarán situados por su orden, a continuación del último de los que ostentaren la categoría y grado de Juez de ascenso, dentro del escalafón de la Carrera Judicial.

Disposición Transitoria Sexta. *Integración de Abogados Fiscales de ascenso y de ingreso.* 1. Quienes, de acuerdo con lo dispuesto en la Ley 50/1981, de 30 de diciembre, ostentaran la categoría y grado de Abogado Fiscal de ascenso, a efectos de categoría personal, y de Abogado Fiscal de ingreso, quedarán situados, por su orden, dentro del escalafón de la Carrera Fiscal, a continuación del último de los que ostentaren la categoría y grado de Abogado Fiscal de ascenso.

2. Los Abogados Fiscales de ingreso que hubieren ejercido el derecho de opción reconocido en la disposición transitoria 2ª de la citada Ley y ostentaren, a efectos de categoría personal, el grado de ascenso, recuperarán, desde la entrada en vigor de la presente Ley, todos los derechos a que renunciaron, pudiendo, cuando les corresponda la promoción a la segunda categoría por antigüedad, optar por continuar en la misma categoría, renunciando a todos los efectos del ascenso. Igual derecho tendrán los Abogados Fiscales de ingreso procedentes del antiguo Cuerpo de Fiscales de Distrito.

3. Los 3 años de servicios efectivos en la categoría tercera exigidos por el artículo 37.1º 2 Estatuto Orgánico del Ministerio Fiscal para acceder a la segunda categoría a través de las pruebas selectivas, se entenderán referidos para todos los Abogados Fiscales de ingreso,

ostenten o no el grado de ascenso a título personal, a los servicios prestados en la categoría a partir de la entrada en vigor de esta Ley.

Disposición Transitoria Séptima. *Escuela Judicial.* 1. A la entrada en vigor de la presente Ley, la Escuela Judicial pasará a denominarse Centro de Estudios Judiciales. El personal, el patrimonio y los medios y recursos económicos se transfieren al Centro de Estudios Judiciales.

2. El Director, el Jefe de Estudios y el Secretario de la Escuela Judicial continuarán en sus funciones hasta que tomen posesión los titulares de los correspondientes órganos directivos del Centro de Estudios Judiciales.

3. Los cursos que se estuvieren celebrando serán asumidos por el Centro de Estudios Judiciales, que desarrollará también los siguientes hasta que se promulgue su reglamento.

Disposición Transitoria Octava. *Situaciones de Jueces y Magistrados.* 1. Los Jueces y Magistrados que se hallaren en situación de excedencia especial o supernumerario y les correspondiere, con arreglo a esta Ley, la de excedencia voluntaria, deberán solicitar el reingreso al servicio activo dentro del plazo de tres meses contados a partir de la entrada en vigor de la Ley de Planta. Si no formularen petición en el indicado plazo, pasarán automáticamente a la situación de excedencia voluntaria por interés particular, con efectos desde la fecha de entrada en vigor de la presente Ley.

2. Los que se encontraren en situación de supernumerario o de excedencia voluntaria y les correspondiere la de servicios especiales, en aquel último supuesto, se considerarán en la situación que corresponda a partir de la entrada en vigor de la presente Ley, contándoles como servicios efectivos en la Carrera el tiempo que permanecieron en excedencia voluntaria, correspondiendo la de servicios especiales, según lo dispuesto en esta Ley.

3. Cuando cesen en la situación de excedencia especial, a menos que hubiesen obtenido plaza, quedarán adscritos con carácter provisional a las Salas del Tribunal Supremo, a las de los Tribunales Superiores de Justicia o de la Audiencia, o a los Juzgados de la población en los que se encontraban destinados al cesar en el servicio activo que designe la Sala de Gobierno respectiva, en función de su categoría y orden jurisdiccional en que servían.

4. Esta adscripción se mantendrá hasta que se produzca la primera vacante de su categoría y, en su caso, turno en el Tribunal Supremo, Tribunales Superiores de Justicia, Audiencias o Juzgados a que estuvieren adscritos, la que se les adjudicará fuera de concurso y con carácter preferente.

5. El plazo de 10 años a que se refiere el apartado 3 del artículo 357 comenzará a contarse, para los Jueces y Magistrados que se encontraran en situación de excedencia voluntaria el día de la entrada en vigor de la presente Ley, a partir de esta última fecha.

6. Los miembros de la Carrera Judicial que, a la fecha de aprobación de los apartados 6, 7 y 8 de la presente disposición transitoria, se encontraren en situación de excedencia voluntaria por la causa prevista en la letra f) del artículo 356, serán considerados, cuando así lo soliciten, en situación de servicios especiales desde la fecha de su nombramiento o aceptación del cargo, computándose como servicios efectivos en la Carrera Judicial el tiempo que hayan permanecido en dicha excedencia voluntaria.

Este régimen, y lo dispuesto en las letras f) de los artículos 351 y 356, es aplicable a los miembros de la Carrera Fiscal y del Cuerpo de Secretarios, cualquiera que fuera su categoría. [1396]

7. Cuando cesen en la situación de servicios especiales, salvo que hubiesen obtenido nueva plaza por concurso, quedarán adscritos con carácter provisional a las Salas del Tribunal Supremo, a las de los Tribunales Superiores de Justicia o de la Audiencia o a los Juzgados de la población en los que se encontraban destinados al cesar en el servicio activo, en función de la categoría y orden jurisdiccional en que servían. [1397]

8. Esta adscripción se mantendrá hasta que se produzca la primera vacante de su categoría y, en su caso, turno en el Tribunal Supremo, Tribunales Superiores de Justicia, Audiencia o Juzgados a que estuvieren adscritos, la que se les adjudicará fuera de concurso y con carácter preferente. [1398]

[1396] Dada nueva redacción apartado 6 por art. único apartado 3 de Ley Orgánica 12/2011 de 22 de septiembre de 2011, con vigencia desde 24/09/2011

[1397] Dada nueva redacción apartado 7 por art. único apartado 3 de Ley Orgánica 12/2011 de 22 de septiembre de 2011, con vigencia desde 24/09/2011

[1398] Dada nueva redacción apartado 8 por art. único apartado 3 de Ley Orgánica 12/2011 de 22 de septiembre de 2011, con vigencia desde 24/09/2011

Disposición Transitoria Novena. *Comisiones de Servicio.* Los Jueces y Magistrados que a la entrada en vigor de la presente Ley estuvieran en comisión en órganos jurisdiccionales, en el Ministerio de Justicia o en el Ministerio de Trabajo y Seguridad Social, o en cualquier otro Departamento ministerial u organismo administrativo, cesarán en dicha comisión, reintegrándose a su destino judicial en el plazo de dos meses siguientes a la entrada en vigor de la presente Ley.

Disposición Transitoria Décima. *Procedimientos disciplinarios.* 1. Los procedimientos disciplinarios iniciados a la entrada en vigor de esta Ley se adaptarán a lo dispuesto en la misma sobre competencia, procedimiento y recursos.

2. En cuanto a la tipificación de los hechos o de las conductas y la imposición de sanciones, se aplicará el principio de irretroactividad, salvo que lo establecido en esta Ley fuera más favorable para el sometido a procedimiento disciplinario, a juicio del mismo.

Disposición Transitoria Undécima. *Presidentes de Sala del Tribunal Supremo.* Los actuales Presidentes de Sala del Tribunal Supremo continuarán desempeñando su cargo hasta que constituido el Consejo General del Poder Judicial de conformidad con lo dispuesto en esta Ley, sean ratificados o sustituidos por aquél en el plazo de tres meses.

Disposición Transitoria Duodécima. *Provisión de plazas en el Tribunal Supremo.* 1. Las vacantes que se produzcan en las Salas del Tribunal Supremo a partir de la entrada en vigor de la presente Ley se proveerán conforme a lo dispuesto en la misma, aplicándose transitoriamente las siguientes reglas:

1ª) Las vacantes producidas por cese de Magistrados no procedentes de la Carrera Judicial se proveerán entre Abogados y otros Juristas de reconocido prestigio.

2ª) Las vacantes que dejen los procedentes de la Carrera Judicial se proveerán de la manera siguiente:

a) La primera, con Magistrados que hubieren prestado 10 años de servicios en órganos especializados en el orden jurisdiccional propio de la Sala de que se trate.

b) La segunda, con Magistrados que reunieren las condiciones generales para el acceso al Tribunal Supremo.

c) La tercera, por igual turno que la primera, y la cuarta, por el mismo turno que la segunda.

2. No obstante lo anterior y en cuanto a la Sala de lo Contencioso-administrativo, los turnos segundo y cuarto se proveerán en la forma que establece la letra a) del artículo 344 de la presente Ley.

3. Las reglas anteriores se aplicarán siempre de manera que no se vulnere la proporción establecida en el artículo 344 de esta Ley.

4. Cuando se hubiere alcanzado la composición prevista en esta Ley, seguirán aplicándose las normas generales de provisión previstas en la misma.

Disposición Transitoria Decimotercera. *Presidentes de las Audiencias Territoriales y Provinciales.* 1. Los actuales Presidentes de las Audiencias Territoriales y Provinciales continuarán desempeñando el cargo hasta que constituido el Consejo General del Poder Judicial de conformidad con lo dispuesto en esta Ley, sean ratificados o sustituidos por aquél en el plazo de tres meses.

2. Constituidos los Tribunales Superiores de Justicia, cesarán en su cargo quienes en tal fecha fueran Presidentes de Audiencia Territorial y se procederá a efectuar el nombramiento de los Presidentes de aquélla.

3. Los Presidentes de Audiencias Provinciales y Territoriales que cesaren en su cargo quedarán adscritos, respectivamente, a la Audiencia o al Tribunal Superior y serán destinados para ocupar la primera vacante que se produzca en la Audiencia o Tribunal a que estuvieran adscritos, si no obtuvieran otra plaza, a su instancia, con anterioridad.

No obstante, los Presidentes de las Audiencias Territoriales de Madrid y Barcelona, si cesaren en su cargo, serán adscritos al Tribunal Supremo.

Disposición Transitoria Decimocuarta. *Jueces Decanos.* Los actuales Decanos de Juzgados de Primera Instancia e Instrucción en las poblaciones donde haya diez o más, continuarán desempeñando sus cargos hasta que la respectiva Junta de Jueces efectúe la elección a que se refiere el artículo 166 de esta Ley, en el plazo de dos meses. Si no fueren elegidos o nombrados para el cargo, serán adscritos, en su caso, a la Audiencia de la respectiva capital, hasta que obtengan destino en propiedad.

Disposición Transitoria Decimoquinta. *Magistrados por oposición de lo Contencioso-administrativo.* 1. Los Magistrados que hubieran ingresado por oposición en el orden contencioso-administrativo tendrán derecho a ser promovidos por el turno de la letra a) del artículo 344 y conservarán la reserva a su favor de dos de cada cinco plazas de Magistrado de la Sala de lo Contencioso-administrativo del Tribunal Supremo. Ello no obstante, el Consejo General del Poder Judicial gozará de libertad de criterio, en la promoción, cuando no hubiese Magistrados de esta clase que reunieren las condiciones legales, o ninguno de ellos ostentare méritos suficientes para la promoción. Los que sean promovidos en virtud del párrafo anterior, se entenderán comprendidos, a efectos de la proporción en la composición de la Sala, en el turno de la letra a) del artículo 344 de la presente Ley.

2. Los Magistrados a que se refiere el apartado anterior conservarán los derechos reconocidos en la disposición final primera de la Ley 17/1980, de 24 de abril, que establece el régimen retributivo de los funcionarios al servicio del Poder Judicial.

3. Tendrán preferencia sobre los demás miembros de la Carrera Judicial para la provisión de plazas especialistas en las Salas de lo Contencioso-administrativo y de las plazas en los Juzgados especializados en dicho orden jurisdiccional en los términos previstos en los artículos 329.2 y 330.2.

4. Los Magistrados de lo contencioso-administrativo por oposición procedentes de la Carrera Fiscal quedarán en la misma en situación de excedencia voluntaria. [1399]

Disposición Transitoria Decimosexta. *Magistrados suplentes.* Hasta que termine el año judicial en que entre en vigor la presente Ley continuarán desempeñando sus cargos los actuales Magistrados suplentes. En el plazo de tres meses siguientes a su entrada en vigor, las Salas de Gobierno harán nueva propuesta de Magistrados suplentes para el próximo, cumpliendo lo establecido en la misma.

Disposición Transitoria Decimoséptima. *Cuerpo de Magistrados de Trabajo.* 1. Desde la entrada en vigor de la presente Ley no se convocarán concursos para el ingreso en el Cuerpo de Magistrados de Trabajo.

[1399] Dada nueva redacción apartado 4 por art. 1 de Ley Orgánica 16/1994 de 8 de noviembre de 1994, con vigencia desde 09/12/1994

2. Los actuales Magistrados de Trabajo procedentes de la Carrera Judicial se integrarán en la misma con la categoría que tuvieran en ella y ocupando el puesto escalafonal que les corresponda, rigiéndose en lo sucesivo, para la provisión de destinos y promoción de categorías, por las disposiciones de esta Ley.

Los pertenecientes al Cuerpo de Magistrados de Trabajo a que se refiere el párrafo anterior tendrán la consideración de especialistas a los efectos de lo establecido en el artículo 344 a) de la Ley. [1400]

3. Los que procedan de la Carrera Fiscal se integrarán en la Judicial, colocándose en el escalafón en el número bis que les corresponde en razón de su antigüedad en aquélla, en la que permanecerán en excedencia voluntaria. [1401]

4. A efectos de la preferencia para cubrir las plazas de especialistas en las Salas y Juzgados de lo Social, establecida en los artículos 329.2 y 330.2, de esta Ley, los actuales Magistrados de Trabajo la tendrán sobre los demás miembros de la Carrera Judicial.

5. El actual escalafón del Cuerpo de Magistrados de Trabajo se mantendrá como escala anexa al de la Carrera Judicial, conservando todos sus componentes la colocación, categoría y antigüedad que tienen en él; esta escala determinará entre ellos el orden de preferencia para la provisión de plazas en las Salas de lo Social y en los Juzgados de lo Social.

Disposición Transitoria Decimoctava. *Tribunal Central de Trabajo.* El Tribunal Central de Trabajo quedará suprimido en la fecha en que entren en funcionamiento las Salas de lo Social de la Audiencia Nacional y de los Tribunales Superiores de Justicia, que serán establecidas por la Ley que fije la planta de los Tribunales. Serán de aplicación las reglas siguientes:

1ª) Los Presidentes y Magistrados del Tribunal Central que, en virtud de lo dispuesto en la disposición transitoria anterior, se integren en la Carrera Judicial, pasarán a constituir la Sala de lo Social de la Audiencia Nacional y del Tribunal Superior de Justicia de Madrid, según exija la Ley de Planta, y si excedieren de la plantilla que se establezca,

---

[1400] Añadido apartado 2 párrafo 2 por art. 3 de Ley Orgánica 16/1994 de 8 de noviembre de 1994, con vigencia desde 09/12/1994

[1401] Dada nueva redacción apartado 3 por art. 1 de Ley Orgánica 16/1994 de 8 de noviembre de 1994, con vigencia desde 09/12/1994

se seguirá un orden de preferencia atendiendo a la mayor antigüedad en el cargo, quedando los restantes adscritos a la Sala de lo Social del Tribunal Superior de Justicia de Madrid hasta que obtengan destino en propiedad. Dicha Sala conocerá de todos los asuntos pendientes en el Tribunal Central, con excepción de los que correspondan a la Sala de lo Social de la Audiencia Nacional.

2ª) Los Secretarios de Sala y el de Gobierno del Tribunal Central de Trabajo pasarán a prestar servicio en la Sala de lo Social de la Audiencia Nacional y en la del Tribunal Superior de Justicia de Madrid, y si excedieren de la plantilla que se establezca, se seguirá un orden de preferencia atendiendo a la mayor antigüedad en el cargo, quedando los restantes adscritos a la Sala de lo Social del Tribunal Superior de Justicia de Madrid hasta que obtengan destino en propiedad.

Disposición Transitoria Decimonovena. *Magistraturas de Trabajo.* 1. Hasta la entrada en funcionamiento de los Juzgados de lo Social, continuarán ejerciendo sus funciones las actuales Magistraturas de Trabajo.

2. Mientras continúen en funcionamiento las Magistraturas de Trabajo, las plazas vacantes se proveerán en la forma establecida en el artículo 329 de esta Ley.

Disposición Transitoria Vigésima. *Personal al servicio de la jurisdicción laboral.* 1. El personal administrativo, auxiliar y subalterno que, a la entrada en vigor de la presente Ley, preste servicios en las Magistraturas de Trabajo o en el Tribunal Central de Trabajo, continuará prestándolos en los mismos órganos y, desde que se establezcan, en los Juzgados de lo Social y Sala de lo Social de la Audiencia Nacional, con sujeción al régimen que en la actualidad es aplicable hasta que se dicten los reglamentos de personal al servicio de la Administración de Justicia, los cuales establecerán las normas para su integración en los distintos Cuerpos de aquélla.

2. Será aplicable al personal a que se refiere esta disposición, desde la entrada en vigor de la presente Ley, el régimen de incompatibilidades establecido en el artículo 489.

Disposición Transitoria Vigesimoprimera. *Secretarios de la Jurisdicción de Trabajo.* En la fecha de entrada en vigor de la Ley de

Planta, el Cuerpo de Secretarios de la Jurisdicción de Trabajo se integrará en el Cuerpo de Secretarios judiciales conforme a las siguientes reglas:

1ª) Los Secretarios de la Magistratura de Trabajo, de las categorías A y B, pasarán a integrar la categoría segunda del Cuerpo de Secretarios judiciales, escalafonándose por orden del mayor tiempo de servicios prestados en el Cuerpo de procedencia.

2ª) Los Secretarios procedentes de la Jurisdicción de Trabajo tendrán preferencia para ocupar las plazas de los Juzgados de lo Social y en las Salas de los Social de la Audiencia Nacional o Tribunales Superiores de Justicia.

3ª) En el momento en que se estructuren y entren en funcionamiento las Salas de lo Social de los Tribunales Superiores de Justicia, gozarán de absoluta preferencia los Secretarios de la Jurisdicción de Trabajo de la actual categoría A, sobre los de la B, para servir aquéllos.

Disposición Transitoria Vigesimosegunda. *Secretarios judiciales.* 1. A la entrada en vigor de la presente Ley quedará sin efecto la distinción, dentro de la tercera categoría del Cuerpo de Secretarios judiciales, de los grados de ingreso y de ascenso.

2. A tal efecto, quienes, de acuerdo con lo dispuesto en la Ley Orgánica 5/1981, de 16 de noviembre, ostentaren el grado de ingreso de la tercera categoría, quedarán situados, por su orden, a continuación del último de los que ostentaren el grado de ascenso de la tercera categoría, dentro del escalafón del Cuerpo de Secretarios judiciales.

3. Los Secretarios judiciales que, al amparo de lo establecido en la norma 6ª del artículo 6 de la Ley Orgánica 5/1981, de 16 de noviembre, y por ocupar plaza de inferior categoría que la que les correspondía hubieran adquirido la categoría superior a todos los efectos, excepto los económicos, conservarán la misma situación hasta tanto ocupen plaza de su categoría.

4. Los funcionarios que estén en posesión del título de Licenciado en Derecho y que procedan de los Cuerpos declarados a extinguir de Oficiales de Sala del Tribunal Supremo y Audiencias, Oficiales de los Tribunales de lo Contencioso-administrativo y escala técnica del Cuerpo Administrativo de los Tribunales que estén en situación de activo a la entrada en vigor de la presente Ley, quedarán integrados en el Cuerpo de Secretarios judiciales en la tercera categoría, a continuación del último que figure en ella, por orden de antigüedad de servicio.

5. Los Secretarios judiciales destinados en Fiscalías serán adscritos provisionalmente, a la entrada en vigor de esta Ley, a los Tribunales y Audiencias existentes en la misma población donde prestan servicios, hasta tanto adquieran destino en propiedad en los concursos de provisión ordinarios, en los que gozarán de preferencia, por una sola vez, para ocupar las vacantes que se produzcan en aquélla.

Disposición Transitoria Vigesimotercera. *Retribuciones de Secretarios judiciales.* Los Secretarios judiciales remunerados exclusivamente por arancel o acogidos al sistema mixto de retribución mediante sueldo y participación arancelaria, únicamente percibirán, desde la entrada en vigor de la presente Ley, los sueldos y complementos con arreglo a su categoría y destino, establecidos con carácter general para el Secretario, más un 30 por ciento del sueldo que les corresponda, en concepto de gratificación, sin que puedan percibir participación arancelaria de clase alguna, y tendrán derecho a la percepción de haberes pasivos en la forma y cuantía establecida para los funcionarios públicos, considerándose como servicios abonables los prestados en el Cuerpo desde la fecha de ingreso.

Disposición Transitoria Vigesimocuarta. *Secretarios de Juzgados de Paz de Municipios de más de 7000 habitantes.* 1. Desde la entrada en vigor de la presente Ley, no se convocarán más oposiciones para el ingreso en el Cuerpo de Secretarios de Juzgados de Paz de Municipios de más de siete mil habitantes que se declara a extinguir.

2. Los funcionarios del Cuerpo a extinguir de Secretarios de Juzgados de Paz de Municipios de más de 7000 habitantes que, a la entrada en vigor de esta Ley, estén en posesión del título de Licenciado en Derecho, se integrarán en la tercera categoría del Secretariado de la Administración de Justicia, cubriendo por riguroso orden de antigüedad de servicios efectivos, mediante concurso específico a este Cuerpo, las vacantes que en ese momento existieren en la citada categoría.

3. Las Secretarías de Juzgados de Paz de poblaciones de más de 7000 habitantes, mientras queden miembros del Cuerpo a que se refiere esta Disposición que reúnan los requisitos legales para cubrirlas, se anunciarán, cuando vacaren, a concurso entre los mismos.

4. Declarada desierta una plaza que esté servida por Secretario del Cuerpo de Secretarios de Juzgados de Paz de Municipios de más de 7000 habitantes por falta de peticionario, quedará reservada la plaza

para su provisión de acuerdo con lo establecido en el artículo 481 de esta Ley.

5. Los funcionarios del Cuerpo declarado a extinguir de Secretarios de Juzgados de Paz de Municipios de más de 7000 habitantes con 5 años de servicios efectivos que, a partir de la entrada en vigor de la presente Ley, obtengan la licenciatura en Derecho, podrán participar en los concursos a que se refiere el artículo 478.

Disposición Transitoria Vigesimoquinta. *Letrados del Ministerio de Justicia.* Los miembros de la Carrera Judicial que se hallaren en situación de supernumerario, por pertenecer en activo o en servicios especiales al Cuerpo Especial Técnico de Letrados del Ministerio de Justicia, integrado en la actualidad en el Cuerpo Superior de Letrados del Estado, si al ingresar en el servicio activo no obtuvieren en el Ministerio de Justicia alguna plaza de aquéllas a las que se refiere la disposición adicional 10ª, quedarán adscritos al Tribunal Superior de Justicia o Audiencia Provincial de Madrid hasta que obtengan destino en propiedad.

Disposición Transitoria Vigesimosexta. *De los funcionarios de los actuales Tribunales Tutelares de Menores.* 1. La escala de Jueces unipersonales de menores queda declarada a extinguir. Sus miembros podrán seguir ocupando plaza en los nuevos Juzgados de menores de la localidad en la que hubieren venido prestando servicio. En el desempeño de las funciones jurisdiccionales se les aplicará el estatuto jurídico de la Carrera Judicial.

2. Quienes pertenezcan a la escala de Secretarios de Tribunales Tutelares de Menores se integrarán en el Cuerpo de Secretarios judiciales, ocupando en el escalafón un número bis según la antigüedad que ostentaren en la escala de procedencia.

3. El personal que a la entrada en vigor de la presente Ley preste servicios en los Tribunales Tutelares de Menores continuará prestándolos en dichos órganos y desde que se establezcan en los Juzgados de Menores, con sujeción al régimen que en la actualidad les es aplicable, hasta que se dicten los reglamentos de personal al servicio de la Administración de Justicia, los cuales establecerán las normas para su integración en los distintos Cuerpos de aquélla.

Será aplicable al personal a que se refiere esta disposición, desde la entrada en vigor de la presente Ley, el régimen de incompatibilidades establecido en el artículo 489. [1402]

Disposición Transitoria Vigesimoséptima. *Juzgados de Peligrosidad y Rehabilitación Social.* 1. Los actuales Juzgados de Peligrosidad y Rehabilitación Social que tengan atribuidas funciones de vigilancia penitenciaria, así como aquellos que las tengan atribuidas con exclusividad, continuarán ejerciendo tales funciones como Juzgados de Vigilancia Penitenciaria hasta que la Ley de Planta establezca estos últimos. A partir de la entrada en vigor de la presente Ley, los referidos Juzgados se denominarán de Vigilancia Penitenciaria y desarrollarán las funciones que como tales correspondan, sin perjuicio de cuanto al respecto establezca la Ley de Planta.

2. Las funciones en materia de peligrosidad y rehabilitación social corresponderán a los Juzgados de Instrucción. Será competente el Juzgado de Instrucción en cuyo territorio se haya manifestado de modo principal la presunta peligrosidad.

3. Mientras no se disponga otra cosa, la actual Sala de Peligrosidad y Rehabilitación Social, constituida en la Audiencia Nacional, seguirá conociendo de los recursos de apelación y de queja contra las resoluciones que dicten los Juzgados de Instrucción en la materia a que se refiere el apartado anterior.

4. Los asuntos en trámite serán resueltos por el Juzgado al que correspondía de acuerdo con la legislación anterior.

Disposición Transitoria Vigesimoctava. *Régimen transitorio de jubilaciones. Apartado 1 (Derogado)* [1403]

2. Los miembros de los restantes Cuerpos de la Administración de Justicia que, a la entrada en vigor de la Ley, tengan más de sesenta y dos años y menos de sesenta y cinco, se jubilarán cuando haya transcurrido la mitad del tiempo que en dicha fecha les falte para cumplir los sesenta y ocho años de edad. Los que a la referida fecha

---

[1402] Conforme a la disp. adic. 5ª LO 4/1992, de 5 junio, el apartado tercero queda derogado en lo que se refiere al personal de la Escala de Delegados Profesionales Técnicos de los Tribunales Tutelares de Menores

[1403] Derogado apartado 1 por disposición derogatoria única de Ley Orgánica 7/1992 de 20 de noviembre de 1992, con vigencia desde 22/11/1992

hubiesen cumplido los sesenta y cinco años se jubilarán a los dos años de su entrada en vigor, salvo que antes cumplan los setenta.

Disposición Transitoria Vigesimonovena. Los procesos a que se refiere la disposición adicional 8ª que se hayan iniciado antes de la fecha de entrada en vigor de la presente Ley, continuarán su tramitación con arreglo a las normas vigentes en el momento de su iniciación.

Disposición Transitoria Trigésima. En tanto la legislación de planta y demarcación no disponga otra cosa, las ciudades de Ceuta y Melilla conservarán la adscripción judicial que tienen en la actualidad.

Disposición Transitoria Trigésimo Primera. En el plazo de tres meses a partir de la entrada en vigor de la Ley de Planta y conforme a lo dispuesto en esta Ley serán elegidos los Jueces de Paz, cesando en su cargo los que hasta ese momento lo viniesen desempeñando.

Disposición Transitoria Trigesimo Segunda. Dentro del mes siguiente a la publicación de esta Ley Orgánica en el Boletín Oficial del Estado, todos los miembros de la Carrera Judicial y personal al servicio de la Administración de Justicia que aún no lo hubieren realizado, prestarán el juramento o promesa previsto, respectivamente, en los artículos 318 y 460 de la presente Ley.

Disposición Transitoria Trigésimo Tercera. Las pruebas selectivas y los concursos para ingresar en los Cuerpos a que se refiere esta Ley, para promoción interna o para provisión de vacantes, que estén convocadas a la fecha de su entrada en vigor, serán resueltos por el órgano a quien corresponda la resolución conforme a la legislación anterior.

Disposición Transitoria Trigésimo Cuarta. Mientras no se apruebe la Ley de Planta, los órganos jurisdiccionales existentes continuarán con la organización y competencias que tienen a la fecha de entrada en vigor de esta Ley.

Disposición Transitoria Trigésimo Quinta. [1404] Lo previsto en el artículo 307 de esta Ley Orgánica del Poder Judicial, respecto del período de prácticas tuteladas, como Juez adjunto, del curso teórico y práctico de selección, será de seis meses para todos los aspirantes a ingreso en la Carrera Judicial que hayan superado o superen las pruebas de acceso ya convocadas, y para quienes superen las de la siguiente convocatoria que se realicen a partir de la entrada en vigor de esta disposición transitoria.

Disposición Transitoria Trigésimo Sexta. [1405] Hasta el 31 de diciembre de 2003, la jubilación por edad de los Jueces y Magistrados prevista en el artículo 386.1 se fija en los setenta y dos años. Hasta el 31 de diciembre de 2004, la jubilación por edad de los Jueces y Magistrados se fija en los setenta y un años.

Disposición Transitoria Trigésimo Séptima. [1406] Hasta el 31 de diciembre de 2003 podrán ser propuestos como Magistrados suplentes quienes, con los requisitos previstos en el artículo 201, no hayan alcanzado la edad de setenta y cinco años.

Disposición Transitoria Trigésimo Octava. [1407] Durante un plazo no superior a cuatro años, el Consejo General del Poder Judicial podrá, en función de las necesidades generales de planificación y ordenación de la Carrera Judicial y adaptación de la misma a la planta judicial, dispensar a los miembros de la Carrera Judicial del requisito, al que se refiere el artículo 311.2 de la Ley Orgánica 6/1985, de 1 de julio, del Poder Judicial, de haber prestado tres años de servicios efectivos como Jueces para acceder a la categoría de Magistrado en

---

[1404] Añadida por art. 3 de Ley Orgánica 9/2000 de 22 de diciembre de 2000, con vigencia desde 24/12/2000

[1405] Añadida por art. 4 de Ley Orgánica 9/2000 de 22 de diciembre de 2000, con vigencia desde 24/12/2000

[1406] Añadida por art. 4 apartado 1 de Ley Orgánica 9/2000 de 22 de diciembre de 2000, con vigencia desde 24/12/2000

[1407] Añadida por disposición adicional 2 de Ley Orgánica 9/2002 de 10 de diciembre de 2002, con vigencia desde 12/12/2002

los supuestos contemplados en el párrafo primero del apartado 1 del citado artículo.

Disposición Transitoria Trigésimo Novena. [1408] Los Jueces que, por haber renunciado al ascenso conforme a la legislación anterior, estuviesen obligados a permanecer por un tiempo determinado en dicha categoría, no podrán ascender hasta que haya transcurrido este plazo. Tras el ascenso, si optasen por continuar en la plaza que venían ocupando no podrán participar en los concursos ordinarios de traslado durante tres años.

Disposición   Transitoria   Cuadragésima.   *Régimen transitorio.* [1409] Los Jueces y Magistrados que, a la entrada en vigor de esta disposición transitoria, se encuentren en comisión de servicios con relevación de funciones desempeñando funciones al servicio del Tribunal Supremo, pasarán en ese momento a la situación de servicios especiales en la Carrera Judicial, situación en la que permanecerán hasta que las plazas sean cubiertas mediante el oportuno concurso.

Disposición Transitoria Cuadragésima Primera. *Suspensión de la percepción de la paga extraordinaria del mes de diciembre de 2012.* [1410] La supresión de la percepción de la paga extraordinaria del mes de diciembre de 2012 a los miembros del Cuerpo de Secretarios Judiciales y al resto del personal al servicio de la Administración de Justicia tendrá lugar en la forma que establece el Real Decreto-ley 20/2012, de 13 de julio, de medidas para garantizar la estabilidad presupuestaria y de fomento de la competitividad, adecuando dicha paga a fin de que la minoración resultante sea análoga a la de los restantes funcionarios.

[1408] Añadida por art. 1 apartado 21 de Ley Orgánica 1/2009 de 3 de noviembre de 2009, con vigencia desde 05/11/2009

[1409] Añadida por art. 1 apartado 22 de Ley Orgánica 1/2009 de 3 de noviembre de 2009, con vigencia desde 05/11/2009

[1410] Añadida por art. único apartado 35 de Ley Orgánica 8/2012 de 27 de diciembre de 2012, con vigencia desde 29/12/2012

Disposición Transitoria Cuadragésima Segunda. *Secciones y subsecciones.* [1411] Entre tanto no se complete el proceso de implantación de la nueva Oficina judicial, cuando las circunstancias de volumen de trabajo y las necesidades del servicio lo aconsejen, el Ministerio de Justicia, previo informe del Consejo General del Poder Judicial y oídas las Comunidades Autónomas con competencias en materia de Justicia, podrá establecer que un juzgado sea servido por dos o más jueces o magistrados titulares en idénticas condiciones, así como la integración de dos o más juzgados del mismo orden jurisdiccional en una misma sección que recibirá la denominación del orden jurisdiccional, pudiendo en el seno de cada una disponerse la constitución de subsecciones para atender a materias específicas, presidida a efectos organizativos internos de los jueces de la sección, por el más antiguo, quien tendrá las mismas competencias que los Presidentes de sección de órganos colegiados. En estos supuestos, los jueces o magistrados que compongan la sección podrán acordar repartir los asuntos por número o por materias.

Cuando se haga uso de esta facultad, la Sala de Gobierno respectiva resolverá las cuestiones que pueda suscitar el funcionamiento de las secciones, sin perjuicio de la facultad de uniformización que por vía reglamentaria pueda ejercitar el Consejo General del Poder Judicial, así como del control de legalidad que corresponda efectuar a dicho órgano.

Disposición Transitoria Cuadragésima Tercera. [1412] 1. Serán declarados en la situación de servicios especiales, con los efectos previstos en los apartados 1 y 2 del artículo 354 de esta ley orgánica, sin perjuicio de las precisiones que se indican en el párrafo siguiente, los jueces y magistrados que, en los términos que señala la disposición transitoria décima de la Ley 20/2011, de 21 de julio, del Registro Civil, opten por mantenerse ejerciendo funciones como Encargados de los Registros Civiles Exclusivos y del Registro Civil Central, siempre que se dieren las circunstancias de acceso a tales plazas antes del 22 de julio de 2011 a que se refiere dicha norma.

[1411] Añadida por art. único apartado 58 de Ley Orgánica 4/2018 de 28 de diciembre de 2018, con vigencia desde 18/01/2019

[1412] Añadida por art. único apartado 11 de Ley Orgánica 7/2022 de 27 de julio de 2022, con vigencia desde 17/08/2022

No obstante, los Jueces y Magistrados que pasen a la situación de servicios especiales conforme a lo indicado en el párrafo anterior no tendrán derecho a la reserva de plaza a que se refiere el apartado 2 del citado artículo 354. Además, mientras se mantengan en esta situación, seguirán percibiendo las retribuciones correspondientes al puesto que ya venían desempeñando con anterioridad a su pase a la misma, que se verá anualmente actualizada en los términos que prevea la ley de presupuestos generales del Estado.

Cuando los Jueces y Magistrados que se encuentren en situación de servicios especiales en los términos previstos en esta disposición adicional deseen incorporarse al ejercicio de la función jurisdiccional, solicitando plaza en la forma prevista para su provisión en cualquier órgano judicial, deberán solicitar el reingreso al servicio activo antes de participar en cualquier concurso.

2. Los asuntos jurisdiccionales pendientes de resolver se repartirán entre los Juzgados de Primera Instancia o de Primera Instancia e Instrucción según corresponda.

3. Las competencias jurisdiccionales atribuidas a jueces y magistrados por ostentar la condición de Encargados del Registro Civil, pasarán a corresponder a los Juzgados de Primera Instancia o de Primera Instancia e Instrucción conforme a las normas de competencia establecidas en las leyes procesales.

4. Los Jueces Encargados de los Registros Civiles exclusivos que con arreglo a lo dispuesto en esta ley dejen de ostentar tal condición quedarán provisionalmente a disposición del Presidente del Tribunal Superior de Justicia correspondiente, sin merma de las retribuciones que vinieren percibiendo. Mientras permanezcan en esta situación prestarán sus servicios en los puestos que determinen las respectivas Salas de Gobierno, devengando las indemnizaciones correspondientes por razón del servicio cuando éstos se prestaren en lugar distinto al del Registro Civil en el que estaban destinados, todo ello de conformidad con lo dispuesto en esta ley. Estos Jueces serán destinados a los juzgados o tribunales del lugar y orden jurisdiccional de su elección, en la primera vacante que se produzca en el órgano elegido, a no ser que se trate de plazas de Presidente, de nombramiento discrecional o legalmente reservadas a magistrados procedentes de pruebas selectivas, salvo que éstos tuvieran esa condición, siempre y cuando reúnan el resto de condiciones objetivas previstas en esta ley para poder acceder a dichas plazas.

5. Los Encargados de los Registros Civiles Centrales que por virtud de esta ley dejen de ostentar tal condición quedarán adscritos a disposición del Presidente del Tribunal Superior de Justicia de Madrid. Mientras permanezcan en esta situación prestarán sus servicios en los puestos que determine la Sala de Gobierno y serán destinados a la primera vacante que se produzca en cualesquiera secciones civiles de la Audiencia Provincial de Madrid, a determinar por el Presidente, a no ser que se trate de las plazas de Presidente o legalmente reservadas a magistrados procedentes de pruebas selectivas, y para las que no se reconozca especial preferencia o reserva a especialista.

6. No obstante lo anterior, el tiempo durante el cual los jueces y magistrados afectados pueden permanecer en situación de adscripción provisional a las Presidencias de los Tribunales Superiores de Justicia podrá extenderse, a petición del propio interesado, a dos años a contar del momento en que perdieron la condición de Encargados del Registro Civil.

7. Los miembros de la Carrera Judicial que, a la fecha de entrada en vigor de la presente disposición transitoria, se encontraran en situación de excedencia voluntaria por la causa prevista en la letra b) del artículo 356, al haber optado por continuar prestando servicios con destino como Encargados de los Registros Civiles Exclusivos y del Registro Civil Central con ocasión de la entrada en servicio efectiva de las aplicaciones informáticas que permiten el funcionamiento del Registro Civil de forma íntegramente electrónica conforme a las previsiones de la Ley 6/2021, de 28 de abril, por la que se modifica la Ley 20/2011, de 21 de julio, del Registro Civil, serán considerados en situación de servicios especiales desde la fecha de pase a la situación de excedencia voluntaria, computándose como servicios efectivos en la Carrera Judicial el tiempo que hayan permanecido en dicha situación.

DISPOSICIÓN DEROGATORIA

Disposición Derogatoria. 1. Quedan derogadas las siguientes leyes y disposiciones:

- Ley Provisional sobre organización del Poder Judicial de 15 de septiembre de 1870.
- Ley Adicional a la Orgánica del Poder Judicial de 14 de octubre de 1882.

- Ley Orgánica de las Magistraturas de Trabajo de 17 de octubre de 1940.
- Ley de Bases de la Justicia Municipal de 19 de julio de 1944.
- Ley de 17 de julio de 1947, Orgánica del Cuerpo Nacional de Médicos Forenses.
- Ley de la Jurisdicción Contencioso-administrativa, de 27 de diciembre de 1956, en los particulares que regulan aquella jurisdicción y la estructura de sus órganos.
- Ley 11/1966, de 18 de marzo, sobre ordenación orgánica de los Funcionarios de la Administración de Justicia.
- Ley 33/1986, de 31 de mayo, sobre Reforma Orgánica de los Cuerpos de la Jurisdicción de Trabajo.
- Las disposiciones de la Ley 42/1974, de 28 de noviembre, de Bases, Orgánica de la Justicia, declaradas en vigor por el Real Decreto Ley 24/1976, de 26 de noviembre, por el que se prorroga el plazo para la articulación de la Ley 42/1974, de 28 de noviembre, de Bases, Orgánica de la Justicia.
- Real Decreto Ley 1/1977, de 4 de enero, por el que se crea la Audiencia Nacional.
- Real Decreto 2104/1977, de 29 de julio, por el que se aprueba el texto articulado parcial de la Ley de Bases Orgánica de la Justicia, de 28 de noviembre de 1974, sobre Juzgados de Distrito y otros extremos.
- Ley Orgánica 1/1980, de 10 de enero, del Consejo General del Poder Judicial.
- Disposición adicional 1ª de la Ley 17/1980, de 24 de abril, por la que se establece el régimen retributivo de los funcionarios al servicio del Poder Judicial.
- La Ley Orgánica 5/1981, de 16 de noviembre, sobre integración de la Carrera Judicial y del Secretariado de la Administración de Justicia.
- Ley Orgánica 12/1983, de 16 de noviembre, de modificación de competencias de la Audiencia Nacional.
- Ley Orgánica 4/1984, de 30 de abril, por la que se modifica la 5/1981, de 16 de noviembre.
Cuantas otras leyes y disposiciones se opongan a lo establecido por esta Ley Orgánica.
2. Queda, no obstante, en vigor la Ley Orgánica 6/1984, de 24 de mayo, reguladora del procedimiento de "habeas corpus".

DISPOSICIONES FINALES [1413]

Disposición Final Primera. [1414] Tienen rango de ley ordinaria el capítulo IV y el capítulo V del título I del libro V y el título V del libro VIII.

Disposición Final Segunda. [1415] La presente Ley Orgánica entrará en vigor al siguiente día de su publicación en el Boletín Oficial del Estado.

[1413] Dada nueva redacción por art. único apartado 2 de Ley Orgánica 4/2013 de 28 de junio de 2013, con vigencia desde 30/06/2013

[1414] Dada nueva redacción por art. 1 apartado 115 de Ley Orgánica 1/2025 de 2 de enero de 2025, con vigencia desde 23/01/2025

[1415] Renumerada por art. único apartado 2 de Ley Orgánica 4/2013 de 28 de junio de 2013 como disp. final 2ª, con vigencia desde 30/06/2013

ÍNDICE ANALÍTICO

Resuelve rápidamente tus dudas

CÓDIGOS BÁSICOS

s Códigos Básicos de Lefebvre recopilan **las claves fundamentales** bre las diferentes leyes vigentes en el sistema jurídico español. enciales para todos los profesionales del derecho, otorgan acceso nformación legislativa fundamental, actualizada y verificada por pertos, agilizando tus procesos de consulta legal.

TITULOS DE LA COLECCIÓN

· Código Administrativo
· Código Civil
· Código Extranjería
· Código Penal
· Código Penal y Legislación Complementaria
· Constitución Española y Ley Orgánica del Tribunal Constitucional
· Estatuto de los Trabajadores
· Ley Concursal
· Ley de Enjuiciamiento Civil

· Ley de Enjuiciamiento Criminal
· Ley de la Jurisdicción Voluntaria
· Ley de Propiedad Horizontal y Ley de Arrendamientos Urbanos
· Ley de Sociedades de Capital
· Ley General de la Seguridad Social
· Ley Orgánica del Poder Judicial
· Ley Reguladora de la Jurisdicción Social
· Ley y Reglamento Hipotecario

L Lefebvre

Realiza tu pedido en tu proveedor habitual.